Friedrich Hebbel

Das erzählerische Werk

Sämtliche Novellen und Erzählungen

Deutscher Taschenbuch Verlag

Vollständige Ausgabe.
Herausgegeben von Werner Keller und Karl Pörnbacher.
Text und Anhang sind der im Carl Hanser Verlag, München, erschienenen fünfbändigen Hebbel-Ausgabe, Werke, herausgegeben von Gerhard Fricke, Werner Keller und Karl Pörnbacher, Band III, 1965, entnommen.

Von Friedrich Hebbel
ist im Deutschen Taschenbuch Verlag erschienen:
Tagebücher. Vollständige Ausgabe in drei Bänden (5947)

August 1986
Deutscher Taschenbuch Verlag GmbH & Co. KG, München

Umschlaggestaltung: Celestino Piatti unter Verwendung
eines Gemäldes von G. Courbet
(Nasjonalgalleriet, Oslo)
Gesamtherstellung: C. H. Beck'sche Buchdruckerei,
Nördlingen
Printed in Germany · ISBN 3-423-02178-0

INHALT

ANHANG

UNGEDRUCKTE VORREDEN ZU DEN »ERZÄHLUNGEN UND NOVELLEN«

[1]

Man erlaube mir bei Gelegenheit der wenigen Novellen, Erzählungen usw., die ich jetzt der Öffentlichkeit übergebe, meine Konfession über die Gattung. Ich habe ihnen den Titel: niederländische Gemälde! vorgesetzt. Dadurch wollte ich andeuten, daß sie aus dem Leben, und zwar großenteils aus dem Leben der niederen Stände geschöpft sind. Nicht so, als ob ich wirkliche Vorgänge kopiert, oder auch nur zugrunde gelegt hätte, aber doch so, daß ich mich nach dem Vorbild der alten, stilkeuschen Meister alles dessen streng enthielt, was man in neuerer Zeit unter Dialektik verstehen gelernt hat, daß ich also den Gehalt ausschließlich in die Erfindung und Charakterzeichnung, nicht aber in das Räsonnement, oder gar in die Beschreibung zu legen mich bestrebte.

Ich bin der unerschütterlichen Überzeugung, daß die wahren Kunstformen ebenso notwendig, ebenso heilig und unveränderlich sind, wie die Naturformen. Sie können, wie in der physischen Welt mit der Umbildung des Erdkörpers ganze Geschlechter der Lebendigen ausstarben, allerdings aufhören, dem Schöpfungs- und Schönheitsbedürfnis der Zeiten zu entsprechen, aber sie können nicht ohne Lebensgefahr auseinandergezerrt, nicht verengert und erweitert werden. Wie wäre es auch möglich, daß in einer Form das Vollkommene erreicht, und daß dennoch diese Form selbst eine noch unvollkommene, eine nicht abgeschlossene, wäre! Den elementarischen Unterschied der bei den verschiedenen Völkern in den verschiedenen Jahrhunderten und Individuen aufschießenden Kunstkristalle, aus dem, wie aus der Wellenbrechung des Ozeans, eben die unerschöpfliche Mannigfaltigkeit der Einheit hervorgeht, werde ich nie in Abrede stellen, aber ich werde ebensowenig zugeben, daß das Blut auch außerhalb der Adern zirkulieren könne, daß ein Kreis, den man so weit aufsprengt, daß er bequem das Universum umschließt, noch ein Kreis bleibt. Die Welt ist eine Zwiebel, die nur aus Häuten besteht, und die Kunst soll ihr gleichen.

Das Christentum war die Wiedergeburt der Individualität. Die Individualität macht sich seitdem aller Orten etwas breit; wie sollte sie sich in der Kunst anders gebärden? Das Drama, selbst das Shakespearsche, gehört ihr fast ganz. Die Lyrik ist uns ohne sie kaum noch denkbar. Das Epos ist verkümmert und mußte verkümmern; wenn ein zweiter Homer geboren würde, so trüge die Erde einen Unglücklichen mehr, aber wir würden keine zweite Iliade bekommen. Doch, das Epos hinterließ Söhne und Töchter: Roman, Ballade, Novelle. Auch dieser Formen, der einzigen, welche noch zur Erschöpfung und Darstellung ihres großen *Gegensatzes* übrig blieben, droht die Individualität, sich zu bemächtigen; man sollte sie daraus entfernt halten! Der Roman sollte, wie einst das Epos, obwohl ziemlich ungeschickt durch die Göttermaschinerie, statt des Geleiteten das höchste Leitende veranschaulichen. Die Ballade sollte immer von dem geheimnisvollen Hauch erfüllt sein, der die echte Tragödie durchweht. Die Novelle namentlich sollte, statt der Herzens- und Geisteszerfaserungen, worin sie sich mehr und mehr zu gefallen anfängt, die Begebenheit, die neue, unerhörte, bringen und das aus dieser entspringende neue, unerhörte Verhältnis. Natürlich wird hier unter Roman nicht jenes Ding verstanden, das ich nur als das Ding von drei Bänden zu definieren wüßte; unter Ballade kein Drehorgelstück, unter Novelle nicht das entsetzliche Jelängerjelieber der Taschenbücher.

Es wird bei den Neueren mehr gezeichnet, als gemalt. Gilt dies im allgemeinen, so gilt es, wie ich wohl weiß, ganz vorzüglich von den Produktionen, die ich jetzt dem Publikum vorlege. Sie sind mir seit der Zeit, daß sie entstanden, fremd genug geworden, um mir selbst ein objektives Urteil zuzulassen. Schärfe der Umrisse und Treue des Kolorits war mir die Hauptsache; ich berücksichtigte es noch zu wenig, daß, wenn die Kunst auch allerdings auf der Wahrheit ruht, die Wahrheit doch keineswegs ihr letztes Ziel ist, sondern nur der durch den ersten Prozeß gewonnene edlere Stoff, der sie in seiner Herbheit und Derbheit vernichten, und zur Schönheit, zum harmonischen Ineinanderaufgehen der sich gegenseitig bekämpfenden spröden Elemente klären und läutern soll. Wenn ich daher im Vorstehenden die Grundbedingung aller Novellen-Dichtung in Erinnerung brachte, so wollte ich nicht etwa indirekt andeuten, daß ich ihr genügt zu haben glaubte. Wer den Boccaccio so hoch verehrt, wie ich, der ist gegen Gedanken so vermessener Art geschützt.

Aber, was der Titel verspricht, das, hoffe ich, wird das Buch halten. Leben und Farbe wird man finden; in der Anna, in der ich einen Beitrag zur Lehre von der Zurechnung geben, und durch die ich zeigen wollte, daß auch ein in der Gesellschaft ganz zuunterst gestelltes menschliches Wesen der Gegenstand eines tragischen Geschickes werden kann, vielleicht noch etwas mehr.

Den komischen Roman bitte ich, als ein für sich bestehendes Werk zu betrachten. Er entstand, als ich in München mit Eifer dem Studio Schellingscher und mehr noch Hegelscher Philosophie oblag, als mir das Herz an dem Seziertisch, wo der kalte spitzige Begriff die Junkturen der Welt löste und alle Formen zerbrach, gefror und seine Rettung vor dem zu dem Feind übergehenden Geist nur noch in der Flucht aus dem Größten ins Kleinste, aus dem Weitesten ins Engste sah. München, die weiche, warme, sinnliche Stadt, die sich sonst in sich selbst so wohl gefällt, und den Fremden so breit und behaglich anlächelt, glich gerade damals einer Henne, die sich ängstlich duckt, weil der in den Lüften über ihr schwebende Räuber ihr die Küchlein zu nehmen droht. Die Cholera, die stille Schreckliche, die zu ihren Verwüstungen nicht einmal Zeit brauchte, war eingezogen; in unheimlicher Hast rollten die beladenen Totenwagen, wenn ich an den nebelfeuchten Herbstabenden aus dem Kollegio, wo Medardus-Görres die Geschichte mit der Apokalypse kommentierte, zu Hause kam, an mir vorbei und ich konnte nie wissen, ob sie nicht einen akademischen Bruder, mit dem ich noch gestern auf langes Leben trank, an den letzten dunklen Ort schleppten; blutrot gefärbte Laternen mit flackenden Lichtern brannten vor den Wohnungen der Ärzte, und aus den Fenstern des Hospitals, an dem mich zuweilen noch ein später Spaziergang vorüberführte, plumpte nicht selten dumpf und schwer ein Bettsack herunter, den man eben unter einem noch nicht erkalteten Leichnam weggezogen hatte. Ich wußte nicht, wie ich dem Tod ausweichen sollte, der aus beiden Kreisen, in denen das Dasein aufgeht, aus dem Leben, wie aus der Wissenschaft, auf mich zutrat, ich bedurfte eines Gegengewichts und griff zur Komik, zur *Verspottung des Seins durch die Gestaltung des Nichts.* Ich glaube überhaupt, daß das Komische da am besten gedeiht, wo just alle Litaneien zusammenklingen: der eine jammert und starrt so lange in die Grube hinunter, die das, was er nicht entbehren kann oder mag, verschlang, bis sie den Schlund noch einmal öffnet und auch ihn einschluckt; der andre lacht und ruft mit dem Prediger: es ist alles eitel, oder mit Swift: vive la Bagatelle!

Hamburg, Ostern 1841. F. H.

[2]

Die erzählenden Dichtungen, die hier erscheinen, sind sämtlich vor längerer Zeit, zum Teil vor acht bis neun Jahren, geschrieben worden. Ich bemerke dies, nicht, um die Kritik nachsichtig gegen sie zu stimmen, denn künstlerische Produktionen können der Nachsicht nie zugleich würdig und bedürftig sein, und wer wird veröffentlichen, was er nicht vertreten zu können glaubt. Ich bemerke es nur, damit ein zurückgelegtes Stadium meiner schriftstellerischen Entwickelung nicht für ein erst zurückzulegendes gehalten werden möge. Wenn ich übrigens Novellen im alten Stil bringe, solche, die durchaus nur auf die neue, unerhörte Begebenheit und das aus dieser entspringende neue, unerhörte Verhältnis des Menschen zu Leben und Welt gebaut sind, statt auf Herzens- und Geistes-Zerfaserungen, so sehe man hierin die tatsächliche Darlegung meiner Überzeugung, daß die Novelle keinen Fortschritt machte, als sie, sich scheinbar erweiternd, den geschlossenen Ring ihrer Form durchbrach und sich wieder in ihre Elemente auflöste. Die Kunstformen sind Organismen, wie die Lebensformen, sie können, wie in der physischen Welt mit der Umbildung des Erdkörpers ganze Geschlechter der Lebendigen ausstarben, allerdings aufhören, dem Schöpfungs- und Schönheits-Bedürfnis der Zeiten zu entsprechen, aber sie können nicht ohne Lebensgefahr verengert und auseinandergezerrt werden, denn in keinem Organismus tritt, dem ihn ablösenden Höheren gegenüber, in dem der Lebens- und Werde-Prozeß fortgesetzt und gesteigert werden soll, der Sättigungs- und Indifferenz-Punkt ohne innere Notwendigkeit ein, wenn man freilich auch in jedem noch eine Seite aufzeigen kann, die, den Tier-Ansätzen in der Pflanze ähnlich, weiter zu deuten scheint. Diese Erklärung entschuldige die prinzipielle Verworrenheit der Zeit, die es zuläßt, daß ein und derselbe Kopf wegen einer und derselben Hervorbringung hier gekrönt und dort abgeschlagen wird. Sie will niemand in seiner Methode stören, sie will nur die eigene motivieren.

Paris, den 14ten Juli 1844. *Friedrich Hebbel.*

TREUE LIEBE

Zu Falun, in Schweden, verliebte sich vor etwa 50 Jahren, ein lieber junger Bergknappe, in seine Nachbarin, die Tochter eines Bäckers, und beide Leutchen schienen so füreinander geschaffen, als ob die Engel im Himmel sie schon in den Wiegen für den Ehestand eingesegnet hätten. *Julius* war nur glücklich, wenn er sein Mädchen sah, und *Maria* war die Zierde des ganzen Orts, wenn sie in ihrem engen Mieder, mit silbernen Knöpfchen besetzt, über die Straße ging. Alles blieb dann stehen, alt und jung rief ihr zu: Gott segne dich, Maria! und jeder freute sich, daß sie den Julius liebte. Wenn dann beide Liebende beisammen waren, dann tändelten sie auf schuldlose Weise, wie die lieben Kinder, und Julius vergaß darüber seine schwere Arbeit. Mutig fuhr er morgens in den Schacht, wenn er seinem Mädchen vorher den Gruß gebracht hatte, und arbeitete fleißig mit Hammer und Schaufel, bis der goldene Abend herbeikam, wo er sich bei seinem Mädchen schuldlos belustigte. »Ja Maria«, sprach er einst, »nur noch eine kurze Zeit, dann werde ich der so beschwerlichen Arbeit überhoben und Aufseher werden, so beteuerte es mir der ehrliche Bergmeister. Und dann soll nichts mich hindern, dich an den Altar zu führen; ich selbst winde dir das Myrtenkränzchen, damit du mich immer liebest, wie jetzt und mir eine brave Gattin bleibst, denn Maria, ohne dich möcht ich nicht leben; du bist mein Alles!« Und Maria beantwortete diese unverstellten Äußerungen wahrer Zuneigung, mit fühlendem Herzen. Sie schlang sich zärtlich um seinen Hals, sie bat ihn, nie an ihr zu zweifeln, und drückte ihm einen heißen Kuß auf die bebende Lippe. Da kamen sie beide überein, sich am nächsten Sonntage öffentlich verkündigen zu lassen, von der Kanzel. Und nun zog er ein schwarzes Tüchlein, noch in Papier wars gewickelt, und überreichte es ihr zum Säumen. »Aber stich dir dabei nicht in die Finger, Maria, das bedeutet nichts Gutes«, sprach er, »und wenn wir nächstens zum Altare gehen, am heil. Osterfeste, dann legst du es mir selbst um. Adieu, Mariechen« – »Adieu Julius!«

Und als sie nun am nächsten Sonntage von einem ehrwürdigen Geistlichen öffentlich proklamiert wurden, ein jeder der Versammelten ihnen Gottes Segen wünschte und wohl niemand daran dachte, daß Einspruch geschehen würde, siehe, da erschien am folgenden Morgen der – *Tod*, nicht als Jüngling in der Farbe des Mondes gekleidet, um unsre letzten Seufzer in höhere Welten zu tragen, sondern als ein hageres Gespenst, was unbarmherzig seine Hippe gegen die rosigte Jugend schwingt. Das ging *so* zu. Julius fuhr seiner Gewohnheit nach froh und heiter mit »Glück auf!« in den Schacht, als plötzlich die Grube über ihn zusammenfiel, und ihn ohne mögliche Rettung begrub. – Gerechter Gott! welch ein herber Schmerz für Maria! Wie könnte ich die Töne von Jammer und Weh beschreiben, welche man überall hörte? Von dem höchsten Gipfel eingebildeter Freude, war sie jetzt in den Abgrund des höchsten Elends hinabgestürzt. Verschwunden war jener Traum von Glück, den sie sich von dieser Verbindung mit dem liebenswürdigen Jüngling versprochen, und sie erwachte in einer Welt, die nun keinen Gegenstand für ihr Herz weiter hatte. Da lag sie ohnmächtig, ihr Gesicht blaß und verfallen, ihre Augen mit Demut auf eine Bibel geheftet. Wer unter meinen Lesern würde sich enthalten, über die Betrüglichkeit der menschlichen Hoffnungen zu seufzen! Aber ich glaube, alles, was man den Söhnen und Töchtern der Trübsal in solcher Lage zu sagen vermag, ist nicht mehr als – es sei unsere Pflicht, das mit Geduld zu ertragen, was zu ändern nicht in unserer Macht stehe. Die Bewegungen der Natur müssen sich erst legen, ehe die besänftigende Stimme der Vernunft Gehör finden kann. – Nachdem Maria den ersten Sturm der Leidenschaft hatte austoben lassen, nahm sie eine Standhaftigkeit und Unterwerfung an, die nur wahre Frömmigkeit ihr einpflanzen konnte. Es trat jener Zustand ein, wo uns die Phantasie verlorne Gebilde der Vergangenheit vorgaukelt und unser Herz in eine sanfte Melancholie versetzt, die fern von allen Ausbrüchen der Ungeduld, unser Leben, wie durch Mondenschein erhellt. Es ist der Zustand des Glaubens, der Liebe und der Hoffnung!

Unterdessen ging alles, aus einem Jahr in das andere, seinen alten Gang fort; die Leier blieb dieselbe, nur daß andere Stückchen abgeleiert wurden. Die Philosophen bildeten neue Systeme, die Dichter mystifizierten, die Ärzte verordneten Pillen, die Autoren schrieben Bücher und die Buchdrucker druckten. Die Dummköpfe kamen mit ihrer Dummheit fort; die Einsichtsvollen wurden verfolgt. – So ging also alles fort, wie es auch ferner fortgehen wird, bis das tausendjährige Reich der Sünde geendigt sein wird, und die Menschen im neuen Lichte wandeln werden. Mittlerweile hatte man nach langen Jahren, wo kein Mensch mehr an den unglücklichen Vorfall der Bergverschüttung dachte, zufällig diese Grube wieder aufgeräumt, und fand dort die Leiche eines Jünglings in lebender Schönheit. Seine Wange schien noch von jugendlicher Röte zu glühen, die Haut war weich und unvertrocknet; selbst seine Kleidung war unversehrt; man hätte meinen sollen, er sei erst gestern dem Tode in die Arme gesunken. Der Körper war nämlich ganz von einer Art Asphalt durchdrungen, der keine Zerstörung zuläßt. Fünfzig Jahre waren fast verschwunden, eine ganz andere Generation war auf die Schaubühne getreten, und alle, die von solchem Vorfalle etwas wissen konnten, deckte das kühle Grab. Demnach machte man, der Angehörigen wegen, den Vorfall bekannt, und legte zugleich die aufgefundene Leiche öffentlich aus. Siehe, da wankt eine 70jährige Matrone am Stabe einher, und als sie den Jüngling sieht, da wirft sie die Krücke weg, fällt über ihn her und küßt ihn unter heißen Tränen. »Ja!« ruft sie aus, »es ist mein Geliebter, den mir der Tod vor 50 Jahren so grausam raubte«, und in ihrem erstorbenen Herzen regten sich die jugendlichen Empfindungen treuer Liebe. Dann eilt sie nach Hause und holt das schwarze Tuch, und legt es an seinen Hals, wie wenn es sein Hochzeitstag wäre. Aber dann weint sie nicht mehr und spricht: »Nun schlafe wohl, Geliebter, gehe nur voran ins Schlafkämmerlein, ich komme dir bald nach« – und dann blickt sie auf zu Gott! – Aber die Zuschauer konnten sich der Tränen nicht erwehren!

DER TRAUM

Einsam wanderte ich durch die helle Winternacht. Unter meinen Tritten knarrte eintönig der übereiste Schneepfad; ringsum lag die ganze Landschaft in ein weites, weißes Gewand gehüllt, und die Sterne schimmerten am klaren Himmel wie bewegliche Irrlichter, als zitterten sie vor Frost, wie ich selber. Ich wollte an wallende Ähren, an duftende Blumen, an freundliche Hütten, an betriebsame Menschen denken, aber ich konnte es nicht, ich konnte mit aller Mühe nicht Augen und Gedanken losreißen von dem Leichentuch um mich her. Die Dächer, die Bäume, die Felder, die Ströme, alles war weiß; nirgends eine Farbe, denn dies blendende, starre, tote Weiß konnte nicht dafür gelten. Was hätte ich in diesem Augenblick nicht dafür geben mögen, um nur irgendeinen schwarzen Punkt, wenn es auch nur eine Krähe gewesen wäre, in dies weiße Gefild hineinzuzaubern. Ich blickte unwillkürlich auf mich selbst, ich meinte, ich sollte einen schwarzen Rock anhaben; ich wußte gewiß, er war schwarz gewesen; ja gewesen! – nun aber ganz übersilbert von Reif und Schnee. Gräßliches, entsetzliches Weiß allenthalben rings um mich, und in mir alles so öde, so leer, die Glieder so kalt, das Herz erfroren, das Gehirn Eis; ich meine, ich bin nicht Ich, bin kein Mensch mehr, ich bin ein wandelnder Schneemann, den die spielenden Knaben aufstellten, und der nun scheu und zitternd durch die einsame Nacht davonschreitet. Wie werden die Knaben mir nachrennen und die Hunde hinterdrein bellen. Die Knaben und die Hunde? Sie schlafen ja alle, alle Tiere, alle Menschen schlafen, die ganze Welt schläft, ist gestorben, ist erfroren. Sie wollte sich vor der Kälte schirmen unter der Schneedecke und hat sich in ihr Leichentuch gewickelt. Und vor mir dehnen sich alle Länder und Reiche der Erde aus, und alle Berge und alle Fluren, und alle Städte und alle Dörfer sind in einerlei Totenkleid gewunden, unter einerlei Grabesfrost gehalten. Alle Meere und Ströme breiten sich vor mir aus, eine unermeßliche Spiegelfläche, und die

Schiffe stehen wie Eisfelsen in der gefrorenen Flut, die weißen Segel sind weit ausgespannt, aber steif und regungslos. Nirgends eine Bewegung, nirgends Fortgang und Leben, überall der starre Tod. Nun versteh ich euer Glimmern und Flimmern, ihr Sterne, ihr suchet und sehnet wie ich nach einem, ach! nur nach einem lebendigen Wesen in dem allgemeinen Stillstand, und findet keins. Seht doch mich, blickt doch zu mir her, schaut noch nur einmal still und fest auf mich, ich bin ja doch Leben, ich bin ja doch nicht starr und tot; ich hüpfe, seht, ich tanze ja noch, nein, gewiß, glaubt mir, ich bin noch am Leben. Hu! mir graust vor dem Schneemann, der ja so wunderlich vor mir hertanzt. Ich bin ja selber dieser Schneemann, bin ja doch miterfroren mit der ganzen weiten Welt! – Was scharrt da mein Fuß aus dem Schnee! Ein Knochengerippe vom Frost gebleicht! Von einem Vogel nur, vom letzten Vogel vielleicht! Tritt leiser auf, wo ein Gerippe liegt, können mehr liegen. Für einen Vogel ist das Leichentuch zu groß und zu weit. Tritt leiser auf, mein Fuß, alles, alles liegt ja unter der dünnen Winterdecke, das ganze kindische, spielende, tändelnde Geschlecht der Menschen, alle geschäftigen Hände sind erstarrt, alle warmen schlagenden Herzen stehn für immer still, alle feurigen Wünsche, alle glühenden Hoffnungen sind erkaltet, die Freudentränen und Kummerzähren zu blitzenden Eistropfen geworden, alle Zwietracht, aller Haß und Streit in Grabesfrieden entschlafen, und über das ganze gefrorne Getriebe der Thronenbesitzer und Hüttenbewohner deckt eine ewige Winternacht ihren weißen Schleier. Und ich selber liege mit darunter, alle meine Sehnsucht, meine Liebe, meine Sorge, alles was ich war, ist gewesen, gewesen, um nie wieder zu werden. Hätte ich das nicht schon längst wissen können, daß es so kommen würde! Und meinte doch etwas zu sein im Leben, es war mir so wohl und war mir so wehe, ich hatte so vieles im Sinn, mein Dichten und Trachten war so eitel, mein Streben und Mühen so nichtig. Ja, da konnte denn wohl am Ende nichts anders daraus werden, als ein Schneemann, der nichts ist und in nichts zerfließt, wenn die Sonne aufgeht am Tage des Gerichts. Und es ward mir, als ginge sie schon auf, als schmölze ich schon hinweg vor ihr, und ich rannte vorwärts, ihr zu entfliehen, und die warmen Strahlen hinterdrein, und es schmolz, es schmolz immer mehr von meiner Gestalt herab, und in entsetzlicher Angst vor den gefährlichen Strahlen stürzte ich über den knarrenden Schnee hinweg, und – da lag meine Heimat mit den weißen Dächern, mit dem eisumreiften Tor, und ich schrie mit dem letzten aus der wegtauenden Brust hervorgellenden Ton: *Door aapen!* Da schallte plötzlich Kindergeschrei um mich her, eine weiche, warme Hand fuhr über meine eisige Wange, und eine süße Stimme sprach: Männchen, du träumst. Da starrte ich in die dunkle Kammer hinaus und gottlob! sie war nicht weiß, sie war die schwärzeste Finsternis. Ich zog die fast ganz herabgefallne Decke wieder über die Ohren und legte mich mit dem Gedanken: das Leben ein Traum! auf die andre Seite.

ANTENORS TRAUM

»Führe mich hinaus, Theon!« sprach Antenor zu seinem Enkel; »daß ich der erfrischenden Kühle des Abends genieße. Zwar ist es meinen Augen nicht mehr vergönnt, den Glanz der Sterne zu erblicken; aber mir wird so wohl unter dem Gewölbe des gestirnten Himmels, von dorther weht der Geist der ewigen Liebe.« – Der Greis war aus der Hütte getreten; er setzte sich unter die Laube von Geißblatt und faltete die Hände zum leisen Gebet. Lau und duftend wehte die stille Nacht, der Himmel mit seinen Sternen zog sich über sie hin, des Mondes glühende Scheibe trat aus dem Äther hervor und leuchtete in das Antlitz des Greises, während ein leiser Abendhauch mit seinen Silberlocken spielte.

»Wie glücklich bist du, Großvater!« sagte Theon, »da nur wenige die Zahl deiner Jahre erreichen. O wie glücklich erst müßte der sein, welcher zu dem Alter einiger Jahrhunderte hinaufstiege.« – »Um am Ziel dieser Jahrhunderte von neuem zu wünschen? Genügsamkeit, mein Sohn, ist die Mutter der Tugend. Die Grenze ist gesteckt und die Bahn gemessen; wende deine Augen zum Ziel und kümmere dich nicht, wo das Maß deines Laufes vollendet.« – »Wenn aber das Ziel so entfernt und die Laufbahn so kurz ist?« – »Ich bin ein Jüngling gewesen wie du, Theon, und meine Wünsche waren wie die deinigen. Einst, in einer Sommernacht, lag ich an einem Hügel im Anschauen der Gestirne versunken und wandelte im Geiste auf den zahllosen Welten umher. Wie glücklich ist der Bewohner des Saturns! rief ich aus, sein Jahr gleicht dreißig der unsrigen, hundert Jahre von ihm durchlebt, sind dreißig unserer Jahrhunderte; wieviel glücklicher vielleicht ist der Bewohner des Sirius, wenn er sein Leben zählt nach unsern Jahrtausenden! – Mein Geist erhob sich über sich selbst, die Erde entschwand meinen Blicken, meine Gedanken flogen durch die unermeßlichen Räume und, in diesen seligen Täuschungen verloren, schlummerte ich ein. Da war mir, als stände ein himmlisches Wesen vor mir. Ich bin dein Schutzgeist! sprach es, erhebe dich und folge mir! – Wir durchflogen schneller als der Gedanke ersinnt, die Bahnen der Gestirne; der Sirius entschwand meinen Blicken und der Gürtel des Orions verlor sich in unermeßlicher Ferne. Da ließ mein Führer sich mit mir auf einer der zahllosen Welten nieder, deren Bahn nur die Unendlichkeit mißt. Er brach ein Blatt vom Baum und reichte es mir. Sieh diese Ephemere! sprach er; ein Tag auf diesem Sterne gleicht der Dauer zweier Erdenjahre, neige dein Ohr herab und höre: Dir ist die Macht verliehen, die Sprache dieses Geschöpfes zu vernehmen. – Wie unglücklich wir sind! seufzte die Ephemere; ich murre nicht, daß unser Leben nur einen Tag währt, denn ich weiß nicht, wie viele Tage andern Geschöpfen bestimmt sind; aber dieser Tag, wie kurz ist er! Schon neigt sich die Sonne, und ich habe noch nicht Muße gehabt, die Hälfte dieses Blattes zu bereisen; wie glücklich wäre mein Los gewesen, wenn ein Tag auf dieser Welt um das Zwiefache länger dauerte! – Der Genius berührte mich. Wir durchflogen die ewigen Räume der Schöpfung und standen auf einem andern Sterne. Hier, rief er, vernimm noch einmal die Gedanken einer Ephemere; ihr Tag gleicht an Dauer nur zweien deiner Stunden! – Meine Augen irrten auf dem Blatte umher und erblickten am Rande desselben eine Ephemere, die zu sterben schien. Welch ein langes Leben ward mir zuteil! sprach sie, ich habe den Aufgang der Sonne und ihren Untergang gesehen. Zwar weiß ich nicht: ob es Geschöpfe gibt, die eines längeren Daseins genießen; aber ich bin glücklich gewesen und sterbe zufrieden mit meinem Lose! Hier trat mein Schutzgeist auf mich hinzu: Kurzsichtiger Sterblicher! sprach er und der Blick seines Auges ward ernster; der du das Leben nur nach Stunden zählst und die Tage nach ihrer Dauer missest, lerne hier die Torheit deiner Wünsche erkennen! Ein Jahrhundert in die Dauer einer Minute gepreßt, oder diese Minute zum Genuß eines Jahrtausends ausgesponnen, ist das nicht eins vor einer Zukunft, deren Maß die Ewigkeit ist? Wo die Taten gerichtet und die Gedanken gewogen werden, da wird die Reihe der Jahre nicht gezählt und der Lauf der Tage nicht gemessen. Sei weise und zufrieden, so wirst du glücklich sein! – Die Gestalt des Engels zerfloß hier in einem milden Glanze; ein feuriger Strahl, gleich dem Leuchten des Blitzes, blendete meine Augen, ich erschrak und erwachte.« – Der Greis tappte jetzt nach Theons Haupt und legte seine zitternden Hände auf die blonden Locken des Knaben. »Zufriedenheit, mein Sohn, ist das Glück des Lebens, Tugend und Frömmigkeit der Segen des Alters. Gott sei mit dir, daß du einst ein redlicher Bürger, ein treuer Hausvater werdest, so wirst du, zu welcher Stunde es sei, deine Laufbahn gern vollenden. Der hat lange gelebt, der wohl gelebt hat!«

DIE BEIDEN TRÄUME

Rauschende Musik hallte von den goldenen Wänden nieder; Graf Alben schwelgte an dem fürstlichen Mahle, das die Habe der Witwen geschmückt und die Tränen der Waisen kredenzt hatten. Längst war die Hore der Mitternacht düster vor diesem erleuchteten Palast vorübergewandelt, der Strahl im Osten rötete schon die Werkstatt des fleißigen Künstlers, als der Prasser sich taumelnd erhob und auf das damastene Lager in einen Totenschlaf sank. Plötzlich dünkte es ihm: er stürze endlos hinunter in den Abgrund der Hölle; ringsumher, bis in unermeßlicher Ferne, die keines Menschen Auge erreichte, wogte ein Feuermeer, in dessen Tiefe die Verdammten gefesselt waren. Die Stille der Toten waltete überall. Hoch über der feurigen Lohe erhob sich ein Riesenfelsen, von den Tränen der Bedrückten gehärtet; auf seinem Gipfel stand das Zeitmaß des Weltgerichts. Aus dem unerreichbaren Abgrunde tönte der lange Pendulschlag furchtbar herauf durch die Stille, und das Zifferblatt der Unendlichkeit, dessen Zahlen sich in Sternenbildern verloren, glühte, von dem Abglanz des feurigen Meeres gerötet, bis in das fernste Dunkel. Zur Seite dieses furchtbaren Maßes des Weltgerichts stand der Engel der Verdammnis, die schrecklichen Blicke unverwandt auf den Zeiger geheftet, der langsam, wie die Qual des Verbrechens, sich fortbewegte. Plötzlich erhoben sich, auf den Schlag eines Donners, die Verdammten aus den flammenden Wogen; die Wut der Reue zuckte in ihren Blicken, und der ewige Schmerz hatte sich auf ihrem entstellten Antlitz gelagert. »Welche Stunde ist es?« riefen sie mit der Stimme der Verzweiflung. – »Die Ewigkeit!« antwortete der Todesengel, »die Ewigkeit!« – Und immer erhoben sich die Verzweifelten und wimmerten: »Welche Stunde ist es?« und immer erscholl die furchtbare Stimme: »Die Ewigkeit!« – Alben sprang von seinem Lager auf, bebend und voll Todesangst. An den goldenen Wänden glänzte ihm der Widerschein der feurigen Lohe, und in seinem Innern tönte immer noch die Stimme des furchtbaren Engels wider; er stürmte in die Glocke, die erstaunte Dienerschaft stürzte herbei und fand den bleichen Sünder leblos zu Füßen des Bettes hingesunken. Fürwahr, eine Stunde in diesem Vorgefühl der Vergeltung verlebt, kann ein Jahrzehent von Lust nicht aufwiegen!

Hinweg von diesem Lager des bestraften Frevels! Wechsele deine furchtbaren Schwingen, du Gott der Träume, und nimm mich auf dein rosenfarbenes Gefieder, mit welchem du zu den Schwanenbetten der reizenden Clementine schwebst! Sie hat das Haupt in ihre Linke gelegt, wie die Kinder schlafen; so schlummert die Unschuld, mit diesem Lächeln wiegt die Tugend ihre Lieblinge ein. Der Zukunft schöne Ahnung wird der holden Schlummernden zur Gegenwart; auf einer Silberwolke schwebt sie in die Gefilde der Seligen, die himmlische Musik der Sphären erklingt aus der Ferne; Wohlgerüche, ewig neu und süß, duften um sie her; ein heiterer Frühlingstag, der nie untergeht, wölbt sich über sie; von fern her wallt eine Schar von freundlichen Gestalten ihr entgegen, sie winken ihr und nähern sich allgemach: es sind ihre Lieben, die in diese Gefilde vorangeeilt waren. Einer dieser Engel trennt sich von dem Kreise; der ätherische Glanz, der ihn umgibt, löst sich in Duft auf; die Gestalt schwebt lächelnd auf sie zu – es ist ihre Mutter. Clementine breitete die Arme aus, sie flog ihr entgegen, um sie an ihre Brust zu drücken – und als sie erwachte, schmiegte ihr holder Säugling sich an ihren Busen; und deutlicher noch als sonst fand Clementine die Züge der seligen Mutter im Antlitz des Kindes.

DES GREISES TRAUM

Die Nacht deckte mit dunklem Fittich Land und Meer, goldene Sterne zogen auf am Himmelsbogen, rings umher war Ruhe und friedliche Stille verbreitet. Eugen, der edle Greis, der siebzig Jahre zählte und diese siebzig Jahre nur dazu angewandt hatte, die Werke des Ewigen anzuschauen und in diesen Werken den Abglanz seiner Vollkommenheiten aufdämmern zu sehen, war hinausgewankt aus seiner ärmlichen Hütte und hatte sich auf einem Hügel niedergesetzt, um die Schönheiten der Nacht in ihrer ganzen Fülle zu genießen. Friede und Ruhe strahlten vom Antlitz des frommen Greises, es war, als ob ein Engel auf seiner Stirn thronte, so himmlisch war sein Blick. Und seine Seele bewunderte das große Himmelsgewölbe und erstaunte über das unendliche Heer der Sterne, und unwillkürlich seufzte der Greis: »Gott, wie herrlich sind deine Werke, und wie schön; wie erhaben mußt du sein – ach, und wie klein bin ich!« Und gewaltig von dem vernichtenden Gefühl dieses Gedankens durchdrungen, schlummerte der Edle ein. Da war es ihm, als stände er auf einem fernen Sterne, und ein Engel des Herrn stände ihm zur Seite. Liebliche Blumen blühten auf den dunkelgrünen Fluren und erfüllten die stille Luft mit balsamischen Wohlgerüchen; melodische Lieder ertönten aus den luftigen Wäldern, von keiner Wolke war der lichte Himmel getrübt. Zu seinen Füßen rollte die Erde und alles andere Gestirn, und er schaute hernieder, und seine Seele freute sich, als er herniederschaute und das Treiben der Erdbewohner erblickte. Aber plötzlich ward es auf der Erde dunkel, und immer dunkler; nächtliche Finsternis, wie sie in Gräbern thront, breitete ihr Panier aus nach Ost, West, Süden und Norden. Und es erhob sich im Osten ein schimmernder Funke, erst klein und kaum erschaubar, aber der Geist des Herrn schwebte hinter ihm, wie ein brausender Sturmwind und blies ihn an, daß er zur feurigen Glut ward, und die Glut loderte auf zur verzehrenden Flamme. Und die Flamme verbreitete sich schnell wie ein Blitzstrahl über den ganzen Erdkreis und fuhr lichterloh durch die Luft, daß es schien, als wolle sie auch den Stern vernichten, worauf der Greis stand. Eugen schauderte zurück, aber der Engel sprach liebend zu ihm: »Fürchte dich nicht, du stehst unter des Allmächtigen Obhut, der da spricht zu Flammen und Sturm: bis hierher und nicht weiter! Schau aber!« Und er schaute bebend hernieder und sah Geister heraufschweben aus dem Qualm, der die ganze Erdenluft erfüllte.

»Siehe«, rief der Greis freudig aus, »siehe, wer sind jene da, die da herschweben zu uns in milchweißen Kleidern?« »Das sind Fromme, wie du«, sprach der Engel. Mutiger schaute er zum zweiten Male herab. Aber er bebte und stand still, als wenn ein Schlagfluß seine Glieder gelähmt hatte, wie er zum zweiten Male herabschaute. Der Engel bemerkte es und fragte: »Was schrickst du zurück?«

»O«, sagte Eugen mit zitternder Stimme und weinte Tränen des Kummers, »o, sieh auf jene!« Und er zeigte mit abgewandtem Gesichte auf die Erde. »Sieh jene Unglücklichen, sie wollen auch emporfliegen und sich retten aus der mörderischen Flamme, aber ihre Flügel sind beschnitten, daß sie da bleiben müssen, und eine gewichtige Last beugt ihr Haupt, das sie erheben möchten, zur Erde. O wehe, wehe!«

»Rufe nicht: wehe! aus, Greis«, sprach der Engel. »Sieh, einst hatten sie solche Flügel wie du und jene Frommen, die jetzt die Ernte genießen ihres mühevollen Säens, aber sie wälzten sich herum in niedrigen Ergötzungen und matteten sich ab in tierischen Wollüsten. Drob sind ihre Flügel gelähmt, und sie können nicht emporfliegen und ernten, weil der Hauch des Lasters gewaltig die Keime des Edlen, die die Gottheit in ihren Busen gestreut hatte, vernichtete. Und das Joch der Sünde, das sie sich freiwillig aufgeladen hatten, ruht schwer auf ihnen und hemmt ihren Flug, ob ihre Flügel auch mächtig genug wären, ihn zu wagen.«

Und wiederum schaute der Greis herab, und er sah Geister fliegen mit pfeilschnellem Fluge, und schon quoll seine Seele aus in Entzückungen, daß doch noch mehr Sterne das Licht mit ihm teilen sollten. Aber am Scheidepunkte zwischen der irdischen Atmosphäre und dem luftleeren Raum ermattete auch ihr Flug, und sie quälten sich, hinaufzufliegen in die lichten Höhen des

Himmels und zu entfliehen der näher und näher daherbrausenden Flamme. Sie quälten sich und konnten es nicht.

Und aufs neue brach der Greis aus in Wehklagen. »Klage nicht, Eugen!« sprach der Engel mit freundlicher Stimme. »Diese, welche du hier siehst, taten in ihrem Leben nichts Böses, aber sie vergaßen auch, Gutes zu tun. Darum kann die irdische Luft sie nicht zurückhalten, aber dem Anker des Himmels ist ihr Gewicht zu schwer. – Denn wisse, Greis, die himmlischen Teile des Menschen sind stark mit Stoffen der Erde geschwängert, und diese Stoffe sind nur zu läutern im überirdischen Feuer der Tugend, sind nur abzuwaschen im Quell edler, guter Taten.«

Plötzlich rauschte es auf Erden wie ein gewaltig stürmendes Meer, und an der tiefsten Tiefe des Abgrundes wanden sich Seelen unter gräßlichen Qualen, die sich selbst verfluchten.

»O Gott, Gott«, stöhnte der Greis aus beklemmter Brust – »o Gott, diese, diese!« – »Hier weine und rufe: wehe! aus«, sagte der Engel mit ernster Stimme, und sein Antlitz verfinsterte sich. »Das sind Treubrüchige und Verführer. Das sind die einzigen Sünder! Siehst du die Blutstropfen an ihrer Stirn? Das sind Tränen der Unschuld, und eine Träne der Unschuld, gelegt in die Waagschale des allgerechten Richters, und Millionen Welten wiegen sie nicht auf. Schau sie näher an! Siehst du jenen da und die Unglücklichen, die sich an ihn klammern und ihn verwünschen? Das ist der Verführer, und die sich an ihn klammern, sind seine Schlachtopfer! Ja, und schaust du ihn da, den Verworfenen, und das Brandmal der Hölle an seiner Stirn? Das ist ein Rabenvater, der seine eigenen Kinder an Galgen und Rad verschacherte. Für alle anderen, die du siehst, ist Erlösung vorhanden. Sie, die versäumt hatten, sich zu reinigen in der Quelle der Tugend, werden jetzt geläutert im Feuer des Unglücks und trinken einst, wenn auch erst nach Jahrtausenden, in vollen Zügen die Wonnen der Seligen! Aber für Treubrüchige und Verführer ist keine Erlösung, Himmel und Erde, Gott selbst kann sie nicht retten, denn alle anderen Sünden greifen bloß irdische Güter an, vernichten höchstens die gestreuten Keime, vergiften nicht die noch im Herzen schlummernde Saat. Aber diese! Sie morden die Unschuld und trinken ihr Blut. Sie zerfressen den innersten Keim des Geistes, daß der Zerrüttete sinnlos hinabtaumelt in die Wogen der Hölle! Sie vergiften die Saat mit höllischer Geschäftigkeit, die Gott und die Natur in den innersten Winkel der Seele gestreut hatten, sie lösen das Band, das die Menschen an die Menschheit bindet, das die Menschheit an die ewige Vorsehung knüpft – – und darum ist auf sie hingesetzt ewiger Tod.«

Und das Antlitz des Engels glühte wie Morgenrot, und aus seinen himmlischen Augen quollen Tränen des Mitleids. »O«, rief er, gräßlich eingeengt, aus, »o, daß ich sie retten könnte! Meinen Himmel wollte ich verlieren! Aber eher treten Hölle und Himmel aus den Schranken, als daß die Kluft fällt, die ihre Wohnung von der Wohnung der Seligen trennt. Denn verschlossen ist ihnen die einzige Brücke, die dem Sünder den Eingang in den Himmel öffnet. Sie können nicht bereuen, denn sie verzweifeln, und Verzweiflung ist von der Reue weiter entfernt, als der Himmel von der Erde.«

Und der Engel versank in dumpfes Hinbrüten. Endlich sagte er wiederum leicht vor sich hin: »Und das wollen sie nicht erkennen! Ja, ihr Menschen mit eurer Philosophie, die Atome alles Vorhandenen wollt ihr kennen, die Spuren der Dinge berechnen, und kennt nicht euer eigenes erstes Gesetz! Mit Seraphimen wollt ihr aus ewgen Quellen Licht schöpfen und prüft nicht erst, ob ihr es auch ertragen könnt, und denkt nicht, daß es im Grunde einerlei ist, zu viel als zu wenig Licht zu haben! Wahrheit wollt ihr euch erringen, und bedenkt nicht, daß die einzige Wahrheit, die euch hier erleuchten wird, nur eine Erkenntnis des Irrtums ist! Das Gesetz der Natur, der geheimnisvollen Mutter aller Kraft, widerspricht sich an keiner Stelle; es ist ewig Harmonie mit sich selbst – das wißt ihr, und doch denkt ihr nicht daran, daß sie sich notwendig widersprechen müßte, wenn sie euch die Fähigkeit gegeben hätte, die höchste Wahrheit hier schon zu ertragen, ohne euch diese Wahrheit wirklich zu geben! – – Ha, mit eurer Philosophie ist es, wie mit euren Irrlichtern! Beide glänzen, aber beide führen auch in die Irre, und was ist hier auch zu grübeln! Traut dem göttlichen Funken in euch, der da spricht: Tugend ist eure Bestimmung. Das wißt ihr, und das einzige Mittel, durch das ihr die Bestimmung erreichen könnt, ist: strebt, Harmonie zwischen Neigung und Pflicht herbeizuführen! Aber nie werden Neigung und Pflicht in euch harmonieren, wenn ihr nicht strebt, stets Herr über den Augenblick zu sein. Denn von dem Augenblick hängen Hölle und Himmel im irdischen Leben ab. Der Augenblick kann euch zum Gott erheben, aber auch zum Teufel stürzen. Daher ist euer ganzes Sittengesetz: seid Herren des Augenblicks, oder seid Natur! Tugend ist eure Bestimmung, und diese Bestimmung ist, weil Natur sie gegeben hat, Natur. Folgt der Natur! Ihr könnt, was ihr wollt. Habt den Willen, Natur zu sein, und ihr seid es, und seid ihr *ganz* Natur, so habt ihr eure Bestimmung *ganz* erreicht.«

Abermals versank der Engel in düsteres Schweigen. Betrübt und niedergeschlagen stand Eugen ihm zur Seite, denn auch er war sich bewußt, nicht immer Herr des Augenblicks gewesen zu sein. Aber horch! Da ertönte himmlische Musik von ferne, dem Ohr lieblicher als Flötenklang und Nachtigallenlied, und siehe, am Ende der Schöpfung ging die Herrlichkeit des Herrn in voller Glorie auf. Tausend und aber tausend Seelen beteten ihn an, und ihr Gebet öffnete ihnen die Augen, daß sie ihn schauten, und das Schauen gewährte ihnen der Seligkeit höchste Fülle. Noch bebte Eugen und wagte nicht, den Blick aufzuschlagen. Aber freundlich hauchte der Engel ihn an, und der durchbohrende Gedanke schwand, daß auch keine Erinnerung von ihm zurückblieb; Eugen wandte sich und – o Entzückung aller Entzückungen – er sah die Herrlichkeit Gottes! Ewiger Frühling war verbreitet um ihn her. Sein Antlitz glühte wie Lenzesmorgen, sein Gewand war gestickt aus lauter Sonnen, sein Thron war ein unvergänglicher Regenbogen. Gnädig winkte er dem seligkeittrunkenen Greise, jetzt sich bewegend in ewiger Rosenfülle der Jugend – der Engel führte den Entzückten zum Throne hinan – – Gott reichte ihm den Kranz der Vollendung. Siehe, da küßten ihm Seraphim den Willkommenskuß – und die Geister freuten sich ihres Mitbruders.

Den anderen Morgen sahen die Dorfbewohner den geliebten Greis unbeweglich auf dem Hügel sitzen – – sie gingen hinan und sahen, daß er den ewigen Schlaf schlummerte. In dem höchsten Entzücken dieses Traumes, einem Vorgefühl der Freude des besseren Lebens, hatte dieses Übermaß das nur noch schwache Band gelöst, welches seine mutige Seele an den zerfallenen Körper fesselte. Das Blut war erstarrt, die Hände des Edlen fühlten sich kälter, aber sein frommes Auge war nicht gebrochen, es strahlte vor belohnter Gottergebung.

Man bestattete ihn zur Gruft. Kein prahlendes Monument posaunt dem Wanderer zu, wer hier den Todesschlaf hält, einfach und ärmlich erhebt sich über seiner Ruhestatt ein hölzernes, halb vermodertes Kreuz – – aber, es weinten um ihn die Gerechten, als er dahin war, und – – – –

Er war erwacht aus dem Traum des Lebens zum Leben selbst und hatte nun statt der Hoffnung den Genuß erblickt, statt der Dämmerung das Licht.

HOLION

Nachtgemälde

Dichtes Dunkel bedeckte den Erdkreis; kein freundlich Sternenauge blickte auf ihn hernieder; schaurig pfiffen die Winde; prasselnd troff der Regen. Holion, der arme, matte Jüngling, schwankte einsam auf den Bergen umher, gefoltert von unendlichem Kummer: seine Braut war ins Reich des Todes hinübergeschlummert und sein Freund von der Jagd nimmer heimgekehrt: darum heulte er lauter, als der Sturm, darum troffen seine Tränen wilder, als die Tränen des Himmels. Plötzlich zuckte ein ungewisser Lichtstrahl durch den düstern Schleier der Nacht: Holion wankte auf ihn zu, aber der Lichtstrahl floh vor ihm und wurde, je näher er ihm kam, je trüber und bleicher: es schien, als ob ein schadenfroher Geist den Armen äffte in seiner Pein. Mächtiger klammerte sich die Verzweiflung um sein Herz: riesenhafte Bilder tauchten aus dem düstern Grabe auf und verfolgten ihn: Gespenster griffen mit ihren Eishänden an den Flammenquell seines Lebens: huschende Zwerglein warfen ihn mit Totengebeinen vor die Brust. Aber schnell verschwanden die grausigen Bilder, und Licht ward es um Holion her, wie am Frühlingsmorgen: laue Lüfte spielten um seine Wangen, rosige Engelein boten ihm Becher der Freude, unsichtbare Äolsharfen durchklangen die Luft, und eine hellblaue purpur umsäumte Wolke schwamm langsam am Morgenhimmel hernieder. Holions Herz wurde weit, und er trachtete, die Wolke zu umfangen, denn es kam ihm vor, als ob sein Freund und seine Geliebte ihn aus der Wolke anlächelten und zu sich winkten; und die Wolke kam näher und näher, und das Bild der Geliebten und des Freundes wurde heller und heller, und Holions Sehnsucht wurde stärker und stärker. Nun konnte sein Arm die Wolke fast erreichen – nun hörte sein Ohr das Herzklopfen des Freundes – nun fühlte seine Lippe den Atem der Geliebten – nun wollte er die holden Gestalten an seine Brust ziehen – nun umfing er sie. Aber wehe! Freund und Geliebte zerrannen an seiner liebeglühenden Brust, und ein langer, langer, in blendend Weiß gekleideter Geist schoß vor ihm auf; noch einmal kehrten die vergangenen Gestalten seiner Liebe zurück – als er sie aber umfangen wollte, fletschte der Geist grinsend die Zähne und ergriff den Freund und die Geliebte. Und sie wehklagten laut, und ihre Wehklage zerriß Holions Herz, und das Blut sprudelte heiß in seinen Adern, *sie* zu befreien. Doch der riesenhafte Geist zuckte auf Holion seine Wimper, und sprach: »Siehe, du armes Menschenherz, du sollt verlieren, und fühlen, wie der Staub verliert, du sollt brechen und doch nicht gebrochen werden.« Und lauter heulten Freund und Geliebte, denn, der Geist zerdrückte sie: und tiefer schnitt ihre Klage in Holions Herz: und heißer wallte sein Blut, ihnen beizustehen. Doch unsichtbare Fesseln hatten seine Nerven umschlungen und seine Kräfte mit Ohnmacht getränkt; sein Blut fand sich nicht mehr zum Herzen; sein Auge konnte nicht mehr weinen: er glich einem Toten und war doch nicht gestorben. Da wälzte sich eine ungeheure, aus Blut bestehende Woge vom Himmel herab, und der Geist sagte zu Holion: »Siehe, du Menschenkind, das ist die Woge der Vernichtung, die alles Leben der Natur *ab*- und sich *ein*preßt: die hat das Leben deiner Laura und deines Herrmann eingesogen, und kommt jetzt, auch das deinige einzusaugen – aber, es wird ihr nimmermehr gelingen, denn ich will dich quälen.« Und die Woge rollte näher, und je mehr sie sich näherte, je mehr ward es Holion zumute, wie dem verwundeten Krieger, dessen Blut nur noch tröpfelt, und nicht mehr strömt, und dessen Schmerz schon beginnt, sich in die Ruhe des Todes zu verwandeln. Nun war die Woge sehr nahe, und es ward Holion, als ob ihm eine Wunde ausgesogen würde. Aber der Geist reckte höhnisch seine Hand aus: da zog sich zusammen ein starkes Gewölke aus Norden: aus dem Gewölke fuhr hernieder ein brausender Sturmwind: die Erde tat gähnend ihren Rachen auf und schnappte gierig nach der vom Sturm ihr entgegen gepeitschten Woge und verschlang sie. Aber wo sie verschlungen lag, die weiland furchtbare Verschlingerin, wuchsen wie Pilze allerlei seltsame menschenähnliche Gestaltlein auf: die tanzten lustig und waren guter Dinge, und sahen nicht auf die Dampf-gleichen Schatten, welche sie rings umstanden, und Spiegel in den Händen hielten, in welchen der Tod abgebildet war. Und wenn eine Gestalt Sekunden getanzt hatte, fiel sie zu Boden, winselte, krümmte sich und verging. Und der Geist rief: »Siehe, du armes Menschenkind, das ist dein Geschlecht, aus nichts entstehend, um nichts kämpfend und zu nichts kehrend. Siehe, du armes Menschenkind, so hast du getanzt und bist vergangen, so haben deine Lieblinge getanzt und sind vergangen; so haben Jahrtausende getanzt und vergingen, so werden Jahrtausende tanzen und vergehen, bis endlich die mürben Knochen der Natur zerbröckeln, und ihr Vergehen dem lächerlichen Schauspiele ein Ende macht.« Und die Gestalt verlängerte sich ins Unendliche: ihre Gesichtszüge wurden grinsender: ihre Stimme ward, wie Donnergebrüll. »Nun will ich dich recht quälen, du blödes Menschenherz«, rief sie dem bebenden Jünglinge zu, »du bist wohl vergangen, aber nur halb.« Düstrer wurde die Mitternacht, und das Bild seiner Lieben tauchte wieder vor Holions Blicke auf, und die Zwerglein kehrten wieder und die eishändigen Gespenster. Und die Zwerglein waren mit Dolchen bewaffnet, und die Gespenster mit feurigen Zangen; damit brachten sie dem Freund und der Geliebten viele Wunden bei, daß beide laut aufjammerten und Holion um Rettung anflehten, um Rettung aus der unsäglichen Qual. Aber die Kraft seines Lebens war dahin: nichts aus dem Gebiete der Lebendigen war ihm geblieben, als des unendlichen Jammers Erkenntnis: er stöhnte mit schwachem Laute: »Vernichtung, Allerbarmer, Vernichtung!« Da war es ihm, als ob ein Engel ihn küsse und seine Geliebten befreie: ihn küßte auch ein Engel: seine Laura sprach: »Du träumst wohl, lieber Holion, wache auf, eben kommt dein Herrmann aus der Stadt zurück.«

Und er erwachte.

DER BRUDERMORD

Erzählung

Es war eine mondhelle Winternacht. Eduard ritt langsam durch den Wald; alle die Bäume, welche ihm ihre Zweigarme entgegenstreckten, schienen ihm Denkmäler einer schönern Vergangenheit zu sein. Haben sie doch alle – dachte er bei sich selbst, – freundlich gegrünt und vielleicht manchem Wanderer erquicklichen Schatten gewährt, und stehen jetzt so starr, so trübe, als wären sie schon als Särge in die kalte Erde hinabgesenkt und eine ekle Behausung der Würmer geworden. »Tröstet euch mit mir, ihr traurigen Bäume«, rief er aus, »nicht euch allein ist der Frühling dahin geschwunden, auch mir ist er entflohn; aber ihr habt doch trinken dürfen seinen himmlischen Anhauch, mir indes ist er ungenossen vorübergezogen mit all seiner Wonne und hat mir den greulichsten Winter gebracht, ein Hochzeiter, der einer Leiche voraufging.«

Der arme Eduard weinte Tränen des Kummers; aber die Tränen vermogten es nicht, seine brennende Seele zu kühlen. Und es war ein großer, ein gerechter Schmerz, der sie ihm entpreßte. Er hatte ein Wesen gefunden, das ihn verstanden, das alle Qualen unbefriedigter, namenloser Sehnsucht, wie Nachtvögel der Tag, von ihm verscheucht, das ihn zu sich selbst zurückgeführt und ihm das unfruchtbare leere Leben mit einem Himmel geschwängert hatte. Mit ganzer Seele hatte er dies Wesen umschlungen, fest, unablöslich, wie der Schiffbrüchige das Brett umklammert, welches ihn erretten kann aus Todesgefahr, ach und dieses Wesen war – er wußte nicht, ob *hinausgerissen* oder freiwillig *gezogen* in die weite Welt, daß er nun wiederum alleine stand, kalt und freudlos, wie Helvetiens Gletscher, welche von der Sonne vergoldet, aber nimmer erwärmt werden. Darum hatte er das Schloß seiner Väter verlassen – darum ritt er in der kalten Winternacht einsam durch den Wald – darum weinte er Tränen des Kummers.

Auf einmal vernahm er ein Geräusch, wie von einem nahenden

Wagen. Er hatte sich nicht betrogen; eine Kutsche rollte eilig daher. Er begab sich hinter ein Gebüsch. Wie aber die Kutsche an ihm vorbei kam, schien es ihm, als höre er ein leises Gewimmer. Er sprengte nach und rief dem tief vermummten Kutscher ein donnerndes »Halt!« zu. »Glück auf die Reise zur zweiten Welt!« entgegnete dieser und drückte eine Pistole ab. Der Schuß fehlte, Eduard aber streckte den Kutscher zu Boden. Die Pferde standen. Der Kutschenschlag öffnete sich. »Dank Ihnen, mein Erretter –« »Himmel, du, Laura?« »Eduard, mein Eduard!«

Die Liebenden lagen einander in den Armen – *zwei* morgenrote Wolken, die in *eine* zergehen. »Und wer war der Ruchlose, dessen freche Hand es gewagt, die Rose aus dem Kranz meines Lebens zu stehlen?«

»Himmel, wo blieb er? Dein Bruder, dein eigener Bruder –«

»Laura, mein Bruder? O Gott, sage nein!«

In Hast der Verzweiflung flog er auf den Kutscher zu, der entseelt am Boden lag, und riß ihm die Larve ab. Der Mond senkte einen gelblichen Strahl hernieder auf das kalte bleiche Gesicht, die Bäume schüttelten sich, als könnten sie den entsetzlichen Anblick nicht ertragen, Eduard stürzte mit dem gräßlichen Schrei: »Brudermord!« zur Erde.

*

Frägst du mich, Leser, was aus ihnen geworden? Frage die Totenglocke dort oben im einsamen Turm, für welche drei Leichen ihr ernstes Geläute erschollen, frage das morsche Kreuz auf dem Friedhof, zu wessen Andenken es gesetzt ist. Du liesest: »Einen fremden Herrn, eine fremde Dame und einen Bedienten, über welche keine Auskunft zu erlangen war, hat man im nahen Walde, elendiglich umgekommen, gefunden.«

Weine, Leser, und setze hinzu: Ruhe ihrer Asche!

DER MALER

Versuch in der Novelle

I

In Frankfurt am Main lebte einst ein alter Maler, namens *Dietrich*, der so groß in seiner Kunst, als seltsam in seiner Lebensweise war. Sechszig Jahre, die an ihm vorübergegangen, hatten sein schwarzes Haar, welches sich in vollen üppigen Locken um seinen kurzen kräftigen Nacken ergoß, nicht bleichen können, und sein Gesicht war, wenn auch blaß und eingefallen, des höchsten Ausdrucks fähig und ließ es zweifelhaft, ob finstrer Gram oder heiße, glühende Künstlersehnsucht nach dem Überirdischen und Unerreichbaren die tiefen Züge darin gezeichnet habe. Er trug beständig einen weiten Mantel von dunkelroter Farbe, und ein kleiner spitziger Dolch, der aus seinem Gürtel hervorblinkte, konnte den wunderlichen Eindruck nur vermehren, den seine sonderbare Erscheinung bei jedermann hervorzubringen pflegte. Er wohnte in einer dunklen, abgelegenen Gasse, und seine ganze Hausgenossenschaft bestand in einem alten, fast lahmen Pudel, der ihn immer begleitete, wenn er je zuweilen einen Gang durch die Stadt machte; er verkehrte mit keinem Menschen; sein Haus war beständig verschlossen, wie eine Beinkammer, und er schien ein ruheloses Gespenst zu sein, welches auf Augenblicke daraus hervorwandelte. Zuweilen hörte man in der Mitternachtsstunde aus dem dunklen schauerlichen Hause einen wunderschönen Gesang erschallen; der alte lahme Hund bellte und heulte aber so häßlich dazwischen und der Meister lachte so laut und widrig, daß die lieblichen Töne schon in der Geburt erstickt wurden und daß jeden, der von ungefähr ein solches Konzert anhörte, Furcht und Entsetzen überlief.

2

An einem schönen hellen Nachmittag durchwanderte ein flinker zarter Bursche des großen Frankfurts lange Straßen und erkundigte sich eifrigst nach dem berühmten Malermeister Dietrich.

»Ho! ho!« erwiderte ein Handwerksmann auf des Jünglings stürmische Frage; »Ihr kommt immer noch früh genug, um von Herrn Dietrich abgewiesen zu werden; seine Wohnung will ich Euch aber wohl bezeichnen.«

»Ist nicht nötig!« rief eine dumpfe Stimme.

Der Handwerksmann sah sich um, lispelte dem Jünglinge zu: »Meister Dietrich steht vor Euch«, und ging fort.

»Folge mir«, sagte der alte Maler zu dem Jünglinge, und dieser folgte dem Meister in sein Haus.

Schauerlich ward ihm zumute, wie er die weiten Gemächer des großen Gebäudes mit dem langsam voranschreitenden Meister durchwandelte, ihm war, als umfinge ihn eine Totenhalle.

Endlich gelangten sie in einen großen, seltsam verzierten Saal, der keine Fenster hatte und durch eine Ampel, die vom Boden herabhing, spärlich erleuchtet ward.

Der Meister stellte sich vor den Jüngling hin und sagte: »Wer bist, was willst du?«

»Was ich bin«, entgegnete dieser, »kann ich Euch in wenig Worten melden; ich bin der Sohn eines armen Malers aus Urbino, heiße *Raffael* und habe von meinem Vater nichts geerbt, als den glühenden, unwiderstehlichen Trieb, alles, was ich Schönes und Herrliches um mich her erblicke, durch Pinsel und Farbe nachzuahmen und abzubilden. Schon vielerlei hatte ich verfertigt, als mir durch glücklichen Zufall Euer köstliches Gemälde von Christus, wie er die Kinder tauft, zu Gesichte kam. Da wurde es mir klar, daß, wenn ja ein Funke der göttlichen Kunst in meinen Busen gesenkt ist, derselbe nur durch Eure Anweisung zur Blume entfaltet werden kann. Dies hat mich aus den jungfräulichen Armen meines milden Vaterlands an die Greisesbrust des rauhen winterlichen Nordens geführt, und wenn Ihr mich freundlich als Schüler bei Euch aufnehmt, so habe ich im vollsten Maße erreicht, was ich gewünscht und gewollt.«

»Raffael«, sagte der alte Maler mit tiefem Ernst, »hast du dich auch geprüft? Fühlst du dich auch stark genug, am heiligen Altar der Kunst ohn Unterlaß zu dienen? Schwer wurde bei den alten Heiden die Priesterin des reinen Elements bestraft, wenn sie nicht alle ihre Gedanken abgewendet hielt von der Welt und ihrer Lust; schwerer ist die Strafe, welche den Frevler trifft, der in das heitre Reich der Kunst sich eindrängen und zugleich die Freuden des Staubes genießen will. Er schwebt ewig, wie der Paradiesvogel, zwischen Himmel und Erde, kein Tropfe kühlt seine brennende Seele und die Verzweiflung wird ihn zermalmen.«

»Die Kunst ist mein eines und alles«, beteuerte Raffael.

»Wohlan«, sprach der Meister, »du bist mein Schüler.«

3

Raffael ging nun täglich bei Meister Dietrich aus und ein. Sein Talent entfaltete sich auf das herrlichste, und der alte Maler war wohl mit ihm zufrieden. Auch der Jüngling hatte sich bald an die Eigenheiten und die geheimnisvolle Lebensweise des letzteren gewöhnt; nur blieb es ihm unerklärlich, warum er jeden Abend gerade mit dem letzten Schlag der elften Stunde das Haus verlassen mußte. Dann schien ein böser Geist in den Meister zu fahren: er brach den Faden des eifrigsten Gespräches ab, riß dem wißbegierigen Schüler, wenn er nur irgend säumte, den Pinsel aus der Hand und brachte ihn fast gewaltsam bis vor die Tür, welche er darauf sogleich sorgfältig verschloß. Raffael hatte auch wohl hie und da gehört, daß zuweilen um Mitternacht aus dem Hause seines Meisters ein wunderschöner Gesang erschallen solle; sein Verstand hatte solche Erzählungen freilich stets als alberne Märchen zurückgewiesen; von seiner Phantasie waren sie aber nur desto begieriger eingesogen und zu allerlei seltsamen Gebilden verarbeitet worden, so, daß er es sich zuletzt nicht länger versagen konnte, einmal zu untersuchen, ob Wahres an der Sache sei. Er begab sich daher, als er eines Abends von dem Alten auf die gewöhnliche Weise entlassen, oder vielmehr vertrieben war, nicht in seine Herberge, sondern kehrte, sobald jener die Tür verschlossen hatte, nach dessen Hause zurück.

Die Turmuhr verkündigte bald in dumpfem Tone den Anbruch der zwölften Stunde; mächtig pfiff der Nachtwind durch die hohen Bäume, welche, wie eine dunkle Geisterschar, das alte Gebäude umstanden; die sturmzerfetzten Wolken durchjagten pfeilschnellen Flugs den ungeheuren Himmelsraum, und der Mond war bleich, wie die Wange eines gestorbenen Menschen.

Raffael legte sein Ohr dicht an die Tür und horchte mit gespannter Aufmerksamkeit, aber alles war und blieb still im Hause; er schalt sich selbst einen Toren und konnte sich doch nicht überwinden, fortzugehen.

Da auf einmal erschallte ein zarter, wehmütiger Gesang, der ungern einer verlaßnen Brust zu entfliehen und sich in Himmelssehnsucht aufzulösen schien. Raffael sog die sanften Töne begierig in sich; aber nun fing plötzlich der alte Hund an zu bellen und zu heulen, und er konnte deutlich vernehmen, daß der alte Maler aus Leibeskräften häßlich dazwischen lachte. Eisiges Entsetzen durchrieselte seine Adern; unwillkürlich erhob sich sein Fuß zur schnellen Flucht; aber er konnte nicht von der Stelle; es schien ihm, das Rätsel müsse gelöst werden in demselben Augenblick, da es sich schürzte, wenn sein Lebensfriede nicht für ewig im verborgensten Keim, in unbegrenztem Vertrauen auf seinen Meister, vergiftet werden solle. Er erinnerte sich, im Hinterteil des Hauses eine alte, fast vergessene Tür gesehen zu haben, die möglicherweise zu öffnen sei; er schlich sich durch den öden Garten dahin, und die Tür gab seinen Bemühungen nach. Nun war sie geöffnet. Ein kalter Luftzug, wie aus Grabesnacht, wehte ihm entgegen. Seine Kniee schlotterten. Ihm war, als hätte er den sichern Kreis, den ein mächtiger Zauberer um ihn gezeichnet, leichtsinnig überschritten und sich selbst den finstern Gewalten der Hölle preisgegeben. Noch wollte er zurückgehen, aber es schien ihm, als ob er nun keine Wahl mehr habe, und er schritt in das Haus hinein. Bald gelangte er vor das Zimmer, woraus der Gesang erschallte: es war ihm wohlbekannt, er pflegte dort mit dem alten Dietrich zu arbeiten. Die Stimme sang, der Hund bellte, der Meister lachte. Raffael blickte durch einen schmalen Spalt, der in der Türe befindlich war. Der Meister ging auf und ab in der Stube, und auf dem Arme trug er den Pudel, welchen er fortwährend zwickte, daß er beständig vor Schmerz bellte und heulte. Tief in der Ecke des Zimmers saß ein Mädchen, blaß, wie eine Lilie, aber schön, wie ein Engel. Fromm hatte sie ihr Auge nach oben gewandt, aus ihrem Munde kam der schöne Gesang, und sie selbst schien eine verkörperte Himmels-Musik zu sein.

Raffael war, als sei ihm im Augenblick des ersten Anschauns alles Leben vor Entzücken entflohn, und als müsse er hin an ihren Busen und ihren Lippen *neues* Leben entsaugen.

Da näherte der alte Maler sich der Tür, und der Jüngling eilte fort.

4

Fünf Wochen waren seit jener Nacht vergangen. Raffael hatte von dem Mädchen nichts weiter gesehen, noch gehört. Fast allnächtlich hatte er vor Dietrichs Hause gewacht; aber alles war still darin geblieben, wie in einer Menschenbrust, woraus das Leben gewichen ist. Ihm war, als hätte er einen Tropfen Himmelswonne genossen und sei nun hinausgestoßen, in eine ewige, unendliche Hölle. Leer und öde lag das Leben vor ihm, selbst die Kunst schien ihn nur brennen, nicht mehr mild erwärmen zu können. Er wollte verzweifeln. Da beschloß er, sich dem Meister zu entdecken.

Es war ein heller Nachmittag. Er saß an Dietrichs Seite. Die Sonne blickte freundlich, wie eine zärtliche Mutter, in die hohen Fenster, und der Alte war ungemein sanft gestimmt. Da warf der Jüngling sich ihm zu Füßen und sagte ihm, was er in jener verhängnisvollen Nacht getan und gesehen: er müsse sterben oder das Mädchen besitzen. Tiefer Schmerz schien den Meister mit jedem Worte des Jünglings zu fassen; stumm wandte er sich ab, als dieser sein Geständnis vollendet hatte.

»Meister, ich will, ich muß sie wiedersehen!«

»Wehe dir«, sagte der Alte, »wenn du die Liebe zu einem Weibe, die immer betrügt, nicht aufzulösen vermagst, in der Liebe zu deiner hochherrlichen Kunst! Sie«, setzte er hinzu, »die du in jener Nacht gesehen, wird niemals deinem Auge wieder begegnen!«

»Meister!« rief Raffael aus, in sprachlosem Entsetzen, und stürzte aus dem Zimmer.

5

Raffael war in sein Quartier zurückgekommen, er wußte selbst nicht, auf welche Weise. Er fiel in eine schwere Krankheit. Die Ärzte zweifelten an seiner Wiedergenesung: er sprach nur von seiner Hoffnung auf einen baldigen Tod, von schönen Engeln, die ihn in den Himmel einführten, von einem Mädchen, welches alle Engel verdunkelte, so daß ihn niemand verstand. Aber seine Natur half sich selbst; was keinem möglich geschienen, geschah: der zarte, bleiche Jüngling genas.

Es war schon spät im Herbste, als er die Krankenstube zum ersten Male wieder verlassen konnte. Die Vernichtung hatte die ganze leblose Natur an ihren Busen gedrückt; kahl standen die Bäume; der Wind jagte hinter den welken, abgefallenen Blättern her, und ein kalter, feuchter Nebel war, wie eine Wolke des Schlafes, über die Erde gebreitet.

Raffael fühlte sich wunderbar durch den Anblick der Natur gestärkt; das glanzlose, trübe Gewand, welches sie trug, harmonierte mit seinen Empfindungen und goß den Balsam der Beruhigung in sein blutendes Herz. Er dehnte den kurzen Spaziergang weiter aus, als seine Absicht gewesen war; unwillkürlich hatte sein Fuß sich nach dem Hause des alten Malers gewandt, den er seit jenem Nachmittage nicht mehr gesehen. Nun stand er vor der Tür. Sie war, wie niemals zuvor, nur angelehnt, nicht verschlossen. Dies befremdete ihn. Er trat in das Haus; der alte Meister war nirgends zu finden. Ihm ward unheimlich zumute, und er beeilte sich, das Haus wieder zu verlassen.

Ein alter Mann, der in derselben Straße wohnte, saß vor seiner Tür. Raffael frug nach dem Maler und erfuhr, daß er eines Morgens sehr frühe ausgegangen sei, und daß man ihn seitdem nicht wieder gesehen habe. Alle Erkundigungen, die Raffael nach ihm anstellte, blieben vergeblich; niemand wußte über sein Schicksal etwas zu sagen, nur ein dunkles Gerücht wanderte von Mund zu Mund. Darnach hatte der alte Maler eigentlich *Pietro Perugino* geheißen und früher in *Perugia* gewohnt. Sein Weib war minder treu als schön gewesen und hatte den Huldigungen eines jungen Patriziers unziemlich Gehör gegeben. Beide hatten unter Peruginos Dolch ihr Leben ausgeblutet, und dieser, mit glühender Rache von der mächtigen Familie des Patriziers verfolgt, war mit seiner einzigen Tochter, einem Kinde von fünf Jahren, unter dem angenommenen Namen Dietrich nach Deutschland entflohen. Düstre, stets an Wahnsinn streifende, oft in Wahnsinn ausartende Schwermut hatte seine Seele umflort, niemals, seit seinem Abgange aus Italien, war er wieder froh und heiter geworden. Nur die Kunst hatte seinen Geist geletzt, daß er nicht gänzlich verschmachtet war. Seine Tochter hatte er fern von allen Menschen in tiefster Einsamkeit erzogen, und man mutmaßte, daß er mit ihr in ein Kloster gegangen sei.

Von dem alten Meister hat man nie wieder etwas erfahren; dem Jünglinge aber ist der Schmerz eine läuternde, keine verzehrende Flamme gewesen, er ist der große Maler *Raffael Sanzio* geworden und lebt im Munde aller Zeiten und aller Völker. Kein Erdenmädchen hat ihn je wieder so gerührt; er ist verglüht in Sehnsucht nach dem Himmel, wo ihm gewiß zuteil geworden, die er hier unten so treu geliebt, und all seine schönen Bilder, die ihm ein Engel vorgezeichnet zu haben scheint, sind Abschriften der einzigen, die er im Herzen trug.

DIE RÄUBERBRAUT

Erzählung

I

Es war schon ziemlich spät, und Sturm und Regen vereinigten sich, das Wetter so schlecht zu machen, wie nur irgend möglich. *Gustav*, der junge Förster, ging langsam durch den Wald, wie es schien, in tiefe Gedanken versunken. Endlich rief er aus: »Ja, es sei! Gewißheit will ich haben, und wäre es auch die Gewißheit ewiger Vernichtung!« Damit schritt er rasch, bis ins nahe gelegene Dorf, vorwärts. Er stand still vor einem kleinen Hause, das am Eingange des Dorfes lag und von der alten Frau von *Rosenheim* – der Witwe eines in Armut verstorbenen Offiziers – nebst ihrer Nichte *Emilie* bewohnt ward. Mit zweifelndem Schritte ging er vor das niedrige Fenster, woraus noch Licht schimmerte. Er blickte hinein. Die Alte schien sich längst in ihr Zimmer zurückgezogen zu haben; Emilie aber las noch in einem Buche und war so eifrig mit dem Inhalte desselben beschäftigt, daß sie Gustavs leises Klopfen anfangs gar nicht vernahm. Er klopfte stärker. Da wurde das Fenster aufgemacht, und Emiliens engelmilde Stimme fragte, wer da sei? »Ich«, erwiderte Gustav. »Wem gilt Euer Besuch noch so spät?« sagte das Mädchen, indem sie den Förster mit einem fast ängstlichen Blicke maß. »Euch«, entgegnete dieser, »ich bitte aufzumachen; Ihr habt hoffentlich keine Furcht vor mir?«

Emilie machte langsam die Tür auf, und Gustav ging mit ihr in die Stube. Hier schritt er eine Zeitlang heftig auf und ab, ohne ein Wort zu sagen, wie im Kampfe mit sich selbst begriffen; endlich trat er vor das Mädchen hin, ergriff ihre Hand und sprach mit weicher Stimme:

»Emilie, bleibt es bei der Entscheidung, die du mir gegeben hast? Spricht keine Regung deines Herzens für den Armen, der vor dir steht und seinen Himmel von dir zu erbetteln sucht?«

»Gott, Gustav«, erwiderte das Mädchen, »fordert nicht von

mir, was ich Euch ewig nimmer gewähren kann. Ihr werdet mir immer wert bleiben, wie ein teurer Gespiele meiner Jugend, wie ein Bruder, nur verlangt keine Liebe!«

»Das heißt«, rief der Jüngling, »sei mit einem *Tropfen* zufrieden, wenn kaum ein *Weltmeer* hinreicht, dich zu kühlen.« Heftig preßte er das Mädchen an seine Brust, verzweifelnd rief er aus: »Sprich nochmals, du willst nicht!«

»Ich *kann* nicht!«

»Wohlan«, sagte er und stürzte fort, »du wirst meiner gedenken!«

2

Es war ein schöner Sommertag. Lustig zwitscherten die Vögel und hüpften von Zweig zu Zweig, freundlich, wie ein Auge Gottes, blickte die Sonne durch den dichten Wald, worin ein junger Mann, den wir *Victorin* nennen wollen, mit sichtbarer Unruhe auf- und niederwandelte. Sein Gesicht hatte die edelsten Züge; in freiem Schwunge flatterten die dunklen Locken um seine Schultern; er war eine vollendete Mannsschönheit, aber auf höchst abenteuerliche Weise gekleidet. Er trug ein langes, schwarzes Gewand, welches fast priesterlich zu nennen gewesen wäre, wenn nicht die blutrote Farbe des um seinen Leib geschlungenen Gürtels, und besonders die in demselben befindlichen Waffen – blankgeschliffene Dolche und Pistolen – zu grell dagegen abgestochen hätten. Diese, und der Degen, der an seiner Seite hing, hätten seiner Erscheinung in der Waldes-Einsamkeit etwas Furchtbares geben können, wenn nicht der sanfte, obgleich ernste Ausdruck seines Antlitzes den widrigen Eindruck hätte verwischen müssen. Von Zeit zu Zeit, jedoch mit einer Art Ängstlichkeit, wand er sich durch die Gebüsche und trat auf den Waldsteig, sich sorgfältig auf demselben umsehend, als ob er etwas erwartete. Bei dem leisesten Geräusch indes, das sich hören ließ, verschwand er wieder in das Dickigt.

3

Die Schönheit des Tags hatte auch Emilie in den dichten Wald hinaus gelockt. Beschäftigt, einige Erdbeeren für die geliebte

Muhme zu pflücken, hatte sie sich tiefer, wie gewöhnlich, in das Gesträuch verloren und war in eine wildfremde Gegend gekommen. Sie suchte umsonst den nach ihrem Dorfe führenden Weg wieder aufzufinden. Schon begann die Dämmerung ihre grauen Fittige zu entfalten, die Strahlen der Sonne fielen ins Rötliche, kühler wehte der Wind: da trat Gustav dem ängstlich besorgten Mädchen entgegen. Ach, es war nicht mehr der heitre Gespiele ihrer Jugend, von dem sie erwarten durfte, daß er sie zurechtweisen werde: tiefe Melancholie lag, wie eine Wolke, auf seinem Gesichte: sein Auge sprühte Flammen, wie er die wehrlose Jungfrau erblickte: ein entsetzlicher Entschluß schien in seinem Busen zu reifen.

Er trat näher. Stumm standen sich beide eine Zeitlang gegenüber. Da aber zuckte es, wie ein Wetterstrahl, über des Jünglings Angesicht; mit dumpfer Stimme rief er:

»Emilie, bleibt es bei dem, was du gesagt hast? Darf ich nicht hoffen?«

Sie wollte antworten, er aber unterbrach sie:

»Ich sehe, du willst mein Todesurteil sprechen; wohlan, Fühllose, es sei; aber du sollst mit mir sterben!«

Damit zog er einen blanken Dolch hervor, den er, wie es schien, auf der Brust getragen hatte, und schwang ihn gegen das Mädchen. Sie sank mit einem Angstgeschrei zu Boden; Gustav aber fühlte sich im selbigen Augenblick stark von hinten angegriffen, und eine mächtige Stimme donnerte:

»Unglücklicher, was wolltest du tun? Du bist verloren!«

»Das ist noch die Frage« – entgegnete Gustav, indem er sich umkehrte und seine Waffe gegen den Unbekannten zuckte.

»Du bist es«, rief dieser, entwand ihm mit leichter Mühe den Dolch, warf ihn zur Erde und setzte ihm den Fuß auf die Brust.

Da erwachte Emilie aus der Ohnmacht, worin sie bisher gelegen, aber nur, um mit einem wiederholten Schrei in eine neue zu fallen, als ihr Blick auf die beiden Männer fiel.

»Bei deinem Leben, entferne dich, Bube«, herrschte der Fremdling dem Förster zu.

Zähneknirschend verlor sich dieser in das Gebüsch.

4

Emilie lag leblos da. Victorin – der war ihr Retter – eilte zu einem nahen Quell, schöpfte etwas Wasser und bespritzte das Mädchen damit. Aber sie gab kein Zeichen des rückkehrenden Lebens von sich; die Farbe war von ihren Wangen gewichen, kein Atem hob ihren Busen, ihre Augen waren geschlossen. Victorin stürzte sich in grenzenloser Angst über sie hin. »O, Geliebte«, rief er aus, »so muß ich jetzt dich verlieren, jetzt, wo ein günstiger Zufall die ungeheure Kluft ausgefüllt zu haben scheint, welche zwischen uns befestigt war?« Er rief sie bei den zärtlichsten Namen, er raufte sich, da alles vergeblich blieb, das Haar aus und ballte wild seine Hand gegen die Stirn. Da schlug Emilie die Augen auf; mit sanfter Stimme lispelte sie: »Wo bin ich?«

»Bei einem, der dich liebt!« sagte Victorin, indem er sie aufrichtete.

Sie schaute ihn an, wollte ihm danken; aber ihre Lippen verstummten, nur ihr Auge sprach, – ach, es sprach mehr, als den innigsten Dank. Wie ein Engel war Victorin ihr in der Not erschienen; wie ein Engel stand er noch vor ihr da, bestimmt, die dunkeln Wolken ihres durch Gustav verfinsterten Lebens zu zerstreuen; sie wußte nicht, ob sie ihn lieben, ob sie ihn anbeten sollte. Er führte sie, ohne daß sie ihm ihren Wunsch erst zu erkennen gegeben hätte, auf den Weg in ihr Dorf zurück; stumm ging er neben ihr her; er hatte ihren Blick verstanden; er schwelgte in nie geahnter Seligkeit.

Der Wald war zu Ende.

»Wir müssen uns trennen«, sagte Victorin in tiefem Schmerz, »vielleicht auf ewig!«

»Für ewig?« fragte Emilie ängstlich, und schauderte fast zusammen über ihre eigene, ihr unwillkürlich entschlüpfte Frage.

Victorin schaute sie an – ihre Blicke begegneten sich – er stürzte zu ihren Füßen, schwur ihr ewige Liebe, – sie erwiderte den Schwur nicht, – stumm sank sie an seine Brust, – ihre Seelen vermählten sich im ersten flammenden Kusse.

Ein Wagen rollte heran; erschrocken fuhren die Liebenden auseinander.

»Ich sehe dich wieder!« rief Victorin aus, preßte das Mädchen noch einmal an seine Brust und verlor sich sodann in die Gebüsche.

Emilie kehrte in die Hütte ihrer Muhme zurück: sie brachte keine Erdbeeren, aber einen Himmel mit.

5

Mit kochendem Blut hatte Gustav den Platz seiner unrühmlichen Niederlage verlassen. Eine Legion entsetzlicher Gefühle durchzog, wie ebensoviel grausame Harpyien, seine Brust. Wie rasend rannte er ohne Absicht oder Wahl in die Tiefe des Waldes hinein, und bemerkte nicht, daß er sich dem als unsicher verrufenen Schloßgarten, wo ehemals eine Burg gestanden hatte und wo jetzt die Söhne der Hölle ihr Wesen treiben sollten, mehr, als rätlich, näherte. Ehe wir ihn indes weiter begleiten, wollen wir sehen, was an und in ihm ist.

Gustav war kein kräftiger, aber ein sehr leidenschaftlicher Mensch, eine von denjenigen Naturen, die gut geblieben sind, weil keine Umstände sie schlecht gemacht haben, und deren Tugend um deswillen auf Sand gebauet ist. Er war mit Emilien – der Tochter eines Freundes von seinem Vater – aufgewachsen, und wie das *schöne Mädchen* schon auf den *Buben* einen starken Eindruck gemacht hatte, so war der *Jüngling* höchst natürlich durch die, wie Hebe, *blühende Jungfrau* bezaubert worden. Wie aber von jeher Schüchternheit, und, man mögte sagen, hoffnungsvolle Hoffnungslosigkeit, die Pflanzen gewesen sind, welche der Anhauch wahrer Liebe zuerst im menschlichen Busen erzeugt, so hatte auch Gustav nie den Mut gewinnen können, sich Emilien zu entdecken, war vielmehr zufrieden gewesen, sich regelmäßig, nach Art vieler Verliebten, jeden Tag selbst ein Elysium oder einen Tartarus zu erbauen; ersteres auf einen freundlichen, letzteren aber auf einen gleichgültigen Blick des Mädchens gegründet. Es mogte gern sein, daß Emilie von allem, was in seiner Seele vorgegangen war, nicht das mindeste geahnt hatte; da starb Gustavs Vater, und ihm wurde dessen Amt zuteil. Nun endlich glaubte er, den Zustand seines Herzens entdecken zu dürfen. Nachdem er noch hundert gelegene Stunden unbenutzt vorbeistreichen ließ, wagte er zuletzt sein Geständnis.

Allein, Emilie empfand nichts für ihn; nicht spröde und unbarmherzig, aber ernst und für immer wies sie ihn ab. Er sah das Glück seines Lebens für ewig vernichtet; noch einmal – an jenem Abend – wagte er, sein Geständnis zu wiederholen, aber ebenso fruchtlos. Da – und bei seinem Mangel an Grundsätzen mußte er es – zerfiel er im innersten mit sich selbst; Selbstmord war sein erster, Rache gegen das Mädchen sein zweiter Gedanke. »Eine Hölle ist mir *zuteil geworden* – ich will sie *verdienen!*« rief er aus, und trug sich seitdem mit dem Entschlusse, erst das Mädchen, dann sich zu töten. Victorin hatte seinen frevelhaften Vorsatz in der Stunde der Ausführung zunichte gemacht. Gedankenlos irrte er umher.

Plötzlich hörte er sich rauh anrufen: »Steh, Hund!« Eine lange dunkle Gestalt stand vor ihm, ein breites Messer in der plumpen Faust.

»Was willst du von mir?« erwiderte Gustav, als er den Räuber betrachtete. »*Geld?* das hab ich nicht. Willst du aber einen *Kameraden?* Topp, so bin ich dein!«

Der Räuber sah Gustav zweifelhaft und mißtrauisch an, aber, er hatte nur *einen* Blick in sein verstörtes Gesicht, sein düster rollendes Auge getan, als er hastig die dargebotene Hand ergriff und Gustav mit roher Herzlichkeit in seine Arme schloß.

»Du bist ein Mann für mich«, sagte der Räuber, »ein Ohnefurcht, der es nicht so genau nehmen, der nicht gleich in Ohnmacht fallen wird, wenn er zufälligerweise einmal ein bißchen Blut laufen sehen, oder selbst abzapfen sollte. Hier haperts mit den meisten; sie scheinen aus korinthischem Erz gegossen zu sein, wenn sie im Loch sitzen, sind aber aus Papp-Papier zusammengeklebt, wenn ein Strauß zu bestehen ist. Komm, Bruder, trink!«

Damit reichte er Gustav eine lederne Flasche. Dieser aber warf sie zu Boden.

»Schaff mir Blut«, rief er aus, »Blut, sage ich, nur Blut ist imstande, meinen Durst zu löschen.«

»Kamerad«, sagte der Räuber, »mäßige deine Heftigkeit. Ich selbst freilich höre solche Reden sehr gern, aber der Hauptmann ist kein Freund davon. Über jedes Blutströpfelchen, das wir vergießen, müssen wir sorgfältiger Rechenschaft ablegen, als der

Ladenbursch eines Schwefelholzverkäufers gegen seinen Herrn über die gehabte Einnahme nur immer kann. Ich sage dir, Bruder, diese übertriebene Genauigkeit ist ein wahres Übel an unserm Hauptmann!«

»Was seid ihr denn für Kerle«, brauste Gustav auf, »wagt Galgen und Rad, und laßt euch dennoch von einem einzelnen vor den Karren spannen? Was gewinnt ihr durch euer Leben, wenn ihr nicht einmal Freiheit gewinnt?«

»Still, still! ich bitte dich«, sagte der Räuber, »folge mir!«

Gustav folgte.

Der Räuber – der sich Bernhard nannte – führte ihn durch Schlüchte und Gründe, bis sie vor einen Strom kamen, der mächtig vom nahen Felsen herniederrauschte.

»Du kannst doch schwimmen?« fragte er Gustav, »ich meine, ein ganz klein wenig?«

Als Gustav dies bejahte, bat Bernhard ihn, sich zu entkleiden, was er selbst gleichfalls tat, und dann mit ihm in den Strom zu steigen.

Dies geschah, und kaum hatten sie eine kleine Strecke geschwommen, als Bernhard schnell, wie in den Bauch des Felsen, verschwand. Gustav schwamm ihm nach, und wie erstaunte er, als er plötzlich in eine große unterirdische Grotte gelangte, die sich meilenweit in den Felsen hineinzudehnen schien und vor dem Eindringen des Wassers durch ungeheure, senkrecht liegende Granitblöcke gesichert war. In der Tiefe der Grotte brannte ein helles, lustiges Feuer, um welches Männer, Weiber und Kinder in buntem Gemische herumsaßen. Speisen waren an das Feuer gesetzt; blinkende Waffen hingen oder standen an den Wänden; Tierfelle zum Lager waren an den Seiten auf die Erde gebreitet; alles bezeichnete die, wahrscheinlich ihrer Sicherheit halber gewählte, Wohnung der Kinder der Nacht und der Verworfenheit. Erstaunte Gustav über den Anblick, der sich ihm darbot, so erstaunten die Bewohner der Höhle nicht weniger über seinen Eintritt. Die Männer, lauter hohe, mächtige, aber bleiche und abgerissene Gestalten, griffen nach ihrem Dolche; allein Bernhard, der eben seine durchnäßten Kleider am Feuer zum Trocknen aufgehängt hatte, faßte Gustav bei der Hand und stellte ihn als einen neuen Kameraden vor, der bereit sei, Leid und Freud mit ihnen zu teilen und sein Leben für sie zu wagen. Da drängten sich alle zur freundlichen Bewillkommnung an ihn: die Männer schüttelten ihm die Hand, die Weiber boten ihm Speise und Trank.

Ein alter Mann, der unter allen ein besonderes Ansehen zu genießen schien, und der von dem Ankömmling bis jetzt noch nur wenig Notiz genommen hatte, stand, nachdem alles wieder ruhig geworden war, auf und trat langsam und gemessen, mit feierlichem Ernste auf den Jüngling zu.

»Willst du«, so sprach er, »in Wahrheit unser Bruder werden, so mußt du mir zuvor *eine* Frage beantworten. Sage mir, *was* treibt dich aus der Welt?«

»Ein *Weib*«, entgegnete Gustav und sah den Alten mit einem Blicke an, der zugleich die kälteste Selbstverachtung und den glühendsten Rachedurst ausdrückte.

»Ein Weib«, sagte der Alte, »war es, welches der *Menschheit* ihr Paradies raubte; Weiber sind es noch immer, welche *jedem Menschen* sein Paradies zerstören und den Engel mit flammendem Schwerte hineinrufen. Du bist würdig, aufgenommen zu werden. Leiste mir im Namen des Hauptmannes, der während seiner Abwesenheit mir das Kommando übertragen hat, den Eid der Treue.«

Gustav schwur.

Dumpf, wie warnende Geister, pochten die Wogen an das Felsengemach, brausend erhob sich ein Sturm; aber lärmend tranken die Bewohner der Grotte auf die Gesundheit des neu errungenen Bruders.

6

Emilie saß eines Abends noch spät in ihrem Zimmer. Die Muhme war längst zu Bette gegangen, das Licht war erloschen, der Mond blinkte hell und klar in die Stube hinein. Da wurde leise ans Fenster gepocht. Aus ihren stillen Träumereien aufgeschreckt, blickte Emilie hinaus und gewahrte mit Befremden eine Kutsche, die nahe vor ihrem Hause hielt. Sie hatte darüber das Pochen fast vergessen, allein es wurde wiederholt. Eine lange, schlanke Gestalt sah sehnsüchtig zu ihr hinauf – es war Victorin – sie öffnete das Fenster und beugte sich hinaus. Victorin umschlang sie mit leidenschaftlicher Innigkeit: »O, folge mir, Geliebte«, rief er aus, »folge mir!«

Sie schaute ihm stumm und verwirrt ins Gesicht.

»Folge mir«, wiederholte er dringender, »zu deinem und meinem Glücke, folge mir! O, zaudre nicht, meine Stunden sind gezählt; ein *Priester* ist bereit; du darfst dich mir *vertrauen.*«

»Nein, nimmermehr!« rief sie aus, indem sie sich seinen Armen zu entwinden suchte, »nimmermehr – in dieser Stunde!« –

»O Gott, Mädchen, folge mir! Ewig niemals mögte diese Stunde sich wiederholen!«

Emilie hatte Victorin in vier Wochen nicht mehr gesehen, aber die ganze Zeit über an ihm, nur an ihm, mit all ihren Gefühlen und Gedanken gehangen. Der Geliebte drang in sie – sie konnte nicht widerstehen. Zitternden Schritts trat sie noch einmal in das Schlafgemach ihrer Muhme, küßte der alten Frau mit nassen Augen die Stirn, und verließ alsdann das Haus, worin ihre Wiege nicht gestanden, worin sie aber so viel Gutes genossen, so manche glückliche Stunde verlebt hatte.

Selig hob Victorin sie in den Wagen und setzte sich an ihre Seite. Vier muntre Rappen zogen die Kutsche, wie im Fluge, fort.

Es war eine schöne Nacht. Kaum regte sich ein Blatt am Baum; der Himmel war heiter und unbewölkt; wie eine silberne Insel schwamm der Mond in dem unendlichen Blau. Aber Emilie saß stumm an der Seite ihres Geliebten; je weiter sich das Haus ihrer Muhme in die Ferne verlor, je tiefer fühlte sie, was sie verlassen, was sie gewagt.

Die Kutsche rollte in den dichtesten Wald hinein. Bald kamen sie in eine grauenhafte, Emilien ganz unbekannte Gegend. Der Weg führte bald durch dichtes Gestrüpp, bald an schwindelnden Felsabhängen entlang.

Endlich hielt die Kutsche an.

»Wir sind zur Stelle«, sagte Victorin und hob das ängstliche Mädchen aus dem Wagen. Sie befanden sich vor einem prächtigen, aber seltsam gestalteten Gebäude, das äußerst romantisch mitten in einem Felstale gelegen und von den schroffesten Abgründen umgeben war. Victorin klopfte dreimal an die riesenhafte Pforte, die den Eingang zum Gebäude bildete. Eine kurze, hagre Gestalt mit einem Gesichte, das sich im Mondschein fast grüngelb ausnahm, und kleinen schielenden Augen, machte auf. Grauend schritt Emilie an Victorins Hand durch all die langen, dunklen, sonderbar verzierten Gemächer, die sich, wie in unermeßlicher Reihe, auftaten. Zuletzt gelangten sie in ein hell erleuchtetes, festlich aufgeputztes Zimmer. Darin befand sich ein Priester im Ornate, dem Furcht und Angst auf die Stirn geschrieben war. Victorin zog Emilie sanft vor den zitternden Sohn der Kirche hin, und sagte zu diesem: »Pfaff, verrichte dein Amt!«

Der Priester sprach mit wankender Stimme die Trauungsformel.

Als diese geendigt war, drückte Victorin das Mädchen feurig an seine Brust; sie erwarmte zu neuem Leben, wie in einem Strahl himmlischer Seligkeit.

Victorin klingelte. Dieselbe häßliche Gestalt, welche die Pforte aufgeriegelt hatte, trat ein.

Victorin deutete auf den Priester und sagte: »Der Herr wird sogleich sicher zurückgebracht; man verbinde ihm aber die Augen!« Letzteres setzte er leise hinzu, ohne daß Emilie es vernehmen konnte.

Der Priester ward abgeführt.

7

Gustav war schon ein Vierteljahr bei den Räubern gewesen. Er hatte sich ihrer aller *Vertrauen* durch sein tapferes und mannhaftes Wesen, ihre *Liebe* durch seine Genügsamkeit bei der Beute und Verteilung erworben. Auffallend war es ihm, daß er den Hauptmann der Bande, von dem kein einziger sprach, ohne eine an knechtische Furcht streifende Scheu zu verraten, noch gar nicht gesehen. Er konnte sich dieses nicht erklären. Eines Abends, als er mit Bernhard noch allein im Walde streifte, brachte er das Gespräch auf den Hauptmann.

»Ja«, sagte Bernhard, »mit dem ist es eine eigene Sache. Zuweilen weit milder, als es sich für ihn geziemt, kann er auch hart sein, wie der Teufel. Er verläßt uns oft eine lange, lange Zeit, ohne daß wir – mit Ausnahme des Alten, der in seiner Abwesenheit das Kommando führt, – wissen, wo er sich aufhält. Wenn aber einmal die Zeit der Not und Gefahr für uns einbricht, so ist er so schnell wieder unter uns, als ob der Sturmwind ihn herbeitrüge, so daß man ihn füglich mit einer Spinne vergleichen könnte, die sich oft bis ans äußerste Ende ihres Netzes zurückzieht, in demselben Augenblick aber, wo ihr Gespinst irgendwo berührt wird, an dem gefährdeten Punkte sich einfindet. Von seinen Lebensschicksalen weiß ich übrigens nichts; was kümmern sie mich! Doch habe ich einmal gehört, daß er früher ein gar ansehnlicher Herr an irgendeinem fürstlichen Hofe gewesen sein und die Gunst seines Gebieters in besonders hohem Grade besessen haben soll. Freisinnige Äußerungen über die Durchlaucht – hauptsächlich aber wohl seine übergroße Dummheit, das ihm angebotene große Los in der Staatslotterie, nämlich die, mehr als eben nötig, fruchtbare Maitresse des Fürsten, auszuschlagen – haben ihm jedoch so sehr das Mißfallen des Allergnädigsten zugezogen, daß er ihm, Hochverrats halber, das Leben hat absprechen lassen. Wie er indes gerettet, und zu uns gekommen ist, kann ich nicht sagen; er war schon Hauptmann, als ich unter die Kameradschaft ging. Der Alte, der noch jetzt so sehr bei ihm in Ansehen steht, soll sein Retter gewesen sein.«

Plötzlich erscholl eine gellende Pfeife durch den Wald.

»Das ist der Alte, der uns sucht«, sagte Bernhard, indem er das Zeichen erwiderte.

Bald kam auch wirklich der Alte durch das Gebüsch mit schnellen Schritten heran.

»Der Hauptmann begehrt mich mit zwei der besten von der Bande. Ich habe euch auserlesen, mir zu folgen. Sattelt also ohne Säumnis eure Pferde, bringt auch das meinige mit, und begebt euch dann wieder hieher. Ich werde euch hier erwarten. Sorgt gleichfalls für die nötigen Waffen.«

Gustav und Bernhard taten, was ihnen geheißen war, und bald ritten die drei Räuber in die finstre Nacht hinein; der Alte als Führer voran. Lange, lange ritten sie fort, immer dunkler ward die Nacht, immer abschüssiger der Weg, der über Felsen zu führen schien. Endlich sahen sie aus einem, wie es ihnen deuchte, sehr hohen Gebäude, dem sie sich bereits ziemlich nahe befanden, ein Licht erglänzen. Bernhard hatte den Alten gefragt, was der Hauptmann wolle, aber ein kurzes, trocknes: »Ich weiß es nicht!« zur Antwort bekommen. Nun gelangten sie vor das hohe Haus. Der Alte befahl seinen beiden Begleitern, auf ihn zu warten, und klopfte an die ins Haus führende Pforte. Ihm wurde sogleich aufgemacht. Er verweilte sehr lange drinnen.

Gustav ward ungeduldig. Im blassen Schein der Lichter sah er eine weibliche Gestalt einem im zweiten Stock befindlichen Fenster vorüberhuschen. Seine Neugier ward rege. Er klimmte die steile Mauer mühsam hinan und sah hinein; wäre aber fast rücklings wieder herabgefallen, als er dies getan.

Er sah – Emilie. Sie war blaß und saß in einem sehr schön möblierten Zimmer auf einem Sofa, den Kopf in ihre Hand gestützt. Ihre Züge hatten nicht den Ausdruck des Kummers, aber auch nicht des ungestörten Glücks. Es schien, als ob sie sich im Wohlsein befinde, als ob sich eben irgendeine Erinnerung oder Furcht, wie eine die Sonne umschattende Wolke, über ihr Antlitz gezogen hätte.

Es dauerte nicht lange, und – Victorin, den Gustav auf den ersten Blick wiedererkannte, trat hinein. Ihm folgte der Alte. Wie Emilie Victorin erblickte, eilte sie ihm in schwärmerischer Freude entgegen. Entzückt schloß er sie an seine Brust. Gustav wußte genug. Er stieg wieder herunter.

Bald darauf wurde die Pforte geöffnet. Ein Diener trat mit einer Laterne heraus, die nur einen sehr schwachen Schimmer gab. Ihm folgten der Alte und Victorin. »Das ist der Hauptmann!« sagte Bernhard zu Gustav mit leiser Stimme, indem er auf Victorin deutete.

»Das ist er!« – sagte Gustav zähneknirschend vor sich hin – »das ist er! O ich elender Bube! meinem *Todfeinde* habe ich den *Eid der Treue* geschworen!«

Victorin trat näher heran. Gustav rückte sich die Mütze tiefer in das Gesicht und wickelte sich dichter in seinen Mantel, um nicht erkannt zu werden. Ach! es war unnötig; wer hätte in diesem sonneverbrannten Gesicht, was halb von einem schwarzen Barte verdeckt war, den schönen stolzen Jüngling wiedererkennen sollen, der er ehemals gewesen. Victorin warf einen flüchtigen Blick auf ihn und Bernhard, welcher nicht verfehlte, einen devoten Bückling zu machen, und wandte sich dann gegen den Alten.

»Ihr müßt hier zusammen bis morgen abend bleiben«, sagte er zu diesem; »früher kann nicht begonnen werden. Ihr wißt, wohin ihr euch zu wenden habt!«

»Ich weiß!« antwortete der Alte.

Victorin sagte ihnen allen gute Nacht und kehrte mit seinem Diener ins Haus zurück. Die Pforte ward sogleich wieder verriegelt.

Der Alte führte Gustav und Bernhard in eine ganz in der Nähe befindliche Hütte, worin sie Brot, Wein und sonstige Erfrischungen fanden. Bernhard und der Alte ließen es sich wohl schmecken, Gustav aber schützte eine ungeheure Müdigkeit vor und warf sich, wie zum Schlaf, auf die Erde nieder. Es kochte in ihm. Er dachte nur an Rache. »Jetzt oder nie!« sagte er dumpf vor sich hin.

8

Kaum graute der Tag, als Gustav aufsprang und ins Freie hinauseilte. Wie er eine Weile gegangen war, erblickte er, ganz in der Ferne, einen Wandrer, der ihm voraufging. Anfangs wollte er einen andern Weg einschlagen, dann aber beschleunigte er seine Schritte, den Wandrer einzuholen. Wie er näher herankam, gewahrte er fünf Soldaten, die plötzlich aus einem Hinterhalt hervorbrachen, über den Wandrer herfielen und sich, seiner verzweifelten Gegenwehr ungeachtet, fast zum Herrn über ihn gemacht hatten, als Gustav, wie ein Todes-Engel unter sie stürzte und zwei von ihnen zu Boden streckte, wodurch die übrigen so erschreckt wurden, daß sie sich eiligst auf die Flucht machten.

»Hauptmann«, sagte nun Gustav zu Victorin, denn dieser war der Wandrer, »ich will nicht länger unter Euch dienen; ich habe Euch das Leben gerettet; bin ich meines Eides entbunden?«

»Du bist es, tapfrer Kamerad«, entgegnete Victorin, der Gustav auch jetzt nicht erkannte, »aber warum –«

»So begehe ich in diesem Augenblick keinen Meineid«, unterbrach ihn Gustav, und stieß, ohne daß Victorin ausweichen, oder an Widerstand auch nur denken konnte, ihm den Dolch bis ans Heft in die Brust, indem er ausrief:

»Denkt an den Buben!«

Victorin sank entseelt zu Boden.

9

Es war stockfinstre Nacht. Emilie saß in ihrem Zimmer und wartete sehnlichst auf Victorins Zurückkunft, der einen Freund zu besuchen, wie er ihr gesagt hatte, ausgegangen war. Auf einmal wurde das Fenster stürmisch eingeschlagen und eine, in einen dichten Mantel gehüllte Gestalt stieg von außen herein. Es war Gustav; er trug ein weißes, zusammengeknüpftes Tuch in der Hand, worin etwas gewickelt zu sein schien.

Emilie erkannte ihn nicht und sah erschrocken zu ihm auf.

»Ich bin hier wohl sehr unbekannt«; fuhr er sie mit schrecklicher Stimme an, »doch bringe ich etwas, was vielleicht bekannter ist.«

Mit diesen Worten knüpfte er das Tuch auf, welches er in der Hand trug und legte ein blutiges Haupt auf den Tisch.

»Sieh es recht an«, fuhr er fort, »sieh es recht an, teuerste Emilie. Ich bin Gustav, und bringe der Geliebten das Haupt des Geliebten. Ihm selbst habe ich den Himmel oder die Hölle geschenkt. Ich hoffe, du wirst dankbar sein!«

Emilie erstarrte.

»Ich hoffe, du wirst dankbar sein!« wiederholte Gustav, indem er ihr näher trat. »Deine Liebe begehre ich nicht mehr, aber ihre Frucht!«

Er wollte sie umfassen. Da erwachte sie aus der Betäubung, worin sie versunken war. Mit übermenschlicher Kraft der Unschuld stieß sie ihn zurück.

»Räuberdirne, du weigerst dich? Ob die Dirne des Hauptmanns, oder des Geringsten seiner Untergebenen – das ist einerlei! Räuberdirne, du entgehst mir nicht!«

»Unmensch«, rief Emilie aus, »du entsiehst dich nicht, den Edlen, den du gemordet hast, noch im Tode durch gemeine Schimpfreden zu lästern?«

»Ha, ha, Schätzchen, der *Edle* wird durch diese *gemeinen Schimpfreden* nicht *gelästert*. Was er im *Leben* gewesen ist, das nenne ich ihn im *Tode*. Ich bin ein *Räuber* und *er* war mein Hauptmann!«

»O Gott im Himmel«, sagte die verzweifelnde Emilie, »seine geheimnisvolle Lebensweise – ich wagte nicht, es zu ahnen!«

Sie bedeckte ihr Gesicht mit beiden Händen.

Gustav drang hitziger auf sie ein. Da aber zog sie sich plötzlich gegen das eingeschlagene Fenster hin und stürzte sich, ohne daß er es verhindern konnte, hinaus.

Ein dumpfer Fall – ein ächzender Schrei – dann war alles still.

Da packte die Verzweiflung auch Gustav; er blickte hinaus in die sternenlose Nacht; er ballte die Hand gegen den Himmel, und stürzte sich Emilien nach.

Als die Sonne am andern Morgen aufging, fiel ihr erster Strahl auf zwei zerschmetterte Leichname.

DIE EINSAMEN KINDER

Märchen

1

Es war ein schauerlicher Winterabend. Der Sturm brauste um die Dachhaube, als ob er sie abreißen wollte, der Regen schlug in dicken Tropfen an die kleinen, hier und da mit Papier verklebten Bleifenster, und in dem elenden Kämmerlein, in welches ich euch hineinführe, brannte kein lustiges Kaminfeuer. Dennoch hatten Wilhelm und Theodor, die armen, verwaisten Kinder, sich dicht nebeneinander auf die kalte Ofenbank gekauert, vielleicht, um dort von einem warmen Ofen und hinreichenden Abendbrot zu träumen, vielleicht, um sich glücklicherer Stunden an dem Platze, wo sie sie vorzugsweise genossen haben mochten, zu erinnern. Doch die Kälte war zu scharf, der Hunger zu groß, als daß sie von Träumen warm oder von Erinnerung satt hätten werden können; sie seufzten, sie sahen einander mit tränenvollen Blicken an, und als zuletzt gar die armselige Lampe, welche bisher noch einen schwachen Schimmer in der großen, leeren Stube, die sich bei dem gänzlichen Mangel an Möbeln fast unheimlich ausnahm, verbreitet hatte, ganz und gar ausging, schauderte der kleine Theodor zusammen und sagte halbleise zu seinem Bruder:

»Wilhelm, ich fürchte mich, laß uns zu Bett gehen!«

»Ich fürchte mich nicht«, gab Wilhelm zur Antwort, »aber ich friere und hungere, und wenn ich auch zu Bett gehe, so kann ich doch vor Hunger nicht schlafen!«

»Schlafen kann ich«, erwiderte Theodor, »und ich träume dann immer sehr angenehm, ich gehe mit Vater und Mutter spazieren im Walde, wir pflücken Erdbeeren, Mutter schneidet mir große Butterbröte, oder Vater bringt mir etwas mit aus der Stadt. Träumst du nicht, Wilhelm?«

»O ja«, versetzte dieser, »aber meine Träume sind anderer Art. Einmal sah ich, wie die Hütte über uns zusammenstürzte, ich sprang aus dem Fenster, du warst zu langsam und wurdest zerschmettert; ich sehe dich noch unter den Balken liegen mit dem blutigen, zerquetschten Kopfe. Ein anderes Mal gingen wir zusammen im Walde; du fandest eine schöne Frucht, wie wir noch niemals gesehen hatten, als wir sie aber essen wollten, kam plötzlich ein großer Raubvogel und riß sie dir mit dem hungrigen Schnabel aus der Hand; ich erhaschte ihn bei den Flügeln; er aber hackte mir ins Auge, so daß ich ihn loslassen mußte.«

»Armer Wilhelm«, sagte Theodor, »ich wollte, daß ich dir meine Träume mitteilen könnte! Es ist doch schlimm, daß du in demselben Augenblick, wo mir träumt, du begleitest mich, issest mit mir und teilst meine Freuden, in Angstschweiß liegen und mit Ungeheuern kämpfen mußt.«

»Ach was«, entgegnete Wilhelm unwillig, »mit meinen Träumen wollte ich leicht fertig werden, wenn wir nur am Tage etwas zu essen hätten. Du bist auch viel ungeschickter als ich; weißt du wohl, daß ich gestern und vorgestern beide Male eine Drossel fing? Wenn es mir aber mit dem Fange nicht geglückt, du bringst nie das Geringste nach Hause. Ich weiß kaum, warum ich noch immer mit dir teile; wärst du nicht gewesen, so hätte ich noch Kartoffeln und Brot die Menge gehabt.«

»Du bist wieder einmal recht sehr hart gegen mich«, antwortete Theodor nach einer ziemlich langen Pause, »ich weiß wohl, daß ich selten oder niemals Glück habe, wenn ich in den Wald gehe, um Wurzeln zu suchen oder ein kleines Tier, einen Vogel usw. für unseren Tisch zu fangen, aber ich lasse es doch an gutem Willen nicht fehlen und bin ja auch noch nicht so groß wie du.«

Ein tiefes Stillschweigen entstand. Schauriger brauste der Sturm. Nach einer Weile sagte Theodor:

»Wilhelm, ich lege mich zu Bett; es ängstigt mich gar zu sehr, ich meine bei jedem Windstoß, daß die Hütte zusammenbricht.«

»Gehe nicht zu Bett, lieber Theodor«, versetzte Wilhelm und faßte seine Hand, »fühlst du nicht, wie ich zittere? Es war mir eben, als ob Vater vor mir stände, so blaß und entstellt, wie er draußen in der Kammer liegt; weiß du noch, wir sahen ihn zum letztenmal, als wir Mutter hineintrugen. Er drohte mir mit dem Finger, o, Theodor, ich will dich recht lieb haben!«

»Ach, Wilhelm«, entgegnete Theodor leise, »mich grauset bei deinen Worten. Ich glaubte, unsere Mutter zu sehen, sie schaute mit trüben, ernsthaften Blicken auf dich und schlug ihre Augen dann gen Himmel. Sollten unsere Eltern wirklich noch leben; sollten sie in einem tieferen Schlafe liegen und nur selten erwachen dürfen? Wollen wir einmal in die Kammer gehen?«

»Nein, nein!« antwortete Wilhelm hastig, »ich gehe nicht in die Kammer. Vater und Mutter sind tot; sie haben uns oft gesagt, daß die Toten vor dem Jüngsten Tage nicht wieder erwachen.«

»Wie, Wilhelm«, versetzte Theodor, »wenn heute der Jüngste Tag wäre? Hast du jemals einen solchen Sturm erlebt? Es ist, als ob alle Bäume aus der Erde gerissen würden.«

»Wir wollen beten«, sagte Wilhelm, »bete, Theodor!«

»Und ich will den lieben Gott um den Jüngsten Tag bitten«, antwortete Theodor und faltete seine Hände.

Plötzlich ließ sich vor den Fenstern ein wildes Gelächter vernehmen, und es war, als ob an die Tür gepocht würde.

»Was war das?« rief Wilhelm.

»Bruder, Bruder, bete!« rief Theodor.

Das Gelächter wurde stärker und wilder wiederholt, ein helles Licht drang in das Fenster, und seltsame Gestalten huschten, wie Schattenbilder, vorüber. Theodor klammerte sich ängstlich an seinen Bruder, dieser aber rief: »Laß mich los, laß mich los, ich will hinaus!«

»Um Gottes willen nicht, Bruder!« ermahnte Theodor. Doch Wilhelm ließ sich nicht halten, sondern eilte fort. Kaum hatte er die Tür geöffnet, als der Sturm auf einmal schwieg; liebliche Klänge und Gesänge schallten ihm entgegen, schöne Blumen erfüllten die Luft mit Wohlgerüchen, und es war heller Tag. Wilhelm traute seinen Augen nicht und fragte sich selbst: hab ich denn einen von Theodors Träumen? Plötzlich stand ein langer, hagerer Mann mit einem eingefallenen, düsteren Gesicht vor ihm und rief ihm mit dumpfer Stimme zu: »Laß die Gedanken an den Bruder und sieh dich hier um!« Wilhelm wagte kaum, den Mann anzusehen, obgleich dieser sich auf alle Weise bestrebte, ungewöhnliche Freundlichkeit in seine Mienen zu legen; umso lieber aber folgte er dem Geheiß desselben, sich umzusehen, und bewunderte die seltene Pracht und Herrlichkeit, die ihn umgab und die sich mit jeder Minute veränderte. Bald sah er einen großen, von köstlichen Gärten eingefaßten, dunkelblauen See, in welchem das Bild der Sonne schwamm, wie eine goldene Kugel, und dessen sanfte Wellen, sowie ein leiser Luftzug sie bewegte, in allen Farben spielten; bald ein lustig grünendes Wäldchen mit Rehen, Hirschen und Eichhörnchen; jetzt schaute er in einen mächtigen Palast hinein, mit Pforten von gediegenem Silber und Wänden von Stahl, und jetzt stieg ein riesenhafter Turm vor seinen Blicken in die Höhe, und all diese ungeheuren Erscheinungen schienen nicht tote Massen zu sein, sie schienen ein eigentümliches Leben zu haben und nach eigener Willkür zu kommen und zu verschwinden. Wilhelm verwandte kein Auge von dem Turm, denn ihm war, also ob er ganz oben in einem der vielen Erker das Bild seiner Mutter gewahre, die ihn unverwandt und wehmütig, fast bittend ansah; der hagere, finstere Mann sah auch hinauf, ein düsterer Schatten lief über sein Gesicht, und er fragte den Knaben hastig, um ihn von der Betrachtung des Turmes abzuziehen, ob er auch vielleicht hungrig sei.

»Ach, recht sehr«, antwortete Wilhelm, »ich habe den ganzen Tag nichts gegessen.«

»Den ganzen Tag nicht?« entgegnete der Hagere, »ei, ei, wo waren denn deine Eltern, daß sie dir nicht zu essen gaben?«

»Meine Eltern sind tot, mein Vater starb vor vierzehn Tagen, meine Mutter vor acht.«

»Tot?« versetzte der Hagere mit einer unangenehmen höhnischen Lache, »ja, ich weiß, ich weiß! Faul Volk, faul Volk! Wenn das nicht mehr arbeiten mag, so legt sichs auf den Rücken und stellt sich tot! Hä! hä! hä!«

»Lache nicht, Mann«, sagte Wilhelm, und kalte Schauer rieselten ihm durch Mark und Bein, »mein Vater und meine Mutter *sind* tot!«

»Es gibt keinen Tod«, erwiderte der Hagere, »es gibt nur Leben, nur Leben. Was sich tot stellt, das kehrt die alte Spielerei um, schläft bei Tage und verläßt bei Nacht sein Grab, um zu hüpfen und zu springen. Wo liegt dein Vater und deine Mutter? führ mich hin, führ mich hin, sollen schon heraus, mögen wollen oder nicht!«

Wilhelm starrte ihn an. Dann sagte er: »Mein Vater und meine Mutter liegen in der Kammer, den Vater trug die Mutter dahin, als er gestorben war, die Mutter wir, ich und mein Bruder. Da sah ich meinen Vater zum letztenmal; seine Augen waren aufgesprungen, seine Wangen entsetzlich aufgedunsen – o, er ist wohl tot!«

Der Hagere lachte. Wilhelm war es, als ob er durch dies Gelächter vernichtet würde, er schrie laut auf und wollte entfliehen. Doch auf einmal stand ein mit den schönsten Speisen besetzter Tisch vor ihm, und der Hagere rief ihm zu:

»Dummer Knabe, willst denn verhungern? Bleib doch! Iß, iß! Hab dich längst gerufen, hab dich lieb!«

Der Hunger erwachte wieder mit aller Gewalt in Wilhelm, als er die Gelegenheit, ihn zu stillen, vor sich sah. Er aß und trank gierig und war schon halb gesättigt, als er sich seines armen Bruders erinnerte und den Hageren bat, doch auch diesen herbeizurufen. Der aber machte ein falsches Gesicht und sagte:

»Davon kein Wort. Sorge für dich! Siehst du jenen Baum? Neben ihm steht einer, der dem Ausgehen nahe ist; er kümmert sich nicht darum, er saugt ruhig aus Luft und Erde seine Nahrung ein.«

»Das klingt ganz anders, als Vater und Mutter mir sagten!« erwiderte Wilhelm schüchtern.

»Weiß wohl«, erwiderte der Hagere, »hab aber recht, hab immer recht.«

Wilhelm schwieg, doch aß er nur noch wenig mehr.

»Willst zurück in deine Hütte?« fragte der Hagere, »will dich heut abend nicht länger aufhalten, werden uns schon noch kennenlernen. Nimm mit zu essen, was du willst, habs übrig!«

Er steckte Wilhelm alle Taschen voll Obst und Backwerk. Dann fuhr er fort:

»Sollst lieben Vater, liebe Mutter doch schnell noch einmal sehen, siehst sie wohl gern?«

Auf einmal war es eine kalte Mondnacht, Wilhelm befand sich mit dem langen, hageren Manne auf einem luftigen Revier, ihm klapperten die Zähne, halb vor Angst, halb vor Frost. Der Mond verhüllte sich hinter Wolken; da erschien tänzelnd und spielend ein langer Zug kaum sichtbarer Gestalten, unter welchen Wilhelm mit Entsetzen seine Eltern erkannte. Diese gebärdeten sich vor allen lustig; sie hüpften an ihm vorüber und warfen, obgleich sie ihn wohl bemerkten, gleichgültige Blicke auf ihn. Der Hagere nickte ihm mit grinsendem Lächeln zu und sagte:

»Hast dus gesehen? Hätte Theodor hier gestanden, wären sie freundlicher gewesen; wirsts glauben!«

Plötzlich kehrte die alte Dunkelheit zurück, der Sturm brauste fürchterlich, der Regen klatschte, und Wilhelm stand vor der Hüttentür. Er trat schnell hinein.

»Ach, Wilhelm, bist du wieder da?« rief Theodor ihm entgegen, »ich fürchtete, daß ich dich niemals wiedersehen würde, denn ich sah dich in einem wilden Meer von Flammen, die sich immer dichter um dich zusammenringelten und dich zuweilen ganz zu verschlingen schienen; ja einmal kam es mir sogar vor, als ob du Flammen äßest. Ich stand am Fenster und rief dir zu, du möchtest beten; dann aber lachte es auf gräßliche Weise hinter mir; ach, Wilhelm, laß mich nicht wieder allein.«

»Ich bringe dir etwas zu essen mit«, erwiderte Wilhelm einsilbig, »nimm hin, Obst und Kuchen!«

Der kleine Theodor streckte hastig die Hand aus nach den dargebotenen Leckerbissen, doch kaum hatte er sie zum Munde geführt, als er ausrief: »Pfui, Wilhelm, das ist unartig von dir, mich jetzt zu necken; du gibst mir ja nichts als faules Holz!«

»Was?« versetzte Wilhelm, »diese Kuchen und diese schönen Birnen wären faules Holz? Dich hat der Hunger wohl schon verrückt gemacht. Mir schmecken sie vortrefflich!«

Mit großem Vergnügen verzehrte er noch einen der Kuchen. Theodor versuchte sie abermals, als er sie indes wieder ausspeien mußte, fing er an, bitterlich zu weinen.

2

Es war schon spät am Morgen, die Sonne schaute in die trüben Fenster, als Wilhelm erwachte. Seltsame Träume, die unvermeidlichen Ergebnisse der Vorgänge des vorigen Abends, hatten ihn umgaukelt, und wie er die Augen aufschlug, stieß er seinen Bruder in die Seite und rief: »Theodor, wo ist doch der lange, hagere Mann geblieben, der mich die fremden Spiele lehrte und mir einmal sogar Flügel an die Schultern setzte, womit ich mich hätte in die Lüfte aufschwingen können, wenn mich die Angst nur nicht zurückgehalten hätte?« Theodor aber gab keine Antwort, sondern ächzte und stöhnte tief. Wilhelm wandte sich nach ihm um und sah, daß sein Gesicht kreideweiß war; er erschrak heftig und schrie ängstlich: »Theodor, bester Bruder, was fehlt dir?« Theodor richtete einen matten Blick auf ihn und sagte: »Ich weiß es selbst nicht, lieber Bruder, ich fühle mich gelähmt an allen Gliedern, ich habe die ganze Nacht keine Luft schöpfen können, mir war, als ob dicker Qualm die Stube erfülle, und du lagst in einem so schweren Schlaf, daß ich geglaubt haben würde, du wärest schon erstickt, wenn ich nicht deine regelmäßigen Atemzüge hätte hören können. Ach, Wilhelm, ich glaube, der Rauch kam von den Sachen, die du mitgebracht hast, ich wäre gern aufgestanden und hätte sie aus dem Fenster geworfen, aber ich konnte mich nicht rühren; wirf du sie doch fort und gehe des Abends nie wieder hinaus!«

»Das Fieber spricht aus dir«, erwiderte Wilhelm verdrießlich, indem er aufstand; »siehst du diese schönen Kuchen? Sie sollen uns köstlich zum Morgenimbiß munden!«

»Komme mir nicht nahe damit«, schrie Theodor entsetzt, als Wilhelm ihm ein Stück Kuchen hinreichen wollte; »ach, Bruder, wirf sie weg, denn gewiß hat sie dir kein anderer gegeben als der böse Geist, von welchem Mutter uns erzählte, daß er im Walde rumore und uns feindlich gesinnt sei.«

»Der böse Geist!« antwortete Wilhelm und fuhr dann leise und von Schauern gerüttelt fort: »ja, der Mann war sehr finster, und ich zitterte und bebte, als ich ihm zum ersten Male in die hohlen Augen sah; doch er belustigte mich ja durch allerlei Wunderwerke, die er mich sehen ließ, und statt mir etwas zuleide zu tun, gab er mir zu essen. Er konnte unmöglich der böse Geist sein! Und gesetzt, es wäre der böse Geist gewesen – warum zürnte er auf uns?«

»Das weiß ich auch nicht!« erwiderte Theodor und bat seinen Bruder um etwas kaltes Wasser, welches dieser ihm in einem irdenen Napf hinreichte.

»Auf Vater und Mutter«, begann Wilhelm abermals, »mochte der Geist zürnen; sie erzählten uns von ihm ja nichts als Böses, und das würde mich selbst verdrießen.«

»Weißt du wohl noch«, sagte Theodor, »wie Vater eines Abends nach Hause kam und von Blut triefte? Das hatte der böse Geist getan!«

»Dies machte die Mutter uns weis«, entgegnete Wilhelm, weil der Vater unserer Fragen wegen ärgerlich wurde; nachher sagte sie mir, der Vater wäre mit einem Jäger im Walde zusammengekommen, der habe ihm das Schießen verbieten und ihn ergreifen wollen und den Vater, als er sich zur Wehr gesetzt, in den Arm geschossen.«

»Was ist das, ein Jäger?« fragte Theodor.

»Ein Mann«, entgegnete Wilhelm, »der Tiere schießt, wie unser Vater, denn es leben noch viel mehr Menschen als wir beide auf der Welt, und die Welt ist viel größer als dieser Wald.«

»Das weiß ich«, versetzte Theodor, »Vater ging ja manchmal des Abends, wenn er einen großen Rehbock oder gar einen stattlichen Hirsch ausgeweidet hatte, zu den Menschen und brachte dann Brot und sonstige Lebensmittel mit; aber er war dabei immer so scheu und ängstlich, daß er sie gewiß sehr fürchtete, und daß ich selbst zittere, wenn ich daran denke, es könne einmal einer den Weg zu unserer Hütte finden.«

»Darum zittere ich gar nicht«, erwiderte Wilhelm, »ich wollte nur, daß ich aus dem dicken Walde herauszukommen wüßte; dann suchte ich die Menschen sogleich auf, Vater und Mutter waren ja auch Menschen.«

»Ach, Wilhelm«, klagte Theodor, »ich bin so hungrig, solltest du nicht einige wilde Wurzeln ausgraben können?«

»Ich wills versuchen«, entgegnete Wilhelm, »da du nun einmal glaubst, daß du meine Kuchen nicht essen kannst.«

Er ging hinaus. Der Tag war unfreundlich geworden, ein trübes, unangenehmes Grau bedeckte den Himmel. Wilhelm ging tiefer in das Gebüsch. Da stand auf einmal ein kleines Männchen mit einem aschfarbenen Gesicht vor ihm und fragte, wo er hinwolle.

»Ich will einige Wurzeln suchen«, war seine Antwort.

»Ei, ei«, fuhr das Männchen fort, »was sollen die Wurzeln denn?«

»Mein Bruder will sie essen!« entgegnete Wilhelm.

»Aha, der Bruder«, erwiderte das Männchen, »was gibt der Bruder dir denn dafür, daß du bei dieser Kälte für ihn in den Wald hinausläufst und Wurzeln suchst? Doch, du bist ja einmal solch ein Narr, daß du es tust; komm mit mir, ich will dir zeigen, wo die schmackhaftesten stehen.«

Das Männchen setzte sich in einen sonderbaren Trab, und Wilhelm wagte es nicht, es dadurch, daß er nicht folgte und so seinen guten Willen zurückwies, zum Zorn zu reizen. Er eilte ihm nach; es ging in die Kreuz und Quer, und oft schlugen die bereiften Zweige der Bäume den armen Knaben ins Gesicht. Endlich stand das Männchen still; Wilhelm befand sich in einer wildfremden Gegend, wo er noch niemals gewesen war, und er sah nicht ohne Herzklopfen umher. Das Männchen zeigte mit seiner kleinen, spitzigen Hand auf eine Stelle, wo Wurzeln zu stehen schienen; Wilhelm zog sein Messer aus der Tasche und begann sie auszugraben. Dies gelang ihm, obgleich die Erde hart gefroren war, über die Maßen schnell. Als er die Wurzeln in sein Taschentuch gepackt hatte, sagte das Männchen zu ihm: »Nun habe ich mein Wort gehalten und muß eilen, daß ich nach Hause komme; ich wohne auf dem Abendstern und bin meines Berufs ein Scharfrichter!«

Wilhelm starrte das Männchen sprachlos an; dieses wandte sich gleichgültig ab und setzte sich wieder in seinen Trab, Wilhelm aber ergriff den einen Zipfel seines Rockes und schrie:

»Ich lasse dich nicht, du mußt mir erst den Weg zeigen, allein finde ich mich nicht zu der Hütte zurück.«

»Das kann geschehen«, versetzte das Männchen trocken, »wenn wir über den Preis, den ich dafür fordern muß, einig werden können. Ich habe mir eine köstliche Sammlung von Edelsteinen angelegt, die mir viel Vergnügen macht, und wenn ich dir den Weg, den du allein allerdings nicht finden wirst, zeigen soll, so mußt du dich schon bequemen, diese meine Sammlung mit einem guten Stein von echtem Feuer zu vermehren.«

»Ich habe keine Edelsteine«, entgegnete Wilhelm, »und kann dir deswegen auch keine geben.«

»Doch, doch«, erwiderte das Männchen, »ich meine keine anderen Edelsteine als deine braunen, blitzenden Augen.«

Er streckte gierig seine Hände aus, und jetzt erst bemerkte Wilhelm, daß die Finger des Männchens keine gewöhnlichen Finger, sondern vielmehr spitzige Krallen waren, wie er sie wohl früher an großen Vögeln gesehen hatte. Wilhelm sprang entsetzt zurück, das Männchen aber lief ihm nach und rief:

»Mußt das Auge lassen, das Auge lassen für den Bruder!«

Wilhelm suchte ihm zu entlaufen, aber es half ihm nichts, er verwickelte sich im Gesträuch und fiel erschöpft zu Boden. Das Männchen warf sich über ihn hin und sprach:

»Dein Auge muß ich haben, ich muß meinen Kindern etwas mitbringen und bin stärker als du. Leide geduldig, daß ich es dir ausnehme, sonst heile ich die Wunde nicht einmal wieder zu und zeige dir noch weniger den Weg.«

Wilhelm bedeckte seine Augen mit beiden Händen, das Bild seines Bruders glitt an seiner Seele vorüber, und er rief in dumpfer Verzweiflung vor sich hin:

»O Theodor, Theodor! wenn du den Kuchen hättest essen wollen, so läge ich nicht in dieser entsetzlichen Todesangst!«

Das Männchen erwiderte: »Ja, ja, mein Junge, so ist es, solch ein Bruder ist oft nichts anderes als der böse Geist in eigener Person; solange die Eltern noch leben, ist er es, dem alle Liebe und Pflege zuteil wird, und nachher steht er allenthalben störend im Wege, kann selbst nichts tun und verlangt tausend Dienstleistungen!«

Diese Worte des Männchens erweckten in Wilhelms Brust einen tiefen Groll gegen seinen Bruder; er erinnerte sich, daß dieser von Vater und Mutter immer vorgezogen worden war, und nur kaum unterdrückte er die Verwünschung, die ihm schon auf den Lippen saß.

»Jetzt mache dich bereit«, rief das Männchen, »ich zögere nicht länger.«

Es streckte die grimmigen Krallen aus, es riß Wilhelm die Hände vom Gesicht weg; da schrie er laut auf, und in demselben Augenblick vernahm er die Stimme des hageren Mannes. Das Männchen ließ von ihm ab und fing an zu weinen; der Hagere schrie ihm zornglühend zu: »Wenn du dich noch einmal an diesem Knaben vergreifst, der mein Liebling ist, so sperre ich dich in eine Muschel ein und werfe dich ins Meer, wo du liegen kannst bis in alle Ewigkeit.« Je länger der Hagere das Männchen schalt, um so dünner wurde es, so daß es zuletzt zu einem bloßen Schatten zusammenschmolz und seine vorige Gestalt erst wiedergewann, als jener sich von ihm abgewendet hatte. Der Hagere kehrte sich nun zu Wilhelm und sagte:

»Warum schriest so? Wär früh genug gekommen, bin immer bei dir; was willst nun?«

»Mit meinen Wurzeln zum Bruder zurück!« entgegnete Wilhelm.

»So! So! zum Bruder«, versetzte der Hagere; »leb wohl, denk an mich, hier ist der Weg!«

Damit verschwand er, Wilhelm aber erblickte gerade vor sich einen gebahnten Weg, den er bisher noch nicht bemerkt hatte. Er verfolgte diesen und langte bald wieder in der Hütte an.

Mißmutig, ohne sich um Theodor zu bekümmern, warf er die Wurzeln auf den Tisch und machte dann mit dürrem Reisholz, wovon noch ein kleiner Rest in der Küche lag, Feuer im Ofen an.

Als er hiermit fertig war, rief er Theodor, der noch immer im Bette lag, unwillig zu: »Willst du denn heute nicht aufstehen? Es ist bereits Mittag!« Theodor antwortete nur mit einem unverständlichen Ach, doch der Ton, worin er dies Ach ausstieß, zerschnitt Wilhelm das tiefste Herz, er bereute seine harten Worte und trat zu seinem Bruder ans Bett. Dieser lag da in einem erbarmungswürdigen Zustande, die Augen geschlossen, die Hände krampfhaft ausgestreckt und herzzerreißende Wehlaute ausstoßend. Wilhelm erinnerte sich mit Entsetzen, daß so die Mutter ebenfalls gelegen, ehe sie verschieden war; er warf sich über seinen Bruder, er schrie: »Ach, Theodor, Theodor! Du darfst nicht sterben!« Er bedeckte seinen Mund mit glühenden Küssen. Der Mund war kalt, die Brust röchelte schwächer und schwächer, der Odem stand. Wilhelm sprang wild auf und heulte: »Er stirbt! er stirbt!«

»Das tut er!« rief eine Stimme ins Fenster; »was machts?«

Wilhelm bemerkte den Hageren, der mit einem unheimlichen Lächeln ins Zimmer hineinsah.

»Er darf nicht sterben! Er soll nicht sterben!« schrie Wilhelm, »du mußt ihn retten!«

»Wie du meinst«, antwortete der Hagere, »ganz nach deinem Belieben!«

Er trat herein.

»Siehst du diesen Becher?« sagte er zu Wilhelm; »hierin ist ein Trank befindlich, der zwingt jeden ins Leben zurück. Wenn du diesen deinem Bruder einflößest, so fangen seine Pulse wieder an zu schlagen, und er ist so gesund, wie vorher. Doch eins mußt du dabei beobachten: Du mußt alle deine Gedanken auf deinen

Bruder richten und alle deine Wünsche in dem *einen* Wunsch, daß er am Leben bleiben möge, vereinigen, wenn du ihm den Trank eingibst. Nun tu, was dir gut dünkt, ich überlasse dir alles, vorher aber genieße ein kleines Frühstück!«

Er stellte den Becher auf den Tisch und zog eine Flasche heraus, die er Wilhelm hinreichte. Dieser trank, ein seltsames Feuer ergoß sich durch alle seine Glieder, und die Welt um ihn her schien ihm verwandelt. Er stand nicht mehr in der Hütte, sie war zu einem ungeheuren Edelstein geworden, der rosenrote Strahlen schoß und mit dem dunkelblauen Himmelsgewölbe in eins zu verschwimmen schien; dunkelrot glänzten alle Bäume im Walde, und wunderbare, liebliche Gestalten schwebten vom Himmel herab und stiegen aus Schluchten und Gebüschen hervor; herrlich vor allen aber stand der lange, hagere Mann da: das Düstere, Grauenhafte seines Gesichts löste sich auf in ernste, gebietende Schönheit, ein weiter, mit Gold und Silber reich gestickter Mantel umwallte ihn, und alle Gestalten neigten sich vor ihm in Demut und Liebe. Auch Wilhelm fühlte sich unwiderstehlich zu ihm hingerissen; doch, wie er sich zu seinen Füßen werfen wollte, lag ihm plötzlich sein Bruder mit dem leichenblassen, kalten Gesicht im Wege; er wollte, von rasender Begier getrieben, über ihn hinwegeilen, da stieß Theodor einen Schrei aus, all die Herrlichkeit verschwand wie ein Wolkenbild, und er stand wieder in seiner nackten, armseligen Hütte.

»Bist du denn wirklich mein böser Geist?« rief Wilhelm fast außer sich, »der bestimmt ist, alles zu vernichten, was mich beglücken kann?«

»Er ist es!« entgegnete kalt und höhnend der Hagere, der, wie Wilhelm jetzt erst bemerkte, noch neben ihm stand; »doch es wird Zeit, daß du ihm den Trunk einflößest, darum muß ich mich entfernen.«

»Ich flöße ihm nimmer den Trunk ein!« sagte Wilhelm.

»Du tust es doch!« erwiderte der Hagere, häßlich lachend, und ging hinaus.

Wilhelm stand einen Augenblick in tiefen Gedanken verloren; ihm war, als habe er bisher nur noch immer geträumt, als sei eben das Leben mit all seinen Schätzen an ihm mit leichtem Gruß vorübergegangen, als sei er aber sogleich in den alten, dunklen

Traum von einer Hütte im Walde, von einem Bruder, dem er Wurzeln graben müsse, zurückgesunken. Doch da fiel sein Blick von ungefähr auf Theodor, der still und regungslos in seinem Bette lag. All die Liebe, welche er einst für den Bruder gefühlt hatte, erwachte in seinem Herzen, und schnell ergriff er den Becher und flößte ihm den Trunk ein. Er bestrebte sich, all seine Gedanken auf den Bruder zu richten und all seine Wünsche in dem Wunsch für dessen Leben zu vereinigen; aber dennoch erinnerte er sich einmal mit sehnsüchtigem Verlangen der Wunderwelt, in deren Umkreis er noch vor wenigen Minuten verweilt hatte; da wurde die Wange seines Bruders, die schon zu erröten anfing, merklich blässer, sein Auge schloß sich wieder, und er machte mit den Händen krampfhafte Bewegungen. Als Wilhelm dieses bemerkte, war es ihm, als sei er der Mörder seines Bruders geworden; er warf sich vor dem Bett auf die Knie nieder und schrie mit tränenerstickter Stimme: »Ach Theodor, mein Theodor!«

»Was ist dir, Bruder?« antwortete Theodor hell und klar, »was fehlt dir?«

»Ach«, sagte Wilhelm, »ich glaubte, du wärest gestorben.«

»Du hast geträumt«, antwortete Theodor, »ich bin munter und so gestärkt, als hätte ich eine gute Mahlzeit gehalten!«

Gesund stand er auf.

3

Wilhelm erzählte nun seinem Bruder, was sich mit ihm zugetragen habe. Dieser hörte ihm mit immer wachsender Aufmerksamkeit zu. Als Wilhelm geendet hatte, sagte Theodor:

»Bruder, ich will dir nicht verhehlen, daß deine Erzählung mich mit tiefstem Grausen erfüllt hat. Es ist mir, als hättest du in mir die Erinnerung entsetzlicher Träume angefacht, die ich ganz und gar vergessen hatte, obwohl sie mich erst in der Zeit deiner Abwesenheit gefoltert haben. Die seltsamen Gestalten, deren du erwähnst, sind mir im Traume nahegetreten, wie dir im Leben. Du warst nur kaum fortgegangen, als mich ein schwerer, unwiderstehlicher Schlaf befiel; ich konnte die Augen nicht offenhalten, so gern ich es auch, von sonderbarer Angst ergriffen, getan hätte.

Im Traume kam es mir nun vor, als sähe ich dich im Walde auf der Erde liegen; ein kleines, widerwärtiges Männchen, welches du nicht von dir abzuwehren vermochtest, lag über dir und schrie: ›Ich will dein Auge, ich will dein Auge!‹ Ich warf mich vor dem Männchen auf die Knie und hob flehend die Hände auf; das Männchen aber rief mir drohend zu: ›Sei du nur still; er oder du!‹ In diesem Augenblick bemerkte ich einen finsteren, hageren Mann, der schon lange im Gebüsch gestanden zu haben schien, obgleich ich ihn keineswegs gesehen; dieser blickte bald hohnlachend auf mich, bald auf das Männchen; als aber das Männchen dir die Hände vom Gesicht riß, begann der Hagere es heftig zu schelten, und ich hörte dieselben Worte, die du ihn hast ausstoßen hören. Das Männchen stellte sich, als ob es weine; es schnitt mir aber, sowie der Hagere einmal wegsah, die abscheulichsten Gesichter zu und stürzte sich, sowie jener sich mit dir entfernt hatte, über mich. Es dauerte nicht lange, so kam der Hagere zurück. Ich freute mich und hoffte, er werde mich aus der Gewalt des Männchens retten; er aber warf dem Männchen einen freundlichen Blick zu und ging vorüber. Da fühlte ich einen stechenden Schmerz; zugleich aber ließ das Männchen mich los. Es jubelte und hüpfte fröhlich umher; dann stand es vor mir still und zeigte mir etwas Glänzendes. Das war mein Auge; es funkelte wunderbar im Strahl der Sonne, und, so sehr es dich befremden mag, ich sah nicht ohne Vergnügen hinein. Plötzlich kletterte oder sprang vielmehr das Männchen in einen Baum, dann entfaltete es Flügel und schwang sich auf in die Lüfte. Es war schon ganz verschwunden, da hörte ich seine heisere Stimme, ich vernahm die Worte: ›Dein Auge hab ich, jetzt mußt du mir nach!‹ Und wirklich erwachte in mir ein rasender Trieb, dem Männchen nachzueilen; ich heulte, ich schrie, ich versuchte in die Bäume zu steigen, und eine gräßliche Angst befiel mich, als es mir anfangs gar nicht gelingen wollte, hineinzukommen. Endlich gelang es mir, eine hohe Tanne zu erklettern; noch aber hatte ich den Wipfel derselben nicht erreicht, als du mit dem Hageren vorbeigingst. Der Hagere sah zu mir hinauf; dann fragte er dich, ob du hungrig seiest. Als du seine Frage mit Ja beantwortetest, zeigte er auf mich und sagte: ›Dort sitzt ein Eichhorn, das wollen wir braten.‹ Er riß mich vom Baume herunter; du betastetest mich und sagtest: ›Das Tier ist fett.‹ Ich konnte lange vor Angst kein Wort hervorbringen; dann stöhnte ich: ›Wilhelm! Wilhelm!‹ ›Willst du beißen, giftiges Ding?‹ riefst du und schlugst mich auf den Mund. Jetzt zündete der Hagere ein Feuer an, du trugst selbst hurtig dürres Holz hinzu. Da kam es mir in den Sinn, ich mußte beten; laut wollte ich rufen: ›Gott im Himmel, verlaß mich nicht!‹ Aber, sowie ich die Lippen bewegte, bemerkte ich zu meinem Entsetzen, daß ich wirklich unverständliche Töne, wie die eines Eichhorns, von mir gab und keineswegs auf meinen Füßen stand, sondern vielmehr auf behaarten Pfoten herumkroch. Nun schwanden mir die Sinne.«

Wilhelm stand nachdenklich; dann antwortete er: »Ich weiß nicht, worüber ich mich am meisten verwundern soll, ob über das unbegreifliche Zusammentreffen deines Traumes mit demjenigen, was mir mit dem Männchen begegnet ist, oder vielmehr darüber, daß es mir in diesem Augenblick vorkommen will, als müßte ich auch von einem Eichhorn etwas wissen, welches der Hagere mir gebraten und mit mir verzehrt habe.«

»Höre, Bruder«, sagte Theodor, »laß uns aus diesem Walde fliehen! So große Scheu ich ehemals vor Menschen hatte, so sehr ich vor der Möglichkeit, mit ihnen zusammenzukommen, zitterte, so groß ist jetzt mein Verlangen, mich zu ihnen zu flüchten.«

»Ging da nicht der hagere Mann vorbei?« rief Wilhelm. Da hörte er auf dem Hausflur ein Gewinsel und tiefes Seufzen.

»Wilhelm, was war das?« sagte Theodor ängstlich.

»Laß uns hinausgehen und zusehen!« entgegnete Wilhelm.

»Nein, um keinen Preis!« erwiderte Theodor.

»So gehe ich allein!« versetzte Wilhelm; »es ist ja noch hell.«

Er öffnete die Tür. Ein altes, sieches Weib, welches an Krücken ging und sich kaum aufrechterhalten konnte, streckte ihm die ausgedörrte Knochenhand entgegen und bat ihn um Speise und Trank. Dies war die zweite Bettlerin, die Wilhelm in seinem Leben sah; einmal, vor vielen Jahren, hatten seine Eltern eine Zigeunerin beherbergt und wohl bewirtet. Ihn jammerte das alte Weib, und mit großem Schmerz erinnerte er sich seiner grenzenlosen Dürftigkeit; sie wiederholte ihre Bitte, da antwortete er ihr:

»Ich habe nichts als einen Trunk Wasser; den könnt Ihr bekommen!«

»Keinen Bissen Brot? kein Stücklein Fleisch?« fragte sie unter jämmerlichen Gebärden.

»Nichts, nichts!« erwiderte er.

»Willst du mir geben, was du hast?« fuhr sie fort.

»Ich sage dir, daß ich nichts habe!« versetzte er.

»Du hast doch einen Bruder«, entgegnete sie, »überlaß mir den Bruder!«

»Weib, entsetzliches Weib, was willst du mit meinem Bruder?« rief Wilhelm und trat einen Schritt zurück.

»Menschenfleisch schmeckt süß!« antwortete die Alte und wollte in die Stube. Wilhelm aber ergriff den im Winkel stehenden ehemaligen Handstock seines Vaters, der mit Eisen beschlagen war, und versetzte dem häßlichen Weibe damit einen heftigen Schlag auf den Kopf. Das Weib fiel mit einem dumpfen Schrei zu Boden; sie lag unbeweglich. Kalte Schauder durchrieselten Wilhelm, er hoffte, sie sollte wieder aufstehen, er warf den unseligen Stock von sich, er kauerte sich neben die Alte hin, er beugte sich über sie, und als er bemerkte, daß sie keinen Atem mehr hatte, daß ihre Gesichtszüge sich mehr und mehr verzerrten, ergriff ihn eine entsetzliche Angst, er fühlte, daß er einen Menschen getötet habe, und vermochte kaum, sich wieder vom Boden zu erheben. Plötzlich klopfte ihm jemand von hinten auf die Schultern; als er sich umsah, bemerkte er den hageren Mann, der sich an die Wand gelehnt und, wie es schien, ihn schon lange betrachtet hatte. Da erinnerte sich Wilhelm jenes Tranks, durch den sein Bruder genesen war, und dringend bat er den Hageren um den Becher. Der aber lachte und meinte, Wilhelm sei ein gar zu großer Tor, wenn er glaube, daß er den Becher beständig bei sich führe.

»So hole ihn«, schrie Wilhelm, »du mußt ihn holen!«

»Ich habe keine Zeit«, entgegnete der Hagere, »ich muß Steine sammeln. Du siehst, dem Bruder zu Gefallen bist du ein Mörder geworden; nun, was tuts? Einem Mörder schmeckt Fleisch und Brot so gut, wie jedem anderen!«

»Ein Mörder, ja ein Mörder!« wiederholte Wilhelm dumpf und schwieg dann lange. Der Rabenstein, von welchem die Mutter ihm oft in langen Winterabenden erzählt hatte, wenn er den Bruder in heftigem Jähzorn gescholten oder geschlagen, schwankte in schaurigen Umrissen an seiner Seele vorüber.

»Du kannst ja die Toten auferwecken«, sagte er darauf furchtsam zu dem Hageren, »wecke diese auf!«

»Über diese hab ich keine Macht«, antwortete der Hagere, »bloß Menschen kann ich ins Leben zurückrufen, diese ist kein Mensch.«

In demselben Augenblick kam es Wilhelm, der einen trostlosen Blick auf die Alte warf, vor, als ob sie sich bewegte. Er sah abermals hin und hatte sich nicht getäuscht, sie bewegte sich wirklich. Doch, ihre Augen hatten sich in Vogelaugen verwandelt, ihre Arme waren zu Flügeln geworden, und mit einem häßlichen Geschrei schwang sie sich auf in die Lüfte.

»Nun muß sie tausend Jahre in Sturm und Regen, in Hagel und Schnee durch die Wolken irren«, sagte der Hagere, »eh sie ihre vorige Gestalt wieder annehmen darf. Knabe, du hast viel an ihr verschuldet!«

Wilhelm aber antwortete: »Diesen großen Vogel, der eben an uns vorbeihuschte, habe ich schon einmal im Traume gesehen!«

»Ich weiß, ich weiß«, versetzte der Hagere, »das war vor acht Tagen!«

»Du weißt?« fragte Wilhelm, »du weißt, was ich träume? Wer bist du denn?«

Der Hagere berührte unter seltsamem Lächeln mit seiner Hand die Wand. Da tat diese sich auf, und Wilhelm sah in eine Welt hinein, die sich von derjenigen, die einst an ihm vorübergezogen war, aufs bestimmteste unterschied, und die dennoch seine Seele ergriff. Einst waren es harmlose Erscheinungen und phantastische Gestalten, die ihn mehr neckten als angezogen, und vor denen er in ihrer Ungeheuerlichkeit zurückbebte; jetzt aber waren es Menschen, verwandte, aber glücklichere Wesen, in deren Verhältnisse er einen Blick tat, und die er beneidete. Da sah er Könige in ihrer Pracht und rotwangige Pagen, von welchen sie bedient wurden; tapfere Krieger auf ihren mutigen Rossen, die sich in den Kampf stürzten; ernste Gelehrte in ihrer einsamen Kammer, mit Augen wie Blitze und Worten wie Donner; Kaufleute, Reisende,

Künstler, und in seiner Brust erwachte zum ersten Male das schlummernde Selbstbewußtsein, er fühlte die Kraft in sich, zu werden, was jene waren; auch begriff er, wieviel er in den Jahren, die ihm im Walde nutzlos verschwanden, für ein glänzendes Ziel, welches ihm in weiter Ferne vor der Seele stand, hätte tun können, und der tiefste Unmut erfüllte ihn. Auf einmal erblickte er eine Jungfrau; leuchtend in prangender Schönheit, siegend, wo sie erschien, schritt sie daher. Könige und Fürsten neigten sich vor ihr; das Geräusch des Kampfes verstummte, wo sie sich nahte. Wilhelm war es, als hätte er jetzt den Zusammenhang aller Dinge erfaßt; die Schönheit erschien ihm als der ewige Pol, um den alle Erscheinungen des Lebens sich in rastlosem Kreislauf bewegten; jetzt wußte er, warum die Blume nur dann duftet, wenn sie im vollen Glanz ihrer Farben dasteht, warum der Vogel nur dann singt, wenn sein Gefieder sich entfaltet hat; er ahnte eine tiefe, innige Verbindung zwischen Sein und Gestalt; er war überzeugt, daß in dem Augenblicke, wo die Jungfrau sich niederlegen würde zum ewigen Schlaf, Himmel und Erde zusammenstürzen und alles, was lebt, mit ihr zugleich den Tod erleiden müsse; er selbst aber, glaubte er, würde sterben, sobald er sein Auge von der Herrlichen verwandte. Da trat ein Maler hervor mit Pinsel und Palette und zeichnete ihr Bild auf ausgespannter Leinwand; die Jungfrau belohnte ihn mit einem Blumenkranz. Ein Dichter sang seine Liebe in feurigen Gesängen; sie belohnte ihn mit einer Träne. »Und ich? und ich? was kann ich für sie tun?« schrie Wilhelm in rasender Verzweiflung.

»Du könntest sie aus einer Todesgefahr erretten«, sagte der Hagere, »und das würde sie mit einem Kusse belohnen; aber du wirst es nicht tun!«

»Ich werde es tun, ich muß es tun!« wollte Wilhelm antworten, aber er stieß bloß einen unverständlichen Schrei aus, denn er sah, wie ein schöner Jüngling auf die Jungfrau zuschritt, wie sie die Arme gegen ihn ausbreitete und ihn an ihre Brust zog. Einen Augenblick stand Wilhelm bewegungslos da, dann ballte er die Hand und wollte sich auf den Jüngling stürzen. Doch, sobald er einen Schritt vorwärts tat, rannte er heftig mit dem Kopf gegen die Wand, die sich auf einmal wieder zwischen ihm und jener bunten Welt auftürmte. Sprachlos schaute Wilhelm sich nach dem hageren Manne um, der ihm durch ein Gelächter zu erkennen gab, daß er noch anwesend sei.

»Wo ist sie geblieben?« rief er dann aus.

»Bei dem Jünglinge, hasts ja gesehen!« versetzte der Hagere, noch immer lachend.

»Ich muß aber zu ihr!« rief Wilhelm aus.

»Das geht nicht sogleich«, antwortete der Hagere, »dazu bedarfs noch einer Kleinigkeit!«

»Wessen bedarf es?« fragte Wilhelm heftig.

»Du hast nicht länger Zeit«, entgegnete der Hagere, »dein Bruder wartet; er hat dir etwas zu sagen. In der Christnacht sehen wir uns wieder in der Stadt Hamburg.«

»Wo liegt Hamburg?« fuhr Wilhelm fort.

»Du wirst den Weg schon finden!« sagte der Hagere und schritt aus der Tür, die er hinter sich zuwarf, daß alle Pfosten der Hütte erzitterten.

4

Wilhelm stand noch lange in Gedanken, dann ging er in die Stube. Theodor war seinetwegen in großer Angst gewesen; er hatte das Ächzen des alten Weibes, dann die Stimme des hageren Mannes gehört, sich aber nicht getraut, hinauszugehen. Es war dunkel geworden; dumpf heulte der Sturm. Wilhelm stellte sich ans Fenster; er sagte zu seinem Bruder kein Wort und antwortete nicht einmal auf seine Fragen, er sah unverwandt hinaus, obwohl er der Dunkelheit wegen nichts bemerken konnte. Endlich kehrte er sich um und sprach:

»Ich denke, wir verlassen die Hütte.«

»Ja«, antwortete Theodor, »das laß uns um Gottes willen tun. Wären wir nur aus dem Walde heraus!«

»Komm!« versetzte Wilhelm und öffnete die Tür.

»Noch in dieser Nacht?« fragte Theodor erstaunt.

»Noch in dieser Nacht!« entgegnete Wilhelm.

»Wohlan«, sagte Theodor, »ich folge dir; doch laß mich das kleine Gebetbuch mitnehmen, worin unsere Mutter so oft las und dann immer weinte.«

»Gut, daß du mich erinnerst«, versetzte Wilhelm, »bald hätte ich vergessen, den blanken Dolch mitzunehmen, den der Vater immer zu sich steckte, wenn er zuweilen auf mehrere Tage die Hütte verließ. Mir sagt eine innere Stimme, daß der uns nützen kann.«

»Laß den Dolch liegen, Bruder«, erwiderte Theodor, »mich schaudert, wenn ich ihn ansehe.«

»Sei kein Narr«, antwortete Wilhelm spöttisch, »ich will einen Kienspan anzünden, damit ich den Dolch finde.«

»Du wirst ihn gewiß liegen lassen«, versetzte Theodor, »wenn ich dir etwas erzähle, was ich dir noch niemals erzählt habe und was ich gern ewig verschwiegen hätte.«

»Nun? was ist es denn?« fragte Wilhelm ungeduldig, indem er zugleich einen Kienspan anzündete und in einer alten Schublade aufzukramen begann.

»Du weißt«, begann Theodor, »daß ich im vorigen Winter das Fieber hatte. Da saß eines Abends die Mutter spät bei mir auf, um mir zu trinken zu geben, wenn ich durstig wurde. Der Vater war schon mehrere Tage abwesend gewesen, und ich bemerkte, daß die Mutter zu wiederholten Malen tief aufseufzte. Ich meinte, daß sie sich wegen meiner Krankheit gräme, und richtete mich einmal auf, ihr die Hand drückend. Sie streichelte mir die Wange; ich sah aber wohl, daß sie an mich nicht gedacht hatte. Es dauerte noch eine ziemliche Weile, und ich war fast eingeschlafen, als der Vater kam. Er war sehr still, setzte sich auf einen Stuhl, stützte das Haupt auf den Tisch und antwortete der Mutter, als diese ihn fragte, ob sie ihm etwas zu essen bringen solle, er sei nicht hungrig. Die Mutter setzte sich zu ihm; erst schien sie nicht zu wagen, ihn anzureden; denn du weißt, daß er zuweilen sehr hart gegen sie war und sie schlug; zuletzt faßte sie ein Herz und fragte: ›Friedrich, was fehlt dir?‹ ›Schlafen die Kinder?‹ entgegnete er und warf einen scheuen Blick zu mir hinüber. Ich hatte mich noch eben unruhig hin und her gewälzt; jetzt aber lag ich mäusestill und stellte mich, als ob ich im tiefstem Schlafe läge. Die Mutter stand auf, ging erst zu meinem Bett und dann zu deinem; darauf sagte sie: ›Sie schlafen süß!‹ und setzte sich wieder nieder bei dem Vater. Nun zog der Vater den Dolch hervor und legte ihn mit einem gräßlichen Lächeln auf den Tisch. Die Mutter nahm ihn in die Hand; aber entsetzt ließ sie ihn fallen und schrie: ›Abscheulicher, es ist ja Blut darauf!‹ ›Weib, schweige!‹ rief jener wild und ergriff sie heftig beim Arm. Mit der anderen Hand nahm er den Dolch auf; ich zitterte, nie hat der Vater so schrecklich ausgesehen, wie in diesem Augenblick. Die Mutter sah ihn nicht wieder an; sie weinte still. Er stand auf und ging einige Minuten auf und ab in der Stube; dann trat er vor sie hin, faßte sanft ihre Hand und sagte: ›Marie, fasse dich, was geschehen ist, das ist geschehen!‹ ›O, wärest du geblieben, was du warst, als du mich heiratetest‹, antwortete sie, und zog ihre Hand zurück, ›wärest du noch Tagelöhner! Hättest du niemals eine Flinte in die Hand genommen! O, der abscheuliche, fremde Jäger, der den Hang, die Wälder zu durchstreifen, zuerst in dir aufweckte und nährte!‹ ›Fluch ihm nicht, Weib‹, entgegnete der Vater ernst, ›er hat uns in diese sichere Höhle hineingeführt und mir in mancher Nacht die Fährte eines edlen Wildes gezeigt; und jetzt bedarf er überhaupt keines Fluches mehr!‹ ›Friedrich, ist das Menschenblut?‹ fragte die Mutter leise und langsam, indem sie auf den Dolch zeigte. ›Es ist Menschenblut‹, entgegnete der Vater dumpf und trocknete den Dolch in einem Tuche ab, welches er darauf aus dem Fenster warf. O Wilhelm, wie wurde mir zumute, als ich dies alles hörte. Ich hätte laut aufschreien mögen, aber meine Angst war so groß, daß ich kaum atmen und viel weniger einen Laut von mir geben konnte.«

»Fahre fort«, sagte Wilhelm, der seinen Bruder mit fieberhafter Aufmerksamkeit angehört hatte, »unterbrich dich nicht!«

Theodor seufzte tief auf; dann fuhr er fort:

»Der Vater sah nun einige Augenblicke aus dem Fenster, welches er geöffnet hatte, um das blutige Tuch herauszuwerfen. Darauf machte er es heftig zu, daß es klirrte, und setzte sich an den Tisch. ›Ich kann dein Stillschweigen und dein Gewimmer nicht ausstehen, Weib!‹ rief er nach einer langen Pause der Mutter zu, ›laß dein Heulen und sprich mit mir!‹ ›Ich kann nicht mit dir sprechen‹, antwortete sie, ›ich kann dich nicht ansehen, du bist ein Mörder!‹ ›Schweig, oder ich morde dich auch‹, fuhr er auf und schlug wütend auf den Tisch, ›mir ist nun alles einerlei!‹ ›O Gott, Friedrich, du bist tief gesunken!‹ antwortete die Mutter mit einem schmerzlichen Lächeln. ›Willst du mich verhöhnen?‹ schrie der Vater wie außer sich und sprang auf. Da sah die Mutter zu ihm auf; er konnte ihren Blick nicht aushalten, er taumelte auf seinen Stuhl zurück und sagte kein Wort mehr. Als die Mutter ihn aber so zerknirscht sitzen sah, ergriff sie inniges Mitleid; sie stand auf, fiel ihm schluchzend um den Hals und rief: ›Ach Friedrich, wie war es möglich!‹ Er drückte sie sanft von sich; doch plötzlich sprang er vom Stuhle auf und rief: ›Was ich getan habe, das kann ich auch sagen.‹ Nun ging er einige Male in der Stube auf und ab; dann fuhr er fort: ›Du weißt nicht, Maria, daß der allergnädigste König auf den Kopf des verruchten Wildschützen einen Preis gesetzt hatte, und daß die Gefahr, beim Verkaufe der nächtlichen Beute entdeckt und dann lebenslänglich eingekerkert, wenn nicht gar an den Galgen gehängt zu werden, sich täglich steigerte; du weißt nicht, daß mich einmal sogar ein Schurke von Bauer, dessen Acker ich von manchem gefährlichen Feinde befreit hatte, verriet und meinen Verfolgern fast in die Hände spielte. Alles dieses weißt du nicht; um dich nicht zu ängstigen, um gegen deine Lamentation gesichert zu sein, habe ich es dir bisher verschwiegen. So aber steht es mit mir, ich bin nicht sicherer wie das Reh im Walde, das ich hetze, wie die Drossel im Baum, die ich fange; ich muß auf andere Erwerbsmittel sinnen, die Kinder werden von Tag zu Tag größer. Da begegne ich gestern abend auf einmal, nachdem ich den ganzen Tag vergebens umhergestrichen hatte, dem hageren Jäger. Du weißt, wie zerlumpt er aussah, als er zum ersten Male, wie wir noch im Dorfe wohnten, bei uns einsprach; du hast ihn seitdem nicht wiedergesehen, mir ist er indes noch oft zur Dämmerungszeit in den Weg geraten, und immer war er ein Jammerbild des Hungers und des Elends. Gestern abend aber war er stattlich in Samt und Seide gekleidet, eine neue, blankgeputzte Büchse prangte auf seiner Schulter, und einige wohlgenährte Hunde sprangen lustig um ihn herum. Ich sah ihn mit Erstaunen an; er tat, als ob ers nicht bemerkte und zog eine goldene Uhr aus der Tasche.«

Theodor fuhr fort:

»›Ich gestehe dir, Weib‹, sagte der Vater, ›daß sich meiner die tiefste Unzufriedenheit mit meinem Schicksal bemeisterte, als ich diesen Menschen sah, der seiner elenden Lage so plötzlich, wie durch Zauberschlag, entrissen zu sein schien, während es mit mir von Tag zu Tag schlechter ging; mich beleidigte jeder seiner

Blicke, der Glück und Freude verkündigte, und ich konnte die hämische Frage nicht unterdrücken: ob er in die Lotterie gesetzt und das große Los gewonnen habe? ›In eine Lotterie, wo man immer gewinnt‹, war seine Antwort, ›die Zahlen sind eins und zwei, ein Messer und zwei Fäuste, und der Gewinn sitzt in meiner Tasche.‹ Dabei zog er eine volle Börse hervor und zeigte mir Goldstücke. Ich verstand den Sinn seiner zweideutigen Redensarten sehr wohl, dennoch gab ich mir den Anschein, als ob ich sie nicht enträtseln könne, und fragte, was er meine. Er warf einen schnöden, verächtlichen Blick auf mich und sagte: ›Ihr seid zu dumm, um so etwas auch nur zu begreifen, und gewiß zu feig, um es je zu versuchen!‹ Damit wollte er gehen. Diese vornehme Abfertigung verdroß mich aber über die Maßen; ich rief wütend: ›Ihr irrt Euch!‹ zog den Dolch und stieß ihm denselben in die Seite. Er kehrte sich, ohne einen Schrei von sich zu geben, zu mir um und drohte mir mit dem Finger; dann sank er tot zu Boden. Es war nicht meine Absicht gewesen, ihn zu töten. Da er aber einmal tot war, wußte ich mich bald darin zu fassen, es war mir nicht viel anders zumute, als ob ich ein Wild erlegt hätte, und, wie ich dieses auszuweiden pflege, zog ich ihm Uhr und Börse aus der Tasche. Kaum war ich hiermit fertig, als mich plötzlich eine Schar Soldaten umringte; sie drangen auf mich ein, sie wollten mich gefangennehmen; ich aber rief ihnen zu: ›Was, an mir, dem treuesten Diener eures Königs, wollt ihr euch vergreifen, und eben habe ich den Wilddieb, dem ihr schon so lange vergeblich nachstellt, niedergestochen und mir den Preis verdient, der auf seinen Kopf gesetzt ist?‹ Hierdurch wurden sie stutzig gemacht; als sie nun mit der Laterne, die sie bei sich führten, den Körper des Ermordeten beleuchteten, rief einer aus ihrer Mitte: ›Dies ist derselbe, auf den ich mehrere Male geschossen, ihn aber beständig verfehlt habe!‹ Jetzt glaubten fast alle, in dem Toten einen Menschen zu erkennen, der ihnen auf ihren Streifzügen zuweilen begegnet und aufgefallen, aber immer wieder auf unbegreifliche Art verschwunden war. Der Offizier des Korps klopfte mich auf die Schultern und sagte mir, daß, wenn er mich gleich ersuchen müßte, ihn zu begleiten, mir doch meine wohlverdiente Belohnung nicht entgehen werde. Ich konnte es nicht ablehnen, mit ihnen in die Stadt zu gehen;

hier wurde ich einem weitläufigen Verhör unterzogen, in welchem ich aussagte, daß ich dem erstochenen Jäger schon längst auf der Spur gewesen sei und ihn betroffen habe, wie er eben auf einen Hirsch angelegt; ich wurde wegen meines Mutes belobt und erhielt die Prämie in baren, blanken hundert Gulden; von diesen, sowie von der Börse und der goldenen Uhr des Jägers können wir lange leben; der Leichnam des Jägers ist heute an den Galgen gehängt worden!‹ Als der Vater seine Erzählung geendet hatte, legte er den Dolch in die Schieblade; du wirst ihn nun wohl liegen lassen, Wilhelm!«

Theodor schwieg, Wilhelm sah ihn lange an; dann sagte er:

»Ich könnte dir auch etwas erzählen, wovor sich dir die Haare emporsträuben würden; ich weiß, daß unser Vater den Dolch mehr als einmal gebraucht hat, und eben, weil ich dies wußte, war ich in der letzten Zeit oft so widerspenstig gegen ihn. Aber wir wollen uns nicht noch mehr ängstigen; nimm du dein Gebetbuch, dann wollen wir gehen.«

Theodor antwortete nichts und tat, wie ihm geheißen war. Wilhelm steckte, ohne daß sein Bruder es gewahr wurde, den Dolch zu sich; dann verließen beide die Hütte.

Die Nacht war so freundlich, wie eine Winternacht nur irgend sein kann. Der Mond schien hell, und so schwer Wilhelm und Theodor es sich vorgestellt hatten, sich aus dem dichten Walde herauszufinden, so leicht schien es ihnen zu gelingen. Schon waren sie auf einen gebahnten Steig gelangt, den sie munter verfolgten; da hörten sie über sich ein dumpfes Rauschen, wie von den schweren Flügelschlägen eines Raubvogels, und eine heisere Stimme erscholl: »Du bist ein Mörder, ich verfolge dich, Mörder!«

Wilhelm erkannte die Stimme, es war die Stimme des alten Weibes; alle Angst, die er gefühlt hatte, als die Alte leblos zu Boden gesunken war, ergriff ihn wieder; er zitterte, und seine Füße versagten ihm den Dienst. Theodor indes, als er sah, daß sein Bruder fast ohnmächtig zusammensank, erglühte von ungewohntem Mut; als es noch einmal aus den dunklen Lüften herunterscholl: »Du bist ein Mörder!« rief er laut mit feierlicher Stimme: »Wer du auch sein magst, du lügst; wir sind fromme Kinder und stehen in Gottes Schutz!« Wilhelm hielt ihm aber die Hand vor den Mund und sagte ängstlich:

»Schweig, Bruder, reize die Alte nicht, ich bin ein Mörder!« Theodor starrte ihn sprachlos an, Wilhelm aber, in ungeheurer Angst, ergriff seine Hand und zog ihn hastig mit sich fort; ohne einen Augenblick zu rasten, eilten sie über die Landstraße, bis der kleine Theodor endlich keuchend, fast atemlos zu Boden stürzte und dadurch auch seinen Bruder, der noch immer die heisere Stimme des alten Weibes über sich zu hören glaubte, zum Stehenbleiben bewog.

5

Theodor erholte sich bald wieder und stand früher vom Boden auf als Wilhelm, der sich neben ihm hingekauert hatte und tief in die tolle Zauberwelt versunken war, die ihn auf jedem seiner Schritte zu verfolgen schien. Er dachte sich, durch die gespenstische Stimme im Innersten erschüttert, lebhaft, wie es sein müsse, wenn er nun plötzlich mit allen seinen Gedanken und Empfindungen in einen Vogel verwandelt würde und die unendlichen Räume des Himmels, die er jetzt nicht ansehen konnte, ohne zu schwindeln, in rastlosem Fluge durcheilen müßte; ihm war, als sähe er schon aus den Wolken auf steile Felsen und brausende Meere hinunter; Entsetzen ergriff ihn, wenn er hinabsah, und größeres Entsetzen, wenn er den Blick in die ewige Höhe erhob; ein Adler rauschte mit raubgierigen Fängen auf ihn hernieder, und wie er, um diesem gefährlichen Feinde zu entgehen, sich auf einen Baum herniedersenkte, gewahrte er die mörderische Flinte eines Jägers, die auf ihn gerichtet war. Je größer die Angst war, mit welcher diese ungeheuren Bilder seiner Phantasie ihn erfüllten, um so fluchwürdiger erschien ihm der Mord, den er an der Alten begangen hatte. Er rief sich verzweifelnd zu: »Du hast die Gebote des Herrn übertreten und bist verflucht auf immerdar!« Er schlug sich mit der geballten Faust ins Gesicht und zerraufte sich das Haar.

»Mein Gott, Bruder, was fehlt dir?« rief Theodor, indem er den Arm um Wilhelms Nacken schlang und ihn zu beruhigen suchte, »träumst du?«

Wilhelm wurde durch diese Worte einigermaßen wieder zur Besinnung gebracht; er stand auf und strich sich, wie man zu tun pflegt, wenn man aus einem ängstlichen Traume erwacht, die Haare aus dem Gesicht.

»Siehst du«, fragte ihn Theodor nach einer Pause, »jenes sonderbare, dreibeinige Ding und den dunklen Gegenstand, der darin hängt, und mit dem der Wind zu spielen scheint?«

Wilhelm verfolgte mit seinem Auge die Richtung, welche Theodor ihm angab.

»Ich weiß nicht, was das bedeutet«, entgegnete er nach langem Stillschweigen, »wir wollen näher darauf zugehen.«

Dies geschah; sie hatten aber kaum einige Schritte getan, als ihnen ein Mann begegnete. Wilhelm faßte sich ein Herz und fragte diesen, indem er auf das seltsame Gebäude, welches aus drei zusammengestellten Bäumen zu bestehen schien, zeigte, was es vorstelle.

»Das ist der Galgen«, war die Antwort, »an den sie den Wilddieb gehängt haben, von dem die Rede geht, daß die Krähen ihn nicht anrühren, daß er nicht verwest, und daß, sooft sie ihn auch abnehmen und verscharren, er in der nächsten Nacht immer wieder aus dem Grabe hervorsteigt und seinen alten Platz einnimmt.«

»Der Galgen!« wiederholte Wilhelm und starrte den Mann an.

»Hüte dich, daß du nicht daran gehängt wirst!« sagte dieser, den es verdroß, daß die Knaben ihn mit ihren Fragen aufhielten, und ging vorüber.

»Wilhelm, Wilhelm!« sagte Theodor, »wie konntest du den fremden Menschen anreden!«

»Daran müssen wir uns wohl gewöhnen!« entgegnete Wilhelm und schwieg dann wieder. Ohne zu wissen, was er tat, näherte er sich dem Galgen mehr und mehr, und Theodor folgte ihm, obgleich er sich sehr fürchtete.

Nun standen sie am Fuße des Galgens. Wilhelm sah hinauf und wäre vor Entsetzen fast zu Boden gesunken, als er bemerkte, daß es der Körper des langen, hageren Mannes war, der schaurig im Winde hin und her schwankte. In diesem Augenblicke setzte sich der Vogel, in den die Alte sich verwandelt hatte, auf den Galgen und schrie herunter: »Mörder! Mörder!« Da reckte der Tote seinen Arm aus und berührte mit den steifen, ungelenken Fingern den häßlichen Vogel. Der Vogel duckte sich und gab Wehlaute von sich, die Wilhelm das Herz zerrissen; dann erhob er sich, laut schreiend, in die Lüfte. Der Arm des Toten fiel schlaff am Körper nieder, nachdem dieses geschehen war, und der Mond schien hell in das blasse Gesicht mit den geschlossenen Augen und dem blauen, zusammengebissenen Munde.

Wilhelm stand regungslos. So sehr hatte ihn nicht der plötzliche Tod der Alten, nicht die heisere Stimme des Vogels durchschauert, als dieser Anblick. Also auch der Hagere war tot. Ihm war, als wären Himmel und Erde vergangen, und als wäre er allein von allen Menschen übriggeblieben, das letzte Leben in einer unendlichen Einsamkeit. Und wie er sich in diesen Gedanken mehr und mehr vertiefte, verwechselten sich in ihm die Begriffe von Tod und Leben wunderbar; er glaubte in einem dumpfen Traume vor der Geburt zu liegen; noch hatten die Elemente Macht über ihn, von denen er genommen war: die Erde, das Feuer, die Luft und das Wasser; auch war er nicht ganz getrennt von der Masse, dem ungeheuren Inbegriff alles Entstehens und Vergehens, er fühlte an sich das Rauschen des Windes, die Glut der Sonne, das Brausen des Meeres und die geheimen Wehen der Erde; ihn drückte das All, weil er des elektrischen Schlages harrte, der ihn, als abgesondertes Wesen, davon losreißen sollte. Da hörte er einen süßen Klang, der immer heller und heller wurde und sich zuletzt in den sanften Ruf einer melodischen Mädchenstimme: »Wach auf, Wilhelm!« auflöste, und das Bild jenes Mädchens, welches der Hagere ihn in der Hütte hatte sehen lassen, ging wieder vor ihm auf in strahlendem Liebreiz. »O, wo bist du! wo bist du!« rief er aus; da faßte ihn Theodor, der bisher starr gestanden hatte, bei der Hand und sagte leise: »Hier bin ich, lieber Bruder!« Wilhelm aber stieß ihn zurück, und rief: »Ich muß sie sehen, ich muß zu ihr!«; in demselben Augenblick fiel sein Blick auf den Galgen, und sein Blut gerann wieder zu Eis.

»Du wirst sie niemals wiedersehen«, sagte er dumpf vor sich hin, »denn der hagere Mann ist tot.«

Da fiel ihm ein, daß seine Mutter ihm oft von Menschen erzählt hatte, die ein Bündnis mit dem Teufel gemacht und dadurch alles erlangt hätten, was ihr Herz begehrt habe, und er wünschte sehnlichst, daß der Teufel ihm erscheinen möchte. Zwar erbebte seine Seele in ihren innersten Tiefen, als er sich diesen Wunsch zum ersten Male zu gestehen wagte; doch er dachte an seinen Mord und daran, daß er von Gott ja doch verstoßen sei; das Bild des Mädchens trat immer deutlicher vor seine Phantasie und erfüllte ihn mit Vergessen seiner selbst, und, zitternd vor Wonne, unfähig, länger zu widerstehen, faltete er rückwärts die Hände und rief dreimal mit lauter Stimme: »Teufel, erscheine!«

Theodor, als er dieses hörte, fiel bewußtlos zu Boden; von dem Galgen herunter scholl es aber: »Ich habe dir gesagt, daß du mich vor Weihnachten nicht siehst!«

Die Stimme kam von dem Toten, obgleich er die Augen nicht aufschlug und die Lippen nicht bewegte; Wilhelm stürzte ohnmächtig neben seinem Bruder hin, als er dieses bemerkte.

6

Als am andern Morgen die Sonne aufging, standen die beiden Knaben unter einem Baume, der schauerlich öde über ihnen rauschte. Theodor hauchte sich auf die Fingerspitzen, um diese zu erwärmen; Wilhelm starrte mit trüben, ausgebrannten Augen in den Himmel hinein. Der Baum stand an einer Landstraße, Menschen gingen vorüber, die sie mit neugierigen Augen betrachteten; in der Ferne lag ein einsames Haus.

»Ach, Wilhelm«, sagte Theodor, »wie freu ich mich, daß diese Nacht vorüber ist.«

»Alles wird vorübergehen«, antwortete Wilhelm mit matter Stimme, und Tränen flossen ihm über die Wangen; »alles, alles!«

»Gottlob!« entgegnete Theodor, »daß du einmal wieder sprichst; seit den entsetzlichen Worten, in welchen du den Bösen anriefst, hast du den Mund nicht wieder geöffnet. Ach, Wilhelm, warum tatest du das! Ich glaubte schon, daß Gott dir für deine entsetzliche Lästerung die Zunge gelähmt hätte, und wenn ich dir ins Auge sehe, so fürchte ich mich vor dir!«

»Geh von mir, Bruder!« sagte Wilhelm, »geh! geh!«

»Niemals, niemals, teurer Bruder!« erwiderte Theodor und umschlang ihn.

»Tu es!« rief Wilhelm und entwand sich seinen leidenschaftlichen Umarmungen, »verlaß mich auch, wie Gott mich verlassen hat.«

»Das hat er nicht«, versetzte Theodor lebhaft, und höhere Glut färbte seine Wangen; »weißt du nicht mehr, was Mutter uns sagte, daß die heiligen Engel uns auf allen unseren Wegen umschweben?«

»Sie haben mich in dieser Nacht nicht umschwebt!« antwortete Wilhelm und schauderte zusammen.

»Nein, nein!« fuhr er nach einer Pause fort, »ich bin von Gott verlassen!«

»Das kannst du nicht sein«, entgegnete Theodor, »ich fühl es.«

In diesem Augenblicke öffnete sich in dem oben erwähnten Hause eine Tür, eine Frau trat heraus und ging auf die Knaben zu. Sie war in den mittleren Jahren, sah freundlich, aber sehr traurig aus, und bot den Knaben mit wohlklingender Stimme einen guten Morgen. Sie betrachtete sie einige Minuten; dann sagte sie:

»Wer seid ihr, liebe Kinder, und wo wollt ihr hin?«

»Wir haben unsere Eltern verloren und sind auf der Reise nach Hamburg«, versetzte Wilhelm.

»Gerechter Gott!« entgegnete die Frau mit dem Ausdruck des höchsten Erstaunens, »ihr wollt nach Hamburg, welches über acht Meilen von hier entfernt ist?«

»So weit?« fragte Theodor, der erst scheu und ängstlich zurückgetreten war, den das herzliche Entgegenkommen der freundlichen Frau aber bald vertraulich gemacht hatte.

»Liebe Kinder«, versetzte die Frau, »wie wollt ihr nach Hamburg kommen in dieser rauhen Jahreszeit! Habt ihr denn keinen Freund, keinen Verwandten, der euch begleiten könnte, oder erwartet euch in Hamburg ein liebender, teilnehmender Kreis?«

Wilhelm wollte antworten, doch die Frau unterbrach ihn, indem sie sagte:

»Es ist unrecht, daß ich euch hier draußen so lange stehenlasse in der strengen Kälte; kommt mit herein in mein Haus, die Stube ist warm, und ein Frühstück soll euch schmecken, wie ich denke. Ich habe schon eine Weile euch von meinem Fenster aus betrachtet, und das innige Mitleid, welches ich mit euch und hauptsächlich mit dir (dies sagte sie zu Theodor), der du meinem kürzlich verstorbenen Sohne so ähnlich siehst, empfand, trieb mich heraus. Drinnen könnt ihr mir auch erzählen!«

Sie ging voraus, und die Knaben folgten ihr in ihr Haus. Die Frau bereitete ihnen ein Frühstück; Wilhelm genoß nur wenig davon, Theodor ließ es sich desto besser schmecken.

Jetzt erzählte Wilhelm alles, was sich seit dem Tode seiner Eltern mit ihm und seinem Bruder zugetragen hatte. Die Frau hörte ihm aufmerksam zu, ohne ihn durch voreiliges Bezeugen von Beifall oder Mißfallen zu unterbrechen oder auch nur durch eine Miene, die ihr Urteil im voraus hätte erraten lassen, zu stören. Sie befolgte hierin ein Gebot der Humanität, welches am häufigsten übertreten wird und dennoch das heiligste von allen ist, so daß es auch gegen den Sünder niemals vernachlässigt werden sollte. Das Leben ist wie eine Freskomalerei, in seinen Einzelheiten leer, widerwärtig und unharmonisch; wer es nicht als Ganzes in sich aufzunehmen strebt, wird es schwerlich begreifen. Es ist so unendlich leicht, den Menschen zu vergöttern oder zu verdammen, wenn man ihn als das Produkt der Stunde betrachtet; man bedenke, daß auch die Seele ihre Jahreszeiten hat, die sich bloß dadurch von den äußeren Jahreszeiten unterscheiden, daß jeder wiederkehrende Winter die geheimnisvolle Geburtsnacht eines schöneren Sommers ist. Welch ein Unglück für den Baum, wenn man ihn nach seiner Armut im Winter beurteilen wollte! Was aber im allgemeinen über das Leben gilt, das gilt auch über seine einzelnen Momente, insofern diese wieder als Resultate einer langen Kette von mehr oder minder gewichtigen Augenblikken ein Ganzes ausmachen. Jede wirkliche Tat ist die Wiege oder der Leichenstein einer geistigen Epoche; unser Auge aber dringt nicht in Wiegen und Särge. Das freie Bekenntnis, wie es einer edlen Brust in Stunden der Rührung oder der Liebe entströmt, ist der Auferstehungsengel für die geistigen Toten und der Wahrsager für die geistigen Säuglinge; o, wie grausam, den Menschen in diesem reinsten Ergusse seiner Individualität, der ihm oft das tiefste Bedürfnis sein kann, zu stören!

Als Wilhelm geendet hatte, schwieg die Frau, in Nachdenken verloren, noch eine ganze Weile still. Dann sah sie den Knaben ernst an und fragte ihn, was er über sich denke.

»Ich denke«, entgegnete Wilhelm, »daß ich der unglücklichste aller Menschen bin. Mir ist, als ob ich mich in einer einsamen Wüste befände, die keinen Ausgang hat.«

Ach, er hatte recht! Die tollen Zauberkreise, in die er geraten war, hatten ihm alles, alles geraubt. Der Gedanke an seine Eltern war ihm peinlich; er konnte die kalten, gleichgültigen Blicke, welche sie, als luftige Phantome der Gespensterwelt, auf ihn geworfen hatten, nicht vergessen, und durch diese Blicke war die schmerzliche Erinnerung an den Vorzug, der seinem Bruder bei ihren Lebzeiten immer von ihnen erteilt wurde, lebhafter als jemals in ihm aufgeregt worden. Er liebte seinen Bruder nur noch deswegen, weil er ihn nicht zu hassen vermochte; er konnte sich eines Grolls gegen ihn nicht erwehren, wenn er sich es gleich nicht verhehlte, daß dieser Groll ein völlig ungerechter sei. Hieraus entsprang wieder eine grenzenlose Verachtung seiner selbst, und aus dieser jene gänzliche Erschlaffung, die sich vorzugsweise einer starken, kräftigen Natur bemeistert und sie bis in ihre innersten Tiefen hinein zerstört. Hätte nicht ein solcher Zwiespalt seine Brust zerrissen, so würden die Schauer der letzten Nacht, die an jedem Grundpfeiler seines Wesens gerüttelt und das Band, welches zwischen Leib und Seele besteht, fast gelöst hatten, elektrisch auf seine Kräfte gewirkt und ihn nur darum zerschmetternd durchzuckt haben, um ihn zu erheben. Jetzt aber ging es ihm, wie dem Scharbockkranken; träumend, schlafend, taumelte er dem Abgrunde entgegen; Wonne war es für ihn, hineinzustürzen; er strengte sich an, das Bild des Mädchens, welches durch die Verbindung, worin es zu dem Hageren, der sich als Teufel offenbart hatte, zu stehen schien, in dunkle Nebel verhüllt war und nur noch wetterleuchtete, in der alten, verlockenden Gestalt hervorzurufen; kurz, er verübte jene gräßlichste Art des Selbstmords, die aus jeder Minute eine Pistole und aus jedem Gedanken oder Gefühl eine vergiftete Kugel macht.

»Du bist unglücklich, ja«, versetzte die Frau, »wohl dir, daß du nicht ebenso schuldig bist! Aber dieser Augenblick wird dich lossprechen oder verdammen; fasse ihn wohl in seiner Bedeutung für dich! Du bist zur Erkenntnis gekommen, deine Erzählung zeigt es mir; was bisher geschehen ist, kann und muß vergeben werden; doch von jetzt an bist du für jeden deiner Schritte verantwortlich, und jeder ist entscheidend!«

Wilhelm schwieg lange Zeit; endlich sagte er:

»Ich verstehe nicht, was du meinst!«

»Du wirst es fühlen«, entgegnete die Frau, »wenigstens in derselben Stunde, die dir den Zweifel bringt. Dein Herz sei deine Wünschelrute!«

Die Frau ging in die Küche; als sie nach einer Weile wieder hereinkam, nahm sie den kleinen Theodor auf den Schoß und fragte ihn, ob er wohl bei ihr bleiben möge?

»Du bist«, erwiderte der Knabe, »so freundlich gegen mich, daß ich mich fast fürchte, dich wieder zu verlassen.«

Wilhelm sah ihn von der Seite mit einem finsteren Blicke an. Die Frau bemerkte dieses nicht, sondern sagte:

»In der Tat, liebe Kinder, ich habe so viel, daß ich euch zu essen geben kann, und will euch Mutter sein!«

Wilhelm antwortete ihr nicht; Theodor streichelte ihr die Wangen.

7

Die Frau fühlte zu tief, um dem Zuge ihres Herzens zu folgen; sie ließ es Wilhelm daher auf keine Weise merken, daß sie ihm seinen Bruder vorziehe, und der Tag verstrich unter den heitersten Beschäftigungen, in die sie die Knaben einführte. Am Abend wies sie ihnen in einer Kammer ein reinliches Bett zum Schlafen an, sagte ihnen dann gute Nacht und legte sich darauf, nachdem sie vorher noch im ganzen Hause nach den Türen gesehen hatte, selbst zur Ruhe. Kaum aber war es still geworden, als Wilhelm wieder aufstand und sich eilig ankleidete; die Freundlichkeit der Frau erdrückte ihn, weil er sich bewußt war, sie nicht verdient zu haben, und die Nacht, die ohnehin alles Leben, was sie nicht durch Traum und Schlummer zu beschwichtigen vermag, zu gedoppelten Flammen aufregt, reizte ihn unwiderstehlich mit ihren phantastischen Wolkenbildern, die im bleichen Mondlicht am Himmel dahinzogen, und mit den ersten dumpfen Akkorden eines anbrechenden Sturmes. Es gibt körperliche Wunden, aus denen der Mensch zweimal bluten muß, wenn sie nicht tödlich werden sollen, er pflegt dieses zu fühlen und sie in fieberhafter Angst aufzureißen, wenn sie sich eben schließen wollen; dann sinkt er ohnmächtig zurück, aber, wenn er wieder erwacht, fließt das Blut, welches schon vergiftet war, ihm rein und gegeläutert durch die Adern, und frische Lebenskraft hüpft in allen seinen Pulsen. So gibt es auch geistige Wunden, die tödlich sind, weil sie *nicht tief genug* sind; und wenn Wilhelm, der der Versuchung, den Hageren noch einmal zu sehen, nicht widerstehen konnte, auch wohl ahnte, daß ihm irgendein Ungeheures entgegentreten werde, so mochte doch diese Ahnung von der geheimen Hoffnung, daß größere Krankheit ihn zur Gesundheit führen müsse, begleitet sein. Der Mensch ist oft sein Arzt, wenn er sein Mörder zu sein scheint.

Wilhelm öffnete leise das Fenster der Kammer, welches auf die Landstraße hinausging, und wollte hinaussteigen. Er hatte beschlossen, seinen Bruder nicht zu wecken, da er erkannte, daß dieser in einen Kreis gekommen war, der sich für seine Kräfte und seine Neigungen vollkommen eignete. Schon war er hinausgestiegen und hatte das Fenster wieder angelehnt, als es ihm mit einem Male schwer aufs Herz fiel, daß seine heimliche Entfernung den Bruder im tiefsten verletzen, ja, ihm den heiteren Seelenfrieden, den er sich, wie Wilhelm, nachdem er den seinigen verloren, mit Klarheit fühlte, rein und ungetrübt bewahrt hatte, auf lange Zeit rauben könne. Schnell stieg er wieder hinein und trat zu Theodor ans Bett. Der Mond schien hell in die Kammer.

Es gibt wohl nichts, was das Herz inniger bewegte, als der Anblick eines Schlafenden. Wenn der Mensch schläft, so ist er wieder, was er sein soll, das Meisterstück der Natur, in welchem die Endpunkte der Schöpfung zusammenlaufen. Dann sind es nicht die Schlagschatten der Sorge, die sich auf dem in ruhiger Schönheit dahingegossenen Angesicht abspiegeln, dann ist es nicht der trübe Widerschein verzehrender Leidenschaften, der sich in seinen Zügen bricht; es sind die Gedanken der ewigen Mutter selbst, die sie in geheimer Hieroglyphenschrift an dem Telegraphen, durch den sie mit der Gottheit korrespondiert, ausdrückt; es sind ihre verborgensten Regungen, die Zuckungen, die einer Weltrevolution voraufgehen; sie ist wie ein Musikmeister, der sich eine Harmonika erbaut hat und sie um Mitternacht in einsamer Begeisterung spielt.

Wilhelm stand lange in tiefem Schweigen vor dem Bette seines

Bruders. Dann war es ihm, als hätte er ihm großes Unrecht getan; er mochte erkennen, wie dies in einzelnen, seltenen Augenblicken geschieht, was sein Bruder sei; der ganze reiche Frühling, der sich in dieser anspruchslosen, schlichten Natur still, aber unaufhaltsam vorbereitete, mochte ihn berühren in magnetischem Gruße. Das Herz floß ihm über, er beugte sich in tiefster Rührung über Theodor hin und sagte: »Leb wohl, lieber Bruder!«

Theodor erwachte; er erstaunte nicht wenig, als er Wilhelm, der sich mit ihm zur Ruhe niedergelegt hatte, völlig angekleidet vor sich stehen sah; er fragte: »Was willst du, Wilhelm?«

»Ich will fort«, war Wilhelms Antwort, »es duldet mich hier nicht!«

»Wilhelm«, erwiderte Theodor nach einer langen Pause, »ich zittere für dich. Erinnerst du dich nicht mehr der warnenden Worte unserer freundlichen Wirtin? Sie waren mir dunkel; aber mir ist, als ob ich in diesem Augenblicke ihren Sinn verstehe.«

»Leb wohl, Theodor!« rief Wilhelm unmutig und ging zum Fenster.

»Nein, Bruder«, versetzte Theodor, indem er aus dem Bette sprang und sich ankleidete, »wohin du auch gehst, ich begleite dich. Aber, warum sagtest du es der Frau nicht sogleich, daß du nicht bei ihr bleiben wolltest?«

Wilhelm verstummte und errötete. Nach einigen Minuten sagte Theodor: »Jetzt bin ich fertig, wir können gehen!« »Wohlan!« erwiderte Wilhelm und stieg aus dem Fenster. Theodor folgte, aber nicht, ohne einen letzten, wehmütigen Blick auf das Haus, in welchem sie so liebreich aufgenommen worden waren, zu werfen.

Trotz ihrer Unbekanntschaft mit den Landstraßen, trotz der großen Ungemächlichkeiten des Winters kamen die Knaben dennoch in verhältnismäßig kurzer Zeit in Hamburg an. Wie war ihnen, als sie in diese Stadt, in welcher der Handel eines Weltteils sich konzentriert, eintraten! Jeder Mensch ein Zauberer, jedes Haus ein Wunder; alles blendend und unbegreiflich. Und doch fanden sie bald einen Verknüpfungspunkt zwischen ihrer ehemaligen und ihrer jetzigen Umgebung; die ungeheure Stadt, von der sie weder Anfang noch Ende sahen, wirkte ganz auf sie, wie der große, undurchdringliche Wald, in welchem sie aufgewachsen waren; die schwindelndhohen Häuser erinnerten sie unwillkürlich an die majestätischen Bäume mit ihren dunkeln, geheimnisvollen Kronen, und die unendliche Menschenmasse in ihrem Auf- und Abfluten und ihrem ewigen Geräusch an das Gewühl des Laubes und an den brausenden Wind, der es unaufhörlich bewegt und verändert.

Sie durchwanderten die Straßen ohne Plan und Zweck; plötzlich standen sie vor der Petrikirche. Staunend sahen sie zu dem in die Wolken hineinragenden, schlanken Turm hinauf. Ein ältlicher Herr ging eben über den Kirchhof, Wilhelm trat auf ihn zu und fragte ihn nach der Bedeutung des gewaltigen Gebäudes.

»Es ist«, antwortete der Herr mit Freundlichkeit, während er die Knaben aufmerksam betrachtete, »das älteste Gotteshaus in dieser Stadt und vor mehr als tausend Jahren erbaut!«

»Ein Gotteshaus!« wiederholte Wilhelm verwundert, und gab durch den Ausruf zu erkennen, daß er zum ersten Male von einem Gotteshause höre und keinen Begriff damit zu verbinden wisse.

»Dies ist das Haus«, fuhr der Herr fort, »in welchem wir alle, arm oder reich, jung oder alt, uns versammeln, um demjenigen, von dem wir alles haben, was uns auf Erden zuteil geworden ist, für seine Güte und Liebe zu danken.«

»O, wie gern möchte ich einmal hineintreten!« sagte Theodor schüchtern.

»Das kann heute«, erwiderte der Herr und klopfte Theodor auf die Wange, »nicht geschehen; aber morgen feiern wir das Geburtsfest unseres Herrn und Heilandes Jesu Christi, dann ist es jedem geöffnet.«

Wilhelm zuckte zusammen. »So ist ja heute Weihnachtsabend!« versetzte er hastig.

»Ja, freilich«, erwiderte der Herr; »aber wer seid ihr, liebe Kinder, daß ihr das nicht wißt, was man in eurem Alter niemals zu vergessen pflegt?«

»Wir kommen aus der Fremde«, entgegnete Wilhelm, »und sind hier unbekannt.«

»Arme Kinder!« versetzte der Herr, »was wollt ihr denn in Hamburg anfangen? Ich wollte, daß ich euch –«

Er unterbrach sich, langte aber in die Tasche und drückte Theodor ein großes Stück Geld in die Hand. Dann ging er fort.

»Gott verläßt uns nicht, Wilhelm«, sagte Theodor, tief gerührt, »weißt du noch, wie unser Vater sich freute, wenn er zuweilen solch einen Taler nach Hause brachte?«

Wilhelm antwortete ihm nicht; er hatte sich an die Mauer der Kirche gelehnt und war in Gedanken versunken.

8

Es war Nacht geworden. Theodor und Wilhelm durchwanderten noch immer die Straßen von Hamburg; Theodor ergötzte sich kindlich an all den Herrlichkeiten, die besonders zur Weihnachtszeit in den festlich geschmückten Buden aufgestellt sind; nur zuweilen machte er seiner Freude und Verwunderung in einem Ausrufe Luft; denn er mochte seinen Bruder, der ihm still und bleich zur Seite ging, nicht stören.

Wilhelm ergriff von Stunde zu Stunde tiefere Unruhe, bald wünschte er meilenweit von Hamburg entfernt zu sein; bald sehnte er sich nach der Erscheinung des Hageren; zuletzt versank er ganz und gar in jene Art trüber Gleichgültigkeit, die vielleicht unter allen Gemütszuständen die meiste Ähnlichkeit mit dem Tode hat.

Die Uhr schlug elf, da standen die Knaben wieder auf dem Petri-Kirchhofe. In demselben Augenblicke schritt der hagere Mann auf sie zu; er sagte Wilhelm guten Abend und musterte Theodor mit einem stechenden Blick, der diesen, wie ein glühender Pfeil, durchdrang.

Theodor fühlte sich im Innersten wie von dem Finger des Todes berührt; er ahnte, daß ihm eine feindliche Natur, mit welcher er nichts gemein habe, gegenüberstehe; er faßte seinen Bruder, der den Hageren sprachlos anstarrte, bei der Hand und sagte: »Laß uns diesen Ort verlassen, Wilhelm!«

Wilhelm zuckte zusammen; aber er preßte die Hand seines Bruders heftig in die seinige und rief: »Jawohl, wir wollen gehen!«

Der Hagere lachte laut auf, wandte sich um und bog um die Ecke der Kirche. Noch einmal schaute er zurück; da fühlte

Wilhelm sich unwiderstehlich fortgerissen; er ließ die Hand seines Bruders los und schrie:

»Ich muß ihm nach, er darf nicht fort!«

»Ich warte!« rief der Hagere zu ihm herüber, Wilhelm stürzte auf ihn zu.

»Gib mir die Hand und sei kein Tor!« sagte der Hagere.

Wilhelm gab sie ihm; aus den kalten Fingerspitzen des Hageren schien sich ein elektrisches Feuer in ihn zu ergießen; ihm war wie damals, als er aus der Flasche getrunken hatte; eine wunderbare Welt umgaukelte ihn; noch einmal, wie einst in der Hütte, ging das Leben in all seinen Erscheinungen an ihm vorüber; noch einmal stand das Mädchen in vollem Liebreiz vor ihm da.

Wilhelm schloß vor Entzücken seine Augen; als er sie wieder aufschlug, fiel sein erster Blick auf das unheimliche Gesicht des Hageren, der ihn mit steinernem Ernst betrachtete. Er tat einen Schritt zurück; dann fragte er mit unsicherer Stimme: »Wer bist du?«

»Was kümmerts dich, Knabe, wer ich bin!« antwortete der Hagere mit finsteren Stirnfalten, »du weißt, was ich kann!«

»Du sagtest, du wärest der Teufel«, fuhr Wilhelm fort, »*bist* du der Teufel?«

»Schweig!« rief der Hagere zornig und trat dicht vor Wilhelm hin. Wilhelm zitterte, ihm brachen die Knie zusammen, und er wäre zu Boden gesunken, wenn der Hagere ihn nicht schnell bei der Hand ergriffen hätte. Doch, sobald dies geschehen war, fühlte er sich wieder stark, wie zuvor; er schlug seine Augen wieder zu dem Hageren auf und begriff nicht, wie er sich vor ihm habe fürchten können.

»Ich will dich jetzt einführen in die Tiefen der Natur und in die Geheimnisse deines Lebens«, begann der Hagere; »ich will den Fluch von deinem Haupte nehmen, der dich erdrücken würde; ich will dir den Feind zeigen, der sich all deinen Bestrebungen in den Weg stellen wird, wenn du ihn nicht vernichtest!«

Wilhelm erglühte; unverwandt, mit leuchtenden Blicken hing sein Auge an dem Munde des Hageren; seine Hand ballte sich, ihm selber unbewußt, zusammen; er fragte:

»Wer ist mein Feind?«

»Dein Bruder!« erwiderte der Hagere.

»Du lügst, du lügst!« rief Wilhelm heftig, »mein Bruder ist mir zugetan in ewiger Liebe; er ist besser als ich.«

»Und doch dein Feind!« versetzte der Hagere ruhig. »Wer war der Liebling deiner Eltern? Er oder du?«

»Es ist wahr«, erwiderte Wilhelm, innerlich zerknickt, »ihm steckte die Mutter täglich Leckerbissen zu, ihm schnitt der Vater zuerst Brot, und selten trug ich ein so gutes Kleid wie er.«

Er hielt inne, denn er erinnerte sich, daß auch die Frau ihn und seinen Bruder nur deswegen so freundlich bei sich aufgenommen hatte, weil Theodor ihrem Sohne glich.

»Versenke dich tief in die Vergangenheit«, sagte der Hagere nach einer langen Pause, »und dann frage dich, ob es nicht immer dein Bruder war, dem du deine schmerzlichsten Stunden verdanktest.«

Wilhelm schwieg; aber das Andenken *einer* Stunde, durch die er einst in seinen heiligsten Gefühlen verletzt und seinen Eltern ohne sein Zutun entfremdet worden war, ging schauerlich-düster an seiner Seele vorüber. Die Mutter hatte einmal eine schöne Tasse zerbrochen gefunden; sie hatte geglaubt, daß Wilhelm, den sie immer den Ungestümen, den Wilden zu nennen pflegte, am Zerbrechen der Tasse schuld gewesen sei; sie hatte ihn zur Rede gesetzt und, ohne auf die flehenden Beteuerungen seiner Unschuld zu hören, ihn hart gezüchtigt. Späterhin, als Theodor von einem Spaziergange mit seinem Vater aus dem Walde zurückgekehrt war, hatte dieser bekannt, er habe die Tasse unvorsichtigerweise an die Erde geworfen, und statt ihn zu strafen, hatte die Mutter ihm seine Unvorsichtigkeit kaum in einigen gelinden Worten verwiesen und ihn dann, als ihm eine Träne über die Wangen floß, gleich wieder geliebkost.

»O, das war hart!« rief Wilhelm aus. Er war zu tief in Erinnerungen versunken, um zu wissen, daß er seinen Gedanken Worte gab.

In diesem Augenblicke rauschte es über Wilhelms Haupt; er kannte dieses Rauschen und zitterte heftig; da scholl es aus der Luft herunter: »Mörder! Mörder!«

»O Gott!« rief Wilhelm aus.

»Laß das, Knabe«, sagte der Hagere, und eine unheimliche Glut flammte in seinem Auge auf, »du hast einst den Teufel angerufen, und er hats nicht vergessen. Denk lieber an deinen Bruder; wär er nicht gewesen, so wärest du nimmer ein Mörder geworden.«

»Nimmer, nimmer!« wiederholte Wilhelm langsam und biß die Zähne zusammen.

»Fühlst du dies? erkennst du dies?« versetzte der Hagere lebhaft, »nun, so wirst du jenen Tag verfluchen, an welchem du den unnützen Bruder durch meinen Trunk vom Tode errettetest. Ich wollte dir nicht verweigern, was dein Unverstand von mir verlangte – hätt ichs getan, dir wäre besser!«

»Was geschehen ist, das ist geschehen!« sagte Wilhelm in dumpfem Hinbrüten.

»Aber, du hast ihm das Leben gegeben – du mußt es ihm wieder nehmen«, versetzte der Hagere leise.

»Entsetzlicher!« rief Wilhelm und starrte den Furchtbaren an.

»Höre mich an«, fuhr der Hagere fort, »ich muß dich etwas fragen. Ich habe dir die Welt gezeigt in ihrer Herrlichkeit; du sahest Krieger und Künstler, den Kaufmann und den Gelehrten. Hast du keinen unter ihnen beneidet?«

»Ich möchte werden wie sie!« erwiderte Wilhelm.

»Ich zeigte dir die Schönheit in ihrer Allmacht; du sahest die Jungfrau, die Blume der Schöpfung, vor welcher der Erdkreis sich beugt. Blieb dein Herz kalt bei dem Anblick der Schönheit?«

»Ach, ich verging in unendlicher Sehnsucht«, sagte Wilhelm und gab dem Hageren die Hand, nach welcher er faßte, willig hin, »und eben jetzt ist es mir, als stiege jenes Bild leuchtender vor meiner Seele auf, als jemals. Kann ich denn leben, wenn ich sie nimmer besitzen soll?«

»Und auch sie«, fuhr der Hagere fort, »ist mit unauflöslichen Banden an dich geknüpft, wie du an sie; doch sie wird sich deinem Bruder zuneigen in unwiderstehlicher Verblendung, und sie wird verbluten und du wirst verbluten, denn also beschloß es die Natur, als sie neben dir deinen Bruder hervorbrachte. Auf sein Haupt wird sich alles häufen, was von Ewigkeit her für dich bestimmt war; er ist wie die unverschämte, breitblätterige Sonnenblume, ohne Duft und Farbenpracht, die den Tau auffängt, der das an ihrer Seite aufgeschossene Veilchen erquicken sollte; die Bahn der Ehre ist für dich verschlossen, damit sie sich für ihn eröffne;

ihm wird alles Schöne zuteil werden, und du wirst ewig darben!«

Der Hagere, dessen Stimme immer voller und gewaltiger geworden war, schwieg einen Augenblick; dann sagte er: »Armer Knabe!« und drückte Wilhelm die Hand. Dieser Händedruck durchdrang Wilhelm bis ins Innerste, seine Sinne verwirrten sich, er rief: »Was soll ich tun!«

»Ihn töten, töten!« antwortete der Hagere.

»Ich nicht; du! du!« sagte Wilhelm, und seine Zähne klapperten.

»Wohlan, *ich*, wenn du es befiehlst«, versetzte der Hagere trocken; »er kommt eben auf uns zu. Ich will seine Gebeine zerschmettern, daß keine Spur von ihm übrigbleibt!«

Seine Augen sprühten Funken, seine Gestalt wuchs ins Unendliche, er tat einen Schritt vorwärts. Wilhelm sah, daß Theodor sich schüchtern nahte; da schrie er laut auf: »Nein, Schrecklicher, nicht du, ich selbst, ich selbst!« Zugleich stürzte er in entsetzlicher Angst auf seinen Bruder und rief: »Theodor, Theodor! Du mußt fliehen oder sterben!«

»Bruder, wie bist du blaß – was fehlt dir?« sagte Theodor im Tone des innigsten Mitleids.

»Ach, ich –« Die Stimme brach Wilhelm, die Anrede seines Bruders hatte ihn im tiefsten erschüttert, der Zauber, der ihn bisher geblendet hatte, wirkte nicht mehr; mit dem Ausrufe: »Schütze mich! Schütze mich!« fiel er Theodor an die Brust.

In diesem Augenblicke erscholl eine Weihnachtsmusik vom Turme. O, Musik, heilige Stimme der Natur, worin sie alles ausspricht, was zu flüchtig ist für die Gestaltung in einer ihrer tausendfachen Formen und zu zart für die Gedanken des Menschen, welcher die Wasserlilien, die sich aus ihren ewigen Tiefen emporringeln, nur pflücken, aber nicht bis an die Wurzeln verfolgen kann! Du entblätterst die Welt wie eine Rose, aber nur, um in ihr Innerstes einzudringen und von der Kraft zu nippen, die ewig neue Blüten treibt; du führst den Geist in schwindelndem Fluge bis an seine Grenze, aber nur, weil diese Grenze der Anfang der Gottheit ist.

Theodor und Wilhelm hatten nie eine Musik gehört. Brust an Brust gelehnt, standen sie da, ohne Worte, nur Empfindung,

Vergangenheit, Gegenwart und Zukunft schwebten an ihnen vorüber; jede Saite, die bisher in den Tiefen ihrer Brust nur noch gezittert hatte, erklang. Es gab für Theodor nichts mehr, was er fürchtete, für Wilhelm nichts mehr, was er hoffte. Das Gemüt gab sich kund, hier in der Zerknirschung, die, wie jeder Tod, der Herold unsterblichen Lebens war, und dort in der Erhebung zum Zenitpunkte geistiger Freiheit.

»Das ist der Gesang der Engel«, sagte Theodor leise, »von dem Mutter uns so oft erzählte; mir ist, als ob ich in diesem Augenblicke den lieben Gott sähe; ich will beten.«

»Bete mit für mich«, sagte Wilhelm, »ich sterbe!«

Theodor hörte nicht, was sein Bruder gesagt hatte; er war auf seine Knie gesunken und hatte die Hände in frommer Andacht gefaltet. Wilhelm sah ihn beten; er wandte sich von ihm ab, und Tränen stürzten ihm aus den Augen. Er glaubte vor dem unsichtbaren Richterstuhl desjenigen zu stehen, der die Gedanken erkennt, bevor sie ausgesprochen werden, und Schauer des Todes rieselten ihm durch die Gebeine. Doch jener unvorsätzliche Totschlag in der Hütte war es nicht mehr, der seine Seele beängstigte; auch die letzte, finstere Stunde folterte ihn nicht. Aber es wurde ihm klar, daß er immer die Kraft in sich getragen hatte, den unheimlichen Blend- und Zauberwerken, die sich ihm entgegendrängten, zu widerstehen, und das Bewußtsein, den Hageren nicht in heiligem Ernst von sich gestoßen, sondern sich seinen Verlockungen willig hingegeben und um das Höchste des Lebens aus Trotz und Eitelkeit freventlich gespielt zu haben, zermalmte ihn.

Die tiefen, langgezogenen Töne des Horns bohrten sich wie Keile in seine Seele, und er fühlte zugleich, daß sie ihn zum Himmel würden erhoben haben, wenn sie ihn nicht in die Hölle hätten hinunterstürzen müssen. All die reizenden Lebensbilder, die der Hagere an ihm vorübergeführt hatte, grüßten ihn auch jetzt, aber reiner, lauterer, und ohne sein Herz zu rasender Begierde zu entflammen, wie einst. »Mir selbst und dem Himmel hat der Entsetzliche die Blumen gestohlen, durch die ich mich verlocken ließ!« rief er aus. Dies war sein größter und sein letzter Schmerz.

Die Musik verstummte. »Ach, Wilhelm«, sagte Theodor, tief

aufatmend, indem er wieder aufstand, »ich glaubte, schon oft gebetet zu haben, aber ich habe zum ersten Male gebetet!«

»O Bruder, Bruder!« rief Wilhelm aus und bedeckte mit der Hand das Gesicht, »sag mir, wie werd ich wie du?«

Theodor wollte Wilhelm umarmen, doch schnell trat er, von einem großen Gedanken ergriffen, zurück und sagte:

»Bruder, hebe deine Hände empor zu den Sternen und schwöre, wie ich eben geschworen, allem, was edel und gut ist, ewige Treue!«

Da faltete Wilhelm seine Hände und blickte zum Himmel auf und stammelte: »Ewig, ewig!« Sein Angesicht leuchtete.

In diesem Augenblicke gingen an den Knaben mehrere Männer mit Blasinstrumenten unter dem Arme vorbei. Es waren die Musikanten, die vom Turme kamen.

Da klopfte plötzlich der Hagere Wilhelm auf die Schulter und sagte, indem er auf die Musikanten zeigte: »Siehe, Knabe, das sind deine Götter!« Dann verschwand er mit einem heiseren Gelächter.

Jetzt sind wir zu dem Punkte gekommen, wo wir den Zwiespalt, der Wilhelms Natur zerriß, geschlichtet sehen. Wir wollen nun von den einsamen Kindern Abschied nehmen und nur noch bemerken, daß sie zu der Frau, die sie einst so freundlich aufgenommen hatte, zurückkehrten, und daß diese sich späterhin, als Theodors Gebetbuch ihr zufällig in die Hände kam, als die Schwester ihrer Mutter auswies.

Wilhelm, von seinem inneren Zwiespalt genesen, ward sich, unter freundlichen Verhältnissen, bald der Kraft bewußt, die in jedem Menschen lebt, der Kraft: dem Bösen widerstehen zu können, sobald man nur ernstlich will. Das Gemüt war in ihm erwacht, und dieses, in Verbindung mit der Religion, von der er bald die gehörigen Begriffe bekam, beschützte ihn gegen spätere Verirrungen. Er wurde gut und fromm, wie sein Bruder, und wenn er einmal vom Pfade des Guten abweichen wollte, erinnerte er sich der Schrecknisse, in die ihn seine frühere Gemütlosigkeit und Begehrlichkeit gestürzt hatten, und kehrte schaudernd der Versuchung den Rücken.

BARBIER ZITTERLEIN

Novelle

I

Es war Abend, und der Barbier *Zitterlein* saß an seinem Tisch. Eine helle Lampe brannte auf demselben und beleuchtete das Gesicht des langen, dünnen Mannes, der sich um das Abendbrot, welches seine Tochter *Agathe* auftrug, wenig bekümmerte. Die Tochter setzte sich an den Tisch und klimperte, um den Vater aus seinen Gedanken zu wecken, mit den zinnernen Löffeln; endlich sagte sie leise:

»Vater, wollt Ihr nicht essen?«

»Ja wohl«, antwortete Zitterlein und rückte näher zum Tisch. »Eine Biersuppe? ach, du liebes, treues Kind!«

Beide fingen an zu essen. Zitterlein fiel in sein vorheriges Stillschweigen zurück und aß nur wenig; Agathe sah ihn zuweilen mitleidig an, bald legte auch sie den Löffel nieder und begann, den Tisch abzuräumen.

»Bist du schon satt, Agathe?« fragte der Vater und heftete einen glühenden Blick auf sie.

»Ihr wißt, ich esse zur Nacht nicht viel«, antwortete Agathe, »aber Ihr, Vater, Ihr solltet die schöne, kräftige Suppe nicht so verschmäht haben, denn Ihr eßt sie gern, und sie tut Euch wohl!«

»Du hast recht, mein Kind, und ich sollte es umso weniger getan haben, als dies der letzte Abend ist, wo wir so recht innig beisammen sind!«

»Der letzte Abend?« fragte Agathe und sah ihren Vater erstaunt an.

»Freilich, der letzte«, – antwortete dieser – »du weißt, morgen hole ich den Gesellen, und dann ist das vorbei!«

»Mein Gott, Vater, ich versteh Euch nicht. Ich meine, der Gesell soll die Stütze Eures Alters werden; Ihr sollt Ruhe haben, und ein junger Mann, wie der Gesell, kann in die einförmige Stille unsers Hauses recht gut passen: Ihr werdet nicht so oft sitzen und grübeln, und ich –«

»Du wirst weniger Langeweile haben, nicht wahr?« – unterbrach Zitterlein sie heftig – »das ist recht, mein Kind, quäle du mich auch!«

»Vater, was meint Ihr?« – antwortete Agathe ihm sanft, indem sie sich vor ihn hinstellte – »Ihr wißt, daß ich Euch liebe, und daß ich, wenn Ihr so tiefsinnig zu grübeln sitzt, nicht Langeweile, sondern nur das tiefste Mitleid, ja Grausen, empfinde.«

Zitterlein ergriff ihre Hand und drückte sie an die Brust. Dann sagte er:

»Vergib mir, liebe Tochter, ich weiß das ja alles, es kann ja nicht anders sein, denn du bist das einzige Gut, was mir ist, was von Tage zu Tage inniger mit mir verwächst. Aber eben darum – sieh, liebes Kind, ich bin nicht, wie ein Baum, der in der Erde wurzelt und sich von Luft und Sonne ernährt; er braucht sich um seinesgleichen nicht zu bekümmern, aber ich bin ein Mensch, ich muß mit Menschen leben, ich liebe sie sogar, weil sie unglücklich sind. Doch, sie sind mir in der tiefsten Seele verhaßt, wenn sie mir nähertreten, ich mögte sie ermorden, wenn sie in mein Haus kommen. Ich will nur dich, nur dich; warum kommen sie denn? haben sie nicht auch Weib und Kind? Gehe ich zu ihren Weibern, ihren Kindern? Und nun muß ich mir selbst den Gesellen holen; ich muß, denn ich bin alt, und der Vogt glaubt, meinen zitternden Händen das Egelsetzen und Aderlassen nicht mehr anvertrauen zu dürfen. Der wird nun mit kalter Teufelsfaust in meine heiligsten Gefühle hineingreifen, er wird mir überall störend und zerstörend in den Weg treten, er wird mit uns in einem Hause schlafen, an einem Tische mit uns essen, und ich kann es nun einmal nicht dulden!«

»Lieber Vater« – sagte Agathe – »Ihr seid krank! Und doch« – fügte sie leise mit herzzerschneidender Wehmut hinzu – »doch ist er nicht anders, wie immer.«

»Nein, Tochter, ich bin nicht krank, ich sehe bloß voraus, wie alles kommen wird. Ach, ich fürchte mich vor meinem Gesellen! Gibt es nicht Gesichter, die mich anstarren, wie Larven der Hölle, Augen, deren feindlicher, vernichtender Strahl mich tötet? Hast du nie ein Lächeln gesehen, welches dir jede Freude, jede Lebenslust zusammenschnürte, wie eine Schlange?«

2

Am andern Morgen war Zitterlein früh aufgestanden und hatte sich nach der nahgelegenen Stadt – er wohnte in dem Kirchdorf *Müntzen* – aufgemacht, um sich dort auf der Herberge der Bader nach einem Gesellen umzutun. Auf seine Frage, ob etwa ein Gesell angekommen sei, antwortete der Herbergsvater: dies wäre allerdings der Fall; es sei am gestrigen Abend ein stiller, netter Bursch zugereist gekommen, und er zweifle nicht, daß er mit Vergnügen in Arbeit treten werde; der Winter sei nahe und dann tue das Wandern nicht wohl. Es dauerte auch nicht lange, so kam der junge Gesell von der Polizei, woselbst er seine Papiere hatte in Ordnung bringen lassen, zurück; er war von ansehnlicher Statur, hatte blondes Haar, blaue Augen und viele Freundlichkeit im Benehmen.

»Es ist Arbeit für Euch in Müntzen« – rief ihm der Herbergsvater entgegen – »das Dorf liegt eine halbe Stunde von hier.«

»Das ist mir sehr lieb«, antwortete der Gesell und trat auf Zitterlein zu, auf den der Herbergsvater ihn verwies.

»Ich gebe aber nur zwanzig Groschen Wochenlohn«, sagte Zitterlein, ohne ihn anzusehen.

»Das ist wenig« – antwortete der Gesell – »ich bin vierundzwanzig gewohnt. Aber, ich nehme Euer Anerbieten an. Seht hier meine Kundschaft und meine Arbeitszeugnisse.«

»Steckt sie nur ein« – entgegnete Zitterlein – »das ist mir einerlei. Nennt mir Euren Namen, laßt Euch einen Schnaps geben und kommt mit mir!«

»Mein Name ist *Leonhard Ziegler*; Schnaps trink ich nicht.«

»Wein ist doch für einen Barbiergesellen, der wöchentlich nur zwanzig Groschen verdient, zu kostbar!« sagte Zitterlein mit einem höhnischen Lächeln, indem er selbst den Schnaps austrank, den er sich hatte einschenken lassen.

Zitterlein und Leonhard machten sich bald auf den Weg; sie gingen schweigend nebeneinander her, denn Leonhard mogte sprechen, was er wollte, er erhielt immer eine kurze, oft bittre Antwort und verlor so am Ende die Lust, ein Gespräch fortzuspinnen, was so sichtlich vermieden wurde. Als sie nahe vor

Müntzen waren, fing es an zu regnen. »Wir werden noch naß!« sagte Leonhard.

»Daran muß ein reisender Gesell gewöhnt sein!« entgegnete Zitterlein und ging langsamer, wie bisher. Leonhard wußte nicht, was er aus ihm machen sollte; er hatte zuweilen ein scharfes Wort auf der Zunge, aber er hielt es zurück, wenn er in das blasse, schmale Gesicht des Mannes sah, der alle seine Freundlichkeiten so schnöde abwies. »Vielleicht ist er krank!« dachte er, »und jedenfalls kannst du nach einer Woche deinen Bündel wieder schnüren, wenn es dir nicht bei ihm gefällt!« Sie kamen zu Zitterleins Hause und traten hinein. Agathe trat ihnen aus der Küche, wo sie mit Zubereitung des Mittagsessens beschäftigt war, entgegen; sie sagte herzlich: »Guten Tag, lieber Vater!« aber dieser schob sie, nachdem sie den Gesellen kaum gegrüßt hatte, fast unsanft in die Küche zurück und rief ihr zu: »Bekümmere du dich nicht um uns!« Dann zeigte er Leonhard die für ihn bestimmte Kammer und sein Bett, gab ihm den Schlüssel zu einem dort aufgestellten Schrank und bat ihn, sich einzurichten, worauf er zu seiner Tochter in die Küche ging.

3

Agathe hatte das Essen aufgetragen und fragte Zitterlein, ob sie den Gesellen rufen solle. Zitterlein antwortete ihr nicht, sondern stand schnell auf, um dieses selbst zu tun. Stumm kam er mit Leonhard zurück, setzte sich mit ihm zu seiner Tochter an den Tisch und nötigte ihn einsilbig, zuzulangen. Während des Essens wurde fast kein Wort gesprochen, obgleich dies ängstliche Schweigen Agathen fast ebensosehr drückte, wie Leonhard; der letztere entfernte sich bald. Kaum hatte er das Zimmer verlassen, als Zitterlein seine Tochter fragte: »Warum wurdest du rot, als der Gesell in das Zimmer trat?«

»Gott, Vater«, – antwortete sie – »das bin ich selbst gar nicht gewahr geworden, und wenn es wäre, so ist es ja wohl etwas so Unerhörtes nicht, vor einem Menschen zu erröten, den man nie gesehen hat.«

»Ganz recht, liebe Tochter«, – sagte Zitterlein beruhigt – »einen andern Grund kann das ja auch nicht haben; aber du weißt, mir liegt das Nächste immer am fernsten. Jetzt will ich mir die Papiere des Gesellen geben lassen, ich muß sie zum Vogt tragen. In einer Stunde bin ich wieder hier.«

Er nahm aus einem Kasten einige Rasiermesser hervor und ging damit zu Leonhard in die Kammer.

»Ich muß Euch bei dem Vogt melden«, – sagte er zu diesem – »und bitte Euch jetzt um die Papiere. Mittlerweile seid Ihr wohl so gut, diese Messer für den morgenden Gebrauch ein wenig zu wetzen.«

Leonhard gab ihm die Papiere, und er ging.

Leonhard wollte beginnen, die Messer zu wetzen; da merkte er, daß Zitterlein vergessen hatte, ihm einen Wetzstein zu geben. Er ging daher in das Wohnzimmer, woselbst er Agathen vorfand.

»Entschuldigt, wenn ich Euch störe. Ich soll diese Messer wetzen, und Euer Vater hat mir keinen Wetzstein gegeben!«

»Ach«, – antwortete Agathe – »mein Vater ist zuweilen etwas zerstreut; kehrt Euch nicht daran, er ist sonst gut!«

Diese im Ton der herzlichsten Bitte vorgebrachten Worte rührten Leonhard tief; er schaute das Mädchen, welches den seltsamen Vater so einfach und doch so eindringlich zu verteidigen wußte, näher an. Da klingelte die Haustür, und Zitterlein, der einen für den Vogt aus der Stadt mitgebrachten Brief vergessen hatte, trat ins Zimmer, um diesen zu holen. Sein Auge flammte von heftigem Zorn, als er Leonhard bei seiner Tochter erblickte.

»Ihr seid wohl ein Meister im Messerwetzen«, – rief er diesem zu – »daß Ihr schon jetzt Muße zu plaudern habt; und du, Agathe – –«

»Verzeiht«, – unterbrach ihn Leonhard, der nur durch einen Blick auf das schöne, schüchterne, von tiefer Scham übergossene Mädchen von der Äußerung seines heftigen Unwillens abgehalten wurde – »verzeiht, ich wollte nur einen Wetzstein holen, den Ihr vergessen hattet.«

»Einen Wetzstein?« – entgegnete Zitterlein – »ach so, da, nehmt, nehmt, hier ist er!«

Leonhard nahm ihn und kehrte in seine Kammer zurück.

4

Am andern Morgen, früh, als Leonhard kaum aufgestanden war, trat Zitterlein zu ihm in die Kammer, brachte ihm sein Frühstück und ging dann mit ihm aus im Dorf, um ihn den Kunden vorzustellen, die er künftig zu bedienen hatte. Als dieses geschehen war, kehrte er selbst in sein Haus zurück, Leonhard aber ließ er bei dem Bierbrauer des Orts, an dessen starkem Bart er sich zuerst versuchen sollte.

»Das ist hohe Zeit, junger Gesell«, – sagte Herr Tobias zu Leonhard – »daß Ihr kommt. Mit Eurem Meister wurde es wirklich zu arg, er würde keinen einzigen Kunden behalten haben, wenn im Dorf nur ein anderer Barbier vorhanden gewesen wäre. Ich wenigstens ging in der letzten Zeit lieber in die Stadt, als zu ihm.«

»Er ist alt und seine Hände mögen zittern«, – versetzte Leonhard.

»Dies würde noch so viel nicht gemacht haben«, – antwortete Herr Tobias – »aber er ist verrückt, und der Teufel mag einem verrückten Bartscherer seinen Hals anvertrauen. Ich hatte vor vierzehn Tagen in seiner Barbierstube einen Auftritt mit ihm, an den ich zeitlebens denken werde. Ich ging den Sonnabendsabend nach meiner Gewohnheit zu ihm, um mich rasieren zu lassen. Er verrichtete sein Geschäft anfänglich still und emsig; plötzlich aber fühlte ich einen heftigen Schmerz, mein Blut floß, und ich bemerkte, daß er mir eine Warze, die ich am Kinn trug, abgeschnitten. Dies konnte nun freilich angehen, umso eher, da er mich bei Licht rasierte; als ich ihn aber fragte, ob er nicht sehen könne, antwortete er mir mit einem häßlichen Lachen: »Dankt Gott, daß es der Hals nicht ist!« und damit hob er sein Messer, als ob er es nun auch auf den Hals abgesehen habe. Natürlich sprang ich schnell auf und hielt ihm die Hand. Da aber war er auf einmal ganz wieder, wie im Anfang, er fragte mich, ob ich keinen Spaß verstehen könne, bat mich um Verzeihung wegen seiner Unvorsichtigkeit, und brachte sein Geschäft ruhig zu Ende. Aber mir wars durch Mark und Bein gedrungen, jenes häßliche Lachen konnt ich nicht wieder vergessen; daher ging ich sogleich zum Vogt, meinem Nachbar, und dieser, der so gut für seine Kehle zitterte, wie ich für die meinige, befahl ihm, sich einen tüchtigen Gesellen zu halten, widrigenfalls ihm das Handwerk gelegt werden solle.«

»Das ist alles seltsam«, – antwortete Leonhard – »und Ihr könntet mir fast die Lust verleiden, länger, als die ersten acht Tage, bei Herrn Zitterlein zu bleiben.«

»Ich könnte es Euch so sehr nicht verdenken, junger Mann«, – entgegnete Herr Tobias, während Leonhard ihn einseifte – »dieser Zitterlein ist in jedem Betracht der sonderbarste Mensch von der Welt. So hat er da ein junges Ding von Tochter – Ihr werdet sie gesehen haben – von ganz leidlichem Gesicht und angenehmer Figur; meint Ihr, daß das arme Mädchen zu Tanz und Kirmse gehen darf, wie andere? Ein oder zwei Mal im Jahr darf sie an einer Lustbarkeit teilnehmen, und dann ist der alte verrückte Vater dahinter her, als ob er, verzeih mirs Gott, sie selbst heiraten könnte oder mögte. Ist das Raison? Alle Donnerwetter, wohin meine Tochter und des Vogts Tochter kommen, da ist es für die Barbiermamsell auch gut genug!«

»Da ist das Mädchen ja sehr zu bedauern«, – sagte Leonhard.

»Allerdings ist sie das!« – versetzte Herr Tobias – » sie zählt 17 oder 18 Jahr, und für so junges Blut ist Glas und Rahmen drückend. Und doch ist der Vater ebensosehr zu bedauern. Ja, wär er von jeher so ein Tückmäuser gewesen!«

»Also war er nicht immer so?« – fragte Leonhard.

»Nein, wahrhaftig nicht!« – entgegnete Herr Tobias. » Ein Narr war er freilich immer, aber desungeachtet ein guter Barbier, ein lustiger Mann in Gesellschaft. Er wollte zwar immer zu hoch hinaus, vertrieb sich die Zeit mit unsinnigem Zeug, mit Büchern z.E., statt Kugel zu schieben, war auch nie damit zufrieden, daß er dem Pastor den Bart abnehmen mußte, wär lieber für ihn auf die Kanzel gestiegen – aber, was war das gegen seine jetzigen Albernheiten!«

»Und diese auffallende Veränderung – weiß man denn nicht, worin sie ihren Grund hat?« – unterbrach ihn Leonhard.

»Schicksal! Schicksal!« – antwortete Herr Tobias – »so gehts! Mein Knecht trägt zwei Tonnen Weizen, mancher sinkt unter einer zusammen. Als hier vor ungefähr zwanzig Jahren das große Viehsterben war, verlor ich dreizehn Ochsen und einige Pferde, prächtige, wohlgenährte Tiere; doch, ich dachte: der Himmel wills, und rauchte ruhig meine Pfeife. Dem Barbier starb vor fünf, sechs Jahren sein Weib, und er wurde verrückt. So gehts!«

Leonhard war mittlerweile mit dem Bart des Herrn Tobias fertig geworden und reichte ihm jetzt das Handtuch zum Abtrocknen. Als Herr Tobias sich abgetrocknet hatte, sagte er zu Leonhard, der sein Geschirr wieder einpackte:

»Ihr gefallt mir; es soll mir lieb sein, wenn Ihr hin und wieder einen Abend bei mir verplaudern wollt, Ihr werdet bei Eurem Meister Langeweile genug haben.«

5

Zitterlein saß eines Abends mit seiner Tochter einsam in seinem Zimmer, da trat Leonhard in seinem Sonntagsrock herein und sagte:

»Meister, Ihr werdet nichts dagegen haben, wenn ich ein wenig ausgehe; Herr Tobias, der Brauer, hat mich schon mehrere Male eingeladen.«

»Daran tut Ihr recht, sehr recht«, – versetzte Zitterlein mit Freundlichkeit – »ich habe nicht das geringste dagegen, Ihr könnt ausgehen, wenn Ihr wollt, wiederkommen, wenn es Euch beliebt; ich wünsche Euch viel Vergnügen!«

»Auch ich!« – setzte Agathe hinzu, die sich durch das peinliche Verhältnis gedrückt fühlte, in welchem sie sich zu dem jungen Mann befand, der in ihr Haus gekommen war und mit dem sie kein freundliches Wort reden durfte.

Leonhard ging, Zitterlein aber nahm sogleich Gelegenheit, ihr die wenigen Worte zu verweisen, die sie sich erlaubt hatte.

»Sieh, liebe Tochter«, – sagte er – »als ich diesen Gesellen annahm, da versprach ich ihm zwanzig Groschen Wochenlohn, Essen und Trinken und eine Kammer zum Schlafen. Alles dieses habe ich ihm gegeben und vollkommen gehalten, was ich ihm versprach. Freundlichkeiten aber habe ich ihm nicht versprochen, und ich sähe es gern, wenn du die deinigen besser zu Rate hieltest. Es schneidet mir durch die Seele, wenn du ihn ansiehst, ich mögte dich schlagen, wenn du mit ihm redest.«

»Ihr verlangt das Unmögliche von mir, Vater« – erwiderte Agathe. »Ich kann doch gegen den Gesellen nicht steif und abgemessen sein, als wenn ich von Stein wäre.«

»Sollst es auch nicht!« – unterbrach sie Zitterlein. »Bewahre, wenn er dich grüßt, so dankst du ihm, wenn er sagt: es ist schönes Wetter! so antwortest du: ja wohl. Aber dann eilst du schnell in dein Zimmer zurück und setzest, wenn deine Zunge nicht ruhen kann, das Gespräch fort mit dem Kanarienvogel. Teuerste Tochter, wenn du wüßtest, welche entsetzliche Pein du mir dadurch erspartest – du würdest gewiß alles tun, was ich von dir verlange. Wird es dir denn so schwer? fühlst du dich nicht ebenso fest und unauflöslich an mich gebunden, wie ich mich an dich? Bist du nicht mein Fleisch und Blut? Mir kommst du vor, wie ein Teil meiner selbst; was du denkst und empfindest, ist mein, ich kann mein Eigentum nicht mit einem andern teilen; und auch du, Tochter, sei überzeugt, nur meine Brust versteht das Leben, welches die deinige bewegt.«

Eine Träne trat dem alten bleichen Mann ins Auge. Agathe warf sich in seine Arme. Plötzlich faßte er ihre beiden Hände, schaute ihr ins Gesicht und sagte:

»Agathe, willst du mir etwas schwören? Willst du mir schwören, dich nie einem Manne zu ergeben?«

Agathe sah ihren Vater lange an, dann legte sie ihre Hände kreuzweis vor die Brust und sprach:

»Vater, ich liebe Euch, so sehr, wie jemals eine Tochter ihren Vater geliebt hat. Das weiß der allmächtige Gott; was soll ich mehr? Ihr quält mich!«

»Schlaf wohl, liebes Kind!« – sagte Zitterlein und verließ schnell das Zimmer.

Agathe stand lange regungslos, dann trat sie ans Fenster und schaute hinaus in die Nacht. Der Mond schien hell und klar. Sie faltete die Hände und betete.

6

Es gibt Menschen, die jenen Bäumen zu vergleichen sind, welche auf fremde Stämme gepfropft werden müssen, wenn sie gedeihen sollen; auf die Art dieser fremden Stämme kommt es denn gar nicht an, sie kommen fort auf jedem, aber sie werden schlechte Früchte tragen, wenn sie sich unmittelbar aus der Erde selbst Saft und Nahrung saugen. So senken jene Menschen sich mit jeder Faser ihrer Seele in das Wesen hinein, welches sie zufällig am ersten erreichten, sei dieses ein Freund, eine Geliebte, eine Mutter, oder was es sei; sie sind glücklich und sanft, aber jenes Wesen soll sich ihnen dafür auch ganz und gar zu eigen geben, und man hat es auch wohl erlebt, daß dieses im vollsten Maße geschieht. Solch ein Mensch war der Barbier Zitterlein. Von Jugend auf still und verschlossen, hatte er beständig mit sich selbst gelebt, aber auch beständig eine innere Unbehaglichkeit empfunden, die er sich nicht zu erklären wußte, und die er, seiner Armut halber, durch Wissenschaft, auf die sein Sehnen ging und in der er Befriedigung zu finden gehofft, nicht hatte vertreiben können. Erst spät, nachdem er längst schon seine eigene kleine Wirtschaft eingerichtet, zog die Liebe in seinem Herzen ein, als er ein anspruchsloses Mädchen fand, welches ihn mit all der Innigkeit umfaßte, deren er bedurfte; nun aber liebte er auch grenzenlos, er fühlte sein eigenes Ich in der Braut und nachherigen Frau ergänzt, sie war ihm gewissermaßen ein neuer Sinn, durch welchen ihm Welt und Leben aufgingen in voller Bedeutung und Herrlichkeit. So lebte er manche Jahre mit ihr fort, heiter und in Frieden; sie gebar ihm eine Tochter, aber das Kind trug kaum dazu bei, sein Glück zu vermehren, denn seine Liebe war eine unteilbare, und die kleine Agathe erfreute ihn eigentlich nur dann, wenn er sah, daß sie die Mutter erfreute. Als das Mädchen dreizehn Jahr alt war, brach eine hitzige Krankheit in seinem Wohnorte aus; viele wurden davon ergriffen, auch Zitterleins Tochter Agathe; diese genas, aber die durch sie angesteckte Mutter starb, unter allen Erkrankten fast die einzige. Zitterlein versank in tiefe Schwermut, er schlich wie ein Schatten umher, er würde sich selbst den Tod gegeben haben, wenn er eine kräftigere Natur gewesen wäre; vor allem aber vermied er seine Tochter Agathe, in der er nichts mehr sah, als die Todesursache seines Weibes. Das arme Mädchen war sehr bemitleidenswert, in jener Periode, wo die Jungfrau sich, wie ein süßes Geheimnis, leise, leise aufschließt, wo sie der Mutter mehr, wie jemals, bedarf, lag die ihrige im Grabe, und der Vater, der jene ohnehin niemals ersetzen kann, stand ihr schroff und kalt gegenüber, wie der fremdeste Mensch. Dies konnte sie nicht ertragen, sie verzehrte sich in tiefem Schmerz, sie fiel ab und wurde krank. Zitterlein bekümmerte sich wenig um sie, er holte ihr einen Arzt, und der verschrieb seine Tropfen.

Eines Abends raffte sie ihre letzten Kräfte zusammen und stand auf; sie empfand eine wunderbare Beruhigung darin, das Grab ihrer Mutter noch einmal zu besuchen; sie hatte zum Kirchhof nicht weit und schlich sich dahin. Sie setzte sich auf dem kalten, feuchten Grabe nieder, sie faltete die Hände, sie betete: »Mutter, erscheine mir doch nur noch einmal und sage mir, was ich meinem Vater getan habe, daß er mich haßt!«

Da fühlte sie sich plötzlich heftig umschlungen, ihres Vaters Stimme rief: »Vergib mir, Tochter, vergib mir!« seine heißen Tränen benetzten ihre Wange. Er führte sie nach Hause, er setzte sich an ihr Bett, er erschöpfte sich in Aufmerksamkeiten. Einmal faßte er ihre Hand und sagte: »Agathe, der Satan hat mich verblendet, daß ich heute zum ersten Mal sehe, daß deine Mutter mir in dir noch immer nahe ist. Spricht nicht ihre Treu und Milde aus deinen Augen? Ist es nicht ihre Stimme, die so holdselig aus deinem Munde tönt? Agathe, ich bin von heute an dein Vater, sei du meine rechte Tochter!«

7

Eines Morgens, als Leonhard eben aus seiner Kammer trat, hörte er einen schweren Fall, wie vom Boden herunter; erschreckt sprang er hinzu und fand Agathe, ohnmächtig und blutend auf der Hausflur liegend. Sie hatte auf der Treppe einen falschen Tritt getan und war diese heruntergestürzt. Leonhard hob sie schnell auf, er war ganz blaß geworden und hielt sie noch in seinen Armen, als Zitterlein herzugeeilt kam. Ohne sich um den Zustand Agathens zu bekümmern, fuhr dieser den Gesellen mit rauhen Worten an: »Was solls? wer hat Euch gerufen?« Dieser erwiderte ihm im heftigsten Unwillen: »Was ich in diesem Augenblick getan habe, ist so natürlich, daß Ihr toll sein müßt, wenn Ihr etwas Auffallendes darin finden könnt. Ihr solltet, statt mich zu schelten, den Schnepper holen; seht Ihr nicht, wie Eure Tochter bleicher und bleicher wird, wie sie ganz zusammensinkt?«

»Gebt mir meine Tochter, und holt Ihr den Schnepper«, – antwortete Zitterlein – »sie hätte vorsichtiger sein sollen, dann würde sie Eurer Hülfe nicht bedurft haben!«

Dabei riß er mit Ungestüm Agathen aus Leonhards Armen. Dieser eilte schnell fort und holte den Schnepper.

»Haltet ihren Arm«, – rief er Zitterlein zu, nachdem er zurückgekehrt war – »daß ich die Ader nicht verfehle!«

Zitterlein tat es, und zum ersten Mal durfte Leonhard des Mädchens weiche, warme Hand berühren. Die seinige zitterte merklich, und als er am Ende die Ader öffnete, hatte er es wohl mehr dem Glücke, als seiner Geschicklichkeit zu danken, daß er die rechte traf. Ihr helles, rotes Blut strömte, er schaute zugleich mit Wollust und zugleich mit Grausen hinein in den rinnenden Strahl. Bald öffnete sie die Augen, und sie blickte ihn freundlich an, als sie ihn so ängstlich um sich besorgt sah. Zitterlein, ohne sich weiter um Leonhard zu kümmern, führte sie sogleich ins Wohnzimmer, um sie dort selbst zu verbinden; sie aber wandte sich an der Tür um und sagte: »Ich danke Euch, lieber Leonhard, für Eure Hülfe!«

Leonhard kehrte mit sehr gemischten Gefühlen in seine Kammer zurück. Das feindliche Entgegentreten des Alten hatte ihn besonders heute im tiefsten verletzt, aber zugleich war ihm Agathe noch niemals in einem solchen Licht der Schönheit aufgegangen, wie eben heute. Er verhehlte sich nicht länger, daß er eigentlich nur ihretwegen über acht Wochen bei seinem unheimlichen Meister ausgehalten hatte; er fühlte das Erwachen einer rasenden Leidenschaft für sie in seiner Brust, die er bekämpfen zu müssen glaubte und, wie es denn die Art und Weise des Menschen ist, in solchen Augenblicken gerade denjenigen Entschluß zu fassen, dessen Ausführung mit den größten Opfern verbunden sein würde, er entschloß sich, die Arbeit bei seinem Meister aufzugeben, und es ihm noch an demselben Abend zu sagen. Als seine Geschäfte beendigt waren und die Dämmerung anbrach, ging er in das Wohnzimmer. Zitterlein war nicht da, aber Agathe sagte ihm, der Vater werde bald zu Hause kommen, und nötigte ihn zum Bleiben. Er setzte sich ans Fenster. Agathe nahm zum ersten Mal Gelegenheit, ihn zu fragen, wie es ihm in dem Ort gefalle; sie setzte hinzu, daß der Sommer nicht ganz so langweilig verstreiche, wie der Winter, und daß die Kirmse gewiß auch ihn in den Wirbel muntrer Tänze hinein reißen werde.

»Dies« – antwortete Leonhard, indem er aus dem Fenster sah – »wird schwerlich geschehen; ich denke, in der nächsten Woche weiterzuwandern, und will dies Eurem Vater nach Handwerksgebrauch noch heute sagen.«

Agathe wurde sichtlich erschreckt, als sie dieses hörte; sie sagte:

»Das tut mir sehr leid, daß Ihr unser Haus so bald wieder verlassen wollt!«

Es tat Leonhard unendlich wohl, als er diese Worte aus Agathens Munde vernahm. Er schaute sie an. Sie stand in Gedanken. Dann trat sie auf ihn zu und sagte mit bittender Stimme:

»Tuts nicht, betrachtet meinen Vater, wie einen Kranken, habt Geduld mit ihm; ich will ihn bitten, freundlicher gegen Euch zu sein. Freilich« – setzte sie leiser hinzu – »habe ich ihn schon oft genug gebeten!«

»Habt Ihr? Agathe, habt Ihr wirklich?« fragte der Jüngling.

»Gewiß!« antwortete Agathe und errötete.

Da faßte er ihre Hand und sagte: »Agathe, bist du mir gut?«

Agathe schwieg, aber sie ließ ihm ihre Hand. Die Haustür ging auf; sie wollte ihm die Hand entziehen. Leonhard fragte noch einmal:

»Agathe, bist du mir gut?«

»Ja, ja« – antwortete sie – »aber laßt mich los, der Vater kommt ja!«

8

Es war ein kalter, stürmischer Abend, es schneite heftig; Zitterlein saß mit seiner Tochter und seinem Gesellen zu essen, als die Tür langsam aufgemacht wurde. Agathe ging hinaus, um zu sehen, wer da sei; die Stimme eines alten Weibes wurde vernommen, welches sehr dringend um ein Nachtlager bat. Zitterlein wollte gerade aufstehen, als Agathe mit der Fremden ins Wohnzimmer trat.

»Vater« – sagte sie – »hier ist eine arme, alte Frau, die fast erstarrt ist und kein Obdach zu finden weiß. Ich habe ihr versprochen, daß sie bei uns bleiben soll.«

»Ich will ihr lieber einige Groschen geben« – antwortete Zitterlein – »damit kann sie ins Wirtshaus gehen.«

Die Alte unterbrach ihn: »Stoßt mich nicht wieder in die gräßliche Kälte hinaus, gönnt mir einen Platz hinter Eurem warmen Ofen, ich will mich morgen mit dem frühsten wieder aufmachen.«

Zugleich setzte sie sich mit der Zigeunern und reisenden Hausierweibern, zu welcher letzteren Klasse sie zu gehören schien, eigentümlichen Zudringlichkeit auf die Ofenbank, schob den Korb, den sie auf dem Rücken getragen und gleich beim Eintritt ins Haus heruntergenommen hatte, vor sich hin, und nahm einige zusammengebettelte Lebensmittel heraus, bei welcher Gelegenheit auch ein altes Spiel Karten zum Vorschein kam.

Als Zitterlein dieses erblickte, wurde er plötzlich aufmerksam. Er sagte: »Ihr seid wohl gar eine Kartenlegerin? Legt Eure Karten auf den Tisch, packt Eure Lebensmittel aber nur wieder ein; habe ich Euch einen Platz hinter meinem Ofen eingeräumt, so will ich Euch auch zu essen geben.«

»Ich danke Euch, lieber Herr« – erwiderte die Alte und blinzelte ihn an – »und wenn Ihr kein Verächter meiner edlen Kunst seid, so sollen auch die prophetischen Blätter noch heute abend reden.«

Agathe hatte ihr mittlerweile einen Teller voll warmer Suppe hingesetzt, und sie begann zu essen. Sie aß mit einer ekelhaften Gierigkeit. Zitterlein setzte das Gespräch mit ihr fort:

»Ich bin keineswegs ein Verächter Eurer Kunst; warum sollte das Schicksal, das sich des Mundes manches armseligen Käfers bedient, das sich den nächtlichen Uhu zum Herold ausersah, nicht auch durch das geheimnisvolle Spiel der Karten dem Menschen, der immer sieht und nimmer glaubt, reden? Ich weiß, was ich von Eurer Kunst zu halten habe, denn ich selbst habe einmal eine merkwürdige Erfahrung gemacht; von mir werdet Ihr nicht verspottet.«

Die Alte mischte ihre Karten; sie murmelte nicht, sie gab sich nicht das gewöhnliche Possenreißer-Ansehen und verbreitete dadurch einen größeren Schein der Wahrhaftigkeit um sich, als durch allen Hokuspokus hätte geschehen können.

Sie wandte sich zu Agathe. »Tretet Ihr zuerst heran, schöne Jungfrau« – sagte sie – »Euch steht das ganze reiche Leben noch bevor, Euch werde ich gewiß viel Angenehmes zu verkünden haben, und dies kann ich so selten.«

Agathe zog auf ihr Geheiß eine Karte aus. Es war Cœur-Dame. Die Alte breitete die Karten auf den Tisch und fing an zu zählen.

»Ei, ei« – rief sie dann, wie erstaunt, aus – »dies übertrifft meine kühnsten Erwartungen. Seht Ihr? hier ist der Bräutigam, dort ist Geld, noch mehr Geld, noch mehr Geld – will denn das kein Ende nehmen? Ich gratuliere Euch« – sagte sie zu Zitterlein – »zu Eurem Schwiegersohn!«

Zitterlein antwortete ihr nicht, sondern sah sie fest an.

»Wollt Ihr nun Euer Glück versuchen« – rief sie Leonhard zu – »so zieht eine Karte aus.« Leonhard tat es mit Lächeln.

Die Alte wiederholte das vorige Manöver.

»Die Braut, die Braut« – fuhr sie dann mit dem Schein der Überraschung auf – »seht Ihr die Braut? Und bemerkt Ihr wohl?« setzte sie mit einem viel bedeutenden Blicke auf Agathe hinzu – »daß es Cœur-Dame ist?«

»Was?« rief Zitterlein ergrimmt dazwischen.

Die Alte ließ sich nicht stören. »Hier wohnen wohl lauter Glückliche« – fuhr sie fort – »seht Ihr hier Treff-As und wißt Ihr wohl, daß diese Karte eine reiche Erbschaft bedeutet?«

»Alte« – antwortete Leonhard – »du sorgst dafür, daß ich über Nacht angenehm träume.«

Zitterlein war kreideweiß geworden. »Packt Eure Sachen zusammen« – rief er der Alten zu – »es ist Zeit, zu Bett zu gehen.«

9

Agathe hatte dem alten Hausierweibe frisches Öl in die Lampe gegossen, ihr Holz und Torf hingelegt, um das Feuer im Ofen damit zu unterhalten, und sie dann, wie ihr Vater schon vorher getan hatte, verlassen. Die Alte, wie sie sich allein sah, horchte an der Tür, ob vielleicht noch jemand im Hause wach wäre; darauf setzte sie sich an den Tisch und zog aus ihrer Tasche ein schmutziges ledernes Beutelchen hervor, dessen Inhalt sie ausschüttete und eifrig überzählte. Dann steckte sie, mit dem Verdienst des Tages nicht besonders zufrieden, den Beutel verdrießlich wieder ein, und fing an, zur Zerstreuung in den Karten, die noch auf dem

Tische lagen, herumzublättern. Mit einem Male ging die Tür auf, und Zitterlein trat leise herein.

»Seid Ihr noch wach, Alte?« – sagte er, indem er einen starren Blick auf die Karten warf.

»Ach Gott« – antwortete sie und zuckte heuchlerisch die Achseln – »Sorge und Kummer sind unruhige Schlafkameraden!«

»Es freut mich, daß Ihr noch wach seid« – fuhr Zitterlein fort – »denn ich muß Euch etwas fragen. Hört, Alte, ich hab es wohl bemerkt, daß Ihr heute abend mit meiner Tochter und meinem Gesellen bloß Euer Spiel getrieben habt; nicht wahr, es ist so? Gesteht es nur!«

Die Alte wurde sehr verlegen und schielte Zitterlein von der Seite an, indes sie zugleich, wie unwillkürlich, die Karten durcheinandermischte; Zitterlein wurde nun ihre Verlegenheit nicht gewahr, sondern vertiefte sich in die magischen Blätter, die durch die knöchernen Finger des Weibes in immer veränderten Kombinationen hindurchliefen. Als die Alte dieses bemerkte, fühlte sie sich ermutigt; sie bezweifelte nicht länger, daß Zitterleins Glaube an ihre magischen Künste keineswegs so gering sei, als er sich den Anschein gab. Sie antwortete daher auf seine Frage nur mit einem Seufzer.

Zitterlein blickte zu ihr auf, als er den Seufzer hörte. Ihm wurde unheimlich zumut, und er mußte sich förmlich zusammennehmen, als er in hartem Ton zu ihr sagte:

»Willst du mir nicht antworten, alte Hexe?«

»Lieber Herr« – antwortete die Alte – »ich bin alt und arm, Ihr habt ein Recht, mich zu schimpfen.«

»Vergib mir« – erwiderte Zitterlein nach einer langen Pause – »vergib mir meine Härte, aber sieh mir ins Gesicht und gestehe mir, was ich ja doch schon weiß. Sieh, dein warmer Platz hinter dem Ofen soll dir bleiben, und überdies geb ich dir morgen ein gut Stück Geld; gib du mir denn Wahrheit!«

Zitterlein ergriff ihre Hand und sah ihr, fast flehend, ins Gesicht; der Alten lief eine Regung von Mitleid durch die Seele, aber sie konnte der Lust, wenigstens einem Menschen als Repräsentantin der Geisterwelt zu erscheinen, nicht widerstehen. Sie antwortete:

»Ich kann Euch die geheimnisvolle Schrift nicht lehren, die von unsichtbarer Hand auf diese unscheinbaren Blätter geschrieben ist; ich kann Euch nicht einmal sagen, woher mir das seltsame Verständnis dessen kam, was Tausenden ewig dunkel bleibt, aber Gott weiß, daß ich keine Lügnerin bin!«

»Was? was?« – schrie Zitterlein laut auf – »Ihr habt meine Tochter wirklich als Braut gesehen, wirklich als Braut?«

»Dankt Gott dafür« – entgegnete die Alte – »ich sah schon manches Mädchen als Leiche!«

»Ich sähe sie lieber als Leiche!« antwortete Zitterlein fast tonlos und ging schnell aus dem Zimmer.

Er kehrte in seine Schlafkammer zurück. In einem daran stoßenden Alkoven schlief seine Tochter. Er setzte sich auf einen Stuhl und stützte den Kopf auf den Tisch. »Also auch verloren!« rief er mit einem gräßlichen Lächeln vor sich hin. Auf dem Tisch lag sein Messerbesteck; er zog ein Messer heraus – es funkelte scharf und blank im Strahl der flackernden Lampe. Er stand auf und blickte auf die Alkoventür, er tat einen Schritt vorwärts, aber da warf er das Messer schaudernd zu Boden und schlug sich mit geballter Faust ins Gesicht.

10

Agathe lag in ihrem Bett, ohne zu schlafen. Sie litt an einem großen Schmerz. Zwei Gestalten drängten sich unaufhörlich vor ihre Seele: Leonhard, mit seinem treuen, blauen Auge, und ihr Vater, ihr armer, mit dem seltsamsten Fluch behafteter Vater. Unglückliches Mädchen, dem Tod und Leben aus *einer* Quelle fließen: die Liebe, die sich sonst, wie ein sanfter Faden, durch alle Kräfte und Bestrebungen einer jugendlichen Seele schlingt, und sie in holder Eintracht zusammenfaßt, ist für dich eine rasende Petarde, die die Grundpfeiler deiner stillen milden Natur erschüttert und den Abgrund des Lebens vor dir aufwühlt, statt ihn zu verschleiern!

Agathe faßte einen Entschluß. Am andern Morgen trat sie zu Leonhard und sagte zu ihm:

»Ihr wolltet vor einigen Wochen unser Haus verlassen, und ich bat Euch, zu bleiben; ich bitte Euch nicht mehr!«

Leonhard schwieg lange still, dann erwiderte er: »Agathe, ich begreife und verstehe Euch, und werde gehen. Möge Euch die Kraft zuteil werden, die mir fehlen wird!«

»Ich hoffe auf Gott!« antwortete sie.

»Wohlan denn« – sagte Leonhard und ergriff ihre Hand – »so sag ich Euch Lebewohl. Euern Vater kann ich nicht mehr sehen, er ist mir zuwider, wie ein teuflisches Gespenst. Lebe wohl, Agathe!«

Er wollte ihr seine Hand entziehen, aber sie hielt sie fest. Er riß sich los, da warf sie sich ihm laut weinend an die Brust und rief: »Lebe wohl, lebe wohl!«

In diesem Augenblick trat Zitterlein aus seiner Schlafkammer. Er hatte seine Waschkumme in der Hand, wütend warf er sie nieder und ergriff Leonhard. Aber ebenso schnell ließ er ihn wieder los und bat ihn um Verzeihung. Gegen Agathe aber ballte er die Hand; »Du! Du!« rief er mit wuterstickter Stimme und faßte sie bei den Haaren. Leonhard, als er dieses sah, packte ihn bei beiden Schultern und warf ihn zur Erde. Zitterlein, mit glühendem Gesichte, ohne einen Versuch zu machen, sich an Leonhard zu rächen, stürzte zur Tür hinaus.

Agathe hatte sich, bleich und zusammengesunken, an die Wand gelehnt.

»O Gott« – rief Leonhard aus – »warum bin ich in dieses Haus gekommen!«

»Ja, warum, Leonhard!« sagte fast tonlos Agathe.

»Leb wohl, Agathe« – rief Leonhard dumpf – »ich weiß nicht, wer von uns beiden der Teufel ist, ich oder dein Vater!«

»Leonhard, Leonhard, verlaß mich jetzt nicht!« schrie Agathe laut auf, als jener mit raschen Schritten zur Tür ging, und fiel erschöpft zu Boden.

II

Zitterlein aber eilte fort, als ob er aus der Hölle entflöhe. Ohne Rast und Ruhe, mit unbedecktem Kopf, schlug er den ersten, besten Weg ein, der aus seinem Dorf hinausführte; er war keines Gedankens fähig und wanderte ohne Aufenthalt fort. Es war der erste heißere Märztag, die Sonne brannte, und die schwere, dumpfe Atmosphäre verkündete ein Gewitter. Zitterlein gelangte bald in ein, seinem Dorfe nahgelegenes Gehölz; er irrte zwecklos und planlos umher, und als die Nacht hereinbrach, zwang ihn wildes Gesträuch, sich unter einen Baum niederzulegen. Donnergeroll ertönte, schlängelnde Blitze schossen durch die Gipfel der Bäume, die unheimlich die Ouvertüre eines aufkommenden Sturms zu brausen begannen. Zitterlein hatte sich zusammengekauert; die Furcht seiner Kindheit gegen die Schauer der Gewitternacht und die Schauer eines Waldes wurde wieder lebendig in seiner Brust, und er brach in die herzzerreißenden Worte aus:

»Und ich bin verbannt aus dem Hause, das ich zwanzig Jahr lang bewohnte; ich muß übernachten bei Schlangen und Kröten, während meine Tochter ruhig ihre Biersuppe ißt und vielleicht gar mit dem Gesellen fluchwürdige Liebesscherze treibt. O Gott, ist es denn wirklich wahr, was ich schon so lange gefühlt habe – du bist nichts, als ein wahnsinniges Traumbild, und selbst die Natur ist eine Lügnerin? Baum und Blatt hält sie zusammen, aber Menschen nimmermehr?«

Er verlor sich in diese Gedanken an eine grenzenlose Abgeschiedenheit von allem, was er geliebt, gehofft und geglaubt; seine Seele konnte sie nicht ertragen, und er fiel in einen tiefen, fieberhaften Schlaf. Aber das Bild seiner Tochter zog ihm in marternden Träumen vorüber. Er sah sie lächeln zu seinem unendlichen Schmerz, er sah sie lustwandeln mit Leonhard in einem schönen Garten, während er selbst als verachteter Bettler an der Pforte stand; er sah sie mit ihm, Braut und Bräutigam, zur Kirche wallen, überglücklich und höhnisch auf ihn, der sich in den Kreis der Zuschauer gedrängt hatte, herabsehend; die Orgel, der Chorgesang verstummte, der Prediger trat vor den Altar, er wollte die Einsegnungsworte sprechen. Da sprang er selbst, Zitterlein, mit einem gräßlichen Fluch auf die Braut zu, und zog ein Messer, um sie zu ermorden; doch, er hatte das Messer ungeschickt gezogen und das Heft gegen seine Tochter gekehrt, die Klinge aber in der Hand behalten; die Tochter war unbeschädigt geblieben, sich selbst hatte er in den Finger geschnitten. Und Leonhard lachte und seine Tochter lachte, das ernste Gesicht des Predigers verzog sich zur höllischen Fratze, von der Orgel, vom Chor meckerten häßliche Stimmen herüber, seltsam gefärbte

Flammen ringelten sich durch die Kirche. Aber Zitterlein ergriff mit der linken Hand das Messer, und schrie: »Ich will dich doch töten, doch töten – –«

Da erwachte er. Alles um ihn her war still, nur rauschten über seinem Haupt die Bäume. Der Mond schien hell. Zitterlein schaute sich um, ob er nicht den Fußsteig, der zu seinem Dorf zurückführte, auffinden könne, und als er ihn gefunden, verfolgte er ihn eilig. Der Nachtwächter rief eben zu eins, als er im Dorfe anlangte; vorsichtig, scheu sich in eine Ecke bergend, sobald er Fußtritte vernahm, schlich er die Straßen entlang; bei seinem Hause sprang er über die niedrige Gartenhecke und nahte sich mit leisen Schritten dem Fenster, welches aus dem Schlaf-Alkoven seiner Tochter in den Hof hinausging. Ehe er noch das Fenster erreicht hatte, zog er sein Taschenmesser hervor, dann lauschte er hinein. Eine Lampe stand auf dem Tisch, Agathe saß an demselben. Sie hatte den Kopf gestützt, und ihre verweinten Augen waren auf das nämliche Fenster geheftet, hinter welchem der unglückliche Vater, über dessen Ausbleiben sie sich ängstigte, lauschend stand. Zitterlein wollte klopfen, aber ein Blick in das Auge seiner Tochter lähmte ihm die Hand; er glaubte, daß aus der Tiefe dieses Auges ihm noch ein anderes Auge kalt und drohend entgegenstarre, das Auge seines toten Weibes; eiskalte Schauer durchrieselten ihn; »Auch dies kann ich nicht, auch dies nicht!« – rief er aus – »bin ich denn tot?« Und mit gespenstischer Eile verließ er den Garten, stürzte durch die Straßen und rannte fort, wie am Morgen, um nicht wieder zurückzukehren.

12

Ein volles Jahr später ging in dem Hause des Barbiers Zitterlein zum ersten Mal wieder ein Festtag auf. Agathe und Leonhard wandelten Hand in Hand zur Kirche, der Prediger legte ihre Hände zusammen, und rief auf diejenigen, die den Segen des verschollenen Vaters entbehrten, den Segen Gottes herab. Agathen stürzten die hellen Tränen aus den Augen, als der würdige Geistliche sie mit ergreifenden Worten ermahnte, sich nun endlich dem heitern Genuß der Gegenwart hinzugeben und nicht mehr unter den Gräbern der Vergangenheit zu nachtwandeln.

Als sie nach Hause kam, fiel sie Leonhard weinend um den Hals. »Ach« – rief sie aus – »mir ist, als hätten wir in diesem Augenblick eine schwere Sünde begangen!«

Leonhard führte sie sanft zu einem Stuhl und erwiderte nichts; er stellte sich ans Fenster und sah gedankenlos hinaus. Ihm war, als müßte er sich verfluchen, weil er ihren Schmerz nicht genug geehrt und sie in wilder Begier zu einem Schritt beredet hatte, der sonst wohl menschlich und rein war, diese zarte Natur aber ins Verderben stürzen mußte. Doch Agathe, als sie die Bewegung bemerkte, die in seinem Innern vorging, trat auf ihn zu und sagte: »Mein Leonhard, sei ruhig, wir dürfen nur *einen* Gedanken haben: Gott!«

13

»Friede, Friede!
Ach, für Müde,
Welch ein süßer Klang!
Wenn ich dich nur nenne,
Mein ich, ich erkenne
Deinen leisen Gang,
Fühle deinen Odem,
Der mich sanft umspielt,
Und den Schmerz beschwichtigt,
Der mein Herz durchwühlt!
Friede, Friede!
Ach du süßer Klang!«

»Noch einmal, noch einmal!« rief ein armer, alter Mann in ganz zerlumptem Rock, dem die Tränen über die Backen flossen.

Aber der Orgelspieler, der dieses Lied an einem stillen Abend auf dem Marktplatz zu F. ableierte, musterte beim Schein der Laternen die Gesichter seiner Zuhörer, und als er bemerkte, daß sein rührender Hymnus diese gelangweilt hatte, kehrte er sich wenig an jenes da capo des gerührten Bettlers, sondern begann eine gar grausige Romanze:

»Es war ein Mädchen, wohl stolz und schön,
Doch nimmer zur Liebe geneigt,
Es kam manch blühender Freiersmann,
Doch keiner von allen erlangen kann,
Daß sie sich freundlich bezeigt.

Da klopft es einmal um Mitternacht
An Mägdleins Fensterlein an;
Es war ein Jüngling in dunkler Tracht,
Sie zittert, doch hat sie ihm aufgemacht,
Als wärs ihr eigner Mann.

Er schließt sie stumm in den dünnen Arm,
Er raubt ihr Kuß auf Kuß,
Sie weint, doch kann sie nicht widerstehn,
Sie glaubt, in Ketten und Banden zu gehn,
Er schreitet zum letzten Genuß.

Er legt sie schweigend aufs weiche Bett,
Sie wehrt ihm mit keinem Laut,
Und als er sein frevelhaft Tun vollbracht,
Da ruft er höhnisch: gut Nacht, gut Nacht,
Du bist des Teufels Braut!«

Als der Orgelspieler geendigt hatte, und das alte Weib, welches neben ihm stand, mit ihrem Teller herumging, drängte der Alte sich durch die Menge; wahnsinnig, mit fast starrem Gesicht, griff er nach der Hand des Orgelspielers und rief: »Ich bitte Euch, sagt mir um Gottes willen – ist das wahr? Hat sich das ereignet?«

Der Orgelspieler erwiderte nichts, er schaute den Alten verwundert an; aber das alte Weib, welches die seltsame Frage ebenfalls gehört hatte, kehrte sich um, und sagte mit ihrer unangenehmen, krächzenden Stimme:

»Allerdings hat sich dies gewiß und wahrhaftig zugetragen in der Schweiz, in dem Lande, wo die hohen Berge und die tiefen Abgründe sind, und wo die arme Jungfrau noch sitzen soll, zu Eis erstarrt, auf einer der höchsten Alpspitzen. Was in unsern Liedern steht, ist alles wahr.«

Zitterlein – ebendieser war der Bettler – fühlte sich, wie von einem Todespfeile getroffen, als er die Stimme des alten Weibes vernahm; sie war ja die Zigeunerin, die er einst in seinem Hause beherbergt und die ihm sein grauenhaftes Schicksal vorausgesagt hatte. Er wagte nur einen Blick in ihr gelbes, schmutziges Gesicht, und als er sah, daß sie die häßlichen, vertrockneten Lippen bewegte, eilte er mit schnellen Sprüngen von dannen, denn es schien ihm, als ob eine ganze Legion böser Geister in ihren stechenden Augen laure, und als ob sie jetzt im Begriff wäre, ihn zu ermorden durch gräßliche Worte.

Er setzte sich nieder auf eine Bank, die in einer öffentlichen Allee stand; der einförmige Orgelklang und die Romanze des Orgelspielers, die er vor einem andern Hause wiederholte, schollen gespenstisch zu ihm herüber. Aber, als er sie noch einmal gehört hatte, war es ihm, als wäre er selbst, die Welt, alles, was ihn umgab, verwandelt, als dürfte er einen tiefen Blick tun ins innerste Getriebe des Lebens. Fromme Gefühle des Glaubens, ja sogar der Sehnsucht und Hoffnung, erwachten in seiner Brust; er blickte zu den ewigen Sternen auf, und es war ihm, als riefe der kühle Nachtwind, der seine glühende Wange streifte, ihm zu: »Es waltet ja doch ein Gott, der die armen Menschen, und auch dich, lieb hat und ihre Wunden gern heilte; aber der Teufel ist mächtiger als er: fühlst du das denn nicht?«

»Ja, ich fühl es«, – rief Zitterlein aus – »vergib mir, du gütiger Gott, daß ich mich so grausam an dir versündigt! Ich fühl es auch, daß meine arme, unglückliche Tochter unschuldig ist – der Teufel hat sie, wie jene Jungfrau in der Schweiz, in Bande geschlagen, und was vermag menschliche Kraft gegen diesen? O, ich Tor, der ich dies nicht längst empfunden, der ich es nicht einmal geahnt habe, als ich mit ruchlosem Mordgedanken vor ihrem Fenster stand und durch eine unsichtbare Macht mich abgehalten sah, die gräßlich Tat zu vollführen. Mein Gott war mir nah; Heil mir, daß ich jetzt erkenne!«

Der Orgelspieler ging mit der Alten an ihm vorüber. Zitterlein nahm den letzten, zusammengebettelten Groschen aus der Tasche, er drückte ihn der Alten in die Hand und sagte:

»Vergebt mir die Sünde, die ich heute abend gegen Euch begangen habe; Ihr waret mein Engel, und ich konnte Euch für einen Dämon halten. Aber der Teufel hatte mit mir sein Spiel!«

»Was ist das für ein Mensch?« fragte der Orgelspieler seine Begleiterin, indem sie weitergingen.

»Ein Verrückter!« antwortete die Alte und lachte.

Zitterlein hörte diese Worte und erstarrte. »Bin ich ein Verrückter?« fragte er und schwieg dann, als ob er von sich selbst die Antwort erwartete. »Aber nein, nein!« rief er nach einer Pause – »ich bin verrückt gewesen, darin mag die Alte recht haben, vollkommen recht; doch jetzt erkenn ich ja meinen Gott und weiß, was ich tun muß!«

14

Agathe saß eines Abends am Tisch und strickte. Sie wartete auf ihren Mann. Da ging die Haustür, und ehe sie vom Stuhl aufstehen konnte, wurde auch die Stubentür aufgemacht. Ein alter Mann in zerrissenem Rock trat herein. Agathe schrie laut auf: »Mein Vater!«

»Dein Vater, liebe Agathe«, – antwortete Zitterlein – »den du gewiß nicht vergessen hast!«

Dabei setzte er sich auf einen Stuhl.

Agathe schaute ihn an, sie konnte für die Gefühle, die sie bestürmten, keine Worte finden.

»Du bist verheiratet, liebe Tochter?« – fuhr Zitterlein fort – »ich hörte es eben und hatte es erwartet.«

»Ja, Vater«, – sagte Agathe und senkte die Augen zu Boden.

»Fürchte keine Vorwürfe«, – begann Zitterlein nach einer Pause – »du konntest nicht anders; du fühltest bloß die Schlingen, aber du kanntest den nicht, der sie dir legte.«

Durch diese Worte wurden die Hoffnungen, welche in Agathens Brust bereits erwacht waren, völlig wieder zerstört; sie seufzte tief.

»Aber ich zittere gar nicht für dich«, – sagte Zitterlein mit Zuversicht, und ein letzter Anflug von Röte kehrte auf seine Wangen – »denn du bist auf ewig geschieden von dem furchtbaren Verführer in dem Augenblick, wo ich dir ihn nenne. Fürchte dich nicht, liebe Tochter, Gottes Gnade ist unendlich. Du bist des Teufels Weib!«

»Vater!« – rief Agathe und starrte ihn an in sprachlosem Entsetzen.

»Des Teufels Weib!« – wiederholte Zitterlein ruhig – »aber nun komm, meine Tochter, nun komm mit mir, daß nicht Leib und Seele verloren gehen, hier zeitlich und dort ewiglich!«

In diesem Augenblick trat Leonhard in die Stube. Zitterlein stürzte wütend auf ihn zu, aber, nachdem er einige Schritte vorwärts getan, stand er plötzlich still, als ob er sich besonnen hätte. Er bekreuzigte sich schnell und rief:

»Im Namen des Vaters, des Sohnes und des heiligen Geistes, hebe dich weg, Satan!«

Leonhard, der Zitterlein erst jetzt erkannte, blieb regungslos an der Tür stehen; er wußte nicht, ob er träume oder wache.

»Siehst du«, – rief Zitterlein seiner Tochter zu – »siehst du, daß er nicht nähertreten darf?«

Er trat dicht vor Leonhard hin und sagte: »Dein Grinsen, dein Zähnefletschen erschreckt mich gar nicht, obgleich die menschliche Larve, die du angenommen hast, es nur schlecht verbirgt. Im Namen des Gekreuzigten, der die Hölle überwand, hebe dich fort von hier!«

Agathe warf sich auf die Kniee nieder und betete mit lauter Stimme zu Gott, daß er ihrem Vater die verwirrten Sinne erhellen möge.

»Was betest du da, Agathe?« – fragte Zitterlein sie und schauerte zusammen.

Ein Kind schrie. Agathe stand auf und ging zur Wiege.

»Ein Kind, Agathe«, – sagte Zitterlein – »hast du ein Kind?«

»Ja, Vater, seht mein Kind!« – antwortete Agathe ihm und nahm das kleine holde Wesen aus der Wiege, dem noch der süße Traum um die Wange spielte, aus dem es eben erwacht sein mogte.

»Ein Kind!« – wiederholte Zitterlein fast tonlos und wandte den Blick von Leonhard ab, der sich noch immer an die Tür lehnte, verloren in den unermeßlichen Jammer.

»Ein Kind! ewige Natur!« – wiederholte Zitterlein noch einmal und schaute dem Kind ins Auge. Das kleine Kind erschrak vor dem fremden, wilden Manne, dessen Blicke es zu durchbohren suchten.

»Ein Kind, wie andere Kinder«, – sagte Zitterlein dumpf vor sich hin – »keine höllische Flamme im Blick, keine satanische Züge, und Kinder kommen von Gott. Bin ich denn verrückt? – – Ja, ja, ich bin verrückt, die Alte sagte es ja auch! Schickt mich ins Irrenhaus!«

Ohnmächtig sank er zu Boden.

ANNA

»Himmel blau und mild die Luft,
Blumen voll von Tau und Duft,
Und am Abend Tanz und Spiel,
Das ist mehr, als allzuviel!«

Lustig sang dies an einem hellen Sonntagmorgen Anna, die junge Magd, während sie zugleich aufs fleißigste mit Reinigung der Küchen- und Milchgeschirre beschäftigt war. Da ging im grün-damastenen Schlafrock der Freiherr von Eichenthal, in dessen Diensten sie seit einem halben Jahre stand, an ihr vorüber, ein junger verlebter Mann, voll Hypochondrie und Grillen. »Was soll das Gejohle – herrschte er, indem er vor ihr stehen blieb, ihr zu – Sie weiß, daß ich keine Leichtfertigkeiten leiden kann!« Anna erglühte über und über, sie erinnerte sich, daß der gestrenge Herr sie vor einigen Abenden in der Gartenlaube gern leichtfertig gefunden hätte, sie hatte ein scharfes Wort auf der Zunge, griff aber, es mit Gewalt unterdrückend, nach einer weißporzellänenen Suppenterrine, und ließ diese, in heftigem Kampf mit der ihr eigenen Unerschrockenheit begriffen, zu Boden fallen. Das kostbare Geschirr zerbrach, der Freiherr, der bereits einige Schritte vorwärts getan hatte, kehrte zornglühenden Gesichts um. »Was? – rief er laut aus und trat dicht vor das Mädchen hin – will Sie Tückmäuserin an meiner Mutter Küchengerätschaften Ihr Mütchen kühlen, weil Ihre Verstocktheit es Ihr nicht erlaubt, einen wohl verdienten Vorwurf ruhig hinzunehmen, wie sichs geziemt?« Und damit gab er ihr rechts und links, scheltend und tobend, Ohrfeigen über Ohrfeigen, während sie ihn, erstarrend, wie ein Kind, der Sprache, ja fast der Sinne beraubt, in der einen Hand noch den Henkel der Terrine haltend, die andere unwillkürlich gegen die Brust drückend, ansah. Aus diesem, an Ohnmacht grenzenden Zustand wurde sie erst durch das spöttische Gelächter des Kammermädchens Friederike erweckt, die, gefälliger, wie sie, es sich gern gefallen ließ, daß der Freiherr, lüstern tändelnd, sie in die Wangen kniff und mit ihren Locken spielte. Höhnisch schaute die freche Dirne zu ihr hinüber und rief ihr zu: »Das gibt guten Appetit für die Kirmse, Jungfer Männerscheu.« Der Freiherr aber stemmte, laut lachend, die Arme in die Seite und sagte: »Laß Sie sich das Gelüste nach Tanz und Spiel nur vergehen; ich nehme die von meiner Mutter erteilte Erlaubnis zurück, Sie soll das Haus hüten.« »Gibts denn heute nichts für sie zu tun?« fuhr er, mit sich selbst ratschlagend, fort. Friederike flüsterte einiges. »Richtig – rief er überlaut – sie soll Flachs hecheln, bis spät in die Nacht, hört Sies?« Anna, in gänzlicher Verwirrung, nickte mit dem Kopf und sank dann kraftlos auf die Kniee, ergriff aber zugleich, instinktartig, ein messingenes Gefäß und begann, während ihr die Tränen heiß und unaufhaltsam aus den Augen drangen, es blank zu scheuern. Da ging der Gärtner, der ihr, frisch und blühend, wie sie war, längst, aber vergebens, nachgestellt, und den vorigen Auftritt von ferne angesehen hatte, an ihr vorbei, grüßte sie und fragte hämisch, wie's ihr gehe. »Oh, oh!« stöhnte sie, krampfhaft zusammenzuckend, sprang auf und packte den hohnsprechenden Buben bei Brust und Gesicht. »Rasende!« rief er erschreckend und stieß sie, sich ihrer mit aller Manneskraft erwehrend, zurück. Sie, als wüßte sie selbst nicht, was sie getan, starrte ihm nach mit weit aufgerissenen Augen; dann, wie sich besinnend, ging sie wieder an ihre Arbeit, die sie ununterbrochen, nur zuweilen unbewußt laut aufseufzend, fortsetzte, bis man sie mittags zum Essen in die Küche rief. Hier sah sie sich empfangen von lauter schadenfrohen Gesichtern, und von mehr oder minder unterdrücktem Gelächter und Gekicher, welches, da sie mit brennenden Wangen auf ihren Teller niederblickte und zu allen reichlich vorgebrachten Anspielungen kein Wort sagte, immer stärker und rücksichtsloser ward. Die Mägde, teilweise schon im Putz, neckten sich in unverkennbarem Bezug auf sie gegenseitig mit den Liebhabern, die sie gefunden hatten oder zu finden hofften, und der breitnasigte Küchenjunge, durch Großknecht und Kutscher mit Augenzwinkern zu dieser Frechheit aufgemuntert, fragte Anna, ob er nicht ihre rotgeblümte Schürze, sowie den bunt bebänderten Hut, den des Majors Bedienter

Friedrich ihr zur Weihnacht geschenkt, leihen dürfe; sie werde ja in der Flachskammer diese Sachen entbehren können, und er hoffe, sich ein Mädchen, dem es an Putz fehle, dadurch geneigt zu machen. »Bube«, rief sie aus mit blassen, bebenden Lippen, »ich will dir, wenn du krank liegst und von niemanden beachtet wirst, keine Milchsuppen wieder kochen«; schob ihren Teller zurück, und ging, die leeren Wasser-Eimer ergreifend, um sie, wie es ihr zukam, frisch aus dem Brunnen zu füllen, hinaus. »Pfui«, sagte Johann, ein alter Diener, der, im Dienst seines Vaters grau geworden, bei dem Freiherrn von Eichenthal das Gnadenbrot genoß, »es ist Unrecht, der Dirne Essen und Trinken durch galligte Reden zu verderben!« »Ei«, versetzte der Gärtner, »der schadts nicht, sie ist so hochmütig, seit der Friedrich, der dünnleibigte Speichellecker, hinter ihr herläuft, als ob ein Edelmann angebissen hätte!« »Hochmut kommt vor dem Falle!« sagte Liese, die kleine dralle Köchin, mit einem zärtlichen Blick auf den phlegmatischen Großknecht, »wißt Ihr, daß sie sich schnürt?« »Warum auch nicht hochmütig«, sagte der Kutscher, »ist sie doch des Schulmeisters Tochter!« Friederike, das Kammermädchen, trat mit erhitztem Gesicht in die Küche. »Ist die Anna nicht hier – fragte sie, sich die Stirn mit dem seidenen Taschentuche trocknend – der gnädige Herr hat sich eben zu Bett gelegt, er war sehr spaßhaft – hier hustete sie, weil die anderen sich mit bedeutenden Blicken ansahen und lachten – und ich soll ihr sagen, daß sie gleich mit dem Flachshecheln beginnen und – dies setzte sie eigenmächtig hinzu – vor zehn Uhr nicht Feierabend machen soll!« »Ich wills ihr schon ausrichten, Rike!« versetzte Liese. Friederike tänzelte wieder fort. »Ob die sich nicht auch schnürt?« fragte der Großknecht. »Pst! Pst!« wisperte Johann und klimperte verlegen mit seiner Gabel auf dem Teller. Anna trat mit ihrer Tracht Wasser in die Küche. »Anna – begann Liese geschäftig – ich soll dir sagen« – – »Ich weiß schon Bescheid – erwiderte Anna trocken in festem Ton: – Ich bin dem Boten begegnet. Wo hängt der Schlüssel zur Flachskammer?« »Drüben am Nagel!« versetzte die Köchin und zeigte mit dem Finger auf die Stelle. Anna, gelassen, weil im Innersten zerschlagen, nahm den Schlüssel und ging, während die übrigen sich zu ihren Koffern begaben, um dort vor einem Drei-Groschen-Spiegel den Anzug zu vollenden, hastig in die Flachskammer, deren Fenster auf Schloßhof und Landstraße hinausgingen. Sie setzte sich, das Gesicht gegen die Fenster gewendet, so, daß sie alle Fröhlichen, die aus dem Dorfe auf die Kirmse zogen, sehen und ihre muntern Gespräche hören konnte, an die Arbeit, die sie in dumpfer Emsigkeit begann, und, wenn sie auch zuweilen in unbewußtes Hinbrüten versank, doch sogleich aus diesem, wie vor Schlangen- und Tarantelstich, schreckhaft auffahrend, mit verstärktem, ja unnatürlichem, Eifer fortsetzte. Nur einmal während des ganzen langen Nachmittags stand sie von ihrem niedrigen, harten Blockstuhl auf, und zwar, als ihr Mitgesinde, auf bequemem, von raschen Pferden gezogenen Leiterwagen den Schloßhof hinunterjagte, aber laut auflachend, wie zu eigener Verspottung, setzte sie sich wieder nieder und trank, obwohl sie in all der Hitze und all dem Staub durstig ward, daß ihr die Zunge am Gaumen klebte, nicht einmal den Kaffee, den ihr um vier oder fünf Uhr die alte Brigitte, die bei einer Gelegenheit, wie die heutige, für die Mägde das Haus zu hüten pflegte, mitleidig gebracht hatte. Als die Nacht allmählig hereinbrach, ging sie, ohne sich die wild ums Gesicht herunterhängenden Locken zurückzustreichen, in die Küche, wo sie, auf Brigittens freundliche Einladung, dort zu bleiben und eine leckere Pfanne voll gebratener Kartoffeln mit ihr zu verzehren, nichts erwidernd, ein Licht aus dem Lichtkasten nahm, und sich dann mit diesem, es mit darübergehaltener Hand vor dem Zugwind schützend, in die Flachskammer zurückbegab. Nicht lange dauerte es, so klopfte es bei ihr ans Fenster, und als sie die Tür öffnete, trat Friedrich, über und über schwitzend, mit Hast herein. »Ich muß doch sehen – sagte er, fast außer Atem und sich die Weste aufreißend – sie flüstern allerlei!« »Du siehst!« erwiderte Anna schnell, dann aber stockend und steckte ihren Busenlatz, der sich etwas verschoben hatte, fest. »Dein Herr ist ein Hundsfott!« brauste Friedrich auf und knirschte mit den Zähnen. »Ja, ja!« sagte Anna. »Ich mögt ihm begegnen, drüben am Abhang – rief Friedrich – o, es ist entsetzlich!« »Wie heiß bist du – sagte Anna, indem sie sanft seine Hand faßte – hast du schon getanzt?« »Wein hab ich getrunken, fünf, sechs Gläser, – versetzte Friedrich – komm, Anna, zieh dich an, du sollst mit, jedem Teufel zum Trotz, der sich drein legen will.« »Nein, nein, nein!« sagte Anna. »Ja doch«, fuhr Friedrich auf und legte seinen Arm um ihren Leib, »doch!« »Ganz gewiß nicht!« erwiderte Anna leise, ihn innig umschlingend. »Du sollst, ich wills«, rief Friedrich und ließ sie los. Anna ergriff, ohne etwas zu antworten, die Hechel und sah vor sich nieder. »Willst du oder nicht?« drängte Friedrich und trat dicht vor sie hin. »Wie könnt ich?« entgegnete Anna, indem sie, ihm vertrauensvoll in die Augen sehend, ihre Hand aufs Herz legte. »Gut, gut«, rief Friedrich, »du willst nicht? Gott verdamme mich, wo ich dich wieder seh!« Wie rasend stürzte er fort. »Friedrich – schrie Anna ihm nach – bleib doch, bleib einen Augenblick, horch, wie der Wind braust!« Sie wollte ihm nacheilen, da streifte ihr Kleid das niedrig auf einen Eichenklotz gestellte Licht; es fiel herunter und entzündete den schnell in mächtiger Flamme auflodernden Flachs. Friedrich, von Wein und Zorn berauscht, zwang sich, wie dies in solchen Augenblicken wohl geschieht, ein Lied zu singen, während er in die sehr unfreundlich gewordene Nacht hinausschritt; in wilder Lustigkeit drangen die wohlbekannten Töne zu Anna hinüber. »Ach! ach!« seufzte sie aus tiefster Brust. Da erst bemerkte sie, daß die Kammer schon halb in Feuer stand. Mit Händen und Füßen schlagend und tretend, warf sie sich in die gefräßigen Flammen, die ihr heiß und brennend entgegenschlugen und sie selbst verletzten. Dann rief sie – Friedrichs Stimme verklang eben in weiter Ferne in einem letzten Halloh – »ei, was lösch ich, laß! laß!« und eilte, die Tür mit Macht hinter sich zuwerfend, mit einem gräßlichen Lachen hinaus, unwillkürlich den nämlichen Weg durch den Garten einschlagend, den Friedrich gegangen war. Bald aber, auf einer Wiese, die zunächst an den Garten stieß, sank sie kraftlos, fast ohnmächtig, zusammen und drückte, laut stöhnend, ihr Gesicht ins kalte, nasse Gras. So lag sie lange Zeit. Da ertönten dumpf und schrecklich von nah und von fern die Not- und Feuerglocken. Sie richtete sich halb auf, doch sah sie sich nicht um; aber über ihr war der Himmel blutrot und voll von Funken; eine unnatürliche Wärme verbreitete sich, von Minute zu Minute zunehmend; Geheul und Gebrause des Windes, Geprassel der Flammen, Wehklage und Geschrei. Sie legte sich wieder der Länge nach am Boden nieder, ihr war, als ob sie schlafen könne, doch schreckte sie im nächsten

Augenblick aus diesem, dem Tode ähnlichen Zustand die Rede zweier Vorübereilenden wieder auf, von denen einer ausrief: »Herr Jesus, es brennt schon im Dorf!« Jetzt, mit Riesenkraft, raffte sie sich zusammen und eilte mit fliegenden Haaren in das hart an die brennende Seite des Schlosses stoßende Dorf hinunter, wo die leicht Feuer fangenden Strohdächer bereits an mehr, als einer Stelle, in lichten Flammen aufschlugen. Immer gewaltiger erhob sich der Wind, die meisten Einwohner, Kinder und alte, schwächliche Personen ausgenommen, waren über vier Meilen entfernt auf der Kirmse; die elenden Feueranstalten hätten den zwei verbündeten furchtbaren Elementen ohnehin, auch wenn die nötige Mannschaft zur Stelle gewesen wäre, nur eitlen Widerstand leisten können, es fehlte sogar, denn der Sommer war ungewöhnlich trocken, an Wasser. Unglück, Gefahr, Verwirrung wuchs mit jeder Minute; ein kleiner Knabe rannte umher und schrie: »Ach Gott, ach Gott! mein Schwesterlein!« und wenn man ihn fragte: wo ist deine Schwester? so begann er, als ob er, jedes klaren Gedankens unfähig, die Frage nicht verstanden hätte, von neuem sein Entsetzen erregendes Geschrei. Eine alte Frau mußte mit Gewalt gezwungen werden, ihr Haus zu verlassen; sie jammerte: »Meine Henne, meine arme kleine Henne«, und in der Tat war es rührend anzusehen, wie das Tierchen in dem erstickenden Rauche ängstlich von einer Ecke in die andere flatterte, und sich dennoch, weil es in bessern Zeiten gewöhnt sein mogte, die Schwelle nicht zu überschreiten, von seiner Herrin selbst nicht durch die offne Tür ins Freie hinausscheuchen ließ. Anna, mit der Tollkühnheit der Verzweiflung, weinend, schreiend, sich die Brust zerschlagend, dann wieder lachend, stürzte sich in jede Gefahr, rettete, löschte, und war allen anderen zugleich Gegenstand des Erstaunens, der Bewunderung und unheimliches Rätsel. Zuletzt, als man in allgemeiner Kleinmütigkeit selbst die Hoffnung aufgab, dem Feuer, das immer weiter um sich griff und das ganze Dorf mit der Einäscherung bedrohte, Einhalt tun zu können, sah man sie in einem brennenden Hause auf die Kniee sinken und mit gerungenen Händen zum Himmel emporstarren. Da rief der Pfarrer: »Um Gottes willen, rettet das heldenmütige, brave Mädchen, das Dach schießt herunter!« Anna, seine Worte hörend, blökte ihm, noch immer auf den Knieen liegend, mit einer Gebärde des heftigsten Abscheus die Zunge entgegen und lachte ihn wahnsinnig an. In diesem Augenblick erschien Friedrich, der sie nur kaum in der entsetzlichen Todesgefahr erblickte, als er, bleich werdend, wie eine Wand, auf das den Einsturz drohende Haus zustürzte. Sie aber, ihn sogleich gewahrend, sprang erschreckt auf und rief: »Laß! laß! Friedrich! ich, ich bin schuld, dort – dort –.« Und mit der Hand auf die Gegend zeigend, wo das Schloß lag, eilte sie, um jegliche Rettung unmöglich zu machen, die schon brennende Leiter, welche zum Boden des Hauses führte, hinauf. Die Leiter, bereits zu stark vom Feuer versehrt, brach unter ihr, zugleich aber schoß, eine Flammenmauer bildend, das Strohdach herunter; man hörte noch einen durch Mark und Bein dringenden Schrei, dann wards still.

Der Freiherr von Eichenthal kam. Sowie Friedrich ihn erblickte, eilte er auf ihn zu und stieß ihn, bevor der Freiherr sich seiner erwehren konnte, mit dem Fuß vor den Leib, daß er rücklings zu Boden schlug; dann ließ er die Bauern, die sich auf Befehl des Schulzen seiner Person zu bemächtigen suchten, ruhig gewähren.

Als der Freiherr am andern Morgen erfuhr, was sich mit Anna begeben hatte, befahl er, ihre Gebeine aus dem Schutt hervorzusuchen und sie auf dem Schindanger zu verscharren. Dies geschah.

»Bon soir, Hauptmann. Was fehlt dir heute abend? Gibts kein l'Hombre, kein Whist? Ist die Zeitung ausgeblieben? Unwohl kannst du dich nicht fühlen, Krankheiten sind gegen deine Grundsätze!«

»Ich denke eben an dich, Obermedizinalrat!«

»An mich? – Erlaube, daß ich mir eine Zigarre anzünde; kann ich dir dienen? Es sind echte Havanner, ein Geschenk aus Hamburg. An mich denkst du? Weißt du auch, daß das feierliche Gesicht, womit du mir das sagst, mir Schrecken einjagen könnte? Was ists denn mit mir, erzähl mir etwas Neues von mir, Freund!«

»Oder, wenn du lieber willst, an deine Frau!«

»An meine Frau? Immer besser. Du bist in sie verliebt gewesen, früher, als ich, das war vor dreißig Jahren. Ich lief dir den Rang ab, weil ich ein impertinentes Nasenbluten, das sich auf einem Ball einstellte – weißt du noch, der alte Bankier Jagemann gab den Ball – zu vertreiben verstand. Ich erinnere mich, du gratuliertest mir mit ungefähr solch einem Gesicht. Ist doch kein Rezidiv eingetreten? Julie hat jetzt graue Haare, ehrwürdiger Seladon, obgleich sie es selbst nicht weiß.«

»Ich mögte ein ernsthaftes Wort mit dir reden, Ludwig!«

»Ein ernsthaftes Wort? Ganz meine Passion nach dem Abendessen. Erlaube nur noch einen Augenblick, das Sofakissen ist heruntergerutscht; und das entbehr ich ungern hinter dem Rücken. Nun kannst du immerhin beginnen.«

»Man spricht allerlei über deine Frau.«

»Also, man spricht noch von ihr? Das wird sie freuen, das ist ein seltnes Glück im achtundvierzigsten Jahr.«

»Ich bitte dich, laß die Possen und schenke mir einige Aufmerksamkeit. Der Lizentiat Beckendorf besuchte dein Haus in der letzten Zeit sehr häufig.«

»Und dafür bin ich ihm sehr dankbar. Der junge Mann ist mein

Blitzableiter, ich kann ihn nicht genug schätzen. Du denkst dir gar nicht, wie unliebenswürdig die einst so liebenswürdigen Launen meiner Julie in meinen Augen geworden sind, seit sie unter die Haube und in die Jahre gekommen ist. Ich hab dir aus Edelmut nie davon erzählt, ich kenne dein mitleidiges Herz, aber das sei dir im Vertrauen gesagt, wenn ich meinen Ehestand wohl zuweilen mit einem warmen Sommer-Abend verglich, so geschah es nur, weil man sich an einem solchen Sommer-Abend vor Mückenstichen nicht zu lassen weiß. Freund, man wird mir nach meinem Tode keine Altäre errichten, und doch bin ich ein Märtyrer, wie einer.«

»Ich sehe nicht, in welcher Verbindung dies dein Märtyrertum mit dem Lizentiaten Beckendorf steht.«

»Doch, doch, gestrenger Herr Hauptmann. Seit meine Julie gemerkt hat, daß der Lizentiat sie noch zu den Lebendigen zählt – du weißt am Ende gar nicht, daß die neuste Nummer des Journals für praktische Arzneikunde sich die Freiheit nimmt, alte Frauen und ägyptische Mumien generisch zusammenzustellen! – seit dieser Zeit ist sie wie umgewandelt, sie liest Gedichte und lernt sie auswendig, sie bekommt selten oder nie Vapeurs, sie bringt mir selbst den Hut, wenn ich ausgehen will, ja, sie war in Anwesenheit des Lizentiaten schon mehr, als einmal, naiv, und verstand den Pfiff noch recht gut. Soll ich mich eines Menschen, der solche Wunder tut, nicht erfreuen?«

»Die Leute sprechen nicht viel Gutes, das heißt, sie sprechen recht viel Schlimmes über das zwischen Beckendorf und deiner Frau bestehende Verhältnis.«

»Freund, meine Frau ist alt.«

»Aber nicht jeder glaubt, wie du, sie sei *zu* alt.«

»Freilich, freilich, das hat seine Gründe.«

»Und kurz und gut, Obermedizinalrat, sie steht im Begriff, im achtundvierzigsten Jahre ihren Ruf zu verlieren, und du siehst ein, das ist etwas spät.«

»Ich erschrecke. Der Lizentiat ist bei ihr, sie hattens heimlich, wie ich fortging; er entführt sie mir doch wohl nicht? Es ist neblig und kalt, ohne Schnupfen würds nicht abgehen.«

»Ich habe als Freund zu dir gesprochen; wenn es dir gleichgültig ist, ob deine Frau zweideutig oder lächerlich erscheint –

auf eins von beiden muß es zuletzt doch wohl hinauslaufen – so werd ich mich darin finden können.«

»Tritt nicht ans Fenster, Bruderherz, ich weiß deine redliche Teilnahme zu schätzen. Du hast recht, die Komödie muß ein Ende haben. Nun, das ist schnell herbeigeführt, vielleicht noch heute abend. Gute Nacht, Hauptmann, ich muß noch in einige Läden gehen.«

»Ach, Herr Lizentiat«, – lispelte die Obermedizinalrätin – »das ist gar zu schön, das müssen Sie mir noch ein Mal vorlesen. Aber, vorher trinken Sie doch Ihren Tee, bitte, er wird sonst ganz kalt!«

Der Lizentiat seufzte, er blickte wehmütig vor sich hin. Dann goß er den Tee hinunter und las sein Sonett zum zweiten Mal.

»Ja, ja« – seufzte die Obermedizinalrätin, die letzten Verse mit schwelgender Stimme wiederholend:

Wie manche Saite darf erst im Zerspringen
Zum ersten Mal in Melodie erklingen.

»Glauben Sie mir, teurer Freund, ich fühle Ihr Gedicht, wenn ichs auch nicht verstehe.«

»Was ist Verständnis?« wollte der Lizentiat, die Hand aufs Herz legend, zart erwidern, als, sehr zur Unzeit, der Obermedizinalrat eintrat.

»Bist du schon wieder da?« rief ihm seine Frau, fast im Ton des Vorwurfs, entgegen.

»Ich habe dir auch was mitgebracht!« versetzte er und zog ein kleines, zierliches Schächtelchen hervor.

»Was denn, was denn?« rief sie und fuhr mit der Ungeduld, die jungen, hübschen Mädchen so gut steht, darauf zu. Sie öffnete hastig die Schachtel. Da fielen die schönsten, elfenbeinernen Zähne heraus. Sie wurde rot über und über, der Obermedizinalrat aber faßte, als ob nichts vorgefallen wäre, ihre Hand und sagte:

»Deine Zähne taugen nichts, lieber Engel, das sah ich neulich mittags, als sie plötzlich auf deinen Teller herunterkugelten. Eigentlich wollt ich dir mit diesen da ein Geburtstagsgeschenk machen; meine Julie – er wandte sich freundlich zum Lizentiaten – feiert Sonntag ihren neunundvierzigsten, und Sie sind herzlichst eingeladen; aber – er drückte seiner Frau zärtlich die

Hand – ich dachte, du hättest sie vielleicht gern schon vorher, und so hab ich denn die besten, die aufzutreiben waren, erhandelt. Deine Finger fliegen ja so, du hast doch nicht wieder Rheumatismus? Ja, Herr Lizentiat, das ist auch eine von den Süßigkeiten des Alters, davon wissen Sie noch nichts, Sie Glücklicher. Kind, Kind, du pressest meine Hand, als ob du in den fürchterlichsten Krämpfen lägest; wie stehts mit deiner Fontanelle? Sie eitert doch noch regelmäßig? Vernachlässige sie ums Himmelswillen nicht, wenn dieser Abzugskanal der unreinen Säfte eintrocknete, so könnte das in deinen Jahren die gefährlichsten Folgen haben.«

Der Lizentiat, der die Szene zu begreifen anfing, empfahl sich.

»Das vergesse ich dir niemals! Ich kann mich nicht wieder vor ihm sehen lassen!« schrie, sobald er fort war, die Obermedizinalrätin und fiel in Ohnmacht.

Der Obermedizinalrat wußte, daß solche Ohnmachten am schnellsten vorübergehen, wenn man die unglücklichen Weiber, die damit behaftet sind, ganz sich selbst überläßt. Er schenkte sich, stark mit der Kanne klappernd, eine Tasse Tee ein; stopfte sich eine Pfeife und las zugleich mit lauter Stimme und vielem Ausdruck das auf dem Tisch liegende, in der Eile vom Lizentiaten zurückgelassene Sonett. Er war aber noch nicht halb damit zu Ende, als seine Frau, vom Sofa wie wütend auffahrend, es ihm aus der Hand riß und in den Kamin warf.

»Wie zuvorkommend du bist!« – sagte, gutmütig lächelnd, der Obermedizinalrat, und zog das brennende Papier wieder heraus – »errietest dus, daß ich die Pfeife dabei anstecken wollte?«

EIN ABEND IN STRASSBURG

Aus einer Reisebeschreibung

»Du bist blaß, was fehlt dir?« fragte der Freund. Hastig trank ich den roten Wein, schob das Glas zurück, und eilte stumm hinaus, das glühende Herz in Nacht und Sturm zu kühlen. Brütend lag die Nacht über der großen Stadt, schauerlich hohl blies der Sturm hoch in den Lüften über die Häuser hinweg, kümmerlich und trist, wie Lampen, die schlecht unterhalten werden, flimmerte hie und da ein ängstlich-einsamer Stern. Es gibt Stunden von entsetzlicher Tiefe, Stunden, vor denen wir zurückschaudern, und denen wir doch nicht entfliehen können. Da ziehen die unheimlichen Gewitter der Natur an uns vorüber, jene abscheulichen Kräfte, die in öder Finsternis auf Kirchhöfen in vermodertem Fleisch und Bein längst verglühtes Leben in ekelhafter Wiederholung travestieren, jene Kräfte, die in die heisere Kehle des Raben manch grausiges Geheimnis, was sie den Elementen und den Sternen ablauschten, niederlegen, damit er es dumm und schwatzhaft hineinrufe in die lautlose Mitternacht. Da zittern wir, es könne sich urplötzlich ein schauderhaftes Organ für die Wahrnehmung all des wüsten, schadenfrohen Spuks, durch seine furchtbare Nähe aus dem Traumschlummer hervorgerufen, in den Tiefen Leibes oder der Seele erschließen; wir lachen, wir beten und fluchen, und uns wird alles vergeben, denn wir wissen nicht, was wir tun. Solch eine Stunde wars, die mich unstät und flüchtig durch die Straßen dahinjagte. Jeder ungewöhnliche Laut, den ich mir nicht zu erklären wußte, erschreckte mich; ich sah nicht die Häuser, nur ihre unförmlichen Schatten, die sie riesenhaft-wunderlich die erleuchteten Gassen entlang warfen; ich fuhr zurück vor dem blendend-hellen Strahl, der scharf aus mancher Laterne in mein Auge fiel. »Jetzt – dachte ich – wirst du gleich Mitwisser irgendeines schwarzen Mordes werden, den verruchte Hände funfzig Meilen von hier begehen; ein Toter wird dich zudringlich bei der Hand fassen und dir Geschichten erzählen, die dir den Atem versetzen, während er, häßlich lachend, dich frägt, ob das nicht spaßhaft sei; aus dem Gesicht des Freundes wirst du lesen, wie viele Jahre oder Tage er noch zu leben hat.« Kinder sprangen, aus dem Konditor-Laden kommend, lustig an mir vorüber, Herren und Damen, ins Theater gehend, schwatzten trivial und spießbürgerlich von einer beliebten Schauspielerin, Wagen rasselten, ein Posthorn erscholl. Aber mir, in gespenstischen Kreisen befangen, schien das alles nur aus weiter, weiter Ferne herüberzuklingen, mehr und mehr verwirrten sich in mir Empfindungen und Gedanken, und zuletzt war es mir, als wäre ich selbst längst gestorben, und hätte mich nur vor der Zeit, frech und lüstern, in das schöne, reiche Leben zurückgedrängt. Ich glaubte, mich eines kalten, finstern Grabes, worin ich schon auf langweiligen Hobelspänen gelegen, recht gut zu erinnern; ich hörte Glockengeläut und Chorgesang, dumpf und mannigfach gebrochen, wie ichs damals gehört, als man mich im schwankenden Sarg hernieder senkte in den Erdenschoß; ich fühlte unverschämtes Gewürm nagen an meinem Fleisch. »Hoho – rief ich aus – 's wird bald einer kommen, der dir auf die Schulter klopft und dir ins Ohr donnert: »Bursch, der Jüngste Tag ist noch nicht angebrochen, und dich hat keiner gerufen!« Mir schlotterten die Kniee, ich wollte zusammensinken, aber ich raffte mich auf und stürzte atemlos fort.

Mädchen, was wußtest du von dem Schmerz des unbekannten, bleichen Mannes, daß du ihm freundlich einen guten Abend botest, mit deiner warmen seine kalte Hand faßtest, und mit den großen, flammenden Augen, voll von Glut und Gefühl, beschwichtigend zu ihm hinaufblicktest? Diese Augen schienen mir die Wunder-Quellen alles Lebens, mit Entzücken taucht ich mich hinein in die süßen, ewigen Quellen, grollend wichen die Nachtgespenster zurück, und durch alle Adern schoß mir wieder die Empfindung der selbständigen Existenz, glühend und wirbelnd, als ob jeder Blutstropfen sich bestrebte, die fröhliche Botschaft zuerst bis an die letzten Grenzen des ermatteten Körpers zu tragen. Und doch war es mir, als sei alles andere kein bloßer Traum gewesen, sondern als hättest du mich aus unendlichem Erbarmen heraufbeschworen aus dem Bauch eines Kirchhofs, weil dein Ohr, als du über mein Grab hinwandeltest, meine bangen Traumseufzer vernahm; göttlicher, inhaltschwerer war das Leben, das sich mir jetzt, ein Katarakt von flüssigem Feuer, durch Leib und Seele ergoß, es bedurfte nicht ängstlicher Pflege, wie ein armseliges Lämpchen in gläsern-zerbrechlicher Laterne, es versagte nichts und gebot nichts, ich konnte – das fühlt ich – nicht wieder sterben!

Und als ich wieder in dein Auge schaute, da dämmerte mir aus seiner rätselhaften Tiefe etwas noch Süßeres entgegen, und in trunkener Vermessenheit begann ich zu ahnen, warum du mich, unter allen Gestorbenen nur mich, zurückgefodert vom Tode. Aber du drücktest einen heißen Kuß auf meine Lippen, und flüstertest mir zu: »Ich küsse dich noch einmal!« und schrittest verschwindend in den dunklen Schatten hinein, den der Münster warf.

»Küsse mich noch einmal!«

PAULS MERKWÜRDIGSTE NACHT

Die Uhr schlug eben neun. Paul saß hinter dem Ofen an einem kleinen runden Tisch und las eine Räubergeschichte, in deren Besitz er kürzlich auf einer Auktion gekommen war, weil er sie auf eine Nachtmütze mit in den Kauf hatte nehmen müssen. Wenn er eine Seite des Buchs beendigt hatte, befühlte er jedes Mal den Ofen und zog die Hand dann kopfschüttelnd zurück; als guter Hauswirt wollte er vor dem gänzlichen Erkalten des Ofens nicht zu Bett gehen, und dieser hielt noch immer einige Wärme fest. Zu seinen Füßen, träge in einen Knäuel zusammengerollt und laut schnarchend, lag sein Hund, ein wohlgenährter, weißgefleckter Pudel, der sein Fett weniger der Freigebigkeit seines Herrn, als seiner diebischen Gewandtheit in Metzgerbuden verdankte. Wenn Paul im Buche an ein Kapitel kam, das ihn wenig interessierte, oder wenn er in die spärlich unterhaltene Lampe, die alle Augenblick zu erlöschen drohte, ein paar Tropfen Öl gießen mußte, so bückte er sich wohl zu dem Hund nieder, ließ denselben, vielleicht weil er ihn um seinen frühen Schlaf beneidete, allerlei Künste machen, Schildwache stehen, oder den unfreiwilligen Toten spielen, brach ihm zuweilen aber auch ein Stück Brot ab und belohnte ihn damit für seine Folgsamkeit.

Die Uhr schlug halb zehn. Paul stand auf, um sich zu entkleiden, da klopfte es ans Fenster. »Komm herein«, rief Paul, in dem Klopfenden einen Straßenbuben vermutend, der ihn necken wolle, »dann kannst du hinaussehen!« Draußen ward gelacht und noch einmal geklopft. Ärgerlich blies Paul die Lampe aus und schlug sein Bett zurück. »Mach auf, ich bins!« rief jetzt eine bekannte Stimme. »Du noch, Bruder Franz?« entgegnete Paul, »was willst du denn so spät?« Verdrießlich suchte er sein Feuerzeug, zündete die Lampe wieder an und öffnete die Türe. »Du mußt noch zur Stadt«, sagte der Bruder eintretend und legte einen großen Brief auf den Tisch, »wir haben im Amt alle Hände voll zu tun, ich werde die ganze Nacht am Pult zubringen müssen!«

»Das ist nicht dein Ernst!« versetzte Paul und schaute seinen Bruder mit einem naiven Lächeln an. Er besorgte bei Tage für das Amt, wo sein Bruder Schreiber war, recht gern einen Brief, denn er erhielt einen guten Botenlohn, aber in der Nacht war das noch niemals vorgekommen, und er hatte keine Lust, statt zu Bett zu gehen, im Finstern einen Weg von zwei Meilen zu machen. »Wie sollte es nicht mein Ernst sein!« entgegnete der Bruder; »mach hurtig, die Sache hat Eile und kein Augenblick ist zu verlieren!« »Spute dich, Paul!« rief die Mutter, die einer Erkältung halber schon seit einer Stunde im Bett lag; »das kommt uns trefflich zustatten, denn morgen ist Markttag!« »Such dir einen andern Boten«, sagte Paul nach einer Pause halb leise, »ich gehe nicht!« Der Bruder, der sich gefreut hatte, Paul den kleinen Verdienst zuwenden zu können, wurde gereizt. »Du sollst!« rief er mit Heftigkeit; »wer das Geld bei Tage verdienen will, der muß auch nachts bei der Hand sein!« »Tu, was du willst!« erwiderte Paul mit großer Ruhe; »es sollte mich wundern, wenn du mich so weit brächtest.« Er trat an den Tisch und blätterte in dem Räuber-Roman; mitunter warf er einen scheuen Blick auf den Bruder. Dieser schwieg eine Weile still, dann sagte er: »Ich werde den Bettelvogt zu dir schicken!« und wollte fortgehen. Der Bettelvogt war ein Mann, den Paul fürchtete, weil er den Umfang seiner Macht nicht kannte; er vertrat seinem Bruder daher den Weg und sprach: »Franz, sei nicht unvernünftig, du würdest es ebensowenig tun, wie ich!«

Jetzt regte sich die Mutter wieder in ihrem Bett. »Junge!« rief sie zornig, »wem gleichst du nur! Deinen Vater verdroß keine Mühe, und auch ich, so alt ich bin, rühre mich, wie ich kann. Du aber kommst vor Faulheit um!« »Faulheit?« versetzte Paul ärgerlich und stellte seine Pfeife, die er bisher noch nicht hatte ausgehen lassen, vor das Fenster, »als obs Faulheit wäre!« »Was ist es denn?« fragte der Bruder. »Das weißt du recht gut!« erwiderte Paul und stützte, sich niedersetzend, den Kopf auf den Tisch. »Erst neulich stand eine Mordgeschichte im Wochenblatt!« Der Bruder mußte unwillkürlich lächeln, dann sagte er: »Paul, sei kein Narr! sieh auf deine kahle Jacke und tröste dich. Dich wird niemand umbringen; denn daß du nichts in der Tasche hast, das sieht dir jeder an.« »Haben sie«, entgegnete Paul mit einem Blicke herausfordernder Angst, »nicht einmal einen ums Hemd kalt gemacht?« Dabei zog er seine Jacke aus, um mit Tat und Wort zugleich gegen das ihm zugemutete Heldenstück zu protestieren. Der Mutter, die dies bemerkte, floß die Galle über; sie richtete sich, ohne etwas zu sagen, im Bett auf und warf Paul ihren Pantoffel an den Kopf. Der Bruder, der jetzt erst sah, daß Paul im stillen Anstalt gemacht hatte, zu Bett zu gehen, faßte ihn bei der Brust, schüttelte ihn weidlich und rief: »Erkläre dich, ob du willst oder nicht!« »Ich will!« sagte Paul in weinerlichem Tone; »laß mich nur los!« Dann kehrte er sich um und rief der Mutter zu: »Gott wird richten! Du bist an meinem Unglück schuld! Der Mond ist nicht einmal ordentlich durch!« Tränen stürzten aus seinen Augen, doch sagte er jetzt kein Wort weiter, sondern zog schweigend und schnell die schon abgelegte Jacke wieder an, setzte die Mütze auf, steckte Tabakspfeife und Brief in die Tasche, griff zum Stecken und ging, dem Hunde pfeifend, aus der Tür. Eine kurze Weile machte er nur sehr langsame Schritte, weil er zurückgerufen zu werden hoffte. Dann setzte er sich mit einem Fluch in seinen gewöhnlichen Trab. Bevor er die Landstraße erreichte, kam er an einem vom Dorf abgesondert liegenden Hause vorbei, welches als eine Diebsherberge berüchtigt war und von einem alten Weibe samt ihren drei Söhnen bewohnt wurde. »Wenn die alle drei« dachte Paul »sind, wo sie sein sollen, so will ich mich beruhigen!« und schlich sich mit leisen, leisen Schritten unter die erleuchteten Fenster, die nur schlecht mit einigen zerrissenen Schürzen verhängt waren und den Blick ins Innere gestatteten. Die Diebsmutter saß am Ofen und spann, zwei ihrer Söhne spielten Karten mit einem berüchtigten Herumstreifer, einem Musikanten, der dritte war nicht sichtbar, aber im Hintergrund des Zimmers lag auf einer Streu ein Kerl, von dessen Gesicht man nichts erkennen konnte, als den starken, schwarzen Backenbart, der sich verwegen von dem einen Ohre bis zum andern hinzog. »Der lange Hanns ist nicht zu Hause«, dachte Paul, und kalte Schauer liefen ihm über den Rücken; »der wird der erste sein, der mir unterwegs begegnet!« Er lauschte wieder hinein. »Wie grimmig der rothaarigte Marquard aussieht!« sagte er und wußte nicht, daß er seinen Gedanken Worte gab. – »Und der einäugige Jürgen, wie er die Zähne zeigt, wenn er lacht! Doch, was sind sie alle beide gegen den Hanns!« Ein Geräusch entstand, vorsichtig zog Paul sich zurück und setzte seinen Weg fort.

Er kam an einer Mühle vorbei, der Müllerhund, seine Kette schüttelnd, bellte ihn an. »Belle nur zu!« rief Paul kühn und schwang seinen Stock. »Wie man doch zuweilen ein Tor ist!« fuhr er nach einer Pause fort; »sonst fürchte ich mich, wie ein Kind, vor Hunden; jetzt mögten mir ihrer zwanzig in den Weg kommen, ich nähme es lieber mit ihnen auf, als mit einem einzigen Menschen!« Nun befand er sich auf der Landstraße. Wie eine ungeheure Riesenschlange dehnte sie sich mit den unheimlichsten Krümmungen und Windungen vor ihm aus; es war still, so totenhaft still, wie es nur in einer Winternacht voll Schnee und Frost sein kann; der Mond spielte Versteckens mit den Wolken und schien zuweilen hell, zuweilen gar nicht; die ringsum liegenden Dörfer waren in Nebel und Finsternis begraben; nur hie und da brannte in einem Hause noch ein trübes Licht, als trauriger Gesellschafter eines Kranken, der den Schlaf ruft und oft den Tod kommen sieht; eine dumpfe Kirchenuhr schlug in der Ferne, und Paul zählte ängstlich ihre feierlichen eilf Schläge.

Paul war kein Atheist, aber er schlief manchen Abend ohne sein Nachtgebet ein. Jetzt faltete er andächtig die Hände und betete ein Vaterunser. Eine Krähe flog mit häßlichem Geschrei dicht vor ihm auf. Er fluchte auf seinen unnatürlichen Bruder. Ein Kirchhof lag hart am Wege, auf dessen beschneite Leichensteine der Mond zwei Sekunden lang ein grelles Licht warf. Paul schwur, daß er des Morgens nie wieder vor seiner Mutter aufstehen und ihr den Kaffee kochen wolle. Ein Reiter sprengte stumm an ihm vorüber. »Wie glücklich«, rief Paul, der noch nie geritten war, »ist ein Mensch, der ein Pferd hat!« Schon floß ihm der Schweiß von der Stirn herab, denn seit ihm der Kirchhof im Rücken lag, war er wütend gelaufen. Jetzt wagte er zum ersten Mal, sich umzusehen, er entdeckte nichts Bedrohliches und zündete deshalb, mit Ruhe Feuer schlagend, die Pfeife an.

»Hätt ich doch«, dachte er, als er die ersten Züge tat, die ihn bis ins Innerste hinein belebten, »irgendeinen meiner Bekannten, der auch noch in die Stadt müßte, zur Seite! Wie angenehm ließe sich mit dem die Zeit verplaudern! Aber freilich, nachts zwischen eilf und zwölf wandern nur Räuber und Mörder, und Toren, die beraubt und gemordet sein wollen. Wer ein Christ ist, der schläft zu dieser Stunde!«

Er sah sich wieder um, denn er hatte seinen Hund, der bisher nicht von ihm gewichen war, auf einmal verloren. Er rief, so laut er konnte: »Spitz! Spitz!« Da war es ihm, als ob er selbst laut beim Namen gerufen würde. Mit fieberischer Gespannheit horchte er auf und fand, daß er sich nicht getäuscht habe, denn »Paul! Paul!« erscholl es hell und deutlich hinter ihm, und in einer Entfernung von ungefähr funfzig Schritten bemerkte er eine auf ihn zueilende hohe Männergestalt, die, wie zum Wink, ihren Knittel schwang. »Wer wirds sein –« dachte Paul, »als der lange Hanns aus der Diebsherberge! Jedem im Dorf ists bekannt, daß ich fürs Amt zuweilen Geld in die Stadt trage; nun denkt er, es sei auch heute der Fall und rennt hinter mir drein! Ja, ja, Ort und Zeit sind gelegen! Wenn er mich nicht bloß morden, wenn er mich gemächlich schlachten wollte, hier wäre der Platz dazu. Aber, man hat Beine!« Paul zog instinktmäßig sein Messer aus der Tasche und stürzte, wie rasend, fort. Sein Hund, der eine Weile in die Kreuz und Quer gerannt und wahrscheinlich einem Hasen auf der Spur gewesen war, folgte ihm und hatte das Mißgeschick, ihm vor übergroßer Eile zwischen die Beine zu geraten. Paul stolperte über ihn und wäre fast gefallen. »Verfluchter Köter!« rief er aus, »morgen ersäuf ich dich!« Dabei stieß er mit dem Fuß nach dem treuen Tier, welches eben, um seine Ungeschicklichkeit wieder gut zu machen, schmeichelnd an ihm hinaufsprang. Einer seiner Handschuhe entfiel ihm, er nahm sich nicht die Zeit, ihn aufzuheben, doch der gut abgerichtete Pudel tats für ihn mit dem Maul. Der Brief flog ihm aus der Jackentasche, er fluchte, während er sich aber notgedrungen niederbückte und ihn wieder aufnahm, blickte er zugleich scheu und ängstlich rückwärts, und bemerkte zu seinem Trost, daß dem Verfolger bereits ein sehr bedeutender Vorsprung abgewonnen sei. »Im Laufen«, dachte er, »nimmts so leicht keiner mit mir auf; das wußte der Unhold, darum versuchte ers, mich durch Rufen zum Stehenbleiben zu verleiten. Ha! Ha! als ob ich einfältiger wäre, wie ein Hase, der wahrhaftig nicht umkehrt, wenn der Jäger ihm pfeift! Ich weiß gar nicht, warum ich die Pfeife nicht wieder anzünde, schon sehe ich die Türme der Stadt!«

Der Lange, der es bemerken mogte, daß Paul nicht mehr so eilte, wie vorher, rief abermals: »Heda! So warte doch!« »Nimmt er nicht«, dachte Paul, »ordentlich eine fremde Stimme an? Das ist die seinige nicht, die ist durch den Branntewein längst verdorben. Aber ruf du, wie ein Engel ruft, mich fängt man nicht durch solche Künste!« Immer rüstig vorwärts schreitend, gelangte er bald an das unverschlossene Tor der Stadt. Hier sah er sich wieder um, der Lange war ihm ziemlich nah, und er konnte im Mondschein deutlich bemerken, daß Spitz, dessen ungewöhnliches Hin- und Wiederlaufen ihm längst verdächtig gewesen war, jenen liebkoste, an ihm hinaufsprang und ihm die Hand leckte. »Bei Gott!« rief Paul grimmig aus und ging in die Stadt hinein, »morgen ersäuf ich den Köter im ersten Wasser, ich glaube, ich schwurs schon einmal!« Hell brannten die Laternen auf den Straßen, drei bis vier Nachtwächter wanderten umher. »Hier ist man mehr, als sicher!« dachte Paul und stellte sich hinter einen Laternenpfahl. »Wagt der Gesell sich in die Stadt«, dies gelobte er sich feierlich und blickte unverwandt nach dem Tore zurück, »so mach ich die Wächter auf ihn aufmerksam, das bin ich jedem Schlafenden, den er bestehlen könnte, schuldig!« In diesem Augenblick kam der Lange ins Tor. Paul eilte auf den nächsten Nachtwächter zu und sagte in ängstlicher Hast: »Paßt auf den Menschen, der eben die Straße heraufkommt, er ist ein Räuber und Dieb, und hat mich über anderthalb Stunden verfolgt!« Der Nachtwächter zog, ohne zu antworten, eine Pfeife hervor und pfiff, alsbald sammelten sich um ihn seine Kameraden und umzingelten, nachdem er sie in höchster Kürze instruiert hatte, den angeblichen Räuber, ihn mit den sonderbarsten Fragen bestürmend. Auch Paul trat herzu, wie aber ward ihm, als er in der Person, vor der er, wie vor dem Teufel, geflohen war, statt des langen Hanns seinen guten Freund Jakob, einen Schmiedegesellen, erkannte. »Das ist er nicht!« rief er den Nachtwächtern zu; »ich habe mich geirrt, laßt diesen los!« Schimpfend und brummend ließen die Wächter von ihrer Beute ab; Paul aber trat vor Jakob hin und fragte ihn mit großem Ernst: »Warst du es wirklich, der hinter mir her kam, mir winkte und mich beim Namen rief?« Jakob, der nicht wußte, was er aus dem wunderlichen Vorfall machen sollte, versetzte übellaunig: »Wer wäre es sonst gewesen? Ich soll für meinen Meister, der plötzlich erkrankt ist, zum Arzt und erkannte dich, als du deinen Hund locktest, an der Stimme!« »Jesus!« entgegnete Paul ruhig und hielt seinem Freunde den Tabaksbeutel hin, damit er sich eine Pfeife stopfe, »hätte ich das gewußt, so hätten wir zusammen gehen können!«

DER SCHNEIDERMEISTER NEPOMUK SCHLÄGEL AUF DER FREUDENJAGD

Wenn dir, lieber Leser, in der Augustiner-Gasse der Stadt München um die Zeit, wo ein ordnungliebender Bürger ins Bierhaus zu gehen pflegt, nämlich in der Winter-Abend-Dämmerung zwischen vier und fünf Uhr, ein Mann von untersetzter Statur begegnen sollte, an dem dir ein ungewöhnlich großer Mund mit trefflichem Gebiß und ein plötzliches Stehenbleiben nebst der damit verbundenen scharfen Musterung deiner Rückseite auffällt, so fürchte nur nicht etwa, daß es ein Gauner sei, dem dein sorgloses Schlendern böse Gedanken einflößte; es ist kein anderer, als der ehrsame Schneidermeister Nepomuk Schlägel, der in dem Albrecht Dürer-Hause zu Nürnberg geboren und erzogen, aber noch nie, sei es auch nur für eine Nacht, auf die Wache gesetzt, geschweige in ein Gefängnis gebracht wurde, und bloß um sich zu ärgern, bloß um sich zu sagen: was sind das Stiefel! welch ein Rock gegen den deinigen, Nepomuk, und ein silberner Knopf auf dem Stock! schenkt er dir seine Aufmerksamkeit. Langsam schreitet er die Straße entlang, und sein spürender Blick weiß an jedem Vorübergehenden einen Vorzug aufzufinden, der ihm die Galle rege macht; an dem alten Bettler dort, der sich ermüdet an die Ecke lehnt, wird ihm die blautuchene Hose, die dem fast Erstarrten zu Mittag ein mitleidiger Student zuwarf, gewiß nicht entgehen, wohl aber, daß sie einige Löcher hat; der Stelzfuß selbst, der eben pfeifend vorüberstapft, gibt ihm zu einem Fluch Grund genug, denn er denkt: es wäre die Frage, ob du ein hölzernes Bein bezahlen könntest, wenn du, wie der da, das fleischerne einbüßtest. Als er einmal vom Lande einen Dieb einbringen sah, verdroß es ihn sehr, daß der kränkliche Mensch, den der Arzt für den Fußtransport zu schwach befunden hatte, auf einen Leiterwagen gepackt war, und er fragte einen Bekannten giftig, ob er glaube, daß man ihn in gleicher Lage ähnlich behandeln würde; ich würde es für ein Wunder halten, wenn ihm nicht selbst der Raubmörder, der kürzlich durch

Vermittlung des Scharfrichters das Zeitliche mit dem Ewigen gesegnete, durch irgend etwas zum Murren über die Ungerechtigkeit und Stiefmütterlichkeit des Glücks gegen ihn, den vernachlässigten, immer hintangesetzten Schneidermeister, Anlaß gegeben hätte. Eben begegnet ihm sein einziger Kunde, der Unteroffizier, dem er zuweilen die Zivil-Hose flickt, weil keiner seiner Kollegen sich aus gerechtem Kleidermacherstolz damit befassen will. Nepomuk grüßt ihn, aber unmöglich könnte ein Prinz von Geblüt den kahlen Hut des Schneidermeisters mit größerem Abscheu berühren, als der Schneidermeister selbst, er scheint ihn nur abzuziehen und zu schwenken, um ihn von sich zu schleudern. Jetzt tritt er in einen Bäckerladen, nicht um Brot einzukaufen – Geld hat er nicht – sondern weil er gehört hat, die reiche Tante des Bäckers, den er noch von seinen Gesellenjahren her kennt, sei gestorben und habe dem Manne ihr Vermögen hinterlassen; nun will er kondolieren und gratulieren, und hofft dabei zu erfahren, daß alles, zum wenigsten das Beste, nämlich die Erbschaft, erstunken und erlogen sei. Bettelkinder könnt er durchprügeln, weil sie ihn nicht anbetteln; woher weiß das Gesindel, – denkt er – daß ich ein Lump bin; könnte ich nicht auch ein Sonderling sein, ein Engländer, der sich aus Grillenhaftigkeit in nichtswürdige Kleider steckt? Was hat der Kerl für Schultern und Fäuste – ruft er aus, indem er in die laute, vom Steinkohlen-Feuer lustig und hell erleuchtete Werkstatt eines Schmiedes hineinlauscht, und auf den riesenhaften Gesellen, der eben den schweren Hammer schwingt, grollende Blicke wirft, – ich glaube, er könnte den Amboß zerschmettern, wie Glas, wenn er wollte. Aus dir, Nepomuk, hätte nie ein tüchtiger Schmied werden können, denn du bist aus Lappen zusammengepfuscht; pfui über die Wirtschaft! – Dem liebenden Paare, das, innig in sein süßes Geschwätz verloren, vorüberschleicht, folgt er auf dem Fuß, nicht aus Neugier, oder um es zu stören, sondern um sich bei Laternenlicht aus des Mädchens Gesicht die Impertinenz zu abstrahieren, mit der sie ihn würde ablaufen lassen, falls er sich zum Seladon antrüge; daß ich längst ein Weib habe, denkt er, sieht mir keine an, aber wohl, daß ich häßlich bin, wie die Nacht. »Jung freilich, aber jungfräulich?« ruft er dann, und schießt vorbei. Einer alten Frau, die die Gosse zur rechten Hand hat, rennt er gegen den knöchernen Arm, damit sie ihm seine krummen Säbelbeine und den Ansatz zum Höcker vorwerfe, oder doch wenigstens, falls sie wider sein Vermuten nicht zu dem streitbaren Corps gehört, das bei Tage Äpfel oder Fische feilbietet, seine Tölpelhaftigkeit. Wenn der Pudel, der, auf seiner Abendpromenade begriffen, eben, ein Bild der personifizierten Zufriedenheit, die Straße herunterkömmt, dem Schneidermeister nicht beizeiten ausweicht, so versetzt er ihm gewiß einen derben Stoß mit dem Fuße, denn das wohlbeleibte Tier ist Schlägel, dem nichts der Art entgeht, schon eine Minute lang ein Dorn im Auge. Solch eine Kreatur – denkt er – die die Garderobe mit auf die Welt bringt, frißt und säuft, und macht sich Pläsier, und krepiert zuletzt ohne Qual und Krankenbett. Der Pudel stiehlt sich, geschickt und hurtig am herausgerückten Tisch in einer offenen Metzger-Bude aufspringend, eine Groschen-Wurst; »heda, halt!« – ruft Nepomuk – diebische Hunde – brummt er dann mit einem Ingrimm, als ob er selbst bestohlen wäre – sollten so gut aufgeknüpft werden, wie Menschen, die das siebente Gebot nicht respektieren; warum haben sie mehr Recht zu einer schlechten Aufführung, wie ich? Dem Fleischer, der gerade, die messingne Brille auf der Nase, in der Bairischen Landbötin liest, ist das crimen entgangen; Nepomuk macht ihm schleunige Mitteilung und lächelt, da jener verdrießlich die Nachtmütze ins Gesicht schiebt und einen Fluch ausstößt, an diesem Abend zum ersten Mal. »Das Kind hat die Wassersucht!« – sagt er zu einer Magd, die einen blassen, weinerlichen, in dicke Tücher eingewickelten Knaben über die Straße trägt – »schützt der Doktor noch immer ein heilbares Übel vor? Drei Brüder verlor ich daran!« »Also der ist richtig davongekommen!« – ruft er aus und biegt, um seinem ehemaligen Schulkameraden, dem schon aus der Ferne gutmütig mit der Hand grüßenden Seifensieder, nicht zu begegnen, in ein Nebengäßchen ab – ja, das sag ich ja nur, der Kerl, so schmächtig er scheint, ist aus Eisen gegossen, jeder andere, zum Beispiel ich, erliegt hitzigen Gallenfiebern, wenn sie ihn packen, ihn fichts nicht an, er darf schon wieder in der Abendluft herumlaufen, obgleich sie wahrlich rauh und kalt ist; nun, ich will mich nicht erboßen, wenn ich mich auch nicht darüber freuen kann, daß der einzige Zeuge meines ersten und letzten Tuch-Diebstahls, denn an die Wiederholung ist nicht zu denken, da niemand etwas Neues bei mir machen läßt, just ein Katzenleben hat! Es ist ihm völlig recht, daß der rußige Schornsteinfeger mit seinen weißen Augen, der gerade, die lange schmutzige Leiter unterm Arm und den Kehrbesen in der Hand, aus einem Winkel hervortritt, ihm im engen Gäßchen beim besten Willen nicht auszuweichen vermag; verfluchter Kittel, – denkt er und wirft auf seinen Rock einen schnöden Seitenblick – dir geschieht, was dir gebührt! Einem weinenden blondhaarigen Mädchen von sieben Jahren, das den Sechsbätzner, wofür es das Nachtbier holen sollte, verloren hat und sich nicht zum jähzornigen Vater zurückgetraut, gibt er, statt der Münze, die das Kind für die Erzählung seiner Jammergeschichte erwartete, den Rat, ein ander Mal die Hand fester zuzuhalten und sich nicht wieder am Juwelier-Laden durch Betrachtung der blitzenden Goldsachen und Edelsteine zu zerstreuen; er mögte des Strafamts wegen wohl auf eine Viertel-Stunde Vater zum Mädchen sein. Einige Wonne würd er spüren, wenn einmal plötzlich unter seinen Augen ein großes Verbrechen – ein Totschlag wäre groß genug – begangen würde, er müßte aber zu spät kommen, um die Tat zu verhüten, und früh genug, um den Missetäter der Gensdarmerie zu überantworten. So war, da einst in einem Dorf, wo er übernachtete, Feuer ausbrach, niemand geschäftiger, schrecklichen, d.h. erschreckenden, Lärm zu machen und die Sturmglocke zu läuten, als Nepomuk, nachdem er sich vorher überzeugt hatte, daß das Löschen bei dem starken Winde und der Gebrechlichkeit der Spritzen unmöglich sei. Ebenso ist er jeden Sonnabend der erste, der der alten, halb blinden Tischlers-Witwe, die neben ihm in einem elenden Dachkämmerlein wohnt und leidenschaftlich in der Zahlen-Lotterie spielt, weil sie Sarg und Leichenhemd gern herausbringen mögte, mit zuvorkommender Dienstfertigkeit es anzeigt, daß ihre Nummern wieder ausgeblieben sind. Die schönste Militär-Musik beim Aufziehen der Haupt-Wache am Schrannen-Platz ergötzt ihn zuweilen sehr, aber nur dann, wenn es grimmig kalt ist, oder viel Schnee fällt, so daß den Spielleuten die Finger erstarren; jetzt – denkt er – wissen sie doch, wofür der König sie löhnt. An Theater-Abenden versäumt er selten, sich vor dem Schauspielhause einzufinden. Es verdrießt ihn, daß das Haus nie bei einer Oper, wie es doch in anderen Städten schon geschah, in Flammen aufgeht, denn das wäre ein Schauspiel, das in seinen Augen jedes sonstige überträfe, und ein römisch-unentgeltliches obendrein. Auch ist es ihm nicht angenehm, daß so selten Ohnmächtige oder Epileptische herausgebracht werden. Doch entschädigt ihn manches, z.B. an einer Equipage junge hitzige Pferde, die der Haber so sticht, daß sie nicht stehen oder gar durchgehen wollen, während die Herrschaft aussteigt; ein plötzlicher Regenguß, der Damen, die das Parapluie vergaßen, bis auf die Haut einnäßt; auch wohl ein leichtfüßiger Elegant, der die Stufen gar zu schnell und gar zu anmutig hinaufhüpfen will, weil die artige Cousine seine Grazie bewundern soll, und der dabei schmählig ausglitscht. Wenig beneidet er übrigens Standes-Personen, die ins Schauspiel fahren, namentlich durchaus nicht den Hof, aus demselben Grunde, warum er dem Vogel seine Flügel und dem Himmel seine Sterne nicht mißgönnt, dagegen ergrimmt er gegen alles, was Parterre und Galerie füllt, denn – sagt er – da hinein gehörte ich so gut, wie andere, wenns in der Welt nicht so liederlich herginge. Von Mitleid empfindet er eigentlich so viel, wie gar nichts, wenn ein armes Riegelhäubchen, dem der Geliebte, ein Maler und Anstreicher, für den Freischütz ein Billet geschenkt hat, den kahlen Strickbeutel beim Eintritt ins Haus umsonst darnach durchsucht, und zuletzt mit Entsetzen entdeckt, daß die Schatullen-Mäuse aus Hunger oder Langeweile ein Loch hineingefressen haben. Es empört ihn, daß Theater-Bediente unsterblich sind, wie er sich hyperbolisch ausdrückt; der Wanst da mit der roten Nase, der an der Kasse sitzt, – sagt er – wird, wie ein Schwein, mir vor den Augen von Tag zu Tag fetter, und doch verschluckt er mehr Zugluft, als die Flöhe in meinem Ärmel! Wenn junge Herren, die nur ins Theater eintreten, um es in einer Szene, die alles spannt, mit Geräusch wieder zu verlassen, anbettelnden Gassenbuben die Contre-Marke verweigern, weil sie sich keine geben ließen, so vergnügts ihn einigermaßen. Ließe sich bei der Aufmerksamkeit des zahlreichen Aufsichtspersonals an ein Einschleichen nur irgend denken, so hätte Nepomuk es längst versucht, nicht, um sich an Schiller oder Kotzebue zu delektieren – er verlacht beide, und das Publikum, das sich durch sie täuschen läßt, obendrein – sondern um sich zu sagen: also die kleine geschminkte Wachspuppe da ist Mamsell die und die, die dafür, daß sie hopst oder das Gesicht verzieht und sich stellt, als ob sie weinte, dreitausend Gulden einstreicht, und der zum Barbier herausstaffierte Narr ist Herr der und der, dem man seine Triller und Läufer, seit ihm viertausend nicht mehr genug sind, mit sechstausend bezahlt! Festtage sind wahre Leckertage für ihn. Am heiligen Weihnachts-Abend kann er sichs nicht versagen, stundenlang Gasse nach Gasse, die freundliche, im Glanz der menschlich- und göttlich-schönsten Jahresfeier schimmernde Stadt, der Gustav Adolph einst Räder wünschte, um sie nach Schweden hinüberschaffen zu können, zu durchstreifen. Dann ergeht er sich in erheiternden Phantasien, denkt zuweilen: wie wärs, wenn jener Läufer dich suchte, weil er dich in die Residenz zur Tafel bitten soll, schämt sich aber bald des materiellen Gelüstes, und malt sichs aus, wie es den Konditor, an dessen prangendem Laden ihn eben sein Weg vorbeiführt, überraschen würde, wenn er ihm plötzlich die Fenster einwürfe; wär ich der Teufel, denkt er, so macht ich mir doch den Spaß, in jedem Hause, sowie man sich zum Schmarotzen niedersetzte, die Lichter auszublasen und den Tisch umzustoßen, oder ich verwandelte auch den Wein in ein abführendes Dekokt und den Braten in unverdauliches Sohlleder; ja daraus, daß so etwas nie geschieht, schließt er fast, daß es gar keinen Teufel gibt. Neujahrs ermuntert er mutwillige junge Leute eifrigst zum Freuden-Schießen, teils, weil es von der Polizei verboten ist, teils, weil es den unvorsichtigen Schützen oft die Hand kostet, oder doch einen Finger. Am Oktober-Fest hält er sich am liebsten in der Nähe des sogenannten Rettungszelts für Verunglückende auf, hat aber selten die Satisfaktion, einen Erquetschten, vom Pferde Gestürzten, oder sonst Beschädigten hineinbringen zu sehen, und schimpft darum das ganze Fest eine Lumperei. Am Tage Allerseelen besucht er das Grab seines Vater, nicht um daran zu beten, oder es gar zu bekränzen, sondern um daran zu fluchen und es dem Toten vorzuwerfen, daß er ihm nichts hinterlassen hat. Wer weiß – denkt er – wie weit die Macht der Toten geht, und ob sie einem nicht Schätze anzeigen oder Glücks-Nummern eingeben können! Fleißigst besucht er die Kirchen und macht, da alle ihn auf gleiche Weise erbauen, keinen Unterschied zwischen protestantischen und katholischen. Da hocken sie alle – murrt er, indem er die vollen Sitzbänke und Betstühle mustert – dickbäuchig und mit strotzenden Vollmond-Gesichtern, gleich gemästeten Hühnern auf der Latte; da stammeln sie, wie Gäste, die vom Schmaus aufstehen, fürs genossene Gute den Dank heraus und bitten um ferneres gütiges Gedenken; da gehen sie selbstzufrieden und zuversichtlich davon und sind sicher, nicht, wie ich, der Schneidermeister, vergessen zu werden! »Vater unser, gib ihr doch – er faßt, während er dies sagt, ein tief in Gebet und Gebetbuch versunkenes schönes Mädchen, mit auf die Seite geneigtem, gesundblassem Madonnengesicht ins Auge – gib ihr doch, was sie verlangt, gib ihr den Geliebten, und dann gib ihr auch etwas, was sie nicht verlangt!« Zuweilen geht er bei sich selbst zu Gast und beneidet sich, seiner frühern Jahre wegen. Da ich ein Knabe war – denkt er – und es nicht zu schätzen wußte, mangelte mirs an nichts; meine Hemden mußten immer etwas feiner sein, als die der Nachbarskinder, kein Sonntagsmorgen ging vorüber, wo ich nicht mit Lebkuchen vor die Tür oder ans Fenster treten und auf die rothaarigte Böttcher-Tochter, die ihre trockene Semmel verzehrte, stolz herabschauen konnte, und wenn mir die Mittagskost nicht behagte, so buk die Mutter mir heimlich einen leckern Pfannkuchen. Wurde nicht damals mein Geburtstag so gut gefeiert, wie der des Königs, und gabs dann nicht Gänse, mit Äpfeln und Rosinen gefüllt, und mit herrlicher brauner Sauce übergossen? O verflucht und drei Mal verflucht sei jene Zeit! Hätt ich solche Gänse nie gefressen, so würde mir jetzt nicht das Maul darnach wässern! Bier- und Speisehäuser sind Bet-, d.h. Fluch-Häuser für ihn; seine nah an den Atheismus streifende Überzeugung von der gebrechlichen Einrichtung der Welt hat er in dieser trüben Atmosphäre und im eigentlichsten Verstande aus Bierkrügen, aus solchen nämlich, die er nicht stürzen durfte, geschöpft. Was muß er aber auch nicht alles aushalten, ehe er nur dazu kommt, seine Andacht zu verrichten! Für dich, lieber Leser, der du, die Abendpfeife oder die Zigarre im Munde und das bare blanke Geld im Sack, dich nach einem Gespräch und einer Zeitung oder nach reelleren Dingen sehnst, ist der Eintritt in ein Wirtshaus freilich kein Heldenstück. Du gehst einem wahren Bombardement von Genüssen entgegen: devote Bücklinge, die dich an der Tür empfangen; interessante Neuigkeiten, die gerade, wie du eintrittst, erzählt werden; ein Herzensfreund, den du erst in acht Tagen von seiner Reise zurückerwarten durftest und der deiner mit Ungeduld harrt; ein anderer, der dir noch vor einer Stunde sagte, er könne den Akten heute gewiß keinen Augenblick abmüßigen, und der nun doch lächelnd hinter dem Tisch sitzt; dies, und wie viel mehr noch, verwirrt dir den Kopf und stürzt dich mitten in jenen süßen Taumel hinein, in dem alle Wollustknospen der Sinne und des Herzens aufbrechen, und bloß zur Erinnerung an die Unvollkommenheit alles Irdischen mischt sich der kleine Verdruß darunter, daß heute abend jeder Braten, nur kein Rehbraten, auf den du dich doch gerade gespitzt hattest, auf der Speisekarte paradiert. Wie anders verhält es sich mit Nepomuk! Es steckt etwas Rätselhaftes in einem Wirt. Er trieft von Artigkeiten, wenn er von Schweiß trieft; quäle ihn bis aufs Blut, laß ihn hundert Dinge aus allen Ecken und Winkeln seines Hauses herbeischleppen, finde nichts gut genug, sondern verlange immerfort das Bessere und das Beste: ihm dünkts nicht unverschämt; er wird nicht verdrießlich, er lächelt dazu, seine Heiterkeit steigt mit seiner Mühe, und er kreiert dich, ohne Pfalzgraf zu sein, zum Baron, zum Grafen, zu allem, was du nicht bist. Wehe aber stillen, genügsamen Leuten, wie Nepomuk, die sich, mit einem Trunk Luft zufrieden, so gut oder so schlecht sie zu haben ist, bescheiden in eine Ecke drücken und sich ein Gewissen daraus machen, ihn oder den Kellner zu plagen. Sie sind ihm in tiefster Seele zuwider, und er hat des kein Hehl; da er sie durch Blicke nicht vergiften kann, so sucht er sie dadurch zu vertreiben, und die Römerseele, die dies kleine Gewehr-Feuer erträgt, halte darum den Sieg nur nicht für schon entschieden, sondern bereite sich auf die schnödeste Kriegslist vor, denn die Niederlage beugt den Feind nicht, sie macht ihn grimmig und tückisch. Wer hat dies schmerzlicher erfahren, als der Schneidermeister Nepomuk Schlägel! Er hielt, man muß es sagen, im Stachus-Garten aus, was Menschen aushalten können. Augen, aus denen die ganze Hölle flammte; schnödes Einpallisadieren mit leeren Krügen und Flaschen; verachtungsvolles Wegnehmen des Lichts von dem Tisch, an dem er, in fast kindlicher Unbefangenheit mit seinem Hut spielend, einsam saß; sogar ein Tritt des groben Aufwärters auf seine Leichdornen, dem keine Bitte um Entschuldigung folgte – standhaft ertrug und verbiß er alles, wie jener Holländer die Greuel der französischen Revolution, und tröstete sich, wie dieser: es hat ein Ende, und jeden Abend lebt ich noch, wenn ich zu Bett ging. Was halfs? Einmal war er kaum eingetreten, da setzte der Wirt gräßlich-freundlich in eigner Person einen übermächtigen Braten samt Zubehör und zwei helle Fest-Kerzen vor ihn hin und sah dann mit inhaltschwerem Gesicht auf seine Tasche. Als er den Mann gutmütig aufmerksam machte, er habe nichts bestellt, fuhr der Grobian ihn an, das wisse er wohl, und eben darum solle er sich zum Teufel scheren, er habe noch nie etwas bestellt. Seitdem schleicht er sich ins Wirtshaus, wie eine Maus sich in die Speisekammer. Wenns nur glücken will, mischt er sich als einzelnen bittren Tropfen in eine Welle willkommner Gäste, die hineinströmt. Geht das nicht, so gibt er sich beim Eintritt das Ansehen, als ob er jemanden suche, frägt auch wohl nach einem Herrn mit metallenen Knöpfen auf'm Rock oder mit rotem Schnurrbart und schlüpft dann mit der Geschwindigkeit einer Eidechse in den dunkelsten Winkel. Wahrlich, Nepomuk, wer dich so mit unendlicher Geschicklichkeit das Kunststück, dich in einer räucherigen Wirtshaus-Ecke unterzubringen, ausführen sieht, der ahnt nicht, daß es bloß darum geschieht, damit du jedem Gast die Bissen in den Mund zählen und dich dabei der kalten Kartoffeln, die dich zu Hause erwarten, mit Zähneknirschen erinnern kannst. Und wird dir, wenn dus aufrichtig bedenkst, etwas anderes zuteil? Ein zerbrochenes Glas kann dich wenig trösten, denn selten oder nie trifft das Unglück einen, der den letzten Heller schon ausgegeben hat und es nicht bezahlen kann; geschähs aber auch einmal, so würde es dir zu nichts, als zu der Überzeugung verhelfen, daß es, dich ausgenommen, niemanden bei Wirtsleuten an Kredit fehlt. Prügeleien entstehen freilich beim Biere ebensooft, als ewige Freundschaften, aber wen verdrießt denn ein Faustschlag, da er zwei zurückgeben darf, wer macht sich viel aus einer gepletschten Nase, wenn er zu seiner Satisfaktion das abgerissene Ohr des Gegners in der Hand behielt? Im trunkenen Zustande wird allerdings manches ausgeschwatzt, was besser verschwiegen bliebe, aber ist jemals in deiner Anwesenheit von einer längst vergessenen Mordtat oder einer Brandstiftung etwas zum Vorschein gekommen, und was hattest du also von deiner Nüchternheit, deinem Aufhorchen? Das Bierhaus ist unstreitig der Boden, wo Wassersuchten und andere Todkrankheiten lustig, wie Pilze, zu Dutzenden aufschießen; ist aber, frage dich einmal, deine Phantasie flügelkräftig genug, dir, wenn du irgendeinen Hans-ohne-Sorgen frisch und wohlgemut das sechste Glas hinunterstürzen und das siebente fordern siehst, flink als niederschlagendes Pulver das Krankenbett vorzuführen, wo ihm ein Arzt kopfschüttelnd das Bier als Wasser wieder abzapft und im stillen das Leben abspricht? Nichts bleibt dir, als das wohltuende Gefühl glücklich überwundener Hindernisse und der Triumph, doch auch da zu sein, nichts, als der leidige Trost, daß, sowie die Polizeistunde eintritt, jeder fortgewiesen wird, gleich dir, und daß dann dir das Gehen besser fleckt, als den meisten. Und nun zu Hause! Freilich sollst du aus dem Munde deiner Frau noch die erste Klage über die bittre Armut hören, die sie mit dir teilen muß; sie wartet geduldig auf dich in der ungeheizten Kammer, solange du auch ausbleiben magst, sie geht, wenn du endlich mit leeren Händen kommst, hungrig zu Bette, wie sie hungrig aufgestanden ist, und beschwert sich mit keinem Wort über ihr Schicksal. Aber nie wirst du sie dahin bringen, daß sie sich ihre schönen schwarzen Haare abschneiden läßt, und da du, seit dein Nachbar, der Friseur, dir zwei Kronentaler dafür bot, keinen Gedanken mehr spinnst, der nicht an diese Haare geknüpft wäre, so hast du ebensoviel Qual und Pein von ihr, als wenn sie tobte und lärmte. Umsonst ziehst du sie schmeichelnd auf deinen Schoß, nennst sie dein Täubchen und frägst sie, indem du ihre Locken kosend durch die Finger gleiten lässest, ob sie dich glücklich machen will; umsonst suchst du sie durch den Triumphzug von gebratenen Gänsen, dampfenden Nudeln und schäumenden Bierkrügen, den du mit dichterischer Glut und Kraft vor ihre Phantasie heraufbeschwörst, zu betäuben, um dann gleich einem Stoßvogel die Bemerkung: und das alles kann man für zwei Kronentaler haben! hinterdreinfliegen zu lassen; umsonst machst dus ihr plausibel, daß man ohne langes Haar leben kann, aber nicht ohne Geld. Sie erwidert sanft, aber bestimmt: im Sarg magst du mich scheren, früher nicht! und da sich, wie du versucht hast, im Schlaf nichts bei ihr ausrichten läßt, so wirst du durch dieses Hauskreuz vielleicht dein ganzes Leben lang für die Freuden, die du dir auf der Straße erjagst, den Zoll abtragen müssen. Und ists denn so ganz ungerecht?

EINE NACHT IM JÄGERHAUSE

»Kommen wir denn nicht bald nach D.? – rief Otto ungeduldig seinem Freunde Adolph zu und fuhr heftig mit der Hand nach seiner linken Wange, weil er sich an einem Zweig geritzt hatte, – die Sonne ist längst hinunter, die Finsternis kann kaum noch größer werden, und die Beine wollen mich nicht mehr tragen.« »Ich glaube, daß wir uns verirrt haben – entgegnete Adolph kleinmütig – wir müssen uns wohl darauf gefaßt machen, die Nacht im Walde zuzubringen!« »Das habe ich längst gedacht – versetzte Otto ärgerlich – aber du weißt allenthalben Bescheid, auch da, wo du nie gewesen bist. Hungrig bin ich auch, wie der Wolf, wenn er ein Schaf blöken hört.« »Ich habe noch eine Semmel in der Tasche! – erwiderte Adolph, indem er darnach zu suchen begann – doch nein – setzte er sogleich hinzu – ich habe sie dem ausgehungerten Schäferhunde zugeworfen, der uns im letzten Dorf vorüberschlich.«

Eine lange Pause, wie sie nur dann unter Studenten möglich ist, wenn sie bis aufs Blut ermüdet sind, trat ein. Die Freunde wanderten, sich beide gereizt fühlend und sich beide dieser Kleinlichkeit schämend, bald stumm, bald pfeifend, nebeneinander hin. »Nun fängts auch noch zu regnen an!« begann Otto endlich wieder. »Wer eine Haut hat, fühlt es – versetzte Adolph – aber, wenn mich mein Auge nicht täuscht, so seh ich drüben ein Licht schimmern!« »Ein Irrlicht, was wohl anders! – sagte Otto halblaut – es wird hier an Sümpfen nicht fehlen!« Dessen ungeachtet verdoppelte er seine Schritte. »Wer da?« rief Adolph und stand auf einmal still. Es erfolgte keine Antwort. »Ich meinte Fußtritte hinter uns zu hören!« sagte er dann. »Man verhört sich leicht!« entgegnete Otto.

Währenddessen waren sie an ein einsam gelegenes Haus gelangt. Sie traten unter die Fenster und schauten hinein. Ein weites, ödes Zimmer zeigte sich ihren Blicken; die schlechten Lehmwände hatten ihre ehemalige Kalk-Besetzung zum Teil verloren, einige Strohstühle standen umher und über dem halb niedergebrochnen Ofen hingen zwei Pistolen, nebst einem Hirschfänger. Im Hintergrund saß an einem Tisch ein altes Weib, zahnlos und einäugig, zu ihren Füßen lag ein großer Hund, der sich mit seinen ungeschlachten Pfoten zuweilen kratzte.

»Ich denke, – begann Adolph nach vollbrachter Musterung – wir nehmen unser Quartier lieber unter einem Busch, als in dieser Höhle. Es sieht ja ganz verflucht darin aus!« Otto hatte dieselbe Äußerung auf der Zunge gehabt. Wie aber in solchen Stunden des äußersten Mißbehagens der Mensch sich zu beständigem Widerspruch aufgelegt fühlt, setzte sich seine Meinung schnell in ihr Gegenteil um, und er erwiderte spöttisch, daß er ein altes Weib nicht eben furchtbar fände und in der Tat nicht wisse, warum sie nicht hineingehen sollten. »Es beliebt dir – versetzte Adolph scharf – mich mißzuverstehen. Die Alte sitzt gewiß nicht unsertwegen da, sie wartet auf Gäste, und welcher Art diese sind, ist schwer zu sagen. Sieh nur, wie sie sich das Auge, das ihr von der letzten Schlägerei her übrig blieb, reibt, um den Schlaf, der sie beschleicht, zu verscheuchen, und wie sie das zahnlose Maul verzieht! Eine Schenke ists ohnehin, denn drüben in der Ecke stehen Flaschen und Gläser. Aber, wie du, so ich.«

Bevor Otto etwas erwidern konnte, erscholl hinter beiden ein scharfes: »Guten Abend!« und eine Mannsgestalt wurde in dem schwachen Lichtschimmer, der durchs Fenster drang, sichtbar; kurz, gedrungen, mit Augen, die verschlagen und listig von dem einen zum andern wanderten, den Jägerhut tief in die Stirn hinabgedrückt. »Sie haben sich ohne Zweifel verirrt – fuhr der Unbekannte fort – und suchen ein Unterkommen für die Nacht. Danken Sie dem Himmel, daß ich gerade von meiner Streiferei zurückkehre, meine alte Mutter hätte Sie nicht aufgenommen. Wenn Sie vorlieb nehmen wollen, so folgen Sie mir; etwas besser, als hier draußen, werden Sies in der Bodenkammer finden, die ich Ihnen einräumen kann. Bier und Brot steht zu Diensten, und eine Streu zum Schlafen läßt sich aufschütten!«

Der Hund schlug an, und die Alte stand auf und schleppte sich mit schweren Schritten zum Fenster. »Ich bins!« rief der Jäger. »Du, mein Sohn?« erwiderte sie in näselndem Ton und öffnete langsam die inwendig verschlossene Tür. »Nur immer herein!«

sagte der Jäger mit zudringlicher Höflichkeit zu den Freunden. Sie folgten seiner Einladung, nicht ohne Widerwillen, Otto zuerst. Sobald sie die Schwelle überschritten hatten, schloß der Jäger mit sonderbarer Hastigkeit die Tür hinter ihnen ab, während die Alte, ihre Brille zurechtrückend, sie unfreundlich betrachtete. »Noch nicht da?« fragte der Jäger, indem er sie ins Zimmer hineinnötigte, seine Mutter, aber so leise, daß nicht sie, die schwerhörig sein mogte, nur Otto, ihn verstand. Flüsternd trat er nun mit der Alten in eine Ecke und mehr, als einmal, flog ein häßliches Lachen über sein Gesicht. Die Alte ging, einen seltsamen Blick auf die späten Gäste werfend, hinaus und kehrte bald darauf mit Bier, Brot und Käse zurück. Der Jäger schob zwei Stühle an den Tisch; sie lud, sich umsonst zur Freundlichkeit zwingend, mit stummen Gebärden zum Zulangen ein. Hungrig, wie sie waren, ließen die Freunde es sich schmecken; mittlerweile nahm der Jäger die über dem Ofen hängenden Pistolen herab, lud sie, ohne sich an das Befremden seiner Gäste zu kehren, mit großer Förmlichkeit, schüttete sogar Pulver auf die Pfanne und steckte sie zu sich. Stillschweigend ergriff er nun die Lampe und führte die Freunde eine Leiter hinauf in eine alte Bodenkammer hinein, wo sie bereits ein Strohlager vorfanden. Mit einem kurzen: »Gute Nacht!« wollte er sich jetzt wieder mit der Lampe entfernen; beide erklärten ihm aber gleichzeitig ihren Wunsch, mit Licht versehen zu werden. »Mit Licht? – fragte er verwundert – es tut mir leid, aber Sie werden bei mir schlafen müssen, wie man im Grabe schläft, nämlich im Dunkeln. Meine Mutter hat selten eine Kerze im Hause, und der Lampe bedürfen wir selbst, um – um« – »Um?« fragte Otto, da er stockte. »Um den Abendsegen zu lesen, natürlich, – versetzte er – nur die Gelehrten wissen ihn auswendig. Doch, wer weiß, vielleicht ist das Glück günstig, und wenn sich nur noch ein Stümpfchen Licht auftreiben läßt, so bringe ich ihnen die Lampe wieder herauf.«

Der Jäger ging und ließ die Freunde im Dunkeln. »Was meinst du?« sagte Otto zu Adolph. »Wir werden entweder gar nicht, oder sehr lange schlafen!« versetzte dieser ernst. »Ist dort nicht ein Fenster im Dach?« fragte Otto. »So scheints – erwiderte Adolph – ich will doch untersuchen, ob mans öffnen kann.« Er tappte zum

Fenster und bemühte sich, es aufzumachen. In demselben Augenblick trat der Jäger wieder mit der Lampe ein. Mit finstrem Gesicht rief er Adolph zu: »Das Fenster hat die Klinke nur zum Staat, es ist von außen vernagelt, auch sind eiserne Stangen angebracht, wie ich glaube; an frischer Luft wirds dennoch nicht fehlen, denn drei Scheiben sind entzwei!« Er ging zur Tür zurück, kehrte sich aber noch einmal um und sagte: »Wenn unten auch noch dies und das vorfällt, so lassen Sie sich nur nicht stören, Sie wird niemand beunruhigen!« »Was gibts denn noch so spät?« fragte Adolph heftig. »Ei nun – versetzte der Jäger spöttisch – eine Waldschenke hat bei Nacht den meisten Zuspruch!« »Aber sicher ist man doch?« rief Adolph ergrimmt aus. »Jedenfalls sind wir mit Waffen versehen!« bemerkte Otto mit erkünstelter Ruhe. »Das freut mich!« entgegnete der Jäger, laut lachend, und warf die Tür hinter sich zu, daß die Pfosten bebten und das Fenster krachte. »Harras!« – rief er draußen – paß auf!« Der Hund lagerte sich knurrend, dann gähnend hart vor der Tür. »Abgeriegelt!« sagte Otto zu Adolph. Dies ward, da die Tür wirklich mit einem Schubriegel versehen war, leicht vollbracht. »Gottlob, daß die Lampe einen hinreichenden Vorrat Öl enthält – sprach Adolph und leuchtete in der Kammer umher – nun wollen wir sehen, ob sich unter all dem Gerümpel, das hier wüst durcheinanderliegt, nicht ein Knittel, oder was es sei, finden läßt, der uns zur Verteidigung dienen kann.«

Jetzt begannen sie die Musterung der vielen in der Kammer aufgeschichteten Sachen. Otto fiel ein alter Kalender in die Hände, den er nur aufnahm, um ihn gleich wieder von sich zu schleudern. Adolph griff nach ihm und durchblätterte ihn. Nach einigen Minuten ließ er ihn mit leichenblassem Gesichte zur Erde fallen und sagte: »Nun weiß ich, wo wir sind. Dies ist das Mordloch des (er nannte einen in ganz Deutschland berüchtigten Missetäter, der erst vor einem halben Jahre in der Universitätsstadt, wo die Freunde ihren Studien oblagen, wegen vielfacher Mordtaten enthauptet worden war), sein Name ist in den Kalender eingeschrieben und vermutlich sind wir die Gäste seines Sohns.« – Sich den Tod mit allen seinen Schrecken und Geheimnissen lebhaft denken, ist schon der halbe Tod. In voller Glut des jugendlich überschäumenden Daseins-Gefühls, das, kaum entfesselt, ungestüm durch alle Adern braust und für die Ewigkeit auszureichen scheint, plötzlich und ohne vorbereitenden Übergang am Rande des vom Meuchelmord aufgeworfenen Grabes stehen, ist gewiß des Entsetzlichen Entsetzlichstes. Die Seele zieht sich zusammen, wie ein Wurm sich zusammenzieht im Schatten des schon erhobenen Fußes, der ihn zu zertreten droht; von allen ihren feurigen Wünschen bleibt ihr nur der einzige, noch einmal, dem Wurm gleich, tierisch und ohnmächtig wütend, ihre Lebenskraft und Lebensfähigkeit durch eine letzte Äußerung derselben, durch einen Stich oder einen Schlag am Mörder selbst dartun. Laut aufjubelten die Freunde, als sie, hinter Brettern versteckt, ein rostiges Beil erblickten, im Triumph zogen sie es hervor und schwangen es, einer nach dem andern, ums Haupt.

»Siehst du – sagte Adolph – es ist mit Blut befleckt!« »Bespritzt, – entgegnete Otto schaudernd – wie eine Schlachter-Axt! Adolph, an eine solche Nacht dachten wir nicht, als wir heute morgen ausgingen, um uns einen vergnügten Tag zu machen. Die Sonne schien so hell und freundlich, ein frischer Wind spielte mit unsern Locken, und wir sprachen von dem, was wir nach drei Jahren tun wollten!« »Wer pocht?« fuhr Adolph auf und ging, das Beil zum Schlage emporhaltend, zur Tür. »Es ist der Hund, der sich kratzt!« bemerkte Otto. »Du hast recht – versetzte Adolph – das Tier schnarcht schon wieder laut. Komm, wir wollen uns auf unser Lager setzen und die Lampe auf jenen Block stellen!« Sie taten dies stillschweigend, Otto blätterte in dem Kalender und las eine Heiligen-Legende, die er enthielt, Adolph sah mit unverwandtem Gesicht in den hellen Schein der Lampe hinein. »Es ist doch schauerlich – sprach er nach einem langen Stillschweigen – an einer Stelle zu sitzen, wo der Mord vielleicht mehr, als einmal, an einem harmlosen Schläfer sein fürchterliches Geschäft verrichtete, während unten wahrscheinlich das Messer geschliffen wird, das uns in der nächsten Stunde die eigene Brust durchbohren soll. Ging nicht die Haustür?« »Offenbar – entgegnete Otto, gespannt aufhorchend – auch höre ich ein Geräusch, wie von verhaltnen Fußtritten; die Helfershelfer stellen sich ein!« »Mir lieb – sagte Adolph und sprang rasch auf – ich mag auf nichts warten, und am wenigsten auf den Tod!« »Wir sind unsrer zwei – versetzte Otto – und sie sollen erst die Leiter hinauf. Ich denke, alles geht noch gut. Freilich gegen Schießgewehr – – die Leiter knarrt, sie kommen, auf, ihnen entgegen!«

Mit schnellem Ruck schob Otto den Riegel der Tür zurück und wollte hinaustreten. Der Hund fletschte grimmig die Zähne und trieb ihn wieder hinein. Da ertönte die Stimme des Jägers. »Pfui, Harras! – rief er hämisch – laß die Herren; wenn sie deinen Schutz zurückweisen, so dränge du ihn nicht auf!« Der Hund ließ die Ohren hängen und schlich gehorsam auf die Seite, Adolph ergriff die Lampe und trat an die Leiter. »Noch nicht eingeschlafen?« fragte der Jäger. »Was wollt Ihr noch?« entgegnete Adolph. »Ja, was nur gleich? – versetzte, anscheinend verlegen, der Jäger – irgend etwas wars doch!« »Ihr seid mir verdächtig!« rief Adolph, und sein Gesicht sprühte Flammen. »Dann sind Sie wohl irgendwo Amtmann? – erwiderte der Jäger – die Herren Amtleute können meine Nase nicht ausstehen, sie sagen, sie sei schief; finden Sies auch?« »Kerl!« rief Adolph, trat so weit vor, als er konnte und setzte die Lampe auf den Boden. »Kein Schimpfwort! – versetzte der Jäger heftig – ich glaube es Ihnen auch so, daß Sie von dem Holz sind, aus dem man Geheimeräte schnitzt. Aber – fuhr er, den alten Ton wieder annehmend, fort – schieben Sie die Lampe etwas weiter weg, ich habe Husten, und wenn ich die Flamme aushustete, so wäre es so schlimm, als hätte ich sie ausgeblasen. Sie sehen mich, wie es scheint, nicht gern oben? Nun dann tun Sie mir den Gefallen und füllen Sie mir dies Maß aus der Kiste, die neben dem Schornstein steht, mit Hafer für meinen kranken Gaul. Ei, da haben Sie ja ein Beil? Wenn Sie das in der Tasche als Waffe bei sich führten, so muß sie geräumig sein!« Otto tat an Adolphs Statt, was der Jäger begehrte. Er zog sich hierauf zurück, die Freunde gingen wieder in die Kammer, auch der Hund nahm seinen alten Platz aufs neue ein.

»Eine wunderliche Nacht! – sagte Otto zu Adolph – am Ende ist der Gauner doch allein im Hause, die Spießgesellen sind ausgeblieben, und er leistet, da die Überrumpelung ihm mißlang, auf die Ausführung des Bubenstücks Verzicht.« »Möglich – erwiderte Adolph und sah nach seiner Uhr – aber noch ists früh.« Ein Schuß fiel. Gleich darauf entstand ein sonderbares Geräusch vor dem Dachfenster. »Wer da?« rief Adolph und leuchtete mit der Lampe hin. Er brach in lautes Lachen aus, denn er erblickte das philisterhaft-vernünftige Gesicht eines Katers, der, wahrscheinlich durch den Schuß erschreckt und vom Licht angezogen, emporgekrochen war und ihn anfangs, von dem hellen Schein der ihm so nah gebrachten Lampe geblendet, unter possierlichen Gebärden anstierte, dann davonsprang. Bald hernach hörten sie unten einen schweren Fall, wie von einem lebendigen Körper, den plötzlich ein Messerstich hinwirft. Dröhnende Schritte ließen sich vernehmen, dazwischen die näselnde Stimme des alten Weibes. »Wie stehts?« fragte sie. »Tot!« antwortete der Jäger dumpf und stieß einen Fluch aus. »Jesus Christus!« rief die Alte rauh und gellend. Es wurde wieder still. Die Freunde wußten nicht, was sie aus dem Vorgang machen sollten.

Sie setzten sich aufs Bett. Jeder hing seinen Gedanken nach. Endlich verfielen sie, da alles stumm und lautlos blieb, in einen unruhigen Schlummer. In diesem Zustand halben Wachens und halben Träumens kam es Otto zuletzt vor, als ob er die Lampe erlöschen sähe. Hastig fuhr er auf, glaubte sich aber getäuscht zu haben, da er das von der Lampe verbreitete Dämmerlicht noch fortdauern sah. Da bemerkte er mit unaussprechlicher Freude, daß die Morgensonne rot und golden ins Fenster schien, und weckte den finster aussehenden, schlafenden Freund, der, das Beil noch fest umklammernd, auf die Streu zurückgesunken war. »Was gibts?« rief Adolph und sprang auf. »Sieh, sieh!« sagte Otto und führte ihn zum Fenster. »Gelobt sei Gott! – sprach Adolph – ich hatte einen häßlichen Traum. Ich glaubte schon in Italien zu sein und ging durch einen Wald. Da sprang ein Trupp zerlumpter Gesellen aus dichtem Gebüsch hervor und drang unter wildem Geschrei zu Raub und Mord auf mich ein. Ich, in der Todesgefahr, rufe: hackt denn eine Krähe der andern die Augen aus? Ich bin euresgleichen, seht hier den Beweis! Dabei zieh ich den kleinen, biegsamen Dolch, den ich, wie du weißt, auf der Frankfurter Messe von einem jüdischen Trödler gekauft habe. Die Räuber schenken meiner Rede keinen Glauben und lachen mich aus. Nun kommt plötzlich auf stattlichem Roß ein zweiter Reisender daher, und einer aus dem Trupp tritt vor mich hin und spricht: du bist, was wir sind? Gut, wir nehmen dich unter uns auf, nun geh und mach an jenem dort dein Probestück! In dem Augenblicke wecktest du mich, und jetzt erinnere ich mich, daß dies die alberne Geschichte ist, die mein verstorbener Oheim sooft, als ihm begegnet, erzählte, und die ich ihm niemals glaubte, weil die Frage nach dem Ausgang des verwickelten Handels ihn immer in Verwirrung brachte.«

»Wir wollen diese Nacht und ihre Träume vergessen – sagte Otto – und uns dem vollen, frischen Gefühl des Lebens hingeben, ohne Maß, wie einem Rausch! Zum ersten Mal dürfen wir es als ein, wenn nicht erworbenes, so doch durch Wachsamkeit und Vorsorge erhaltenes kostbares Gut betrachten, nicht mehr als bloßes Geschenk!« Adolph drückte ihm warm und kräftig die Hand. Jetzt erscholl die Stimme der Alten, die mit Andacht ihr Morgenlied absang. Deutlich vernahm man die fromme Gellertsche Strophe:

Wach auf, mein Herz, und singe
Dem Schöpfer aller Dinge,
Dem Geber aller Güter,
Dem treuen Menschenhüter!

Unwillkürlich stimmten die Freunde mit ein und stiegen die Leiter hinunter. Am Fuß derselben trat ihnen, freundlich grüßend, der Jäger entgegen. Sein Gesicht kam ihnen bei weitem nicht mehr so unangenehm vor, wie am Abend vorher und in der Nacht. Sie waren schon geneigt, ihm in ihrem Herzen Abbitte zu tun, da bemerkten sie aufs neue jenen boshaften Zug um den Mund und jenes verdächtige Lächeln, und der Mensch wurde ihnen widerlicher, wie je. Er entschuldigte sich, daß er sie noch spät habe stören müssen. »Freilich – setzte er hinzu – konnte ich nicht wissen, daß Sie mit offenen Augen schliefen, wie die Hasen, und mich, so leise ich auftrat, hören würden.« Dann führte er sie in das Wohnzimmer, wo die Alte bereits mit Bereitung eines Kaffees beschäftigt war, dessen aromatischer Duft ihnen kräftig und stärkend entgegendrang. Schweigend, wie sie es der Klugheit gemäß erachten mußten, genossen sie diesen. Hierauf erkundigten sie sich bei dem Jäger, der seinen Hund wusch und kämmte, nach ihrer Schuldigkeit. Lakonisch, und ohne aufzusehen, versetzte er, er habe sich schon bezahlt gemacht. »Fehlt dir etwas von deinen Sachen?« fragte Adolph, der sich nicht länger halten konnte, seinen Freund mit Spott. Als Otto dies verneinte, sagte er zu dem Jäger: »Auch ich habe das Meinige beisammen, darum nennt die Zeche!« »Meine Herren! – rief der Jäger und leerte, an den Tisch tretend, ein Glas Bier – ich will nicht länger Versteckens mit Ihnen spielen. Sie lagen die Nacht hindurch auf der Folter, und die Folter hat man umsonst!« »Eine Aufrichtigkeit sondergleichen!« versetzte Adolph und sah Otto an. »Nicht wahr – fuhr der Jäger fort – ich irrte mich nicht? Ich bin in Ihren Augen, was der Blutmann in den Augen der Kinder ist?« »Ganz recht, mein Freund – sagte Adolph und klopfte ihm mit unterdrücktem Grimm auf die Schulter – Ihr seid der rechte Sohn Eures Vaters!« »Das versteh ich nicht – entgegnete der Jäger und erglühte über und über – aber, dies versprech ich mir, nicht ohne Schamröte sollen Sie mein schlechtes Haus verlassen. Sehen Sie die alte Frau dort, die Ihnen gestern abend Brot und Bier brachte und heut morgen den Kaffee? Es ist meine Mutter! Sie hat keine Zähne mehr; auch von den Ihrigen werden Sie zweiunddreißig vermissen, wenn Sie einmal siebzig Jahre zählen. Sie ist einäugig, aber nur, weil die Hand eines bösen Buben ihr das linke Auge ausschlug, als sie in ihrer einsamen Hütte überfallen wurde und ihres Mannes sauer verdienten Sparpfenning nicht gutwillig hergeben wollte. Und nun hören Sie. Ich stand gestern abend schon hinter Ihnen, als Sie, ins Fenster schauend, meine arme Wohnung betrachteten, und wollte Sie eben, zuvorkommend, wie es sich geziemt, zum gastlichen Eintritt einladen, da begannen Sie Ihre schnöden Bemerkungen über meine Mutter, die mich umso mehr verdrossen, je besser ich es mit Ihnen im Sinne gehabt hatte. Hitzig, wie ich bin, hätte ich auf der Stelle, verzeihen Sie, daß ich es sage, mit meinem derben Eichenstock dreinschlagen mögen, aber ich ließ den bereits erhobenen Arm wieder sinken, denn mir kam der Gedanke einer gründlicheren Rache, ich nahm mir vor, Sie zur Strafe für Ihren ungerechten Verdacht in der Phantasie alles Schreckliche durchempfinden zu lassen, das Sie in Wirklichkeit bei mir getroffen hätten, wenn ich gewesen wäre, wofür Sie mich halten zu dürfen glaubten. So trat ich denn mit meiner Einladung zu Ihnen heran, suchte Sie aber, sobald ich Sie im Bereich meiner vier Pfähle sah, durch Zweideutigkeiten aller Art zu den schlimmsten Vermutungen aufzuregen, und konnte dies umso eher die halbe Nacht hindurch fortsetzen, als mich ohnehin die Pflege meines kranken Gauls, der leider um ein Uhr tot hinfiel, nicht ans Bett denken ließ.« »Also war es – unterbrach Otto den Jäger – der Tod des Gauls, den Ihr Eurer Mutter auf ihre Frage, wie's stünde, verkündetet?« »Auch das haben Sie gehört? – versetzte jener – Nun, der Zufall hat mir besser gedient, als ich ahnen konnte! Wahrlich, daran dachte ich nicht, aller Mutwille verging mir, als ich das schöne treue Tier, das ich erst vor wenigen Wochen um teuren Preis erstand, zusammenbrechen und die vier Füße von sich strecken sah, ich schüttete den Hafer über den toten Körper aus und warf das Maß an die Wand, daß es zerbrach!« »Seid Ihr – fragte Adolph – nicht der Sohn des –?« Er nannte den Namen des schon erwähnten berüchtigten Mörders, den er mit eigenen Augen hatte köpfen sehen. »Heiliger Gott, nein – erwiderte der Jäger entsetzt – wie kommen Sie zu einer solchen Frage?« »Ein alter Kalender – warf Otto ein – den wir oben fanden, veranlaßte diesen Irrtum, der uns in der Nacht mit Grauen erfüllte und ohne den Euer Plan gewiß nicht so gut geglückt wäre.« »Was in der Kammer alles liegen mag – versetzte der Jäger – weiß ich nicht, ich habe mich noch nicht darum kümmern können, denn ich bin erst seit kurzem im hiesigen Revier angestellt und habe bis auf weiteres in dieser Mordhöhle, die nächstens eingerissen, und an deren Stelle ein ordentliches Haus aufgeführt werden soll, Quartier nehmen müssen.« »Ihr seid ein braver Mann – rief Adolph aus und legte seine Börse auf den Tisch – nehmt das als Beisteuer zu einem neuen Gaul!« Otto wollte in studentischer Unbekümmertheit um den nächsten Tag dasselbe tun, doch der Jäger schob das Geld zurück und sagte: »Ich nehme keinen Pfenning, es ist genug, wenn wir uns gegenseitig vergeben!«

DER RUBIN

Märchen

Es war an einem schönen, hellen Nachmittag, da stand Assad, ein junger Türke, der vor wenigen Tagen zum ersten Male die unermeßliche Stadt Bagdad betreten hatte, und sich nun mit stets gesteigertem Erstaunen unter all ihren Wundern erging, vor der Bude des reichsten und angesehensten Juweliers. Mit inniger Lust versenkte er sich in das mannigfaltige glühende Leben, das, in Strahlen und Farben sich offenbarend, die edlen Gesteine durchflammt. »O Edelstein« – rief er voll Entzücken aus – »wohl mit Recht bist du erkoren, die Kronen der Könige zu schmücken, denn in dir ist alles Herrliche zugleich zusammengedrängt und geläutert, der flüchtige Sonnenstrahl ist gefangen genommen und in deinen geheimnisvollen Kern eingeschlossen; die schnell verlöschende Farbe feiert in dir ihre Verklärung und empfängt Unsterblichkeit, die reinen himmlischen Elemente, Luft, Feuer und Wasser vermählen sich in deinem Glanze! Hier steh ich an der Grenze der Natur, hier ist das letzte, höchste Produkt der schaffenden Kräfte, weiter – schauernd fühlt es der Geist – kann die Unendlichkeit selbst nicht.«

Der Juwelier, ein gutmütiger Mann, der für seine Kunst enthusiastisch eingenommen war, stand gerade in der Tür und empfand großes Vergnügen über die begeisterten Worte, die aus dem Munde des Jünglings hervorgingen. Er trat, bisher ungesehen, lächelnd zu ihm heran, öffnete den Kasten, ergriff seine Hand und steckte ihm einen schweren Ring an den Finger. Assad bemerkte es kaum, seinen Blick fesselte mit magischer Gewalt ein Rubin von seltener Größe, auf den die Sonne, die eben aus einer verschleiernden Wolke hervortrat, ihren vollen Schein warf. Er drückte unwillkürlich seine Hand gegen das Herz und holte zum Erstaunen des Juweliers einen tiefen Seufzer, dann streifte er den ihm angesteckten Ring mit dem Ausdruck sonderbaren Widerwillens wieder ab, und rief, auf den Rubin zeigend, leidenschaftlich aus: »Behaltet das elende Ding und gebt mir den!« Kopfschüttelnd erwiderte der Juwelier: »Der Stein ist mir um Hunderte nicht feil!« »Ich muß ihn aber haben!« versetzte der Jüngling, wie im Wahnsinn, ergriff den Rubin und stürzte flammenden Auges fort.

Der Juwelier erhob ein großes Geschrei, rannte Assad nach und schalt ihn einen Dieb, ja, da dies nicht zu helfen schien, einen Räuber und Mörder. Alsbald entstand ein Auflauf auf der Straße, der Jüngling wurde ergriffen und mit Ungestüm vor den Kadi geschleppt.

»Herr«, begann der Juwelier voll Zorn, »so jung dieser Mensch zu sein scheint, und so viel Einnehmendes in seiner Gestalt liegt, so ist er doch ein frecher, undankbarer Bösewicht. Ich sah ihn vor meiner Bude stehen und ergötzte mich, als ich ihn über die dort ausgebreiteten Schätze mit lauter Stimme, wie ein Kind, seine Verwunderung ausdrücken hörte. Von Wohlwollen übermannt, dachte ich: Du sollst einmal billiger kaufen, als ein anderer, nahm einen kostbaren Ring aus dem Kasten und steckte ihm diesen an. Ich erwartete, er würde, so plötzlich beschenkt, große Augen machen und nicht wissen, wie er sich gebärden solle. Statt dessen nahm er kaum Notiz von meiner Freundlichkeit und stieß zu meinem nicht geringen Ärger dumme, unvernünftige Seufzer aus. Dann zog er den Ring wieder ab, warf mir ihn verächtlich hin und verlangte in einem so gebieterischen Ton, als ob er, wenn es ihm beliebte, auch wohl meinen Kopf fordern dürfte, den wundervollsten Rubin, der je in meine Hände geraten ist. Als ich, meinen gerechten Unwillen bekämpfend, weil ich seine Unwissenheit für den Grund seiner Unverschämtheit hielt, ihm bescheiden bemerkte, daß ein solcher Stein mehr Wert habe, als er denke, erklärte er geradezu, er müsse ihn haben, nahm auch, mit der bekannten Abneigung der Straßenräuber gegen Formalitäten, sogleich von meinem Eigentum Besitz und begab sich auf die Flucht. Ich folgte ihm; wie es mir bei der Last meines Bauches und in einer der Verdauung heiligen Stunde möglich war, ihn wieder einzuholen, begreife ich selbst nicht, die Angst muß dem Menschen übernatürliche Kräfte verleihen.«

Der Kadi, ein langer hagerer Mann mit einem Gesicht, das, wenn er in seiner Gerichtsstube stand, die Inschrift der Danteschen Hölle furchtbar-getreu widerspiegelte, war einmal selbst bestohlen worden und sprach seitdem gegen Diebe nur noch Todesurteile aus. Er fragte Assad freundlich, ob er das ihm angeschuldigte Vergehen leugne. »Wie könnt ich!« gab der Jüngling finster zur Antwort. »Es wäre auch gleichgültig«, versetzte der Kadi, mit jenem dem Teufel abgeborgten Lächeln, womit Gerichtspersonen in allen Ländern der zerquetschten Menschheit in einem Unglücklichen so gern den Gnadenstoß geben, »man führe ihn vor die Stadt hinaus und tue, was Rechtens. Jedoch nicht ohne vorgängige nachdrückliche Bastonade!« setzte er hinzu und griff nach der Pfeife, die ein Sklave ihm darbot.

Assad wurde abgeführt. Auf der Straße wandte er sich an den Juwelier, der in seiner Entrüstung noch gar nicht daran gedacht hatte, sich den Rubin zurückgeben zu lassen, und sagte zu ihm: »Herr, ich bitte Euch um einen letzten Gefallen. Laßt mir den Stein bis zum Tode. Begleitet mich hinaus bis vor das Tor, daß ich ihn dort noch einmal anschaue und in Eure Hände überliefere. Nicht wahr, Ihr werdet es mir nicht abschlagen? Es ist ja nur noch kurze Zeit.« In dem Juwelier erwachte Mitleid, ihn dauerte der schöne gefaßte Jüngling, der jetzt noch in voller Kraft und Glut des Lebens vor ihm stand und doch schon in wenigen Augenblicken der Natur vor der Zeit zur beliebigen Verwendung für einen neuen Zweck zurückgegeben war. Vielleicht hätte er nun den Rubin gern daran gesetzt, um ihn zu retten, doch das war bei der Gemütsart des Kadi unmöglich, er mußte sich also darauf beschränken, dem Scheidenden freundlich seine letzte Bitte zu bewilligen.

Angelangt vor dem Tore zog Assad den Rubin, den er bis dahin auf seinem Herzen bewahrt hatte, hervor, hielt ihn gegen die Sonne, in deren Strahlen er blinkte, wie das Auge eines Menschen, drückte ihn wehmütig an den Mund und machte Anstalt, ihn dem Juwelier zurückzugeben. Bevor er aber dies noch auszuführen vermogte, trat ein Greis von sehr würdigem Ansehen, dem alles Volk willig Platz machte, auf ihn zu, maß ihn mit einem strengen Blick und sagte: »Assad, du bist ein Dieb!« Glühendes Rot überströmte die Wangen des Jünglings, aber fest und unverwirrt schaute er zu dem Greise auf und antwortete: »Ja, und, wie du gleich sehen wirst, ich leide den Tod dafür!«

»Ist dir dein Diebstahl nicht leid?« fragte der Greis. »Nein«, versetzte Assad schnell und bestimmt, »ich weiß nicht, was mich an diesen Stein kettet, aber es mag gut sein, daß ich sterben muß, denn ich fühls, ehe ich ihn in den Händen eines anderen ließe, könnte ich mich mit Raub und Mord beflecken, obgleich meine Seele vor einem Mord zurückschaudert, wie vor dem eigenen Tode.« »Ei, wunderbar!« entgegnete der Greis, »gib mir doch deine Hand.« Assad reichte ihm die Hand.

Plötzlich befand er sich auf einer unbekannten Landstraße. Der Greis stand neben ihm. Mehr verwundert und überrascht, als erfreut, schaute der Jüngling seinen Retter mit einem fragenden Blick an. »Du bist jetzt über hundert Stunden von Bagdad entfernt«, begann der Greis, der seinen Blick wohl verstanden hatte, »und sie können dort, wenn sie wollen, ein Lamm strangulieren, das ich zum Zeichen deiner Unschuld an deiner Stelle zurückgelassen habe. Glaube jedoch nicht, daß ich dich gerettet haben würde, wenn Leichtsinn oder schnöde Habsucht dich zum Raub an fremdem Eigentum verleitet hätten. Mir stehen große Kräfte zu Gebote, aber ich mißbrauche sie nie, wie so manche Genossen meiner Gewalt. Die Natur hat jene Macht, die den gewöhnlichen Lauf der Dinge aufhalten und verändern kann, vertrauensvoll in unsere Hände gelegt, damit wir ihr in irgendeinem außerordentlichen Falle, wenn die allgemeine Regel, das einfache Gesetz, nicht ausreicht, zu Hülfe kommen mögen. Solch ein Fall ist der deinige, denn der Rubin, den du dort in der Hand hältst, ist das Grab einer wunderschönen verzauberten Prinzessin. Aus ihrem Blut hat er das dunkle wunderbare Rot in sich gesogen, in das er getaucht ist. Das Feuer ihres Auges sprüht dir entgegen aus den blitzenden Strahlen, die er so verschwenderisch versendet. Ihr schlummerndes Leben schauerte dich an, als du den Stein im Sonnenschein glänzen sahst, da wurde deine Seele bis in die innersten Tiefen mit süßer Ahnung getränkt, und deine Hand mußte vollbringen, was Herz und Sinne geboten.« »Kann die Prinzessin durch mich erlöst werden?« fragte Assad, tief aufatmend. »Das weiß nur sie selbst!« versetzte der Greis, »und du kannst, wenn du willst, sie einmal sehen und mit ihr reden. Sobald du um Mitternacht alle deine Gedanken in den einzigen an sie zusammendrängst und auf den Rubin drei

Küsse drückst, so weicht der Zauber auf einen Augenblick, und sie tritt in voller Glorie der Schönheit aus ihrem steinernen Gefängnis hervor. Aber, wage nicht dein Glück und deinen Frieden an einen ungewissen Moment; mit dem Dämon ist schwer zu kämpfen, dich aber würde die herrlichste der Jungfrauen mit unwiderstehlicher Gewalt in deinem tiefsten Sein gefangennehmen, und, wenn es dir dann nicht gelänge, ihren Bann zu brechen, so wärest du elend auf ewig. Und nun leb wohl, kein Sterblicher sieht mich zum zweiten Mal!«

Der Greis war verschwunden, sowie er ausgeredet hatte. Assad bemerkte es kaum, denn jede seiner Empfindungen, jeder seiner Gedanken war an das Wunder, das er in seiner Hand hielt, gebunden. Wie freute er sich, daß die Sonne sich schon zum Untergang neigte, daß die Schatten sich verlängerten, wie sehnte er sich nach der Mitternacht, die er sonst, als unheimliche Freistunde der Toten und Gespenster, gescheut, vor der er sich ängstlich in die schützenden Arme des frommen Schlafs hineingeflüchtet hatte. Sie erschien ihm jetzt, wie ein Gefäß, aus dem seinen durstenden Lippen der holdeste Inbegriff alles Lebens entgegenschäumte, und daß sie über die ganze übrige Welt Angst, Grauen und Entsetzen ausgoß, gab ihr für ihn eben noch einen letzten schauerlich-zauberischen Reiz. Unterdes eilte er, da es schon dunkel wurde, rastlos fort, um noch vor völligem Einbruch der Finsternis die Stadt, die er in nicht gar weiter Ferne vor sich liegen sah, zu erreichen. Dies gelang ihm, auch war das Glück ihm günstig, daß er bald bei einer alten Frau ein Unterkommen für die Nacht fand. Er zog sich sogleich, große Müdigkeit vorschützend, in das ihm bestimmte Schlafgemach zurück, legte den Rubin vor sich auf den Tisch und zählte nun bei brennender Lampe und verhängten Fenstern die Minuten, die langsam, langsam, als wollte jede ihm den Inhalt der Ewigkeit vorrechnen, vorüberkrochen. Endlich war es zwölf. Mit unsäglicher Inbrunst drückte er jetzt den Rubin an seinen Mund und küßte ihn drei Mal.

Da war es, als ob sich der Edelstein in seiner Hand in leichten, gefärbten Duft auflockerte, der zu einer morgenroten Wolke, die das ganze Zimmer erfüllte, anschwoll. Aus der Wolke schimmerte eine weibliche Gestalt hervor, anfangs blaß und im schwachen Umriß kaum erkennbar, aber schnell aufblühend zu frischem, glühendem Dasein. Die holde Jungfrau, – in ein blaues Gewand gekleidet, das Haupt in kindlicher Anmut ein wenig vorwärts neigend, warf einen schüchternen Blick auf ihre Umgebung und rief: »Wo bin ich?« Gleich darauf aber heftete sie, wie in trostloser Verzweiflung, ihr Auge starr und tränenlos auf Assad, vor dem es eben noch mädchenhaft scheu zurückgebebt war, und, als erdrückte die erst jetzt erwachte Erinnerung an ihren Zustand, wie ein Leichenstein, jedwede ihrer Lebensregungen, holte sie einen Seufzer, in dem mehr, als menschlicher Schmerz, sich kundzutun schien, aus tiefster Brust. Dieser Seufzer schnitt Assad in Mark und Bein. Die Jünglings-Blödigkeit, mit der er sich bisher in ehrerbietiger Entfernung hielt, verschwand, männlich fest und die Hand an seinen Dolch legend, trat er vor, verneigte sich und sprach: »Edle Fürstin, wenn Eure Erlösung die schwachen Kräfte eines Menschen nicht übersteigt, so vergönnt mir, daß ich Euch mein Blut und Leben weihen darf.«

»Wie gern tue ich das«, gab sie hastig zur Antwort, »aber, Ihr werdet, wie standhaft auch Euer Entschluß sei, das Werk nimmer vollbringen, nicht weil es zu schwer ist, sondern weil es zu leicht ist!«

»Habe ich recht gehört?« fragte Assad mit höchster Verwunderung.

»Ich begreife Eure Frage«, versetzte sie, »Ihr könnt Euch nicht vorstellen, daß die Leichtigkeit meiner Entzauberung sie unmöglich macht, und dennoch ist es so. Der boshafteste und verschmitzteste aller Zauberer hat mich, die Tochter eines mächtigen Sultans, in einen Rubin gebannt, mich im Garten überraschend, weil mein Vater ihm seine Bitte um drei Tropfen meines Blutes, deren er vielleicht zu irgendeinem schnöden Zweck bedurfte, zornig abschlug. – Durch den jedesmaligen Besitzer des Steines kann der Zauber gebrochen werden, damit ich aber niemals wieder des schönen Lebens mich erfreuen möge, hat er die Entzauberung an ein Mittel geknüpft, auf das, weil es einem jeden an jedem Ort und zu jeder Stunde zu Gebote steht, eben darum keiner verfallen wird, und das ich, obgleich er mich, um meine Qual vollkommen zu machen, damit bekannt gemacht hat, als das teuerste Geheimnis bei mir bewahren muß, wenn ich nicht für ewig begraben sein will. Ach, wie fröstelts mich! Wars denn länger, als eine Minute, daß ich der Freiheit genoß? Gib mir einen Becher Wein, schöner Jüngling, denn mich dürstet, aber schnell.«

Von seltsamer Rührung über diese Bitte ergriffen, welche ihm aus Munde dem einer Sterbenden zu kommen schien, die vom Leben noch einen letzten Genuß verlangt, um das Leben dadurch noch um einen letzten Augenblick zu betrügen, reichte Assad ihr mit abgewandtem Gesicht den Wein, den seine Wirtin ihm gebracht, und den er in seiner Aufgeregtheit ungetrunken gelassen hatte. – Freundlich dankend trank sie den Wein, gleich darauf war sie wieder von der Wolke umflossen. Mit einem glühenden Blick auf Assad, in dem sie, wie ein verlöschendes Licht, noch einmal aufzuflammen schien, rief sie aus: »O Gott, ich mögte doch leben!« – Dunkler wurde die Wolke und ringelte sich dichter und dichter um sie herum; Assad sah mit herzzerschneidendem Schmerz, wie die reizenden Formen sichtlich ineinanderschmolzen und zerrannen; noch immer glaubte er ihr, wie in stummem Flehen auf ihn gerichtetes Auge in dem Nebelknäul unterscheiden zu können, der sie einschlang, doch bald bemerkte er seinen Irrtum, was er für ihr Auge hielt, war nichts anderes, als der Rubin, der schon wieder, matt von dem letzten Geflacker der nach Öl schmachtenden Lampe beschienen, auf dem Tische lag. »Ihr Leib, ihre Seele, o!« seufzte Assad, und starrte den Edelstein an, die Lampe erlosch, – wie ein wirkliches Wesen drängte sich die kalte, laut- und lichtlose Nacht an seine Brust.

Ein Jahr war verflossen. Es war ein schöner Morgen. Assad hatte sich aus der großen, geräuschvollen Stadt geflüchtet, still und bleich saß er auf einer Bank, die weit vor dem Tore am Ufer des großen Flusses, dem die Stadt ihr reges Leben, ihre Macht und ihren Reichtum dankte, an einem einsamen Platze stand, in seiner Hand hielt er, ihn nach seiner Gewohnheit in stummer Verzweiflung betrachtend, den Rubin. »Das ist ein herrlicher Stein«, erscholl es auf einmal hinter ihm. Er sah sich um, und erblickte einen ältlichen Mann von hoher, gebietender Gestalt, mit edlen Zügen, in denen sich ein tiefer, aber ins Innerste zurückgedrängter Lebensschmerz auszudrücken schien. »Ja, ein herrlicher Stein!« wiederholte Assad düster, und verbarg mit den Gefühlen eines Eifersüchtigen den Rubin wieder auf seiner Brust. »Junger Mann«, sagte der Alte, »diesen Stein kauf ich dir ab. Es soll Edelsteine geben, die den Menschen sanft und mild machen, andere, die ihm liebliche Träume bringen. Als ich den deinigen erblickte, beschlich mich wunderbare Wehmut, und das Bild einer verlorenen Tochter ging mir, als ob sie mir neu geboren würde, in der Seele auf. Überlaß mir den Stein und bestimme selbst den Preis.« –

Assad schüttelte, ohne aufzusehen, den Kopf und erwiderte kalt und bitter: »Und wenn du mir ein Königreich zu Füßen legtest, so würde ich den Stein nicht dafür geben. Ich laß ihn nur mit dem Tode, und auch dann nicht, denn selbst ins Grab nehme ich ihn mit hinunter.«

»Sklav«, rief der Alte ergrimmt, »du gibst den Stein, oder ich nehme den Kopf dazu!«

Er richtete sich bei diesen Worten von der Lehne der Bank, über die er sich mit halbem Leib hingebeugt hatte, auf und warf, brennend vor Zorn, auf Assad einen durchbohrenden Blick. Assad antwortete nichts, aber er erhob sich ebenfalls und lächelte still vor sich hin, wie in verachtendem Hohn.

Der Alte, kreideweiß geworden, wandte sich um, und winkte mit der Hand eine stattlich gekleidete Schar Bewaffneter heran. »Zeigt dem Hund da«, rief er ihnen entgegen und deutete mit einer heftigen Bewegung auf Assad, »wie der Sultan mit denen verfährt, die ihm trotzen.« Assad zog seinen Dolch, doch sein Widerstand war fruchtlos, er sah sich alsbald von der Menge umringt, und war nahe daran, überwältigt zu werden. Da fiel sein Blick auf den Sultan, der ihn scharf beobachtete, ein spöttisches Lächeln überflog sein Gesicht, er zog den Rubin hervor, nickte dem Sultan zu, und warf, bevor noch jemand daran denken konnte, ihn zu hindern, den Stein weit von sich in den Fluß. »Durchstoßt ihn!« rief der Sultan, und riß, zitternd vor Wut, sein Schwert aus der Scheide. »Ich tus selbst!« sagte Assad, und zückte den Dolch gegen die eigene Brust. Da ertönte auf einmal ein leises Ach, es war nur *ein* Laut, aber ein Laut, der in Assad das innerste Leben noch im Angesicht des Todes zur ungestümen Flamme auftrieb, er ließ den erhobenen Arm sinken und stand, wie in ein Wunder verloren, regungslos.

»O, Fatime, Tochter, so sehe ich dich endlich wieder?« rief der Sultan aus, und tat einen Schritt vorwärts, hielt dann aber plötzlich an, als ob er fürchtete, die teure Erscheinung mögte sich in nichts auflösen, sobald er sie zu fassen versuchte. – »Allah sei gelobt!« jauchzten die erstaunten Trabanten und warfen sich, ihr Angesicht verhüllend, zu Boden.

»Vater, führe mich zu meiner Mutter!« rief die süße Stimme, die Assad in jener Mitternacht vernahm, und leidenschaftlich ängstlich umschlang die Jungfrau den alten Mann. – Schmerz und Freude vermischten sich in Assads Brust, er seufzte laut auf, da trat die Prinzessin zu ihm heran, faßte errötend seine Hand und sagte, indem sie ihn zu ihrem Vater führte: »Hier ist mein Retter!«

Der Sultan blieb eine Weile stumm und ernst, dann sprach er zu Assad: »Ich wollte dich töten!«

»Ja«, erwiderte Assad, »aber noch leb ich.«

»Und du sollst leben bis ans Ende deiner Tage«, versetzte der Sultan mit erhöhter Stimme, »und wenn du mein Reich forderst, so will ichs dir zu Füßen legen und mir nichts ausbedingen, als einen Turban, ein Schwert und ein Grab.«

»Ich habe nichts zu fordern!« entgegnete Assad düster und dumpf. Dann fuhr er, sich zu der Prinzessin wendend, langsam und gemessen fort, wie einer, der über sich selbst ein Todesurteil ausspricht: »Ich hätte gern für dich den letzten Tropfen meines Blutes verspritzt, aber es ward mir nicht vergönnt, ich konnte dich nicht erlösen, ich konnte dich bloß beklagen, und das konnte jedermann. Und heute – heute war ich sogar nichtswürdig genug, den Stein, der dein holdes Selbst umschloß, in die schlammige Tiefe hinabzuschleudern, als der Mann, der, wie ich jetzt sehe, dein Vater ist, und in dem gewiß nur ahnungsvolle Sehnsucht den Wunsch nach seinem Besitz so heftig entzündete, ihn von mir verlangte. O! ich verachte mich selbst, und du mußt mich auch verachten!«

»Du tust dir unrecht«, sagte Fatime, »denn dadurch, daß du den Rubin, den du bisher, wie alle früheren Besitzer, nur zu starrsinnig festgehalten hattest, freiwillig und aus eigenem Antriebe von dir warfst, ward meine Erlösung vollbracht, dies war ja eben die schlimme Bedingung, die dieselbe, obgleich ein jeder sie an jedem Ort und zu jeder Stunde erfüllen konnte, ungewisser machte, wie ein Kampf mit Ungeheuern und Drachen.«

»So ward ich denn glücklich, weil ich erbärmlich war«, versetzte Assad. Fatime schaute ihn zugleich bittend und fragend an, denn sie verstand ihn nicht mehr, aber der Sultan trat hinzu und sagte: »Du bist von nun an mein Sohn, tritt nicht zurück, ein Mann muß sich nicht schämen, das von dem Zufall als Geschenk anzunehmen, was er, wenns nötig wäre, dem Schicksal abtrotzen würde, durch Kraft und Beharrlichkeit. Jetzt aber begleitet mich in meinen Palast, es ist nicht recht, daß wir uns so lange allein freuten, – Fatime hat noch eine Mutter.« –

SCHNOCK

Ein niederländisches Gemälde

Vorwort

Der Komponist pflegt seinem Musikstück den Schlüssel vorzusetzen, damit ein jeder auf den ersten Blick erkenne, aus welcher Tonart es geht. Das ist eine Gewohnheit, die vielleicht von anderen Künstlern nachgeahmt zu werden verdient, wenn auch nur, weil sie alle ungehörigen Erwartungen im voraus abschneiden würde.

Das kleine Büchlein, welches ich dem Leser jetzt in die Hand gebe, enthält ein niederländisches Gemälde. Wer Raffael und Michel Angelo nicht so lange vergessen kann, als er vor Teniers und Douw steht, der schleudre es augenblicklich an die Wand. Denn es will nur ergötzen, weiter nichts.

Darum ist es aber gar nicht überbescheiden, gar nicht bis zur Selbst-Verleugnung demütig. Es mögte sich neben Eulenspiegel, Katzenberger und Abraham Tonelli einen Platz erobern und würde überglücklich sein, wenn es seinen gegenwärtigen Prachtrock über kurz oder lang einmal abwerfen und sich auf Jahrmärkten und Kirchmessen in einem Bauernkittel von Fließpapier herumtummeln dürfte.

Übrigens wurde es nicht erst jetzt, sondern bereits im Jahr 1837, und zwar zu München während der unheimlichen Cholera-Zeit, geschrieben. Es wurde damals von dem Meister des Humors, dem alten *Tieck*, brieflich mit großer Wärme begrüßt. Ich habe es jedoch, weil es zu üppig ausgefallen war, bei der Herausgabe auf ein Dritteil seines ursprünglichen Volumens reduziert und auch den Rest mit Sorgfalt überarbeitet.

Die vorstehende chronologische Bemerkung hat nicht den Zweck, dem Kritiker ein ungewöhnliches Maß von Nachsicht und Milde für mein Jugendwerk abzugewinnen; wenn ich es nicht mehr vertreten zu können glaubte, würde ich die Pflicht haben, es zu unterdrücken, und sie erfüllen. Sie soll nur diejenigen meiner Freunde, die sich für meine Entwickelung, als solche, interessieren, davon unterrichten, daß der Schnock ein Vorläufer, nicht ein Nachfolger meiner übrigen Arbeiten ist.

Erstes Kapitel

Zur Einleitung

In dem kleinen Marktflecken Y, wo sich jeder Reisende gern so lange aufhält, als er muß, nämlich, so lange, als die Post ausbleibt, traf ich in den Hundstagen des Jahres 1836 zum letzten Mal ein. Der Ort ist einer von denen, wo man nur auf dem Leichenacker erfährt, daß Menschen darin leben, weil eine Reihe ehrwürdiger Grabsteine, die man nicht Lügen zu strafen wagt, versichern, daß Menschen darin sterben. Dies Mal kannte ich ihn nicht wieder, und ich würde geglaubt haben, der Postillon sei fehlgefahren, wenn sich nicht der mir unvergeßliche Postmeister, eine lange, dürre, windschiefe Figur, die sich scheu und verlegen in jede Ecke drückt, als ob sie schon durch ihre bloße Existenz zu beleidigen fürchte, aus der Tür geschoben, und so meine Zweifel verscheucht hätte. Alle Straßen nämlich, durch die ich kam, waren gedrängt voll von Leuten; kein Fenster, aus dem nicht mehr Köpfe hätten herausschauen wollen, als Platz fanden; auf dem Kirchturm selbst konnt ich deutlich Hauben und flatternde Schals unterschreiben, und jedes Gesicht, von der alten, halb erblindeten Bettelfrau an, die sich mühsam mit der rechten Hand auf ihren Stab stützte und mit der linken die Brille aufsetzte, bis zu dem kleinen weißgekleideten Mädchen mit seinen blonden Locken herunter, trug den Ausdruck der gespanntesten Erwartung. »Was gibts denn«, fragte ich den Postmeister, »ists Jahrmarkt heut?« »Den 16. hujus gewesen.« »Feiert der Amtmann, oder der Stadtpfarrer das Dienstjubiläum?« »Herr Pastor primarius Nothnagel hats schon gefeiert und ist an den Folgen des Schmauses gestorben, und unser Herr Amtmann darf in den nächsten vierzig Jahren an die Ehre noch nicht denken, dazu ist er, mit Erlaubnis zu sagen, noch viel zu jung.« »Gibts denn Aufstand? Rebellieren die Bürger? Empört sich, was Hosen trägt?« »Bewahre uns Gott vor Rebellion! Dazu haben wir auch gar keine

Zeit, man muß sich tummeln, ums liebe Brot zu verdienen und die hohen Steuern zu erschwingen. Nein, die Sache, es kurz zu vermelden, ist die. Ein höchst gefährlicher Verbrecher, ein Bösewicht, der einen greulichen Diebstahl begangen hat und einer Mordtat fähig gehalten wird, wurde gestern zur Haft gebracht und heute, als ihm der Gefangenwärter das Frühstück in den alten verfallenen Turm bringen wollte, vermißt. Da hat denn der Amtmann die gesamte Bürgerschaft aufgeboten, um ihn wieder einzufangen, und wie man vernimmt, so ists, wunderbar genug! geglückt. Nun ist man natürlich begierig – –« Der Postmeister unterbrach sich; denn er bemerkte, daß ich schon längst nicht mehr auf ihn hörte, weil ich sonst über die Explikation das Schauspiel selbst versäumt hätte. Ein Zug, abenteuerlicher, als ich ihn je gesehen, kam die Straße herauf. Zuerst, in grell-roten Röcken mit messingnen Knöpfen, an der Seite mächtige Säbel, die das Gehen erschwerten und den Mut gewiß nicht vermehrten, zwei ehrenfeste Männer, voll edlen Selbstgefühls, in denen sich ehemalige Unteroffiziere der Reichs-Armee, die vielleicht manche Schlacht mit hatten verlieren helfen, und jetzige Gerichts- und Polizeidiener nicht verkennen ließen. Dann, von zwei lahmen Pferden gezogen, ein Leiterwagen, auf dem der Held des Tags, der Triumphator, saß, dreifach gebunden, als ob er ein Herkules wäre und noch etwas mehr. Hinterher die ganze waffenfähige Mannschaft des Fleckens, mit Mistgabeln, Äxten und Beilen, Stricken, genug mit allen möglichen Dingen, die der Leser nicht erwartet, armiert und nicht ohne Stolz zu Frauen und Töchtern aufblickend und sie mit leichtem Kopfnicken, da die Zeit nichts weiteres erlaubte, begrüßend. Der Wagen hielt; zwei alte Weiber, wovon eine der andern ihren breiten Rücken, der ihr das Sehen unmöglich mache, vorwarf, fingen an, sich zu prügeln, der Amtmann trat vor mit einem Gesicht, welches halb Fragezeichen war, halb aber auch, der Würde des Amts gemäß, Gedankenstrich. Die Gerichtsdiener machten Front und statteten beide zugleich, also so unverständlich, wie möglich, Rapport ab, der Amtmann warf auf den Triumphator einen vernichtenden Blick, den dieser mit seinem ungezogensten Gähnen erwiderte, dann rief er finster aus: »Wo bleibt denn aber *Schnock*, der Schreiner, daß man ihn beloben, ihm seine Zufriedenheit bezeigen kann?« »Heda, Meister *Schnock*, aufgepaßt!« schrieen die Gerichtsdiener, das verdrießliche Gesicht des Amtmanns und den mürrischen Ton seiner Stimme möglichst treu kopierend. Jetzt merkt ich auf; wer noch nie einen Glücklichen gesehen hat, der betrachte sich einen deutschen Bürger, dem bei irgendeinem Anlaß von Gerichts wegen die Versicherung erteilt wird, daß er ein ganzer Kerl sei. Nicht so schnell, als ich erwartet hatte, aber doch schnell genug, um die Stirnfalten des Amtmanns nicht durch sein Zögern zu verdoppeln, trat aus dem Haufen ein Mann heraus; breitschultrig, von gewaltigem Knochenbau, aber mit einem Gesicht, worauf das erste Kindergreinen über empfangene Rutenstreiche versteinert zu sein schien; ein Bär mit einer Kaninchen-Physiognomie. Der Amtmann erteilte ihm ein sparsames Lob wegen seiner bewiesenen Herzhaftigkeit, *Schnock* senkte dazu wehmütig den Kopf und schickte einen ängstlichen Blick zu dem Gefangenen hinüber, der auf seinem Wagen in sanften Schlummer gefallen war, oder sich doch stellte, als ob er es wäre. Der Amtmann zog sich in das Heiligtum der Amtsstube zurück, die Gerichtsdiener rissen den Gefangenen von seinem Sitz herunter und schwuren, er solle ihnen nicht zum zweiten Mal entkommen, und wenn er auch die Kunst besäße, sich in eine Fledermaus zu verwandeln. Die Menge zerstreute sich, nur *Schnock* blieb, als hätt er einen Basilisken gesehen, regungslos auf dem Platze stehn. Der Mann interessierte mich, ich trat zu ihm heran. »Mein Freund«, begann ich, »Ihr seid sehr in Gedanken vertieft!« »Weil ich ein geschlagener Mann bin«, gab er zur Antwort. Ich stutzte und fragte weiter: »Wieso? Wie kommts, daß Ihr dies eben heut, wo Ihr Euch in so hohem Grade die Zufriedenheit Eurer Obrigkeit erworben zu haben scheint, so lebhaft fühlt?« »Eben darum«, versetzte er heftig; »wer bürgt mir, daß der sich im Gefängnis erdrosselt, oder sich mit Glasscherben die Pulsader aufreißt? Gibts der Herr«, er meinte mich, »mir etwa schwarz auf weiß, daß diesen heillosen Sünder in der Einsamkeit die Verzweiflung packt? Und darf ich hoffen, daß er außer dem Diebstahl, wegen dessen ihn der strengste Richter nicht zum Tode verurteilen, ja nicht einmal auf Zeitlebens einstecken kann, noch eine Mordtat oder ein anderes Hals-Verbrechen begangen hat?« »Von wem sprecht Ihr denn eigentlich?« unterbrach ich ihn.

»Nun, von wem anders, als von dem Bösewicht, den ich das Unglück gehabt habe, zu arretieren. Hätt ich doch lieber zuvor ein Bein gebrochen! Aber niemand entgeht seinem schlimmen Stern, und am wenigsten ich.« »Ich begreife Euch bei Gott nicht!« versetzte ich. »Für jeden ordentlichen Bürger pflegt es ein Fest zu sein, wenn ein dem öffentlichen Wohl gefährlicher Mensch zur Haft gebracht wird.« »O freilich, wenn er nur nicht selbst die Falle war, in der der Fuchs sich erwischen ließ!« »Ich dächte, das wäre gleichgültig!« »Wahrlich nicht für einen Mann, der ein Haus hat, das man ihm zur Nachtzeit überm Kopf anzünden kann, und der sich gestehen muß, daß sich in sein Fleisch so gut ein Loch bohren läßt, wie in anderes. Meint Ihr, ein Kerl, der – Ihr könnts nicht übersehen haben – auf'm Wagen einschläft, während ihn tausend Kehlen mit den greulichsten Verwünschungen überhäufen, werde sich für die endlose Langeweile, der er im Kerker, und für die Quälereien, denen er in den Verhören entgegengeht, nicht gegen mich Unglückseligen, dem er das alles verdankt, auf seine Weise erkenntlich bezeigen? Was wird diese Kröte zwischen den finstern Mauern des Gefängnisses aushecken, als giftige Rachepläne? Und wann hat man noch gehört, daß einem Bösewicht mißglückt ist, was er sich vornahm? Höchstens kommt man ihm hintendrein auf die Spur; das weckt aber keinen wieder auf, der einmal mit einer acht Zoll tiefen Wunde auf'm Kirchhof, oder sonstwo, verscharrt liegt. Dem Schlachtopfer ists gleichgültig, ob man den Schlächter zu ihm in die Erde steckt.« »Mir scheint, ein Mann, wie Ihr, kann sich seiner Haut schon wehren; Euch geht, deucht mir, zu einem Riesen nicht viel ab, geschweige zu einem tüchtigen Schläger.« »O«, versetzte *Schnock* mit einem Seufzer, »wie oft soll ich diese vermaledeiten breiten Schultern, diese lügenhafte, großprahlerische Leibesgestalt, womit irgendein schadenfroher Teufel mich begabt hat, noch verfluchen! Jeder, der mich nicht kennt, glaubt, daß ich Berge versetzen kann. Warum bin ich unglücklich? Weil ich nicht einen Kopf kürzer bin. Wozu trieb mich meine Neigung in der Jugend, was war der Wunsch meiner Wünsche? Schneider wollt ich werden, darum bat ich meinen Vater; die führen ein friedsames, geruhiges Leben, sprichwörtlich ists, daß sie keine Courage haben, man erwartet von ihnen nicht das Unglaubliche. Drang ich mit all meinen Bitten bei dem Vater durch? Junge, – sagte er, nicht scherzhaft, sondern in grimmigem Ton – bist du verrückt? Du könntst bei deinen Knochen und Kräften einen Ackergaul ersetzen, und wolltst, gleich einem Affen, mit gekreuzten Beinen und löschpapiernem Gesicht hinter dem Fenster aufm Schneidertisch hocken und Zwirn in die Nadel fädeln? Das ist was für Krüppel, für Lahme und Verwachsene, damit komm mir nicht; du wirst mir, so Gott will! ein braver Schreiner! Natürlich, er war ja selbst ein Schreiner, und das edle Handwerk wär zugrunde gegangen, hätt ich ein anderes ergriffen. Gott vergebs ihm, meinetwegen; ich vergebs ihm nicht, höchstens auf'm Totenbett, wo man alles vergibt!« *Schnock* ballte die Hand. »Aber, lieber Meister«, fragt ich weiter, »warum ließt Ihr den Dieb nicht entschlüpfen, wenn es Euch so bedenklich schien, ihn festzuhalten? Das stand ja doch bei Euch?« »Keineswegs«, erwiderte *Schnock*; »man ist selten, oder nie, Herr seines Willens. Ich war den übrigen voraufgelaufen, nicht etwa, um mir ein Ansehen zu geben, sondern um ihnen möglichst bald aus den Augen zu kommen und bei der Hetze gegen brutale Aufforderungen zum Hülfeleisten gesichert zu sein. Plötzlich, da ich eben den Sprung um ein Gebüsch mache, fährt mir das Teufels-Wildpret, ich meine meinen Arrestanten, entgegen. Ich schaudre zusammen; denn das laute Hurrah, das aus hundert Kehlen hinter mir erschallt, sagt mirs gleich, daß mein niederträchtiges Jagdglück nicht unbemerkt geblieben ist. Dennoch hätt ich, ohne Rücksicht auf spätere Foppereien und Anzüglichkeiten, dem Kerl gern den Vorsprung gelassen und zu hinken angefangen; aber der war, wie unsinnig, statt zu entspringen, blieb er stehen, rollte die Augen, ballte die Faust gegen mich und fuhr endlich damit, als wollt er ein Messer, oder gar eine Pistole hervorziehen, in die Tasche. Da ergriff mich Angst und Grausen; nicht aus *Tollkühnheit*, wie die herbeieilenden Esel, die mir schon aus der Ferne ein Bravo über das andere zuschrieen, glauben mogten, sondern aus *Furcht* macht ich mich über ihn her, rang mit ihm und warf ihn zu Boden. Daß seine Taschen leer waren, wie sichs bei der Visitation fand, konnt ich nicht wissen, und gegen Schuß und Stich mußt ich mich sichern.«

Ein Bursch kam in diesem Augenblicke eilig auf uns zu. »Ich

komme schon!« rief *Schnock* ihm entgegen, und machte mir zugleich eine Abschieds-Verbeugung. »Ihr irrt Euch, Meister«, sagte der Bursch mit unterdrücktem Lachen, »ich suche dies Mal nicht Euch, ich geh auf die Apotheke, um Hoffmanns-Tropfen zu holen, Eure Frau hat Kopfweh und liegt zu Bett.« »So sagst du nicht«, versetzte *Schnock*, »daß du mich gesehen hast. – Wenn die Kopfweh hat«, fuhr er, sich wieder zu mir wendend, fort, »ists goldne Zeit für mich; dann fühl auch ich einmal, daß ich noch auf der Welt bin. Ihr muß wirklich zuvor das Schlimmste begegnet sein, ehe mir was Gutes begegnen kann; als sie jüngst wegen Zahnschmerz und Backengeschwulst vierzehn Tage lang das Maul nicht öffnen konnte, hatt ich den Himmel auf Erden.« Ich lud *Schnock* ein, mich ins Posthaus zu begleiten und dort eine Flasche Wein mit mir auszustechen. »Ich weiß mich«, sagte ich, als er bedenklich zu zögern schien, »vor Langeweile nicht zu lassen, und wo find ich Gesellschaft?« Er willigte ein, und nicht lange dauerte es, so saßen wir uns auf meinem Zimmer bei gefüllten Gläsern gegenüber. Es gibt untrügliche Kennzeichen, wodurch sich der geübte Trinker von dem angehenden unterscheidet; wenn dieser, während er das süße, flüssige Feuer hinuntergießt, die Augen wollüstig zukneift, und in innigem Behagen noch mit dem letzten Tropfen die Zunge erquickt, so spitzt jener bloß ein wenig den Mund, trinkt mit offenen Augen und ignoriert den Tropfen, da er die Erfahrung gemacht hat, daß dieser Nachzügler den Durst, statt ihn zu löschen, nur aufs neue weckt. *Schnock*, das sah ich gleich, war kein angehender Trinker; er trank das erste Glas nur, um recht bald zum zweiten zu kommen, und an eine Entsiegelung seines innern Menschen, auf die ich mich freute und deretwegen ich ihn eingeladen hatte, war vor Entsiegelung der dritten Flasche nicht zu denken. Ich gab mich gegen ihn für einen geschiedenen Ehemann aus und sagte, ich hätte bloß darum mein Vaterland verlassen, weil mein rachsüchtiges Weib mir ihre sämtlichen Liebhaber, einen nach dem andern, mit Herausforderungen auf den Hals schicke, was mir über kurz oder lang das Leben kosten könne. Diese Eröffnung machte ihn treuherzig, aber eine Unvorsichtigkeit, die ich gleich hernach beging, hätte das günstige Vorurteil, das er für mich zu fassen begann, fast im Keim wieder zerstört. Ich zog nämlich, weil sie mir unbequem waren, meine Taschenpistolen hervor und legte sie neben mich auf den Tisch. Plötzlich, er war schon in recht lebhaften Mitteilungen über sein Märtyrertum begriffen gewesen, stockte der Fluß seiner Rede, er entfärbte sich und sah mich an. Ich bemerkte die Veränderung, die mit ihm vorgegangen war, früher, als ich sie begriff, und bemühte mich, ihrer Ursach auf die Spur zu kommen, aber schneller, als all mein Nachsinnen, verhalf mir eine zufällige Bewegung meiner Hand zur Aufklärung über den zweifelhaften Punkt. In der Zerstreuung ergriff ich eine der Pistolen, die ungeladen waren, und spannte spielend den Hahn; da sprang *Schnock* von seinem Stuhle auf, und versicherte mir mit einem Gesicht, welches gegen den Mund die bündigste Protestation einlegte, er halte sich in meiner Gesellschaft für sicher. »Ihr seids vollkommen, lieber Meister«, versetzte ich; »die Dinger da drückten mich, ich führe sie zu meiner Verteidigung auf Reisen bei mir, aber um mich nicht selbst zu beschädigen, lade ich sie nicht, außer, wenn ich bei Nebel und Nacht durch dicke Waldungen komme.« Zum Zeugnis der Wahrhaftigkeit meiner Relation drückte ich die Pistole, welche ich eben in der Hand hielt, ab. »Ich«, entgegnete *Schnock*, indem er sich wieder mit alter Behaglichkeit niederließ, »würde doch Pistolen und dergleichen niemals mit mir führen; denn, davon bin ich überzeugt, wenn die Gefahr wirklich an den Mann herantritt, so vergißt mans entweder, daß man sie hat, oder man schießt beim Abfeuern fehl, und reizt so den Menschen, der es vielleicht nur auf einfache Räuberei abgesehen hatte, zu Mord und Blutvergießen.« »Ihr habt nicht Unrecht«, erwiderte ich, mein Lachen verbeißend, was mir, wenns mir nur einmal gelingt, immer gelingt, »und da wärs gar möglich, daß man, nachdem man durch die erste Pistole den Mordgedanken erweckte, durch die zweite niedergestreckt würde; ich setze den Fall, daß der Räuber keine Waffe bei sich führt und sich ihrer bemächtigt.« »Freilich, freilich!« versetzte *Schnock*, und trank, sichtlich erfreut, in mir einen Gemütsverwandten gefunden zu haben, zwei Gläser hintereinander. Die dritte Flasche war halb geleert, da stand er rasch auf, trat mit pfiffig-wichtiger Miene vor mich hin und fragte mich: »Sagt mir doch, bin ich eigentlich feig?« »Es scheint wohl nur so!« antwortete ich, einigermaßen verdutzt.

»Gewiß!« versetzte er und nahm wieder Platz, »daß ichs nicht bin, davon, glaub ich, hab ich Euch heute den Beweis gegeben. Ich traue Euch nichts Böses zu, bei Gott nicht! sonst wär ich keine fünf Minuten geblieben; aber, dies könnt Ihr nicht leugnen, Ihr seid mir wildfremd. Ihr ladet mich ein, Euch auf Euer Zimmer zu begleiten und Wein mit Euch zu trinken, jeder andere hätte, und mit Recht, aus Eurer Splendidität Argwohn geschöpft und die sonderbare Einladung mit Abscheu abgelehnt; ich unterdrücke meinen Verdacht und gehe mit Euch. Ich denke, ich bin nicht feig!« »Ei, Meister *Schnock*«, erwiderte ich, »wie kommt Euch denn der Einfall, daß Ihr feig wäret?« »Weil«, versetzte er hastig und schenkte sich ein, »weil sie mich alle für feig halten, ja, weil ich, Stunden, wie diese, ausgenommen, selbst das ganze Jahr hindurch, Gott weiß, woran es liegt! glaube, daß ichs bin.« Jetzt verschwand bei ihm die letzte Spur von Zurückhaltung, umso mehr, als er erfuhr, daß ich nicht im Orte bleibe, sondern gleich den nächsten Tag wieder abreise, er machte mich zum vollständigsten Vertrauten seiner Lebens-, d.h. Märtyrer-Geschichte, und ich erhielt Gelegenheit, in die Mikrologieen eines Daseins hineinzuschauen, das mir so putzig vorkam, als ob es gar nicht seiner selbst wegen, sondern zur Belustigung eines größeren, geführt würde. Ich darf nun freilich nicht vergessen, daß meine Leser nicht, wie ich, gezwungen sind, in dem Marktflecken Y einen ganzen Tag auf die Post zu warten, und muß darum den größten Teil von *Schnocks* Mitteilungen für mich behalten; denn bei mir hatten sie nur mit einem alten Kalender, den ich durchblättern, mit den Fensterscheiben, die ich hätte zählen können, zu rivalisieren, was hoffentlich bei keinem meiner Leser der Fall ist. Ich glaube jedoch, daß einiges daraus sie auch in einer weniger verzweifelten Situation ergötzen kann, und bitte sie, wenn ich mich hierin täusche, den Grund nicht in dem Mann und seinen Erlebnissen zu suchen, sondern in meiner Unfähigkeit, ihn treu, bis in das Haargewebe seiner Bestimmungsgründe hinein, zu zeichnen. Um dieser Unfähigkeit möglichst zu Hülfe zu kommen, lasse ich ihn selbst reden.

Zweites Kapitel

Schnock erzählt

»Fragt man mich, warum ich ein Weib genommen habe, was ich jetzt selbst fürchten muß, so kann ich auf diese Frage vernünftiger antworten, als Tausende von Ehemännern, die mein Schicksal teilen. Sie pflegen schmachvollerweise für sich anzuführen, daß ihre Drachen ihnen in Engelsgestalt entgegengetreten seien, als ob dies nicht eben die Natur des Weibes wäre, und als ob es, Adam ausgenommen, der das freilich nicht wissen konnte, da kein anderer ihm seine Erfahrungen vermacht hatte, irgend jemandem zur Entschuldigung gereichen könnte! Solche Toren darf ich verachten; denn ich habe mich niemals über meinen Hausteufel und das Geschlecht, dem er angehört, getäuscht, und wenn ich dennoch sein Gespons geworden bin, so ist das wenigstens nicht meiner Verblendung beizumessen. Nie wärs mir eingefallen, mich aus eigener Bewegung nach einem Weibe umzusehen, und wer das zu ruhmredig findet, der lasse sich sagen, was ich schon in meinem zehnten Jahre erlebte, dann wird ers begreifen. Ich stand dabei, als meine Mutter meinen Vater die Oberlippe abbiß, weil er nach einem heftigen Zank zu früh auf den Versöhnungskuß drang, ich sah sein Blut stromweis in den Bart rinnen und den Hemdkragen färben. Wer an meiner Stelle hätte nicht schaudernd, wie ich, das Gelübde getan, niemals wieder einen Menschen an dem Ort, wo er Zähne hat, zu küssen, und wer könnte dies Gelübde halten und sich doch zugleich beweiben wollen? Aber meine jähzornige Mutter bestand, als ich in die Jahre kam, mit Ungestüm darauf, daß ich mich verheiraten solle, sie fragte mich, ob ich ein sonstiges Mittel wüßte, ihr Enkel zu verschaffen, oder ob sie andern alten Frauen in ihren Ansprüchen auf die großmütterlichen Würden und Freuden nachstünde, und darauf ließ sich nicht viel erwidern. Ich mußte mich also in den Gedanken ergeben, daß ich ihretwegen mit irgendeiner Person weiblichen Geschlechts früher oder später eine eheliche Verbindung würde eingehen müssen, wenn sie nicht wider Erwarten und Verhoffen früh wegstürbe, und da das letztere nicht geschah, so irrte ich mich hierin auch keineswegs. Zwar zog ich die Entscheidung noch lang hinaus und feierte noch manchen Geburtstag als Junggesell, worin für mich zu der Zeit, von der ich spreche, der Hauptreiz dieses Festes lag. Aber als unsre alte Familienkatze verreckte und bald darauf unser Mops an einem Kloß, den er zu heiß hineinfraß, erstickte, da wurde meiner Mutter die Stille, die nun in unserem Hause eintrat, so unerträglich, daß mir alle meine Ausflüchte nichts mehr halfen, und daß sie die entstandene Lücke um jeden Preis mit einer Schwiegertochter ausgefüllt sehen wollte. Auch begünstigte der Zufall sie, denn Jungfer *Magdalena Kotzschneuzel*, die Stickerin, mietete sich eben damals in unsrer Nachbarschaft ein und wußte sie durch einige wohl angebrachte Aufmerksamkeiten, die sie ihr erwies, namentlich dadurch, daß sie bei einer gewissen Gelegenheit ihren Rat einzog und ihn auch treu befolgte, so sehr für sich einzunehmen, daß ich bald beim Frühstück, beim Mittags- und Abend-Essen nur noch von ihren Vorzügen reden hörte. ›Weißt du, daß *Lene* keinen Faden am Leibe trägt, den sie nicht selbst gesponnen hat?‹ wurde ich des Morgens regelmäßig befragt, und die dritte Tasse Kaffee wurde mir gewiß nicht eingeschenkt, wenn ich diesen schlagenden Beweis der Altmütterlichkeit nicht mit vollen Backen pries. Des Mittags ward mir gewöhnlich mitgeteilt, daß sie einmal einige hundert Gulden aus der Lotterie gewonnen habe, und als ich darauf das erste Mal spitzig bemerkte: ›sie spielt also!‹ ward ich mit einem hastigen: ›Nein! sie hat das Los auf der Straße gefunden!‹ zurechtgewiesen. Des Abends mußte ich mir die Auseinandersetzung gefallen lassen, daß sie sich im Gegensatz zu andern älter mache, als sie sei, weil sies für eine größere Ehre halte, mit zu den ehrbaren Matronen gerechnet zu werden, als zu den leichtsinnigen jungen Mädchen, deren Klasse sie bei ihren fünfundzwanzig Jahren doch noch angehöre, und daß ein Mann, der das wisse und nicht um sie würbe, ein Narr sein müsse. Da dies alles bei mir nicht anschlug, nahm sie sie plötzlich, ohne mir vorher auch nur ein Wort zu sagen, auf einige Tage zu sich ins Haus, eines Kleides wegen, das geändert werden mußte, wie sie vorgab, das sie aber niemals wieder trug. Ich wußte recht gut, was dahinter steckte, und suchte mich dem Frauenzimmer von meiner unangenehmsten Seite darzustellen, rasierte mich nicht, trug immer meinen schlechtesten Rock, legte mein Schurzfell niemals ab, war stets mürrisch, als ob ich mit gerunzelter Stirn auf die Welt gekommen wäre, und erwies ihr nicht die kleinste Gefälligkeit, nicht einmal die, ihr den Nähring wieder aufzuheben, wenn sie ihn fallen ließ. Dabei ließ ich es nicht bewenden, ich machte meinen Gesellen, der von Person nicht unansehnlich und im Handwerk geschickt war, auf das Mädchen aufmerksam, ich strich sie gegen ihn heraus, wie sie gegen mich herausgestrichen wurde, ich redete ihm sogar ein, daß sie jedes Mal erröte, wenn sie ihn erblicke. Aber beides schlug mir zum Unheil aus; denn *Lene* stieß sich nicht im geringsten an meinem Benehmen, sie entschuldigte mich gegen meine Mutter, wenn diese mir meine Nachlässigkeit verwies, aufs eifrigste und meinte, wer mit ganzer Seele beim Gewerbe sei, wer darüber nachsänne, wie er hier einen neuen Kunden gewinnen, dort einen abtrünnig gewordenen wieder heranbringen wolle, der könne freilich nicht nebenbei geschniegelt und gestriegelt gehen, wie ein Ladendiener, und sich auf Höflichkeiten verlegen, wie ein Barbiergehülfe; mein Gesell dagegen fing Feuer und rächte sich natürlich später, als ich ihm notgedrungen in die Quere kam, auf empfindliche Weise für meine anscheinende Falschheit. Als *Lene* unser Haus wieder verließ, war meine Mutter, womöglich noch mehr für sie eingenommen, wie früher; sie besuchte sie täglich, und auch zwischen ihr und mir entspann sich, so sehr ich auf meiner Hut war, bald eine Art von Verhältnis. Ich konnte nicht aus der Tür treten, ohne sie an ihrem Fenster hinter den Blumen bei der Arbeit sitzen zu sehen, da wurden denn gegenseitige Grüße ausgetauscht, und was läßt sich nicht an Grüße anknüpfen; haben sich doch gewiß noch niemals Leute gestritten und totgeschlagen, die nicht im Anfang: guten Tag! zueinander gesagt hätten! Eines Abends ging ich aus; es war schon gegen zehn Uhr, ich hatte einen Sarg gemacht, was für einen Tischler eine so dringende Arbeit ist, wie ein Bräutigamsrock für einen Schneider, und wollte vorm Niederlegen noch ein wenig im Freien verschnaufen. Ich schlenderte, die Pfeife im Munde, an *Lenes* Fenster vorüber und glaubte mich unbemerkt, da öffnete sie und fragte mich, warum ich denn so eile? Ich blieb stehen und erwiderte, daß ich das selbst nicht wisse. Dann, versetzte sie, möge ich auf einen Augenblick zu ihr hineinkommen, ich habe sie noch nicht ein einziges

Mal besucht, und sie könne doch am Ende verlangen, daß das geschehe. Ich konnte hiegegen nichts einwenden und ging auf die Türe zu, fand sie aber verschlossen. ›Ei‹, rief sie aus, als sie das bemerkte, ›ist meine alte Hausfrau schon zu Bette? Nun, steigt ins Fenster, was machts unter uns?‹ Der Antrag machte mich stutzig, aber nicht lange, ich dachte: Deine Mutter sitzt drüben im Zimmer und siehts, sie hält dich, kurzsichtig, wie sie ist, für irgendeinen Hans Liederlich und die da für – Schnell, wie der hitzigste Liebhaber, stieg oder sprang ich vielmehr hinein. Wie hatte ich mich verrechnet! *Lene* suchte noch den Schwefelfaden, womit sie ihr Licht anzünden wollte, als mir schon wütend nachgeschimpft wurde. Ich erkannte die Stimme meines Gesellen, der hinter mir hergeschlichen sein mogte. Gewiß war in den letzten hundert Jahren kein Schimpfwort erfunden worden, das mir nicht an den Kopf flog, und diejenigen, die des Geschlechts wegen nicht auf mich paßten, sprudelte er gegen *Lene* aus. Ich schwieg still, *Lene* dagegen zündete ihr Licht an und fragte ihn darauf ruhig, ob er ihr Vater oder ihr Bruder sei. Als er dies verneinte, erwiderte sie, dann hätte er auch nichts dreinzureden, wenn er ihren Bräutigam bei ihr fände; denn das sei ich. Dabei umarmte sie mich und sagte: ›Nicht wahr, *Christoph?* es wäre dir ja nie eingefallen, zu einem unbescholtenen Mädchen bei Nacht ins Fenster zu steigen, wenn du nicht die ernsthaftesten Absichten hegtest; mir wär es wenigstens nie in den Sinn gekommen, dich dazu einzuladen, wenn ich diese nach den Eröffnungen deiner Mutter nicht hätte voraussetzen dürfen!‹ Ich schwieg noch immer und schwieg so lange, bis ich fühlte, daß mein Schweigen schon alles entschieden hatte, und daß es lächerlich sei, nicht darin zu verharren. Mein Gesell zog sich hohnlachend zurück, *Lene* entließ mich aus der Umarmung, die mir, wie eine Falle, vorkam, ich näherte mich wieder dem Fenster. Sie aber bemerkte das kaum, als sie mich bei den Rockschößen ergriff und mich fragte, wann wir Hochzeit machen wollten; ob es mir recht sei, wenn es zu Michaelis geschähe, wie die Mutter vorschlage, oder ob ich auf einem andern Tag bestünde. ›Vor Allerheiligen laß ich mich auf nichts ein!‹ versetzte ich fest und bestimmt und sprang, ohne die Gegenrede abzuwarten, mit einem Satz hinaus. Draußen empfing mich mein Gesell mit geballten Fäusten und fiel über mich her. Ich hielt es für meine Schuldigkeit, mich von ihm durchprügeln zu lassen, und ließ ihn gewähren, versuchte jedoch zugleich, ihn über das Ereignis aufzuklären, was freilich nur dazu führte, daß er mich, wenn er seinen Armen ein wenig Ruhe gönnte, einen doppelten und dreifachen Windbeutel nannte, und dann wieder mit erneuter Wut auf mich losschlug. Endlich packte er mich gar bei der Kehle und gab sich alle Mühe, mich niederzuwerfen; es hatte den ganzen Tag geregnet, die Erde war kotig, und wer seinen besten Rock trug, wie ich, mußte jede Berührung mit ihr, ausgenommen diejenige, der man nicht ausweichen kann, scheuen. Ich konnte daher nicht länger umhin, dem unsinnigen Menschen, dem ich an Leibesstärke überlegen war, einen Schlag zu versetzen, und gab ihm einen ins Gesicht, hatte es aber kaum getan, als ichs auch schon bereute; denn ich hatte ihn gerade auf die Nase getroffen, und er stürzte lautlos, wie ein Ochs vor der Axt des Metzgers, zu Boden. Ich glaubte, ein unfreiwilliger Mörder geworden zu sein, und verfluchte mein Schicksal; denn ich erinnerte mich von meiner Wanderschaft her eines Falls, wo ein Schmied im Streite einen Schneider durch einen einzigen Schlag getötet hatte, und ich wußte, was meine Faust vermogte, wenn ich ordentlich damit ausholte. Ich schwur dem Himmel, noch denselben Abend, falls es verlangt würde, mit *Lene* Hochzeit zu machen, wenn er den Menschen wieder auferwecke; ich schwur dem Menschen, das Mädchen mit keinem Auge mehr anzusehen, wenn er selbst wieder aufstehe, und ich wurde mir des Widerspruchs zwischen beiden Schwüren gar nicht bewußt. Ich fing an, mich nach Dingen zu sehnen, wornach sich wohl noch nie jemand gesehnt hat: nach einem Lümmel aus dem Munde meines Feindes, nach einem Hungerleider, ja nach einer Ohrfeige und einem Fußtritt. Zuletzt trat ich, um zu erproben, ob noch Leben in ihm sei, ihm derb auf die ausgestreckt daliegende Hand. Da richtete er sich schnell etwas empor und biß mich, um mir den Beweis gründlich zu geben, ins Bein. Es tat sehr weh, und ich stieß einen lauten Schrei aus, doch innerlich freute ich mich über diesen Biß. Nun nieste er, sprang auf und drang wieder auf mich ein. Um ihn nicht doch noch totzuschlagen, macht ich mich auf die Füße und langte verstörter, wie jemals, bei meiner Mutter an.

Sie kam mir auf dem Flur mit brennender Lampe entgegen und empfing mich mit ärgerlich-freundlichem Gesicht. ›Wo bist du gewesen?‹ rief sie mir zu, konnte aber ein dumm-kluges Lächeln nicht unterdrücken, woraus ich sah, daß ich die Frage nicht zu beantworten brauchte. Ich zeigte auf mein blutendes Bein und sagte: ›Gott vergebe dir, was du an mir getan hast!‹ Dann ging ich, ohne ihr weiter Rede zu stehen, in meine Schlafkammer, riegelte mich ein und öffnete ihr nicht einmal die Tür, als sie mir altes Leinen zum Verband der Wunde brachte, sondern zerriß zu diesem Zweck in meiner Erbitterung ein ganz neues Hemd. Übrigens schlief ich in der auf diesen Abend folgenden Nacht besser, als man vielleicht erwartet, was ich dem Umstande beimesse, daß es bis Allerheiligen noch ein volles Vierteljahr hin war. Wer es, wie ich, so lange Zeit vorher weiß, wann er in den Ehestand eintreten muß, der wird, wenn er nicht ganz und gar auf den Kopf gefallen ist, nicht blindlings hineinrennen, wie der Fuchs in die Falle, er wird mit Umsicht und Bedächtigkeit zu Werke gehen und jede Vorsichtsmaßregel ergreifen, die dem Menschen in solcher Lage zu Gebote steht. Mein erstes, gleich nach dem schauerlichen Verlobungsabend, war, meiner Braut die Überzeugung beizubringen, daß es mir an körperlichen Kräften nicht mangle. Ich trug, wenn ich sie bei meiner Mutter oder sonst in der Nähe wußte, dicke Balken, rammte ohne Beihülfe des Gesellen mit großer Mühe Pfähle ein, ja, eines Nachmittags schleppte ich die ganze, schwere Hobelbank von Eichenholz auf dem Rücken fort, was eine Pferdearbeit war. Ebenso stellt ich mich bei schicklichen Gelegenheiten, als ob ich sehr hitzigen und auffahrenden Temperaments wäre; als mich einmal eine Mücke ins Gesicht stach, fluchte ich barbarisch, und versetzte mir, anscheinend der Mücke wegen, einen so grimmigen Schlag auf die Nase, daß Blut floß; auf eine Maus, die eines Morgens in der Küche, wo *Lene* meiner Mutter beim Gänserupfen half, zum Vorschein kam, fuhr ich mit einem Lärm los, daß beide Frauenzimmer laut aufschrieen, und gleich darauf dreht ich einem schreienden jungen Kätzchen, das ich getreten hatte, den Hals um, wobei es mich stark kratzte. Mehrere Male stieß ich einen alten Bettler, nachdem ich ihm zuvor heimlich einen Schilling zugesteckt, damit er es sich gefallen lasse, zur Tür hinaus; meinen Lehrjungen schalt ich einst, noch vor dem Frühstück, einen Ochsenkopf, und drohte ihm, ich wolle ihn hinterm Schornstein aufhenken, worüber der kleine Knirps so erschrak, daß es mir selbst leid tat. ›Bist du so voll Galle?‹ fragte mich *Lene*, mir die Hand drückend, als obs ihr sehr gefiele. ›Wie mans nehmen will!‹ versetzte ich kurz und ließ ihre Hand los. ›Du bist ja ein ganz anderer auf der Wanderschaft geworden‹, sagte meine Mutter, ›früher warst du fromm und sinnig, wie ein Lamm!‹ – ›Jedem Menschen wachsen die Zähne!‹ erwiderte ich und pfiff einen Galopp-Walzer. Ich kam zuletzt ordentlich in die Gewohnheit hinein, der Ton meiner Stimme nahm etwas Rauhes an, und meine Gebärden wurden verwegen. Ich glaube auch noch immer steif und fest, daß ein Mensch an Herzhaftigkeit und Geistesgegenwart *gewöhnt* werden kann, wie z.B. an Reiten, Springen und Schwimmen, nur muß man ihn von früh auf dazu anhalten; angeboren ists keinem, jeder hat sein Leben lieb. In *meiner* Jugend geschah das nicht; ich durfte nicht an den Bach gehen, denn meine Mutter fürchtete, ich mögte ertrinken, wenn ich mit andern Knaben spielte, und etwas schnell lief, so rief sie mir zu: ›*Stoffelchen*‹, – sie nannte mich bis in mein sechszehntes Jahr, wo ichs mir ernstlich verbat, immer *Stoffelchen*, – ›nimm dich in acht, daß du nicht fällst und dir den Kopf zerschlägst‹; als ich einmal auf unsern kleinen Kirschbaum zu klettern versuchte, riß sie mich bei den Haaren wieder herunter. Ja, hätt ich nur noch in meinem zweiundzwanzigsten Jahr, wie so viele meiner Kameraden, Soldat werden müssen! Dieser beständige Umgang mit geladenen Gewehren, dies Handhaben scharfer Bajonette, diese Furcht vor dem Unteroffizier, diese Angst vor Foppereien, die nicht ausbleiben, wenn man nichts Männliches an sich hat: dies alles hätt aus mir einen Kerl gemacht, der so gut, wie jeder andere, sich in Wirtshäusern den Knebelbart gestrichen, grimmige Blicke, wie Kugeln, verschossen und ohne Anlaß mit geballten Fäusten auf den Tisch geschlagen hätte. Nun, es hat nicht so sein sollen, und hat Gott mir bis hieher geholfen, so wird er mir auch bis an mein seliges Ende helfen.

Auf *Lene* machte dies freilich Eindruck, aber er war anderer Art, als ich beabsichtigt hatte. Statt vor mir, wie vor einer gefüllten Pulvertonne, zurückzuschaudern, schien sie immer mehr

Geschmack an mir zu finden; ich glaube, ich hätte der Teufel selbst sein können, und ihr wärs recht gewesen, sie mogte sichs zutrauen, selbst den Teufel zu bändigen. So war mirs denn ziemlich gleichgültig, als der Plan, den ich eines Sonntags nachmittags – sonntags mußt ich sie spazieren führen – auf einen großen, uns begegnenden, Pudel baute, zu Wasser ging. Sie hatte mir nach ihrer Unart eben ins Ohr gesagt: ›Ich hab dich doch recht lieb, *Christoph!*‹ – ›Der Pudel da‹, dacht ich, ›soll dich von der verdammten Liebe etwas kurieren und dir einigen Respekt vor deinem künftigen Mann einflößen; ich will dirs zeigen, daß ichs nicht bloß mit Mäusen und Kätzchen aufnehme, sondern, seines giftigen Gebisses ungeachtet, auch mit einem Hund.‹ Also schritt ich, ohne ihm, wie sonst, auszuweichen, frisch auf den Pudel zu. Es war eine drückende Hitze; der Pudel, halsstarrig aus Faulheit, verfolgte, zwar noch nicht knurrend, aber doch schon frech und unverschämt zu mir aufblickend, in gerader Linie seinen Weg. *Lene* wollte ausbiegen. ›Ei was!‹ rief ich, sie festhaltend, ›du wirst doch den niederträchtigen Köter nicht fürchten?‹ Ich holte, wie vom Teufel besessen, mit dem Spazierstöckchen aus zum Schlag. Der Pudel zieht sich nicht zurück, herausfordernd die Zähne fletschend, sieht er mich an. Gereizt schlage ich wirklich zu. Sollte mans glauben? Die aufsätzige Bestie schnappt mir nach den Waden, statt sich auf die Flucht zu begeben. Da überwältigt mich meine Natur, ich reiße mich von meiner Braut los und springe über den Graben. Scham ergreift mich, als ich mir des unwillkürlichen Ausreißens bewußt werde, ich wage kaum, mich umzusehen. ›Die Gefahr ist vorbei!‹ ruft laut lachend *Lene* mir zu; zu meinem großen Ärger bemerke ich, daß sie den Hund richtig mit Steinwürfen vertrieben hat und ihm, mir zum offenbaren Hohn, noch einige nachsenden will. ›Liebes Kind‹, sag ich, ›nimm dich in acht, bedenkst du denn nicht, daß wir in den Hundstagen sind? Er ist ja toll!‹ – ›Was‹? ruft sie, plötzlich erschreckend, aus und läßt ihre Steine zu Boden fallen. ›Allerdings‹, versetze ich und kehre wieder an ihre Seite zurück; ›bemerktest du nicht, wie ihm der Schaum vorm Maul stand, wie er den Schwanz zwischen die Beine klemmte, wie häßlich rot seine Augen waren, welch unnatürlich Gelüst er zum Menschenfleisch trug?‹ In diesem Augenblick ging der abscheuliche Pudel, heiß, wie er vom Rennen sein mogte, zu Wasser, mich in seiner tierischen Dummheit Lügen strafend. Doch, *Lene* ward es nicht gewahr; sie schoß einen wütenden Blick auf mich, den ersten, wenn mir recht ist, und rief mit vor Zorn und Schreck fast erstickter Stimme: ›Und das sagtest du mir nicht gleich?‹ Wunderbar ist meine Gabe, die Lüge spitz zu kriegen, wenns darauf ankommt, mich herauszulügen. ›Kind‹, antwort ich und pflücke für sie, um mich ihren, gleich zwei geladenen Pistolen, auf mich gerichteten Augen zu entziehen, am Rand des Grabens ein Vergißmeinnicht, ›konnt ichs denn wissen, daß dus nicht gelesen hast, was im Kalender über tolle Hunde steht?‹ – ›Nun‹, erwidert sie mit der ihr eigenen, unweiblichen Gefaßtheit und steckt die Blume, die ich ihr galant überreiche, an die Brust, ›den Hals hats ja nicht gekostet. Hoffentlich hast du bei dem kühnen Sprung die Knochen nicht verrenkt?‹ Dies war Spott, ich merkt es gleich und antwortete nichts.

›Im Wein ist Wahrheit!‹ sagt das Sprichwort. Es gilt aber nur von der einen Hälfte des menschlichen Geschlechts, von der männlichen; die Weiber beichten niemals, auch nicht dem Wein. Das hab ich noch an demselben Sonntag erfahren. Mit List bracht ich *Lene* in den *Hinckeldeyschen* Garten. ›Wir können dort Kaffee, oder Tee trinken‹, sagt ich, ich wußte aber wohl, daß außer Wein, Rum und ähnlichen Mauerbrechern nichts zu haben war. Als der herbeigerufene Kellner dies erklärte, stellt ich mich verwundert und sah *Lene* mit einem verdrießlichen Gesicht an. ›Nun‹, sagte sie, ›so laß Wein bringen, aber für mich Wasser dabei.‹ – ›Herrlich gehts‹, dacht ich und rieb mir vergnügt die Hände; dann bestellt ich Vierundachtziger, der, wie ich wußte, stark und schnell zu Kopfe stieg, auch eine reichliche Portion Zucker; denn durch den verführt man die Weiber am leichtsten zum Trinken. ›Deine Gesundheit‹! rief ich, ihr das volle Glas, in das ich viel Wein und wenig Wasser gegossen hatte, hinreichend. Sie wollte es nur halb austrinken, ich ließ das aber nicht gelten, und weil die letzte Hälfte wegen des Bodensatzes von Zucker süßer war, als die erste, so ließ sie nicht gar zu lange in sich dringen. Höflich, ich hatt es erwartet, sagte sie dann: ›Jetzt aber auch deine!‹ Rasch schenkte ich die Gläser wieder voll. ›Unmöglich‹, rief sie, ›kann ichs ganz leeren, mir wird schon so wunderlich!‹ – ›Dann‹, versetzte ich, ›hast du mich auch nicht lieb.‹ Einen Augenblick sah sie vor sich nieder in den Schoß; dann trank sie langsam, mir die Hand über den Tisch gebend, – ich saß nicht an ihrer Seite, sondern ihr gegenüber – und mich fest ansehend, das Glas aus. Es ward ihr schwer, das sah ich. ›Nun wird sie bald übersprudeln‹, dacht ich, ›saubere Dinge werd ich erfahren, aber gut ists, wenn mans weiß, woher der Wind weht, man kann sich darnach richten.‹ Ich trat ihr, wie aus Versehen, auf den Fuß und hoffte, sie sollts übel nehmen; sie hielts, angetrunken, wie sie war, für ein Liebeszeichen. ›'s tut nichts‹, dacht ich, ›die Bosheit wird wohl zum Vorschein kommen, wenn die Besinnung noch mehr schwindet; schon tritt ihr ein verdächtiges Rot auf die Wangen, ihre Augen schwimmen.‹ – ›Aber meine Mutter!‹ sagt ich und schenkte noch einmal die Gläser voll. ›Ja, deine Mutter‹, erwiderte sie lebhaft, ›aber ich nippe nur ein wenig!‹ – ›Besser etwas, als gar nichts!‹ dacht ich und ließ es dabei bewenden. Jetzt sah sie fast gar nicht mehr auf, sondern lächelte in einem fort still vor sich hin. Aufmerksam paßt ich auf jede ihrer Bewegungen. Recht zur glücklichsten Stunde stellte sich, schnüffelnd im Garten herumkreuzend, ein Pudel ein. ›Der wird die Mühle in den Gang bringen‹, dacht ich und pfiff dem Hund. Nicht ganz hatte ich mich verrechnet. ›Nimm dich doch in acht, mein Schatz‹, rief sie, sowie sie bemerkte, daß ich den Hund lockte, ›er kann toll sein, oder es werden.‹ Dabei lachte sie, daß ihr Tränen in die Augen traten. Aber, es erfolgte weiter nichts. Aus Unvorsichtigkeit stieß ich die Wasserflasche um, das Wasser, an allen Seiten vom Tisch herabströmend, näßte, bevor sie ausweichen konnte, ihr Kleid ein. ›Ach, Herr Jesus!‹ rief sie und flog von ihrem Sitz auf. ›Nun kommts!‹ dacht ich und spitzte die Ohren; doch, der Herr Jesus war der bloße Vorläufer eines gutmütigen: ›Es tut nichts, es ist ja kein Wein!‹ Ärgerlich mich in die Lippen beißend, begann ich, auf mich selbst zu schimpfen und mich herabzusetzen. ›Ungeschickt‹, fing ich an, ›bin ich, wie ein Schulkind. Als ich – dies war nicht erlogen – das letzte Mal zum Abendmahl ging, plumpte ich, solltest dus glauben, vor dem Altar, da ich eben aus dem Kelch nippen sollte, nieder, wie ein zu schwer beladener Müller-Esel.‹ ›Pfui!‹ unterbrach sie mich und rümpfte die Nase. ›Ja‹, fuhr ich mit Lebhaftigkeit fort, ›als ich das Kind meines Vetters zur Taufe hielt, ließ ich den armen Wurm aus den Kissen gleiten und auf den Taufstein fallen, wo er sich an einer Ecke jämmerlich den Kopf zerstieß.‹ – ›Wie? was sagst du?‹ fragte sie, als ich ihr, verächtliche Blicke, Kopfschütteln u. d. gl. mehr erwartend, keck und mit Lüsternheit in die Augen sah. Mit Übertreibungen wiederholte ich die ohnehin nur halb wahre Taufgeschichte. ›Ach‹, seufzte sie, sich wieder auf nichts einlassend, ›ich hab so viel Kopfweh, hätt ich doch den Wein nicht getrunken!‹ Ich ward immer hitziger, wie ein Jäger, wenn er oft abdrückt und niemals trifft, und warf mich nun ganz in die Lüge. ›In Bremen‹, erzählt ich, ›stieß ich einem Bäckergesellen, mit dem ich zusammen schlief, nachts beim Umwenden im Schlaf mit dem Ellbogen das Auge aus.‹ – ›Das ist ja fürchterlich!‹ fuhr sie auf. ›Du könntst ja wohl, wenn du schläfst und träumst, das Haus in Brand stecken!‹ – ›Gewiß!‹ fuhr ich, heuchlerisch-ruhig, fort, ›nachtwandelnd hab ich mich in Frankfurt am Main ohne irgendeinen vernünftigen Grund einmal erhenkt. Der Strick war mürbe und zerriß; sonst säß ich hier wohl nicht und tränke auf deine Gesundheit.‹ – ›Du treibst Possen!‹ sagte sie, laut auflachend, und hielt mir die Hand vor den Mund. ›Es ist die reine Wahrheit‹, versetzt ich mit einem Ernst, dem sie Glauben schenken mußte, ›ich bin nun einmal solch ein Unglücks-Mensch; was *mir* passiert, passiert so leicht keinem zweiten.‹ Ich seufzte kläglich, dann fragt ich schlau: ›Nicht wahr, Lene, wenn du gewußt hättest, wie's eigentlich um mich stünde, du würdest dich für einen solchen Mann bedankt haben?‹ – ›So etwas ist freilich schlimm‹, gab sie zur Antwort, ›doch das wollen wir schon kriegen!‹ – ›Wieso? wie meinst du?‹ fragt ich schnell und lauernd. ›Ach was!‹ sagte sie, stand auf, und gab mir, warum es mir am wenigsten zu tun war, einen Kuß. Und zu Loch war die Schlange, und ließ sich nicht wieder heraustreiben. Nichts erfuhr ich von ihren Tücken und Ränken, nichts von den Plagen und Quälereien, die sie mir in so reichlichem Maße zugedacht; ja, gefallen mußt ich mirs lassen, daß sie mir, als ob sie so nüchtern gewesen wäre, wie sonst, gleich nach dem Kuß ins Ohr flüsterte: ›Ich hab dich dessenungeachtet doch lieb!‹ Ich hatte ihr Herz, wie einen

Wetter-Kalender, aufzuschlagen gehofft und wurde abgespeist mit dem schönen Einband.

An dem Abend jenes nämlichen Tags hab ich zum ersten und letzten Mal in meinem Leben einen Geist gesehen. Ich sage das nicht, weil ich mir was darauf einbilde, sondern nur, weil es doch immer eine Merkwürdigkeit ist. Es war gegen eilf Uhr, da ging ich über den Magdalenen-Kirchhof, um für meine Mutter, die von einem leichten Fieber befallen war, Kamillen zu holen. Man muß nämlich über diesen Kirchhof gehen, wenn man zur Apotheke will. Ich dachte – ich kanns beschwören – nicht an Geister und Gespenster, sondern nur daran, wie angenehm es sein würde, wenn ich erst wieder zu Hause wäre; ich lief, als ob meine Mutter auf den Tod darniederläge, und sah nicht links noch rechts. Dennoch erblickt ich plötzlich etwas Weißes, was lang und sonderbar in die Höhe ragte; ich wurde zu Eis, und doch – so ist der Mensch – blieb ich stehen; hätte der Geist mir gewinkt, ich wäre – das glaub ich – gehorsam, wie ein Hund, zu ihm herangekommen. Aber, er bekümmerte sich nicht um mich, sondern schwebte, ohne nach Art der Geister ein Zeichen, oder einen gräßlichen Ton von sich zu geben, langsam, langsam über die Gräber fort. Wird mans begreifen? Erst, wie er verschwunden war, kam mir die eigentliche Angst, da erst fiel mirs ein, wieviel Unheil er mir bei bösartiger Gemütsbeschaffenheit hätte zufügen können. Kalter Schweiß brach mir aus, nun ich ihn nirgends mehr sah, glaubte ich ihn allenthalben zu sehen, wenn der Westwind mir in den Nacken blies, hielt ichs für einen Hauch von ihm und erwartete ärgere Mißhandlungen. Als ich das greuliche Ereignis am andern Morgen erzählte, fand sich gleich, wie das denn nie ausbleibt, ein Mann, der den Schlüssel dazu hatte. Der Prahlhans, der versoffene Barbier, der zuletzt im Hospital verreckt ist, wollte nämlich auf dem Magdalenen-Kirchhof – er nannte ihn seinen Garten, weil er daran wohnte, – der Abendkühle wegen, im Schlafrock und in der Nachtmütze spazieren gegangen sein. Es war dem Kerl bloß um die Ehre, er wollte sich rühmen können, für einen Geist angesehen worden zu sein; man wirds mir aber wohl glauben, daß ich auch im Dämmerlicht einen Barbier von einem Geist zu unterscheiden weiß; denn das ist keine Kunst! Übrigens war selbst diese Geister-

Erscheinung noch nicht das letzte Abenteuer jenes merkwürdigen Tags. Wie ich von der Apotheke zurückkehrte, vermied ich natürlich den mir doppelt unheimlich gewordenen Kirchhof und machte einen Umweg, der mich an einem tiefen Teich vorbeiführte. Wie ich mich dem Teich näherte, kam auf einmal ein Mensch daher gerannt, der, soweit ich beim schwachen Mondlicht darüber klar werden konnte, mit nichts, als seinem Hemde, bekleidet war, und sich höchst sonderbar gebärdete. Bald starrte er ins Wasser hinein, dann sah er zum Himmel empor, endlich brach er in ein wildes Gelächter aus und sprang, wie unsinnig, in den Teich. ›Was soll das?‹ rief ich ihm in einer wahren Todesangst zu oder vielmehr nach, ›nehmt Euch in acht, niemand ist in der Nähe, der Euch wieder herauszieht!‹ Keine Antwort. Ich schritt bis an den Rand des Teichs vor, das Wasser bewegte sich in großen Kreisen, der Wind flüsterte im Schilf, von dem Menschen war nichts mehr zu sehen. ›Ist das Spaß oder Ernst?‹ rief ich, die Zähne klapperten mir, ich vermogte kaum noch, zu stehen. ›Heda! Ihr dort unten, steigt herauf!‹ Stille, wie vorher! ›Gott im Himmel! es ist richtig ein Selbstmörder!‹ brach ich jetzt aus, als ob ich den Menschen bisher für einen Taucher gehalten hätte, ›wer ein Christ ist, springt ihm nach und holt ihn mit Gewalt wieder herauf!‹ Wenig fehlte, und ich hätt es getan; man hat in solchen Augenblicken ein Gefühl, als ob mans nicht lassen dürfte. Ich nahm auch wirklich einen Anlauf, da aber fiel mir ein, daß er ja jedenfalls schon tot sei und daß nur ein Narr sein Leben eines Kadavers wegen aussetze. Gedanken anderer Art drängten sich mir auf. ›Wer ists?‹ fragt ich mich. Antwort: ›Vielleicht dein Gesell!‹ Das kam mir bald äußerst wahrscheinlich vor, und was knüpfte sich nicht alles daran! ›Wird man nicht glauben‹, dacht ich, ›du hast ihn hineingestürzt? Wird man nicht wenigstens behaupten, daß du, der du ihm fast zur Seite standest, aus absichtlicher Bosheit nichts für seine Rettung getan hast? Und hat das eine nicht Grund, wie das andere?‹ Ich sah mich nach allen Seiten um, ob noch außer mir jemand Zeuge dieses Selbstmords gewesen sei, und beschloß, als ich mich des Gegenteils versichert hatte, den Vorfall zu verschweigen, um allen Verfänglichkeiten zu entgehen. Nun entfernte ich mich rasch, ward aber gleich, sowie ich am ersten Wirtshaus vorbeikam, von der schwersten meiner Befürchtungen befreit; denn mein Gesell saß drinnen bei einer Kanne Bier und schwur eben mit lauter Stimme, daß er sich an meinem Hochzeitstage schon vor Sonnen-Aufgang betrinken und mir jeden Schabernack spielen wolle, der ihm während des Rausches in den Sinn käme. Den nächsten Morgen klärte sich das Ereignis auf. Der kranke Müller war seinem Wärter, dem man Schuld gab, daß er fahrlässig gewesen und eingeschlafen sei, entkommen und hatte seinem Leben in einem Anfall von Verzweiflung ein Ende gemacht. Man sagte, er habe vom Krankenbett aus Dinge von seiner Frau gesehen, die er nicht wieder hätte vergessen können. Ich zweifle nicht daran.

Am auffallendsten war mirs, daß *Lene* jene Heuchelei und Verstellung noch monatelang im Ehestand fortsetzte; geradeso, als hätte sie sich einen Reiter zum Vorbild genommen, der sein Roß, das er hinterher durch Sporn und Peitsche genugsam plagt, beim Besteigen klatscht und streichelt. Nichts konnte im Haushalt geschehen, *Schnock* mußte erst befragt werden. ›Meinst du nicht, *Christopher*‹, hieß es, ›daß der Spiegel an jener Wand besser hinge? Ists dir recht, wenn der rote Koffer seinen Platz verändert? Kann der Lehrbursch wohl einmal flink zum Krämer springen und mir etwas Seide holen, oder siehst dus nicht gern? Liebst du die Pfannkuchen braun gebraten, oder nicht?‹ Anfangs lacht ich, wenn sie mit dem spitzbübisch-unschuldigsten Gesicht von der Welt Fragen der Art an mich richtete, und sagte: ›Geh mir!‹ Zuletzt aber ging ich auf den Spaß ein, erklärte gravitätisch, wie Könige im Puppenspiel, meinen Willen, und ergötzte mich nicht wenig, wenn die Suppe mittags wirklich so auf den Tisch kam, wie ich sie morgens beim Frühstück, wo ich, würdevoll den Großvaterstuhl ausfüllend, meine lächerlichen Instruktionen erteilte, bestellt hatte. Genau weiß ich mich noch des Tags zu erinnern, an dem die Herrlichkeit ein Ende nahm, und mein Drache seine eigentliche Natur zum ersten Mal hervorkehrte. Es war Mittwoch und Markttag, und ich hatte einem Gesellen die Arbeit aufgekündigt, also Streit mit ihm bekommen, d.h. gelinden, wo man sich bloß gegenseitig die Versicherung gibt, daß man, einer ohne den anderen, leben könne. Ich glaube, alles ist in Ordnung, und freue mich, als mit einem Male der Gesell, da ich eben mein Lieblingsstück: ›Wer nur den lieben Gott läßt walten etc.‹ zu pfeifen anfange, vor mich hinspringt, mit geballter Faust auf die Hobelbank schlägt, daß etliches Gerät herunterfliegt, und mit Ungestüm verlangt, ich solle sagen, was ich an ihm auszusetzen habe, er sei nicht von gestern und kenne die Welt. ›Der glaubt am Ende‹, besorg ich, ›du hast ihn im Verdacht der Dieberei‹; um ihn zu begütigen, sag ich: ›Die Fensterrahmen dort, die Ihr gemacht habt, können mir unmöglich gefallen, sie sind krumm und schief.‹ – ›Ich habe in Hamburg in einer der ersten Werkstätten gearbeitet!‹ fällt er mir trotzig ins Wort. ›Drei Tage!‹ versetz ich gedankenlos, aber dem Inhalt seines Wanderbuchs gemäß. ›Was? Foppen wollt Ihr mich?‹ fährt er auf, ›da soll Euch denn doch – –‹ er unterbricht sich selbst, doch nur um den Rock abzuwerfen, dann dringt er auf mich ein. Ich kenne das Ende einer Prügelei zu gut, um den Anfang abzuwarten, und ziehe mich zurück, erst bis auf den Flur, dann, da er mich fluchend und schimpfend verfolgt, bis in die Küche, wo meine Frau gerade Rüben schabt. Die wirft auf mich einen Blick, daß ich denke, sie wird sich mit dem unsinnigen Menschen vereinigen, um meine Niederlage vollständig zu machen; aber, weit gefehlt, sie ergreift die Feuerzange und wirft sie dem Gesellen, der sich dessen wohl so wenig versah, wie ich, an den Kopf; er will nicht weichen, da fliegt ihm die Fleischgabel ans Schienbein, daß er laut aufschreit: ›Ein Weib, wie der Teufel!‹ und sich wendet, so daß er der Aschenschaufel, die gleich hinterdrein fährt, glücklich entgeht. Jetzt kehrt sich *Lene*, zufällig war ich hinter ihr zu stehen gekommen, zu mir um und sieht mich an. ›Das war recht‹, stottre ich, ›der Lump, der Hundsfott‹ – ›O‹, unterbricht sie mich, ›bist du auch ein Mann!‹ und rot, wie ein gesottener Krebs, setzt sie sich wieder zu den Rüben nieder, ich schleiche mich fort. Wenige Minuten darauf ruft sie: ›Hans!‹ So hieß mein Lehrjunge. ›Er ist draußen im Garten‹, antwort ich ihr. ›So ruf ihn‹, herrscht sie mir zu, ›aber schnell, er soll für mich aus!‹ – ›Jetzt fängts an!‹ sagt ich, als ich ging, ihren Befehl auszurichten. Ich irrte mich keineswegs; seit jenem Tage hab ich aus ihrem Munde selten ein freundlich Wort gehört, dafür traktiert sie mich fast stündlich mit Bonbons, wie diese sind: ›Ich wills so!‹ oder ›Du sollst nicht!‹ oder ›Untersteh dichs noch einmal!‹ u.d.gl.

mehr. Nun, das ist nicht so unbequem, als es scheint; was ich seitdem tue, ist, als ob sies getan hat, sie hat von meinem Tun und Lassen mehr Plage, als ich selbst, ich bin fett geworden, sie ist mager und dürr geblieben. Ein Spaßvogel sagte, sie könne für mich zur Beichte gehen; gewissermaßen hat er recht.

Einmal – ich hüpfe in der Dornenhecke meines Lebens von Busch zu Busch – hatt ich, wie man denn im Trunk so leicht Narrheiten begeht, versprochen, ich wolle meine Frau an einem ausdrücklich dazu festgesetzten Abend tüchtig ausschmälen, so, daß mans draußen unter den Fenstern hören solle. ›Wirst dus dir gefallen lassen?‹ fragt ich sie beim Zuhausekommen, im Vertrauen auf die gute Wirkung eines offenen Geständnisses und auf ihren Geiz, ›sonst kostets mich drei Flaschen Wein; denn ich habe gewettet.‹ – ›O, gerne, gerne!‹ erwiderte sie; sie war nämlich – ich wußt es – weichmütig, weil ihr nachmittags ein Brief die Nachricht gebracht hatte, daß ihr Bruder gestorben sei. Der Abend kam heran, mich befiel ein Zittern, ich verfluchte mich selbst und mein Saufen. Den ganzen Tag hatte in ihrem Gesicht etwas Versteckt-Heimtückisches gelegen; jetzt – sie saß hinter dem Ofen im Großvaterstuhl, aus dem ich natürlich längst vertrieben war – entlud sichs in einem spöttischen Gelächter und in der höhnischen Frage: ›Wirds bald?‹ Deutliches Husten und Flüstern verkündigte mir, daß man draußen schon mit Ungeduld harre; dennoch sagt ich: ›Kind, es hat ja keine Eil!‹ – ›Wie lange soll ich denn warten?‹ fuhr sie auf. ›Pst, pst, Engel!‹ wisperte ich, ›man muß sich ja doch erst besinnen.‹ – ›Hätt ich nur ’nen Hund,‹ dacht ich, ›oder ’ne Katz zur Hand, auf die würd ich losfahren, und die da unter der Wand glaubten, es gelte ihr.‹ Lautes Räuspern und in die Hände Klatschen der Saufbrüder bringt mich zur Verzweiflung. Nichts fällt mir bei, über mein Zögern erbost, sieht *Lene* mich giftig an. ›Schlag der Teufel drein!‹ fluch ich und hoffe, dabei in den Gang zu kommen. ›Was fehlt dir, lieber Mann?‹ fragt sie spottend. ›Kind‹, versetz ich drängend, ›schmälen und schimpfieren soll ich und weiß nicht, worüber.‹ Ich wußt es wohl, aber wer bürgte mir für ihre Gelassenheit, darum sucht ich alles in einen Scherz zu verwandeln; denn gegen Scherz war sie nicht völlig abgehärtet. ›Gib mir einige Gründe an die Hand und dann schlag die Augen nieder, sonst gelingts mir nimmer.‹ – ›Gut‹, erwiderte sie, ›so sprich mir nach, was ich dir vorsage, aber grimmig, im Ton eines Bären: Ungetreue – –‹ – ›Der Teufel sprechs dir nach‹, unterbrech ich sie, ›schändlich würd ich ja wohl lügen!‹ – ›Oder‹, fährt sie fort, ›zänkische, boshafte – –‹ – ›Mäßige dich, Kind!‹ fall ich ihr ins Wort. ›Willst du bald?‹ fährt sie auf, und wiederholt: ›Zänkische, boshafte Wetterhexe, alter, vermaledeiter Brummkater!‹ Angst ergreift mich; denn das sind Redensarten, deren ich mich zuweilen im Traum gegen sie bediene. In diesem Augenblick klopfen die da draußen ans Fenster. In der Verwirrung reiß ich, mich stellend, als ob ich meine besten Freunde für Straßenbuben halte, das Fenster auf und schimpfe wütend heraus: ›Hundezeug! verfluchtes Gesindel! was gibts hier zu horchen?‹ – ›Bravo, bravo, *Schnock!*‹ geben sie zur Antwort, *Lene* schlägt ein Gelächter auf, ich bin, wie tot.

Ärger noch – das nicht – aber ebenso arg gings mir, als ich – unter dreien hatte gerade mich das Los getroffen – den Pfarrer wegen einer anzüglichen Predigt, die so sichtlich auf uns gemünzt war, daß man in der Kirche mit Fingern auf uns zeigte, zur Rede stellen mußte. Gleich nach der Frühstückszeit – frühstücken konnt ich nicht – macht ich mich auf den Weg, die Konsorten, die mir in solchen Dingen wenig trauten, lauerten mir nach. ›Hinein mußt du‹ sagt ich, mir gewissermaßen selbst den Weg vertretend, ich empfand nämlich ein Gelüst, an der Pfarre vorbeizuschleichen, ›sonst kommen die hinteren dir auf den Hals.‹ ›Er ist wohl zu irgendeinem Kranken geholt, oder zu einer Taufe!‹ denk ich und öffne die Tür. Statt der Magd – während des Anmeldens verstreicht doch immer, wenn man zu solchen Herren geht, einige Zeit, die man zur Vorbereitung verwenden kann – tritt mir der Pfarrer selbst, eben mit brennender Pfeife aus der Küche kommend, auf dem Flur entgegen. Es sieht mich an, ich ihn. ›Schönes Hündlein‹, sag ich endlich, mich zu dem Schoßhund seiner Frau, der munter dahergesprungen kam, niederbeugend und ihn streichelnd. ›Wollt Ihr nicht eintreten, Meister *Schnock?*‹ sagt der Pfarrer und öffnet die Tür seines Studierzimmers. Ich trete ein. ›Wollt Ihr Euch nicht niedersetzen?‹ Ich setze mich. ›Und Euer Begehren ist?‹ frägt er endlich, verwundert und ungeduldig. ›Ich – ich komme!‹ versetz ich noch ziemlich deutlich und hörbar, aber da befällt mich plötzlich das niederträchtigste Stammeln und Stottern, und ich mag mich abarbeiten, wie ich will, ich bring es nicht weiter, als bis zum: ›Ich komme – ich wollte – ich sollte –‹ – ›Lieber Mann‹, fährt der Pfarrer zuletzt, meinen Zustand mißdeutend, auf, ›Ihr habt wohl schon getrunken, kommt wieder, wenn Ihr nüchtern seid.‹ Erwünschteres hätte mir in meiner Lage nicht kommen können, als diese Grobheit des Pfarrers, ich nehme schnell meinen Hut und eile fort, froh, daß die Höllenvisite abgetan ist, und mich über ihren Ausfall gegen die anderen nur dunkel, und so, daß sie mich mißverstehen müssen, auslassend.

Dennoch hab ich trotz der Friedfertigkeit meiner Natur zwei Mal in meinem Leben Ohrfeigen ausgeteilt, die eine im Finstern, die zweite bei Licht, und beide an meinen leiblichen Vetter, den Stellmacher Vinckel. Auf Vinckel war ich nämlich im höchsten Grade erbost, und dazu hatte ich guten Grund. Wer einmal eine lächerliche Geschichte von mir erzählt, dem reich ich vielleicht noch, sowie er mir wieder begegnet, die Hand zum Gruß, wenn ich sie ihm auch nicht mehr drücke. Niernhäutl, der Wesselburner Pächter, wird mirs bezeugen. War ers nicht, ders ausschwatzte, daß ich einst vor seinem kalekutschen Hahn ausgerissen bin, der es aber verschwieg, daß ichs nur der roten Weste wegen tat, die ich gerade anhatte? Doch es geschah beim Bier, es geschah eine halbe Stunde nach Mitternacht, und er kam nie wieder auf die Dummheit zurück. Wer es zwei Mal tut, dem nick ich zwar noch zu, wenn er mir in den Weg kommt, aber ich huste dabei, um ihm nicht in klaren deutlichen Worten einen guten Tag wünschen zu müssen; wer sagt denn auch zur Brennessel: wachse und gedeihe! Wer aber gar nicht aufhört, wer, sowie er zu einer Kindtaufe oder einer Hochzeit geladen ist, entweder stumm und dumm da sitzt, wie die Wand, an die er sich mit seinem Rücken lehnt, oder seinen albernen Witz auf meine Kosten Bockssprünge machen läßt, der wird mir am Ende so verhaßt, daß sich in mir das Oberste zuunterst kehrt, und ich mir Luft machen muß, zumal, da es in der Natur des Menschen liegt, sich so lange zuzurufen: Du traust dir nicht genug, bis er übermütig wird und sich zu viel zuzutrauen anfängt. Das war aber mit Vinckel der Fall, und es kam noch hinzu, daß wir als Verwandte uns überall trafen, daß wir uns gar nicht vermeiden konnten. Er wurde nicht müde, auf den Besuch zu sticheln, den wir beide auf der Wanderschaft in der Tierbude zu Bremen abgelegt und bei dem wir uns allerdings sehr verschieden benommen hatten; er, wie ein unwissender Flegel, der zwischen den lebendigen Ungeheuern drinnen und den gemalten auf der Wachsleinwand am Eingang nicht zu unterscheiden wußte, ich, wie ein vernünftiger Mensch, der sich auf diesen Unterschied verstand. Ich muß den Besuch erzählen, damit man sieht, daß ich bei Gelegenheit desselben nichts tat, als was jeder andere, der nicht eben ein Vinckel war, auch getan hätte, und daß ich höchstens wegen meines Fürwitzes, denn ich hätte ja auch fortbleiben können, einen Vorwurf verdiene.

Es war ein heitrer Sonntag-Nachmittag, und ich ging mit Vinckel über den Marktplatz, wo die Bude stand. Der niederträchtige Tierführer trat eben heraus und verkündigte mit lauter Stimme, die Bestien sollten gefüttert werden, wer es sehen wolle, möge eintreten. Nun hatt ich unglücklicherweise am Tage zuvor mit meinem Begleiter über jene Tiere gesprochen und ihm, um ihm von meiner Herzhaftigkeit eine gute Meinung beizubringen, gesagt, ich gedächte sie nächstens in Augenschein zu nehmen. ›Hörst du – rief er mir zu – die Tiere werden gefüttert, laß uns hineingehen, es kostet ja nur einen Groschen.‹ ›Ei, was – versetzte ich – morgen ist auch ein Tag, und ob ich sie fressen sehe, oder nicht, das ist mir ganz einerlei. Ohnehin hat man sie hier alle ausgestopft auf dem Museum!‹ Leider hatte der Tierführer, wie denn solches Gesindel immer mäusescharf hört, unser Gespräch belauscht; er trat auf uns zu und sagte: ›Meine Herren, morgen mit dem frühsten reis ich ab, wollen Sie also dies wirklich sehenswürdige Kabinett mit Ihrer Gegenwart beehren, so schieben Sie es nicht auf.‹ ›Komm, komm, – drängte mein Begleiter und zeigte auf das Aushängeschild – es sind, wie du siehst, zwei Tiger darin, ein Löwe – – –‹ ›Die Riesenschlange, das seltene Exemplar eines weißen Bären, die Hyäne und die köstlichen Affenarten nicht zu vergessen!‹ unterbrach ihn der Tierführer. Der dumme Schlingel glaubte, mich durch Aufzählung all der Scheusale, die in der Höllenbude ihr Unwesen trieben, zum Eintritt reizen zu können, während ich an den beiden Tigern und dem Löwen, deren mein Gefährte erwähnte, schon mehr, als genug, hatte.

›Die Tiger sind wohl noch jung?‹ fragte ich. ›Den Teufel auch, – antwortete der Esel – völlig ausgewachsen, und feurig, wie in Afrika.‹ Mich schauderte. ›Jedenfalls ist diese Boaschlange klein, wie ein Regenwurm, und wird hinter dreifachem Eisengitter verwahrt?‹ ›Umgekehrt, lang, wie ein Schiffsanker-Tau – versetzte jener – sie ist in Europa noch niemals größer gesehen worden, und die Kunst besteht gerade darin, daß ich sie mit den Händen aus ihrem Kasten herausnehme und frei hinlege. Treten Sie nur ein, es wird Sie nicht gereuen.‹ Mir war, als ständ ich vor meinem Grabe. Ganz kleinlaut fragt ich: ›Wie stehts denn mit der Hyäne? Auch so groß, wie ein Pferd?‹ Dummstolz lächelnd erwiderte der Kerl: ›Sehen Sie jenen alten, grauen, lahmen Hund, der die Straße heraufwatschelt? Größer ist die Hyäne nie und sieht so unbeholfen aus, wie der.‹ ›Was frägst du lange – sagte mein Begleiter – wir können das alles ja sehen.‹ Ich ließ mich nicht stören. ›Es sind doch wohl oft schon Unglücksfälle in Ihrer Bude passiert? – fuhr ich fort – der Löwe hat sich losgerissen, die Schlange hat Menschen erdrückt? Es kann nicht anders sein. Ich habe im Wochenblatt davon gelesen!‹ ›Sie sind sehr furchtsam!‹ versetzte der Tierführer frech. ›Gar nicht furchtsam, durchaus nicht furchtsam – fuhr ich hitzig auf – aber bekannt genug ists, daß – –‹ ›Löwen und Schlangen nach Menschenfleisch lüstern sind,‹ hatt ich sagen wollen, doch der Tierführer unterbrach mich. ›Kommen Sie herein, meine Herren – sagte er – ich darf mit der Fütterung nicht länger zögern, die Tiere sind hungrig.‹ ›Hungrig!‹ rief ich entsetzt; dann flüsterte ich meinem Begleiter ins Ohr: ›Hörtest du das? Die Beester sind hungrig!‹ ›Umso interessanter wirds sein – gab der unverständige Mensch zur Antwort – komm nur!‹ Er zog mich mit sich fort, und wenn ich keinen Skandal machen wollte, mußt ich folgen. Ein widriges Geräusch der unangenehmsten Stimmen drang uns entgegen, ein Gebrüll, Gequäke, Geschnatter, Gepiepse zum Umfallen. Anfänglich macht ich die Augen zu, bloß, um mich an die Ungeheuer zu gewöhnen. Doch, bald bedachte ich, daß ich mich gerade dadurch den größten Gefahren aussetzen und in die Nähe der schauderhaften Schlange, die ich am meisten fürchtete, geraten könne, und öffnete sie wieder. Mein erster Blick fiel auf die greuliche Kropfgans, die in wenigen Sekunden einen halben

Kessel voll Fische verschluckte und dann in ihren Käfig zurückkehrte. Hu! Solche Tiere sollten billig erst vierundzwanzig Stunden vor dem Jüngsten Tag geschaffen worden sein! Wer würde sich dann aus dem Untergang der Welt noch was gemacht haben! Jetzt wurde ich den Löwen gewahr, der entsetzlich brüllte; schnell wandte ich den Blick, allein nun sah ich die beiden blutdürstigen Tiger, die in ewiger Unruhe in ihren Käfigen auf und nieder rannten und mit den Schweifen an die Stäbe schlugen, daß sie erbebten. Die bunten Farben-Ringe, die diesen Scheusalen um den Leib laufen, kamen mir, besonders wenn ich blinzelte, wie aufgerollte Schlangen vor, die auch wohl herunterspringen könnten; dabei macht ich die wenig beruhigende Entdeckung, daß sämtliche Käfige aus Holz gezimmert waren. Auf einmal entstand hinter mir ein grausiger Spektakel; als ich mich umsah, erblickte ich die hohläugige, grinsende Hyäne, die sich vergebens anstrengte, ein Stück Fleisch, welches der Wärter ihr vorhielt, zu erhaschen. Ich beschwor den Menschen, das Tier um Gottes willen nicht zu nekken; in frevelhaftem Mutwillen versetzte er aber: ›Nur unbesorgt, ich und Bunku verstehen uns!‹ Zugleich hielt er seinen Mund an das Gitter und rief: ›Bunku, einen Kuß!‹ Schnell wandt ich das Gesicht ab und erwartete, im Augenblick Jammertöne und Geschrei, des zerfleischten Menschen nämlich, zu vernehmen. Ich vernahm nichts; statt dessen hörte ich ein sonderbares Geplapper und Geplärr gerade über meinem Kopf, und als ich emporschaute, sah ich eine Menge häßlicher Affen mit ungestalteten Gliedmaßen und weiten Mäulern, die die Zähne fletschten und mich mit Unrat bewarfen. Diese vergnügten mich einigermaßen, da sie klein waren und possierliche Grimassen schnitten; sie wurden mit Äpfeln gefüttert, und ich mußte lachen, sowenig ich auch sonst zum Lachen aufgelegt war, als ich bemerkte, daß einige sich in ihrer Gefräßigkeit das Maul so voll stopften, als ob es eine Vorratskammer wäre. Wie ward mir aber zumut, als ich mich zufällig umkehrte, und auf einer Kiste, an die ich mich mit dem Rücken gelehnt hatte, die entsetzliche Boaschlange, keine zehn Zoll von mir entfernt, erblickte. Da lag sie, lang hingestreckt, die greuliche, Blut saugende Bewohnerin der Waldungen eines fremden Weltteils – – ein Sprung, und sie umwand mich, sie zermalmte meine Knochen, sie mästete sich von meinem Mark. Sie zog sich zusammen, ich tat einen lauten Schrei und sprang zur Tür. Langhalsige Vögel, Strauße nannte sie der Tierführer, reckten mir hier, als hätten sies auf meine Augen abgesehen, aus einem Käfig, über den ihre Köpfe hoch hinausragten, die spitzigen Schnäbel entgegen. Ich gab nicht viel um die Nachbarschaft dieser Riesenvögel und näherte mich der Schlange wieder um einen Schritt; kaum aber stand ich still, als mich ein Geklapper ängstigte, welches sich über mir vernehmen ließ. Himmel, gerade über meinem Haupt hing ein Käfig mit einer Klapperschlange. Ich kann es gar nicht beschreiben, wie furchtbar mir dies zwei Fuß lange Tier in seiner ekelhaft-bunten Haut und mit den abscheulichen Tönen, die es von sich gab, vorkam. Starr blickt ich zu ihr hinauf; plötzlich klopfte mein Begleiter mich auf die Schulter und sagte: ›Was ist denn an dem kleinen bunten Ding zu sehen? Gib nun acht, die große Schlange wird sogleich ein Kaninchen verzehren, der Wärter bringt es schon.‹ Obwohl mich ohne Unterlaß kalte Schauder überliefen, konnt ich mich doch bei diesen Worten eines leichten Lächelns nicht erwehren; der Mensch glaubte, ich betrachtete die Klapperschlange, während ich doch bloß ihren Käfig untersuchte, um mich zu vergewissern, daß sie nirgends durchschlüpfen könne. Als ich mich hiemit noch beschäftigte, gab die Klapperschlange, wie es mir – ich kann mich irren – wenigstens vorkam, ein feines Gezisch von sich; eine weiße Masse fiel mir auf den Rock und, da ich glauben mußte, diese weiße Masse rühre von ihr her, schrie ich laut auf: ›Hülfe! Gift! Gift!‹ Erschreckt sprangen mehrere der Anwesenden auf mich zu; ich, keines Wortes mächtig, zeigte auf den weißen Fleck auf meinem Rock, alle standen mit offenem Munde. Der Tierführer kam gleichfalls herbei; kaum aber hatte dieser meinen Rock angesehen, als er laut auflachte und sagte: ›Das Gift kommt von dem unartigen Papagei, der dort oben hängt!‹ Jetzt wurde das Gelächter allgemein; ich besichtigte die weiße Masse näher und lachte dann selbst von ganzem Herzen mit. ›Du bist ja ein wahres Kind – rief mein Begleiter mir zu – da will ich dir was anderes zeigen.‹ Der Waghals trat zur Boaschlange heran, die eben mit entsetzlicher Wollust, welche ihr sichtlich durch den langen häßlichen Körper zuckte, dem armen Kaninchen das Blut aussog, und berührte sie mit der Hand. Doch, sie fuhr zusammen, als würde sie mit Nadeln gestochen, und Vinckel, der Held, flog so schnell zur Tür, wie ich; ich nahm übrigens diese Gelegenheit wahr, ihn, bevor er wieder zur Besinnung kommen konnte, mit herauszuziehen. Als ich mich wieder in freier Luft sah, verdroß michs doch, daß ich den Bären gar nicht gesehen hatte; ich hätts um denselben Preis gehabt.

Das war der Besuch. Es war keine Kunst, ihn im Zimmer hinter dem Ofen, wenn man von brüllenden Löwen und zähnefletschenden Tigern so weit, wie von Afrika und Amerika, entfernt war, zu verdrehen und dabei zum Beweis der eigenen Herzhaftigkeit dem unter dem Tisch auf den Knochen-Abfall harrenden armen Haushund einen Tritt zu versetzen. Es war noch weniger ein Wunder, daß mich das verdroß. Als Vinckel es eines Abends wieder getan hatte, und ich im Finstern mit ihm und einigen andern zu Hause ging, gab ich ihm endlich einmal, wie ein gärender Bierkrug, den Pfropf abstoßend, einen Derben hinter die Ohren. So wenig hielt er mich trotz der mir zugefügten Beleidigung der Rache fähig, daß er ausrief: ›*Schnock*, man schlug mich, wer wars?‹ Als ich kurz antwortete: ›Kann ichs wissen, wenn dus selbst nicht weißt!‹ versetzte er: ›Nun gut, so tritt du nur beiseite, denn du hasts gewiß nicht getan!‹ Ich folgte, heimlich lachend, seiner Weisung, dann rief er: ›Wenn einer was erhält, ders nicht verdient hat, so bitt ich im voraus um Verzeihung!‹ Nun drasch er auf die übrigen, die verdutzt stehengeblieben waren, wie ein Unsinniger, los und bekam natürlich, was er austeilte, mit Zinsen zurück, so daß ich, der ich gelassen, wie die Unschuld selbst, dabeistand, die vollkommenste Satisfaktion erhielt. Aber die Sache blieb bei alledem, wie sie war; denn wenn ihm den nächsten Tag auch ein Zahn fehlte: er ahnte nicht, daß er ihn noch haben würde, wenn er seine Zunge im Zaum gehalten hätte, und ich mußte mich entschließen, das im Dunkeln begonnene Werk bei Licht zu Ende zu bringen, da seine Späße, was ich freilich voraus hätte wissen sollen, auch jetzt noch nicht aufhörten. Ich schleppte ihn daher eines Sonntag-Abends ins Wirtshaus, machte ihn betrunken – ich selbst wars schon vorher – stellte eine Menge Gläser vor ihn hin, von denen ich glaubte, daß sie ihn am schnellen Hervorkommen hinter dem Tisch hindern würden, schloß ihn zum Überfluß auch noch mit Stühlen ein und sagte dann zum Pächter Niernhäutl: ›Es wird hier noch etwas geben!‹ Er sah mich an und antwortete: ›Mit wem denn?‹ ›Mit dem da!‹ sagt ich und warf einen vernichtenden Blick auf Vinckel. ›Wer hat denn was mit dem Knirps?‹ fragte der Pächter, der die Menschen, wie ein Werbeoffizier, nach ihrer Leibeslänge abzuschätzen pflegt, und lachte. ›Ratet einmal!‹ versetzt ich. Er riet hin und her, es verdroß mich, daß er immer so greulich vorbeischoß, und ich kehrte ihm unwillig den Rücken zu. Er gab mir einen Klaps an einer unanständigen Stelle; ich zeigte ihm meine geballte Faust und rief: ›Meint Ihr, daß in der allein keine Kopfnüsse wachsen? Wie viel verwettet Ihr auf eine, die in einer Viertelstunde reif sein muß?‹ Durch Wetten hab ich mich nämlich oft in die Courage hineingehetzt, aber Niernhäutl ließ sich auf nichts ein, sondern sagte bloß: ›Wir werden sehen!‹ ›Gewiß!‹ versetzt ich und trat an den Schenktisch. Ich forderte mir ein Glas Punsch, ich ließ noch ein zweites einschenken, und trat damit zu meinem Widersacher, der den Kopf ermüdet auf den Tisch lehnte, heran. Er lag völlig schlaggerecht, und ich ging mit mir zu Rate, was ich tun, ob ich die Gelegenheit benutzen, oder noch einige Minuten verstreichen lassen solle. ›Des Grimms – dacht ich – kannst du heut abend nicht genug entwickeln, laß dir Zeit und denk an alles, was er dir getan hat!‹ Da sah ich, daß Niernhäutl verächtlich die Achseln zuckte und seinen Hut suchte. Der mußte Zeuge sein, ich stürzte das zweite Glas Punsch herunter, die Kniee schlotterten mir, aber mit lauter, donnerähnlicher Stimme rief ich, während ich zugleich mit geballter Faust auf den Tisch schlug: ›Heda!‹ Vinckel hatte einen Totenschlaf, er merkte nichts von Ruf und Schlag, und zu meinem Verdruß kam ein einfältiger Aufwärter herbei und fragte, was ich beföhle. Der Flegel hatte meine Herausforderung zum Kampfe für ein Zeichen, was ihm gelte, angesehen. Dies alles brachte meine Wut aufs höchste; ich nahm all meine Kraft zusammen, schlug noch einmal, indem ich zugleich die beiden leeren Punschgläser beiseite schob, auf den Tisch und rief: ›Heda!‹ Jetzt erwachte Vinckel, gähnte unanständig und fragte mich: ›Ists Zeit zu Hause?‹ Ich suchte ihm durch Blicke verständlich zu machen, wie er mit mir daran sei, als dies aber nichts half, und er Miene machte, wieder einzunicken, schrie ich ihm laut entgegen: ›Wie stehts mit der Klapperschlange?‹ Ich meinte jene in der Tierbude. Niernhäutl versicherte mir hinterher, ich sei hiebei zur Leiche erblaßt, ich glaubs herzlich gern, mir war, als läg ich im Fieber! Vinckel glotzte mich, merkwürdig verdutzt, an; ich aber, noch kühner werdend, wiederholte meine Frage: ›Wie stehts mit der Klapperschlange?‹ ›Sie ist längst verreckt und ausgestopft, sei ohne Sorgen!‹ war die Antwort, die mich, da ich nun einmal so weit gegangen war, nicht begütigen konnte. Sowie nun Vinckel die auf mich gerichteten Augen nur wieder abgewandt hatte, versetzte ich ihm, mich über den Tisch lehnend, die ihm zugedachte Ohrfeige; dann zog ich mich eilends zurück, griff nach meinem vor dem Fenster stehenden Hut und lief, so schnell es ging, – daß ich angetrunken war, sagt ich schon – der Tür zu. Er aber schrie überlaut: ›Was? was ist das?‹ und ohne sich an das Zerbrechen der Gläser im geringsten zu kehren, warf er den Tisch um, und stürzte mir nach. Ich gestehe, das lag außer meiner Erwartung und Berechnung, ich stand starr und machte keine Anstalten, dem Verfolger zu entfliehen. Er faßte mich bei den Haaren und warf mich zu Boden; einige Fußtritte, die ich erhielt, schienen mir ein bloßes Vorspiel des Haupt-Angriffs. Ich blieb ruhig liegen, und wenn ich an etwas dachte, so wars an meine Frau, der das Unglück ja nicht verborgen bleiben konnte. Endlich wollten der Wirt und der Pächter Niernhäutl mich aufrichten, ich sträubte mich aber aus Leibeskräften dagegen, und gar nicht, wie sie glauben mogten, aus Eigensinn, sondern nur, um Vinckel, dessen Toben und Fluchen nachzulassen schien, vielleicht, weil er mich für tot hielt, nicht durch Aufstehen zu reizen. Doch, ihre vereinten Kräfte überstiegen die meinigen, und ich befand mich früher wieder auf den Beinen, als ich befürchtet hatte. Mein erster Blick fiel in einen mir gerade gegenüber hängenden Spiegel. Ich sah, daß ich stark blutete, ich war nämlich beim Niederschlagen auf eine scharfe Kante des Tischfußes gefallen und hatte mich verletzt; schnell wischte ich mir das Blut übers ganze Gesicht und erhielt dadurch ein herzbrechendes Ansehen. In diesem Augenblick wurde Vinckel mich gewahr, und ich ihn; er kam auf mich zu, mich übermannte die Furcht, und ich eilte in schnellen Sprüngen aus der Tür. Hier aber glitschte ich aus und fiel abermals zu Boden; das Weinen war mir nahe, doch Vinckel rief mir zu: ›Ei, warum läufst du so vor mir, ich komme ja bloß, um mich wieder mit dir zu vertragen; denn wenn ichs näher bedenke, so hast du so großes Unrecht nicht gehabt, und mich freuts, daß dus endlich fühlst!‹ Dabei gab er mir die Hand und richtete mich auf, ich konnte kein Wort hervorbringen, er aber zog mich an den Schenktisch, und wir tranken Vertrag miteinander, was ich gerne tat, ob ich gleich dem Frieden wenig traute. ›Es tut mir leid – sagte er – daß du dir das schändliche Loch in den Kopf gefallen hast!‹ ›Das heilt schon wieder!‹ versetzte ich höflich und nahm meinen Hut, um mich in der Stille davonzuschleichen. Schon war ich glücklich bis an die Haustür gekommen, als er mir nachrief: ›Willst du zu Haus? Wart, ich begleite dich!‹ Die Begleitung eines wilden Tiers, eines Freundes aus der Bremer Bude, wär mir ebenso lieb gewesen; aber, was war da zu machen? In wenigen Sekunden stand er bei mir und nahm meinen Arm. Ich konnte mir nicht viel Gutes versprechen, zu meinem Glück schien der Mond recht hell, auch blies der Nachtwächter schon in den Straßen. Ich faßte Mut, besonders, als es mir gelang, Vinckeln meinen Arm wieder auf sanfte Weise zu entwinden. Ich war meinem Hause bereits nah, da fragt er mich: ›Wie kam dir die Rachsucht aber so plötzlich?‹ Konnt ich was darauf antworten? Ich schwieg still und erwartete das Weitere. Er aber – so unausstehlich der Mensch ist, so liegt doch mehr Gutmütigkeit, als man denken sollte, in seiner Natur – er sagte: ›Nu, nu, wir wollen nicht weiter davon sprechen‹, gab mir die Hand und schied von mir vor meiner Haustür. Nun galts. Ich zögerte, die Tür aufzumachen, und ließ langsam mein Wasser. Der Stellmacher kam die Straße wieder herunter; er hatte vielleicht im Wirtshaus etwas vergessen, mir konnt es aber nicht wünschenswert erscheinen, nochmals mit ihm zusammenzutreffen, und ich trat schnell in mein Haus. ›Ists geraten – dacht ich – sogleich auszuglitschen, etwa über die Kartoffel, die dort liegt, und dich zu stellen, als ob du in deinem eigenen Hause den Kopf zerschlagen hast, oder –‹ Doch, meine Frau, die das Klingeln der Haustür nie überhört, trat schon aus der Stube, und ich mußte auf etwas Haltbareres sinnen. ›Mein Gott, wie siehst du aus?‹ rief sie mir überlaut entgegen und fügte noch manches hinzu, was ich vergessen haben will. ›Wer *dich* beschimpft, der hats mit mir zu tun, – versetzt ich trotzig, – hast du eine Tasse Tee für mich? Ich bin stark angegriffen!‹ Damit wollt ich in die Stube treten, meine Frau gabs aber nicht zu. ›Es ist jemand darin – erwiderte sie – und du – –.‹ Sie trieb mich in die Küche, wo ich mich waschen und abtrocknen und ihr erzählen mußte, was sich zugetragen habe. Ich log entsetzlich; denn es galt eine ruhige Nacht. ›Eine Sau – sagt ich – hat er dich genannt!‹ ›Wer? wer denn?‹ unterbrach sie mich heftig. ›Hast dus nicht gehört? – versetzte ich – wer anders, als der da am Markt, der Stellmacher.‹ ›Der Schelm, der schieläugige Hund, der Nichtsnutz!« schrie sie so laut, daß es mich erschreckte; konnt ich doch gewiß sein, daß die Nachbarn das alles auf *mich* beziehen würden, obgleich ich keineswegs schiele. Dann ballte sie die Hand und rief: ›Wart! sein Weib ist drinnen, und er wird sie abholen; kommt er, so soll ihn –‹ In diesem Augenblick ging die Haustür, und an den raschen Tritten erkannte ich *Vinckel* auf der Stelle. ›Da ist er schon!‹ kreischte sie und wollte ihm entgegenstürzen. Ich vertrat ihr den Weg und sagte: ›*Lene*, solls Straßenlärm geben? Bedenke, daß es spät ist, und daß sich morgen auch etwas abmachen läßt!‹ ›Laß mich los, laß mich los, oder –‹ Sie ergänzte ihre Rede durch einen Stoß auf die Brust, den sie mir beibrachte. Ich aber – ich hatt ihre Hand gefaßt – hielt sie, kaum wissend, was ich tat, fest. ›Ich hab dich ja schon gerächt – stotterte ich – er hat Abbitte getan, und ich hab ihm vergeben.‹ ›Was? Was hast du getan? Ihm vergeben?‹ Sie vergaß sich so weit, mir einen Schlag ins Gesicht zu versetzen; ich verfluchte meine Lüge, und doch konnt ich mich nicht überwinden, sie zu widerrufen. ›Ich bitte dich, Weib, tu mir zum ersten Mal einen Gefallen – –‹ Meine Bitten halfen nichts, sie riß sich los und stürzte in die Stube hinein. Ich stieg zu Boden und stellte mich hinter den Schornstein. Droben konnt ich denn alles deutlich hören. Erst ein mörderisches Schimpfen; dann kams zur Balgerei, und *Vinckel* – wer, an meiner Stelle hätt einige Schadenfreude unterdrückt? – schrie mehr als einmal: ›Kratzt mir nur kein Auge aus, ich hab nur zwei!‹ Endlich flogen fast zugleich Stuben- und Haustüre auf, und *Vinckel*, samt seiner Frau, die sich unkluger-, obgleich natürlicherweise mit in den Handel gemischt hatte, hinaus. Ich hatte alle Ursache, mit meiner *Lene* zufrieden zu sein; denn in der Wut hatte sie *Vinckels* Frage, was er ihr getan, zu meiner unsäglichsten Freude mit einem spöttischen: ›Er wiss' es wohl selbst‹ beantwortet. ›Der glaubt sicher – dacht ich, als ich wieder vom Boden herunterstieg – es ist aus purer ehelicher Liebe, wegen deiner Kopfwunde, geschehen; das schadet nicht!‹ Übrigens hat *Vinckel* die Tierbuden-Geschichte seit jenem Abend wirklich niemals wieder aufgerührt, und es ist schwer zu sagen, ob er das aus Respekt vor meiner *Lene* oder vor mir selbst unterläßt. Freilich kam dabei für mich nicht viel heraus; denn die Schulkinder wußten sie schon auswendig, aber, das muß ich doch zu seiner Ehre anführen, wenn man ihn jetzt zum Zeugen aufruft, so antwortete er mit einem Schlag!

Sollte sichs ein Christenmensch vorstellen, daß ich einmal nahe daran war, aus Zaghaftigkeit, die mich abhielt, zur rechten Zeit mit einer ablehnenden Erklärung einzuspringen, ein Mörder und schnöder Giftmischer zu werden? Ich sitze eines Abends im ›Goldenen Schaf‹ hinter dem Tisch und denk an nichts Arges, an gar nichts nämlich; da tritt ein Fremder, wunderlich, sonst gut, gekleidet, herein, fordert sich Wein und setzt sich zu mir. Er begrüßt mich und sieht mich mit einem Blick an, als ob er mich gut kenne. ›Das ist‹, denk ich, ›wieder ein Bekannter und Herzensfreund, dessen Gesichtszüge und Namen nichtswürdigerweise deinem Gedächtnisse entfallen sind; lächle wenigstens und stell dich erfreut übers glückliche Zusammentreffen.‹ Ich tus, und wirklich ist bald zwischen uns ein Gespräch im Gange, wie zwischen alten Bekannten, obwohl wirs, wie ich denn doch merke, nicht sind. Wir sprechen über allerlei Unglücksfälle, wie sie sich zutragen; ich erzähl ihm von einigen, die sich im letzten Jahr erhenkten und sonst entleibten; dann kommen wir aufs Einschlagen des Blitzes bei Gewittern und darauf, daß solch ein Feuer gar nicht zu löschen ist. ›Ja‹, seufz ich, ›die Welt ist ein Jammertal, man muß sich wundern, daß man bei all dem Elend doch über die Vierzig hinauskommt.‹ – ›Leute, wie Ihr‹, entgegnet er, ›könnens wohl aushalten; denn, wie das Schäfchen auch sei, ists nur ins Trockene gebracht, so gibts Milch und

Wolle, aber unsereiner – –‹ – Nichts ist mir verdrießlicher, als wenn man mich für einen Glückspilz hält, für ein Sonntagskind, dem jeder Wind in die Segel weht; unmutig unterbrech ich den Fremden durch die Frage, wer und was er denn sei. ›Ich bin ein Kammerjäger‹, versetzt er mit unbeschreiblicher Aufrichtigkeit, ›und also in jetzigen Zeiten, wo das Ungeziefer so schläfrig und langsam heckt, als ob sichs erst trauen lassen müßte, wie verliebte Menschen, von Haus aus ein geschlagener Mann.‹ Auf Kammerjäger hab ich von jeher wenig gehalten, zumal auf solche, die, wenn sie einem anständigen Bürger begegnen, statt die Augen demütig niederzuschlagen, ihn frech anstieren und wohl gar grüßen, ja, einen Diskurs anknüpfen, ich hab sie eigentlich mehr verachtet, als Bettelvögte; solch eine Antwort, die ein Prinz, der sich zu erkennen gibt, nicht zuversichtlicher hätte vorbringen können, mußte mich also billig befremden. ›Wagen sich Leute der Art ins Goldene Schaf?‹ denk ich und werfe auf den Fremden, der ruhig, als ob noch alles zwischen uns beim alten wäre, seine Pfeife ausklopft, einen Blick, wie etwa unser Amtmann auf mich, wenn er an mir vorbeireitet. Doch sag ich zugleich zu mir selbst: ›Laß den Menschen heut abend den Standesunterschied nicht empfinden; morgen, wenn er die Rattenjagd anstellt, weiß er sich ohnehin zu bescheiden.‹ – ›Nun, was sagt Ihr zu meinem Metier?‹ fragt er dann. ›Beneidenswert ists wohl nicht‹, erwidere ich, ›aber vermutlich hats Euch am Heiraten verhindert, und das ist doch auch für etwas anzuschlagen.‹ – ›Drückt Euch der Schuh da‹, versetzt er höhnisch, ›nun, das ist das Schicksal in Mausgestalt.‹ – ›Narr!‹ hätt ich ihm gern grob geantwortet, ›versuchs erst einmal, wie ich, dreiundzwanzig Jahre, dann reiß elende Witze.‹ Doch unterlaß ichs; denn man muß sich gegen Fremde nie zu weit herauswagen. ›Wenigstens denk ich‹, fährt er fort, ›ein Unglück, was den Menschen zum Kapaun herausfüttert, kann so groß nicht sein.‹ Dabei streicht er mir mit unangenehmer Zudringlichkeit über den Bauch. Gereizt versetz ich: ›Eben darin kann das Unglück liegen; meint Ihr, daß ein Mann, der durch Schläge *fett* wird, sich über seine niederträchtige Natur freut? Zum Teufel! ists denn unverschämt, wenn man für ewiges Plagen, für Ärger und Verdruß ohn Ende, ein sieches, Mitleid erregendes Gesicht und einen baufälligen Körper verlangt, der einen nicht durch hämische Dicke Lügen straft, sobald man einmal das Herz ausschütten will? Ich frage noch einmal, ists unverschämt?‹ – ›Ist Euch das Weib zuwider‹, gibt er zur Antwort, ›so schaffts ab. Pah!‹ Dabei jagt er den Dampf durch die Pfeife, daß er bald mit seinen gelben Katzenaugen da sitzt, wie ein Hexenmeister, wenn er den Bösen beschwört. Ich entgegne: ›Wenn Euer Hund da‹ – ich zeigte auf seinen großen, schwarzen mit langen Zottelhaaren, der sich mir mit einer Frechheit, als ob er auch Kammerjäger wäre, gerade vor die Füße gelegt hatte, ›bissig ist, so könnt Ihr ihn fortjagen, aufhenken, ersäufen; so ists aber in Christenlanden nicht mit Ehfrauen.‹ – ›Hört, lieber Mann‹, sagt er mit geheimnisvollem Gesicht und greift nach meiner Hand, die ich unglücklicherweise aus der Tasche gezogen, ›Euch ist zu helfen, nämlich, wenn Ihr Mut habt.‹ Der Teufel hat Mut genug, einzugestehen, daß er keinen hat. Ich bejah es nicht direkt, aber ich werfe mich in die Brust, trommle auf den Tisch und zwinge mir einige verwegene Blicke ab. ›An gewissen grauen Pulvern, die ich bei mir führe‹, flüstert er mir nun mit schrecklicher Stimme ins Ohr, ›verrecken nicht bloß Ratten.‹ Er nickt mir zu und drückt mir, als ob sich jetzt alles andere von selbst verstände, die Hand; weniger aus Verwirrung, als aus Angst vor dem furchtbaren Menschen, nick ich auch und erwidere den Druck. ›Wir sind also einig‹, sagt er dann, ›nun aber auch keine Silbe mehr, Meister *Schnock!*‹ leider hatt ich ihm meinen Namen vorher schon verraten; ›solche Geschäfte‹, entsetzlich klang mir das Wort, und der greuliche Mensch lachte dabei, als hätte er nicht einen Vergiftungsplan, sondern einen Spaß gemacht, ›lassen sich nicht in Wirtshäusern weitläuftig besprechen, morgen in der Frühe komm ich zu Euch. Gute Nacht!‹ Er steht auf und taumelt. ›Gott im Himmel!‹ denk ich, ›besoffen ist der Kerl auch –‹ allerdings wars kein Wunder; denn solange er neben mir saß, hatte er ununterbrochen getrunken – ›noch ein Glas –‹ eben bemerk ich, daß er sichs einschenken läßt – ›so läufts über, dann hat er, im Rausch gehts nicht anders, gerade so viele Freunde um sich, als Menschen, und das erste, was er ausschwatzt, ist der Vergiftungsplan.‹ Richtig gerät er gleich mit dem Wirt in ein Gespräch; mich schaudert. Er läßt was fallen von krepieren; eiskalt überläufts mich. Der

Wirt schiebt sich die Nachtmütze weiter ins Gesicht und spricht von Gefahr; ›nun ists heraus!‹ denk ich und spüre schon was vom Kopfabschlagen im Nacken. Plötzlich klingen Himmelstöne durch von Ratten und von Speisekammer; da wirds mir klar, daß bis jetzt nicht von meiner *Lene*, sondern vom Ungeziefer des ›Goldenen Schafs‹ die Rede gewesen ist; unwillkürlich falt ich die Hände, aber gleich darauf fordre ich gebieterisch ein Glas Wein, um die verfänglichen Konferenzen zwischen dem Wirt und dem Fremden durch einen Gewaltstreich abzubrechen. Der Wirt bringt mir hurtig den Wein; tierisch voll taumelt der Fremde, ungeschickt mit dem Arm gegen den Türpfosten rennend, fort, ohne sich, als ob er mich schon völlig vergessen hätte, nach mir umzusehen.

Er *hatte* mich vergessen; denn am andern Morgen kam er nicht, und schon am Mittag ward er zu meiner Satisfaktion wegen seiner miserabeln Hantierung und wegen Mangels an Paß und aller sonstigen Legitimation, die unsere Polizei mit Recht von Kammerjägern fordert, aus dem Ort gebracht. Übrigens hätt ich, wenn er auch nicht ausgeblieben wäre, meiner stillschweigenden Zusage ungeachtet, nimmermehr zur Mordtat die Hand geboten und ihm das zu verstehen gegeben; wer wird denn auch seine Frau umbringen, bloß, weil er es einem Rattenfänger versprochen hat!

Ich habe es nicht gesagt, weil es sich von selbst versteht, daß die Sparsamkeit meines Weibes mit den Jahren zunahm, so daß sie zuletzt in jenen Geiz, der sich sein eigenes Fett nicht gönnt, ausartete. Der Wendepunkt trat ein, als sie, die immer gern geputzt ging, mir zum ersten Mal das Anschaffen eines neuen Oberrocks, den ich ihr sonst regelmäßig zu Weihnachten verehren mußte, verbot. ›Du kannst mir eine andere Weihnachtsfreude machen‹, sagte sie heimtückisch, ›dadurch nämlich, daß du mir die kleine Pfeife schenkst, deren du dich in der Werkstatt bedienst.‹ Will sie zu rauchen anfangen? dachte ich zuerst, und freute mich schon, in ihr einen Konsorten zu gewinnen; konnte sie doch mein Rauchvergnügen nicht mehr unnütze Verschwendung schelten, wenn sie selbst es teilte. Doch kam mir dies bald unwahrscheinlich vor, da mir ihre durch Keifen und Schmälen ruinierten Lungen einfielen, sie auch niemals, ausgenommen bei

Zahnweh, mit Pfeife und Tabak in Verbindung getreten war. ›Was kann sie denn mit der alten, halb zerbrochenen Pfeife wollen?‹ fragte ich mich, ›wärs noch die mit dem Meerschaumkopf und dem Silberbeschlag, die du sonntags trägst, aber dies elende Ding – –‹ Ich schäme mich, zu gestehen, welch törigter Einfall jetzt plötzlich meine Gedanken unterbrach. ›Ei, ei‹, dachte ich, ›sie ist doch wahrhaftig nicht so ganz übel, deine Frau; wer hätte ihr solche Aufmerksamkeit zugetraut!‹ Ich glaubte alles Ernstes – wie wars möglich? frag ich mich selbst, indem ichs erzähle, und schabe mir Rübchen – daß sie mir auch einmal eine Freude machen und mich am Weihnachtsabend mit einer neuen Pfeife anbinden wolle. Der Heilige Abend kam heran, die beiden feierlichen Wachskerzen, die wir dem Erlöser zu Ehren zu verbrennen pflegten, wurden angesteckt, der Rosinenpudding, nebst dem mit Lorbeerblättern aufgeputzten Schweinekopf, ward auf den Tisch gestellt; im Hintergrund drohte schon die große, unhöfliche, dick mit Eisen und Messing beschlagene Postille, die mir einmal, als ich noch ein Kind war, fast den Kopf zerschmettert hätte, indem das Ungetüm ungeschlacht vom Schrank herunterplumpte, und aus der *Lene* mir jetzt an hohen Festtagen gerne vorlas, teils um mich am Ausgehen zu verhindern, mehr aber noch, um Gelegenheit zu haben, mir unter dem Deckmantel eines längst vermoderten geistlichen Herrn allerlei Beleidigungen und Gehässigkeiten, die keineswegs im Buche standen, zu sagen. Bevor wir uns zum Essen niedersetzten, nahm ich meine alte Pfeife, legte sie, einen Bogen weißes Papier unterbreitend, auf einen Teller und überreichte sie mit einigen scherzhaften Redensarten meiner Frau. ›Gut!‹ sagte sie, zerbrach die Pfeife und warf die Stücke gelassen aus dem Fenster. Statt aber mit dem erwarteten Gegengeschenk herauszurücken, machte sie mich darauf aufmerksam, daß ich von jetzt an wöchentlich zwanzig Kreuzer am Tabak ersparen werde. ›Und was sollen denn die zwanzig Kreuzer?‹ fragte ich giftig. ›Was sie sollen?‹ versetzte sie, ›dadurch, daß sie da sind, erfüllen sie ihren Zweck, und umso besser tun sie das, je länger sie bleiben!‹ – ›Ich sollte also nicht mehr rauchen?‹ fuhr ich auf. ›Nein‹, erwiderte sie, ›das heißt, du sollst dir nicht mutwillig die Schwindsucht zuziehen, und für den Fall, daß du sie schon hättest, wird uns über kurz oder lang deine Ersparnis trefflich zustatten kommen, dich davon heilen zu lassen. Glaubst du etwa, daß der Doktor dir die mit Dampf zerblasenen Lungen umsonst flickt?‹ Ich sagte nichts weiter, aber mein Entschluß war gefaßt; ich hätte ebenso leicht aufs Atemholen, als aufs Rauchen Verzicht leisten können; denn für den Raucher ist die leidige frische Luft ungenießbar, er muß sich das flaue, nüchterne Element erst mit Dampf würzen, wenn es ihn nicht anekeln soll. Ich trug daher am Morgen stillschweigend meine Sonntagspfeife, die prunkend unter dem Spiegel hing, in die Werkstatt hinunter, und erklärte meinem erstaunten Weibe, daß ich diese so lange mit der höchsten Unbarmherzigkeit strapazieren werde, bis sie mir eine weniger kostbare Stellvertreterin anschaffe. Mitleid mit dem Silberbeschlag und den Bernsteintroddeln des Prachtstücks bewogen sie zur Nachgiebigkeit, doch gewann sie durch ihre List so viel, daß ich versprach, mich an den Wochentagen mit einer billigeren Sorte Tabak begnügen zu wollen. So war sie denn in allen Dingen. Wollte ich z. B. einen Lehrjungen einstehen lassen, so ward er vorher bei uns zu Tisch gebeten, nicht, wie es schien, aus Generosität, sondern nur, um seinen Appetit auf die Probe zu stellen. Fand der junge Mensch unglücklicherweise sein Leibgericht vor, oder hatte er etwa einen weiten Marsch gemacht und konnte für zwei Personen essen, so durfte ich ihn gewiß nicht annehmen; ›wer setzt sich denn‹, sagte *Lene*, ›selbst den Krebs in sein Fleisch?‹ Bei solchen Gelegenheiten trug sie ihr Bestes auf und legte eifrig vor; ich dagegen, der das schlaue Manöver kannte, spielte das Mitglied eines Mäßigkeitsvereins, machte auf das Schädliche dieser oder jener Speise aufmerksam, und warnte vor Überladung, so daß die Uneingeweihten sie für die Gastfreiheit selbst, mich für den Neidhart halten mußten. Das Lächerlichste aber war wohl, daß sie sogar ihre Freundschaft und Liebe streng nach dem Grade der Eßlust und des Verdauungsvermögens ihrer Freunde und Angehörigen abmaß. Klagte jemand über seinen schwachen Magen, wies er alles zurück, ausgenommen ein Glas Wasser und den Fidibus, so wußte sie nicht zutulich genug zu tun; ›ach‹, hieß es dann, ›welch ein honoriger Mensch, wie wird er doch liebenswürdiger mit jedem Tage!‹ War das Gegenteil der Fall, glaubte einer, ein Gericht nicht besser loben zu können, als indem er zwei Mal davon nahm, so war er ein

Subjekt ohne Lebensart, ein Kerl, der aus Schlund und Magen zusammengesetzt sei, wie andere aus Leib und Seele. Mit ihrer einzigen Jugendfreundin, einer Gärtnersfrau, die uns alle Sonntage besuchte, stand sie im Begriff, auf immer zu brechen, bloß, weil diese an der Auszehrung litt, und schüchtern, sowie ihre Krankheit zunahm, von drei Tassen Kaffee und einem Zwieback, womit sie sich anfangs begnügte, bis zu sechs Tassen und drei Zwiebäcken aufstieg; um einen Grund zu bekommen, stellte sie sich eifersüchtig auf die ledern-dürre Todesbraut – eifersüchtig nämlich – ich muß dies wohl hinzufügen – wegen meiner. Die Person starb noch zur rechten Zeit, kurz vor Ausbruch des Ungewitters, das sie bedrohte, sonst würde sies erlebt haben, daß man ihre Todesseufzer für verliebte, und ihre Schwindsucht für ein Sehnsuchtfieber ausgegeben hätte. Natürlich hatte von diesem Geiz niemand mehr zu leiden, als ich, und was mich am meisten verdroß, war, daß er mit unserer Wohlhabenheit zunahm, daß das Essen, je mehr ich verdiente, umso schlechter wurde. ›Wir haben nicht Kind, noch Rind‹, sagte ich einst, durch eine Wassersuppe aufgebracht, zu ihr, ›was wir hinterlassen, kommt an wildfremde Menschen, ich begreife dein Knickern, dein Schinden und Schaben nicht.‹ – ›Was?‹ versetzte sie lebhaft, ›ists denn keine Ehre für uns, wenn die Herren vom Gericht nach unserem Tode mit Verwunderung und Respekt in ihr Inventarienbuch schreiben: Der Silberschrank war so wohl versehen, daß auch kein Löffelstiel mehr hineinging, an Leinenzeug fand sich mehr vor, als die seligen Eheleute *Christopher* und *Magdalena Schnock* in dreißig Jahren hätten auftragen können, der Schornstein wollte bersten, so voll hing er von Würsten und Schinken? Ist das nicht eine Nachrede, die uns noch im Himmel freuen, ja, in der Hölle trösten muß? Oder mögtest du, daß es von dir hieße: man kann den Hungerleider noch im Grabe pfänden, wenn man will; denn der Sarg ist nicht bezahlt, er hat sich aus der Welt gestohlen, wie ein Dieb aus dem Gefängnis, niemand kommt zu dem Seinigen, als etwa der Kirchhofwurm, wenn er sein Bankerottierer-Fleisch nicht verschmäht!‹ Sie beklagte es, daß wir nicht katholisch waren, bloß der vielen Fasttage wegen; ›in dem Glauben – sagte sie – können Leute doch was vor sich bringen, die Religion selbst bringt das Sparen mit sich, und naseweise Gesellen dürfen sich nicht mockieren, wenn der Tisch nicht immer unter Fleisch brechen will.‹ Ja, sie ging zuletzt so weit, daß sie ihre ökonomischen Rücksichten auf meinen eigenen Körper ausdehnte, und mir die unnütze Anstrengung desselben, wie sie sich ausdrückte, verbot, mir z.B. die Erfüllung der ehelichen Pflichten nur selten verstattete; vermutlich, weil sie die Kosten einer Umarmung nach Heller und Pfenning abzuschätzen verstand, und weil sie nun kalkulierte, daß ich meine Kräfte nützlicher und fruchtbringender im Handwerk anlegen könne, als in der Liebe. Es war daher gewiß kein Wunder, wenn ich sie auf alle Art zu betrügen und zu hintergehen suchte, doch glückte mir dies meistens nur bis zu dem Punkt, wo ich die Absicht nicht mehr leugnen konnte, wo mir die Frucht meiner List aber dennoch schmählig entging. Ich betrachte jedes Unglück, wovon ich höre, als einen näheren oder entfernteren Verwandten, als einen Vetter von mir, der über kurz oder lang bei mir einsprechen wird; ich habe Stunden, wo ich ordentlich darüber erstaune, daß ich noch keine greuliche Missetat begangen habe, die mich dem Halsgericht überantwortet; hat man doch Exempel, daß einer morgens unschuldig, wie ein Kind, aufsteht, und abends blutbespritzt, wie ein bairischer Hiesel, zu Bette geht. Was hilft alle Vorsicht! Vorsicht ist der Ball, womit das Schicksal spielt. Der Teufel ist allenthalben, nur da nicht, wo man ihn sucht. Wer sollte glauben, daß ich das Ärgste, was mir bis jetzt begegnet ist, in meiner eigenen Speisekammer erleben mußte? Doch war es der Fall!

Aus Leckerei entschloß ich mich eines Abends, mich selbst, meinen eigenen Haushalt, zu bestehlen. Wir hatten nämlich unser Schwein eingeschlachtet, und es waren treffliche Würste gemacht worden. Von diesen Würsten erhielt ich so viel, als nötig war, um in mir den unbändigsten Wunsch nach mehr zu erregen; dann mußte ich selbst sie in die Speisekammer tragen, und sie dort so hoch aufhängen, als ob sie niemals wieder heruntergenommen werden sollten. Das Fenster der Speisekammer ging auf die Straße hinaus, unvermerkt klinkte ich es auf, ohne noch selbst zu wissen, weshalb. Die Nacht brach herein, und eine Pfanne voll magerer Kartoffeln, die mir vorgesetzt wurde, als ich zum Essen in die Stube kam, machte mich vollends desperat. ›Der Teufel soll sie holen!‹ brauste ich auf, ich meinte die Kartoffeln. ›Wen denn?‹ fragte *Lene*, ihren langen Gänsehals hinter dem Ofen hervorstreckend. ›Die Zahnschmerzen!‹ versetzte ich, legte meine Gabel nieder und drückte ein Tuch an die Backen. Bald darauf stahl ich mich aus der Tür, und umschlich, leise und behutsam, mein Haus. Es war finster genug, dicke Regenwolken verschluckten das sparsame Licht des Mondes, der verdrießlich hin und wieder aufdämmerte. Kaum hörte ich das Spinnrad meines Weibes schwirren, da stieß ich das Fenster der Speisekammer von außen auf und schwang mich mit einer Geschicklichkeit, als ob ich seit dreißig Jahren praktizierender Dieb gewesen wäre – Angst vor Ertappung gab sie mir – hinein. ›Guten Abend!‹ ruft mir auf einmal mit hohler Stimme einer nach. ›Still, still, ums Himmels willen, still!‹ wispere ich. ›Sei unbesorgt, Kamerad‹, wird mir geantwortet, ›aber hilf mir, daß ich auch hineingelange, das Fenster ist verdammt hoch.‹ Was sollte ich tun? Sollte ich Lärm machen, und mich von Kindern und Erwachsenen als einen Menschen, der bei sich selbst auf Diebereien ausgeht, verspotten lassen? Oder sollt ich den Unbekannten, wie ers verlangte, zu mir hereinziehen, um ihn dann im Finstern durch gütliche Vorstellungen zu bewegen, wieder hinauszusteigen? Ich weiß noch nicht, was ich hätte tun sollen; meine Hand war eilfertiger, als mein Kopf, sie ergriff, ohne auf höhere Ordre zu warten, instinktmäßig die Faust, die sich ihr entgegenstreckte, und zog den Kerl, dem dieselbe angehörte, herein. ›Merkwürdiges Zusammentreffen!‹ sagt dieser und tappt herum. ›Allerdings!‹ erwidere ich mit einem Seufzer. ›Ich hatte dem dicken *Schnock* auch einen Besuch zugedacht‹, fährt er fort, ›und wollte nur erst das Auslöschen des Lichts abwarten, da sah ich dich das Fenster öffnen. Wie konntest du dies nur bewerkstelligen, ohne vorher eine Scheibe zu knicken?‹ – ›Das ist ein Geheimnis?‹ versetzte ich zähneklappernd. ›Was du mir mitteilen mußt‹, fällt er rasch ein, ›ich will dir dafür eine neue Art, Handschellen zu zerbrechen, lehren. Wo hast du studiert?‹ – ›Studiert?‹ frage ich. ›Ja, auf welcher Ohnversität, in welchem Zuchthaus, meine ich?‹ – ›Ich saß noch nicht in Zuchthäusern!‹ antwortete ich. ›Unglückseliger!‹ versetzt er, ›so bist du noch nicht ein einziges Mal absolviert, schleppst dich noch mit all deinen Sünden herum? Mich hat die Justiz schon drei Mal rein gewaschen und neu frisiert. Was hast du denn alles auf'm Herzen? Ist etwas von Erheblichkeit, ein Mord, oder so was, darunter? Oder hast du deine Tugend für nichts und wieder nichts hingegeben?‹ – ›Mensch, du sprichst, als ob du der Teufel selbst wärst?‹ stoß ich vor Entsetzen hervor. ›Wer sagt dir, daß ichs nicht bin?‹ sagt er mit einem Ernst, der mich im ersten Augenblick schaudern macht, ›wahrlich, ich sage dir, ich bin der Teufel, und ich will dir etwas vertrauen. Vor drei Monaten –‹ Mir wird bei diesen lästerlichen Redensarten gräßlich zumut, in der Ferne höre ich den Nachtwächter, auch klärt der Himmel sich auf, so daß der erste Vorübergehende das Offenstehen des Fensters bemerken muß; rasch, ehe der unheimliche Mensch sich dessen versieht, springe ich hinaus, beim Sprung kommt mir aber die Zunge zwischen die Zähne, und ich zerbeiße sie dermaßen, daß Blut läuft und ich mich vor Schmerz nicht zu lassen weiß. Ich reiße die Tür auf und stürze mit dem lauten Geschrei: ›Diebe, Diebe in der Speisekammer!‹ in mein Haus. Meine Frau, nebst meinem Gesellen – es war der größte, den ich jemals hatte, ein Mensch, der sich, wie er sagte, vor niemand fürchtete, als vor sich selbst, vor seiner eigenen Wut nämlich – eilen schlaftrunken mit einem Licht auf die Speisekammer zu, ich – der Spitzbube, der sich für den Teufel ausgab, konnte in mir unmöglich den Konsorten erkennen, weil wir ja nur in der dicksten Finsternis Vertraute geworden waren – folgte ihnen mit einem Besenstiel. Wir finden nichts drinnen, keinen Dieb, aber auch keine Würste; *Lene* taumelt mir ohnmächtig in die Arme – nur Ohnmachten trieben sie noch zuweilen hinein – mein Gesell nimmt, die fürchterlichsten Flüche ausstoßend, die allgemeine Verwirrung wahr und bringt ein Stück Speck auf die Seite, was mir freilich nicht entging, was ich dem Riesen jedoch hingehen ließ. Was geschieht am anderen Morgen? Ein Knurren, Bellen und Beißen, wie von zwanzig Hunden, treibt mich vor der Zeit aus dem Bett; ich öffne das Fenster und sehe, daß sämtliche Würste, zu einer Art von Kranz ineinander verschränkt, vor unserer Tür aufgehängt sind, und daß die durch den leckeren Geruch herbeigelockten Köter, springend und einer den anderen giftig beim Schwanz zurückzerrend, sich umsonst bemühen, eine oder einige davon zu erlangen. Ein solcher Ausgang war nun zwar erfreulich, aber noch mehr unbegreiflich. Ein paar Tage später erfuhr ich indes, daß ein Übeltäter aus unserem Ort, wegen Wahnsinns aus dem Zuchthaus in die Irrenanstalt abgeführt, seinen Wächtern unterwegs entsprungen und erst nach längerer Zeit wieder eingefangen worden sei. Ohne Zweifel hatte ich die Bekanntschaft dieses Verrückten in meiner Speisekammer gemacht.«

Drittes Kapitel

Zum Schluß

Der Morgen war angebrochen, der Wagen stand vor der Tür, reisefertig trat ich in das Gastzimmer, um von *Schnock*, der schon des Frühtrunks wegen gekommen war, Abschied zu nehmen. *Schnock* saß am Tisch und hatte mehrere leere und noch mehr volle Flaschen, sowie ein derbes Gabelfrühstück, vor sich stehen; ihm gegenüber saß mein Wirt, der lange, dürre Postmeister, sich auffallend beeifernd, seinen Gast durch Anekdoten und muntere Geschichten zu ergötzen. Da war kein Jägerstückchen, kein Witzwort vom kleinen Korporal, oder vom alten Fritz, das nicht vorgebracht wurde, ja, der Postmeister begnügte sich nicht, bloß sein Gedächtnis zu martern, er war unbarmherzig genug gegen sich selbst, seine eigene Phantasie Peitsche und Sporen kosten zu lassen, um ihr dies oder jenes Geistreiche abzujagen. Aber *Schnock*, der sonst so leicht und so gern lachte, verzog dies Mal keine Miene und gab keinen Laut von sich; er schüttelte nur zuweilen, wenn der Postmeister recht ansetzte, verächtlich den Kopf, oder stieß einen Seufzer aus, und wenn er den Mund auftat, so geschah es einzig und allein, um ein Stück Fleisch, oder etwas Ähnliches hineinzustecken. »Trinkt doch, trinkt!« sagte der Postmeister hitzig, »und dann knöpft die Ohren auf, jetzt will ich Euch eine Schnurre erzählen, die noch von meinem Großvater herrührt. Nicht darüber lachen, heißt den seligen Mann noch im Grabe beleidigen; ich mögte der Schlingel nicht sein, der das täte; denn mein Großvater verdient Achtung, er war Schulmeister, und wenn einer von uns rechnen und schreiben kann, so hat ers von ihm gelernt.« Die Schnurre war wirklich lustig, dennoch hielt *Schnock* an sich, obgleich sein Gesicht bersten wollte. »Schämt Ihr

Euch nicht?« sagte der Postmeister; »für den Herrn Dr.«, er deutete auf mich, »war das Ding gut genug, um darüber zu lachen, und Ihr sitzt, wie ein Klotz? Der Teufel soll mich holen, wo ich mit Euch wieder eine Wette eingehe!« – »Worin besteht denn die Wette?« fragte ich neugierig. »Werdet Ihr so unhöflich sein, die Frage des Herrn Dr. unbeantwortet zu lassen?« sagte der Postmeister lebhaft zu *Schnock*; dieser aber sah mich an, legte den Finger auf den Mund und verharrte im Stillschweigen. »Nun«, versetzte ich gleichgültig, »in Geheimnisse will ich nicht eindringen, lebt wohl, Meister *Schnock!*« *Schnock* stand auf und ergriff meine ihm dargebotene Hand, sie herzhaft drückend; dann nahm er das Stück Kreide, dessen sich die Billardspieler zu bedienen pflegten, und schrieb damit auf den Tisch, daß er mir eine glückliche Reise wünsche. »Ist der Mann stumm geworden?« fragte ich, aus der Tür tretend, den mich begleitenden Postmeister. »Nichts weniger, als das, purer Egoismus!« erwiderte der Postmeister. »Wieso?« fragte ich stutzend. »Er will umsonst bei mir essen und trinken«, gab der Postmeister zur Antwort, »darum spielt er den Stummen. Ich muß ihm heute nämlich, so haben wir gestern zur Nacht im Rausch gewettet, das Beste aus Küche und Keller so lange unentgeltlich aufsetzen, bis er sich zum Lachen oder Sprechen hinreißen läßt. Lacht er, oder spricht er ein Wort, so muß er – hierin liegt mein Vorteil – alles doppelt bezahlen; hält er an sich, nun, freilich, dann weiß ich, wer sich noch heut abend Haare aus dem Kopf reißt und mit dem Schädel gegen die Wand rennt. Aber, er mag sich hüten! Ich erlaube mir gegen ihn, was mir einfällt, und an Kniffen und Ränken fehlts keinem aus meiner Familie. Ich will ihn schimpfen, bis er vor Ärger braun und blau wird, wie ein Kapaun; ich will dritte Personen herbeirufen und Schandgeschichten von ihm erzählen, denen er Widerspruch entgegensetzen muß, wenn er nicht will, daß alle Welt sie glauben soll; ich will Pistolen hinter seinem Rücken abfeuern; ich will seiner Frau, die wohl von der Wette nichts weiß, anzeigen, daß er bei mir schlemmt, damit diese ihm über den Hals komme; ich will mich stellen, als ob ich mich umbringen wollte; ich will – –«

Mein Wagen fuhr ab.

DIE BEIDEN VAGABONDEN

Ein Fragment

Es war in der alten guten Zeit. Noch saß der Teufel so ruhig und unangefochten auf seinem Thron, wie der liebe Gott; wenn es zu dunkler Nachtzeit in den Lüften rumorte, schrieb man es nicht den wilden Gänsen zu, sondern dem wilden Jäger, und griff nicht zur Kugelbüchse, sondern zum Rosenkranz; so armselig war keine Hütte, daß nicht zuweilen ein Gespenst, ein Toter, der nach Erlösung seufzte, in ihr einsprach, so winzig kein Berg, in dessen Klüften nicht irgendein Geist sein Wesen trieb.

Ziemlich spät an einem rauhen Herbstabend trafen zwei junge Leute in einem Dorfe ein. Der eine war lang von Person, hatte ein schmales, ausgedörrtes Gesicht und häßliche lange Arme, die ungeschickt an seinem, wie auf der Folter ausgereckten Körper herunterhingen; der andere war klein und in seinem jetzigen Aufzug auch mehr abstoßend, als anziehend, aber ein neuer Rock und ein Paar gute Beinkleider hätten vielleicht etwas für ihn tun können. Beide gehörten einem Stande an, für den die Sprache bis jetzt keinen anständigen Namen aufzufinden gewußt hat; wollen wir unsre Freunde nicht Lumpen, Vagabonden und Landstreicher nennen, so müssen wir sie einstweilen ungenannt lassen. »Hör einmal, Hanns« – sagte der Kleine zum Langen – »weißt du auch, was das ewige Hungern für Folgen hat?« »Ich habe Erfahrung genug, Jürgen, um das zu wissen« – versetzte der Lange mit einer Art von Lachen – »bei Tage Mattigkeit in allen Gliedern, so daß man die schönste Dirne erblicken kann, ohne Wohlgefallen an ihr zu finden; bei Nacht Schlaflosigkeit und am Ende den Tod!« »Brav geantwortet, Junge«, sagte der Kleine, »aber, hörst du nicht Gänse schreien? Ich denke, das siebente Gebot ist nicht gemacht, daß es Menschen töten soll. Wie wärs, wenn wir irgendeinen Hühnerstall mit unserm Besuch beehrten?« »Ich trau unserm Glücksstern nicht«, erwiderte der Lange ernsthaft und verdrießlich, »haben deine falschen Würfel uns etwas anderes, als Ohrfeigen und Rippenstöße, die ich noch fühle, eingebracht? Wollte ein Mensch den Kater mit dem großen Bart, den du für ein Wunder in seiner Art auszugeben dachtest, sehen? Brachte es dir eine Krume Brot ein, daß du jenem alten griesgrämlichen Hökerweibe von geträumten Nummern erzähltest?« »Die Talente unsrer Finger haben wir noch nicht ausgeübt«, versetzte der Kleine, »man muß nicht alles so schwarz ansehen, vielleicht sind sie einträglicher, als mein Witz.« »Verlaß dich darauf«, entgegnete der Lange, »uns gelingt nichts.« »Pfui, Heide«, fuhr der Kleine lustig auf, »du bist ein Christ und kannst so kleinmütig sein? Bei meinem Gewissen, nie werd ich schlechter von meinem himmlischen Vater denken, als von meinem irdischen, der, obgleich er nur ein armer Schuster war, sich doch Tag und Nacht plackte und plagte, um seinem Jungen täglich den Bauch zu füllen. Die Gänse sind ordentlich ungeduldig, daß wir nicht kommen; folg mir, Kamerad, aus Religion folge mir!« Sie gingen weiter, der Kleine pfeifend und singend, der Lange einige Mal hustend und dazu fluchend, und kamen vor die Schenke des Dorfes, wo die Bauern sich regelmäßig alle Abend einfanden, um sich zu prügeln oder zu langweilen. In der räuchrigen Stube verbreitete ein flackernder Kienspan, der in einen Soden Torf gesteckt und auf den Ofen gestellt war, ein unbeständiges Licht; der vierschrötige Wirt stand mit auf den Rücken gelegten Händen vor dem großen Kachelofen; die Gäste saßen auf hölzernen Bänken umher mit Pfeifen im Munde, die bei einigen noch dampften, bei andern schon ausgegangen waren. Der Kleine hielt an und lauschte. »Hanns«, rief er dann aus und tat einen Sprung, »mir kommt ein besserer Einfall; wir gehen in die Schenke.« »Und lassen uns wieder hinauswerfen, wie damals«, sagte der Lange. »Ist heute der Todestag deiner Mutter, daß du so melancholisch bist, wie einer, der gehenkt werden soll? Sieh doch nur einmal ins Fenster und betrachte dir diese Gesichter. Sehen sie nicht alle aus, als sollten sie vor Langeweile zerspringen?« »Und was folgt daraus?« »Wir wollen ihnen die Langeweile vertreiben und Geschichten erzählen, und nenne mich deinen Bruder, wenn das uns nicht was zu essen einbringt.« »Ich weiß nichts zu erzählen!« brummte der Lange. »Das ist schlimm«, versetzte der Kleine, »du siehst so interessant aus, als müßten dir die Geheimnisse aller Gefängnisse in einem Umkreis von hundert Meilen bekannt sein. Nun, laß mich nur machen; du kannst den Versteckten spielen, den Mann, der hinter dem Berge hält. Hier ist die Tür, Gott gebe nur, daß sie nicht verschlossen sei, wenn sie uns erst lange beleuchten, so lassen sie uns nicht ein, denn ein Wirt ist nicht, wie der liebe Gott, vor dem kein Ansehen der Person gilt.« Der Kleine öffnete die Tür mit möglichst wenig Geräusch. »Hör du«, flüsterte ihm der Lange grimmig ins Ohr, »die Tracht Prügel, der ich vermutlich entgegengehe, geb ich dir doppelt zurück, sobald wir wieder allein sind. Wärst du nicht gewesen, so wär ich bei meinem Meister geblieben und nun bald Gesell!« »Auf die möglichen Grobheiten und Handgreiflichkeiten des rothaarigen Schurken drinnen«, versetzte der Kleine, »baue ich eben meine letzte Hoffnung. Vergreift er sich an mir, so fall ich sogleich, wie tot, nieder, und werd es schon einrichten, daß irgendwo Blut läuft. Dann steht es bei dir, wie bejammernswürdig du den Zustand deines armen, gemißhandelten Freundes finden willst; ich will dem Kerl Schreck genug in die Glieder jagen, und bevor er sich zu einem Nachtessen und allem übrigen bequemt hat, erwecken mich drei Eimer Wasser nicht aus meiner Ohnmacht.« Sie traten in die Gaststube und wurden von den Bauern neugierig, von dem Wirt finster betrachtet. Jürgens erste Frage war, ob nicht der berühmte Doktor Paracelsus im Dorfe wohne. Die Frage wurde verneint. Ob sie denn nicht im Dorf Theofrastica wären? Das Dorf führte einen ganz andern Namen. »O mein Freund«, rief Jürgen nun aus, und fiel Hanns mit Leidenschaft um den Hals, »wie recht hast du, wenn du sagst, das Unglück verfolge uns. Alle bösen Geister durchkreuzen unsern Weg, und warum? weil wir einem Geheimnis auf der Spur sind, dessen Besitz sie doch dem König Salomon willig gönnten. Gewiß ist der Ziegenbock, der sich nachher in einen großen schwarzen Hund mit glühenden Augen und dann in einen langen finstern Schatten verwandelte, niemand, als der Teufel selbst, gewesen, und nur unserm eifrigen Gebet haben wir es zu danken, daß er uns kein Leid zufügen konnte.« »Ein Ziegenbock? Was ist euch mit diesem Ziegenbock passiert, mein Freund?« frug mit heiserer und vor Alter zitternder Stimme des Wirtes achtzigjährige Schwiegermutter, die, das weiße Haupt in die Hände gelegt und die welken Arme auf die Kniee gestützt, in einem Winkel kauerte. »Das Abenteuer ist wunderbar, oder vielmehr grauenhaft genug«, entgegnete Jürgen und ließ sich hinter einem Tisch nieder, »aber gegen unsre übrigen Abenteuer verlohnt es sich kaum der Mühe, es zu erzählen. Besonders das Leben meines Freundes besteht aus einem Gewebe von fast lauter Unbegreiflichkeiten; aber freilich, wer, wie er, bei seiner Seelen Seligkeit den Schwur unverbrüchlichen Stillschweigens hat ablegen müssen, der wird nichts verraten.« Aller Blicke richteten sich bei diesen Worten auf Hanns; er seufzte und legte sein Gesicht auf den Tisch, was große Wirkung tat. »Übrigens«, fuhr Jürgen fort, »hört man Begebenheiten, wie sie mir zugestoßen sind, auch nicht jeden Tag, und wenigstens bis heute habe ich mir das Recht zu bewahren gewußt, sie dem Bösen zum Trotz unter Freunden mitzuteilen. Aber, Gott sei bei uns, da ist er, da ist er wieder!« Er deutete mit der Hand aufs Fenster; ein Ziegenbock schaute gravitätisch durch die dunklen Scheiben hinein. Der Bock gehörte dem Wirt; er hatte die Tür seines Stalls offen gefunden und war hinausspaziert. Daran dachte aber kein Mensch, und selbst am folgenden Morgen, als das Rätsel sich aufklärte, bestand die Alte darauf, der Bock müsse geschlachtet und mit Haut und Haar an einem Kreuzweg verscharrt werden, denn der Teufel habe ihn gemißbraucht; sie ruhte auch nicht, bevor es geschah. Alle, Jürgen nicht ausgenommen, dessen Lügen das Tier so unerwarteterweise unterstützte, schraken zusammen, als sie den Bock erblickten. Wenigen entging es, daß seine Augen glühten, wie Feuerräder, einer hatte, wie sich später ergab, sogar bemerkt, daß er sich hinten in einen Hund verlor. Jürgen sah Hanns, der ganz blaß geworden war, triumphierend an, sobald der Bock sich wieder vom Fenster zurückgezogen hatte. Die Bauern dachten nicht daran, zu ihren Weibern zurückzukehren, obwohl die gewöhnliche Aufbruchsstunde schon gekommen war; sie mußten zuvor die Geschichte des Fremden hören, auch zitterten sie, draußen einen zu treffen, dem sie nicht gern begegneten, und der vielleicht wegen Grenzpfahlsverrückungen und anderer Kleinigkeiten ein Sträußchen mit ihnen zu pflücken haben mogte. Sie ließen sich frisches Getränk bringen; dies nahm dem Wirt die letzte Wolke des Unwillens gegen unsre Freunde von der Stirn, zuvorkommend setzte er ihnen Bier, Brot und kaltes Fleisch vor, und versprach ihnen ein Nachtlager obendrein, verlangte dafür aber von Jürgen, seinen merkwürdigen Lebenslauf zum besten zu geben. – Jürgen begann ohne weitere Vorrede: »Ich bin das uneheliche Kind eines armen, aber schönen Mädchens, und kann in Wahrheit nicht angeben, wer mein Vater ist, sonst würd ich ihn aufsuchen und ihn unterstützen, oder nach Befinden der Umstände mich von ihm unterstützen lassen. Daß der reiche, vornehme Kaufmann, auf den meine Mutter aussagte, mein Vater sei, kann ich nicht glauben; denn das eine Mal, daß ich ihn mit dem teuren Namen begrüßte, traktierte er mich mit Ohrfeigen, und so spricht kein Vaterherz! Meine Mutter glaubte, als sie mich geboren hatte, nichts Besseres tun zu können, als mit mir in einen Bach zu springen; an der Ausführung dieses schnöden Vorhabens hinderte sie ein alter Doktor, der im Ruf eines Schwarzkünstlers stand und für sie und ihr Kind zu sorgen versprach, falls sie ihm den Knaben in seinem siebenten Jahre übergeben wolle. Der Doktor hielt sein Versprechen, meine Mutter das ihrige auch, und so kam ich, als ich mein siebentes Jahr erreicht hatte, in des Doktors Hände. Anfangs fürchtete ich mich entsetzlich vor dem Doktor und wollte durchaus nicht bei ihm bleiben; er war ein kleiner, unheimlichdünner Mann, und trug beständig einen schwarzen bauschigen Rock von wunderlichem Zuschnitt, in welchem er sich mit seinem unveränderlichen leichenblassen Gesicht ausnahm, wie ein vor der Zeit aus dem Grabe zurückgekehrter Toter. Der Doktor wußte aber mit Kindern umzugehen; er gab mir Mandeln und Rosinen, machte mir allerlei Spielwerk, schenkte mir bunte Bilderbücher und spielte sogar Versteckens und Huckebock mit mir, so, daß ich ihn bald von Herzen lieb gewann. Wie ich älter wurde, lehrte er mich vielerlei, gab mir auch große Bücher zum Studieren, woraus ich vornehmlich die Pflanzen und ihre verborgenen Eigenschaften und Kräfte kennenlernte; nachdem ich diese Wissenschaft erlangt hatte, schickte er mich auf die Berge, um in gewissen Stunden, die er mir genau bezeichnete, gewisse Kräuter und Moose zu pflücken, dabei schärfte er mir aufs dringendste ein, mich aller Gedanken ans zweite Geschlecht zu entschlagen, sonst würden die Geister, die jene Kräuter bewachten, Macht über mich bekommen, mich überwältigen und töten. Die

Wahrheit ist, daß die Kräuter ihre wunderbaren Kräfte verlieren, wenn eine unreine Hand sie pflückt, ich glaubte meinem Herrn aber alles, und hielt mich vollkommen überzeugt, daß an einen Kuß, ja an etwas noch Geringeres, unmittelbar mein Tod geknüpft sei; daß ich mich bei dieser Überzeugung wenig zum Küssen aufgelegt fühlte, kann man sich denken. Dies Leben führte ich lange fort, ohne mich nur darum zu kümmern, wozu denn mein Herr die Kräuter, die ich oft mit so viel Beschwerde und Mühseligkeit einsammeln mußte, gebrauche; ich dankte dem Himmel, wenn er sich in sein Laboratorium einschloß, weil ich wußte, daß er mir dann in einigen Tagen nichts befehlen würde; ich aß und trank und war vergnügt. Eines Tags, als mein Herr sich wieder zurückgezogen hatte, ging ich zufällig in sein Studierzimmer und bemerkte dort ein kleines schwarzes Kästchen, das ich noch nie bemerkt hatte; ein Schlüssel steckte darin, ich konnte meiner Neugierde nicht widerstehn, ich mußte es aufschließen. Ich fand nichts darin, als ein altes Buch; wie erstaunte ich aber, als ich, wie ich das Buch aufschlug, sah, daß es die Anleitung enthielt, auf nächstem Wege den Stein der Weisen zu gewinnen. Ich fing an, in dem Buche zu lesen, es ward mir aber dabei ganz peinlich zumut, mir war, als ob ich unsichtbar von einer fürchterlichen Gesellschaft umgeben sei, ich hätte das Buch gern wieder weggelegt, doch ich vermogte es nicht. Nach wenigen Minuten trat mein Herr herein, er warf einen fürchterlichen Blick auf mich und riß mir das Buch aus der Hand, er wurde aber gleich wieder freundlich, sagte: wir sprechen uns nachher, schloß das Buch ein und entfernte sich. Mein Herr beobachtete jedoch seinem Versprechen zuwider zu meinem größten Verdruß über das Vorgefallene das tiefste Stillschweigen; er setzte nicht einmal mehr den Unterricht über die natürlichen Dinge mit mir fort, und ich sah wohl, daß er nicht geneigt war, mir etwas von dem anzuvertrauen, was ich zu erfahren brannte. Er hätte mich gewiß von Herzen gern fortgejagt, wenn er meiner nicht zur Erlangung der ihm unentbehrlichen Kräuter bedurft hätte; da er aber alt und gichtbrüchig war, so konnte er nicht selbst die Berge besteigen und mußte sich, so schwer es ihm ankommen mogte, freundlich gegen mich bezeigen. Ich nahm jetzt aber Zeit und Gelegenheit besser wahr, wie vorher; ich sah meine

Bücher mit ganz andern Augen an und studierte nicht, wie sonst, bloß deswegen darin, um den Vorwürfen und Ohrfeigen des Doktors zu entgehen. Ich machte mich über seine Papiere her, sooft ich nur konnte, und schrieb mir die wunderbaren Rezepte ab; es gelang mir sogar, mittelst eines falschen Schlüssels, mich tagelang in den Besitz jenes alten Buchs zu setzen und (hiebei sah Jürgen mit stolzen Blicken im Kreise seiner Zuhörer, die aufmerksam und ehrfurchtsvoll an seinen Lippen hingen, herum) ich las es nicht ohne Frucht. Gar bald drang ich vor zur Kenntnis der vier Erden, die sich in der Heiligen Nacht bei einer durch die Knochen eines unschuldigen Lammes genährten Flamme begatten müssen, der güldene Löwe konnte sich meinen spähenden Blicken nicht länger verbergen, und wie nah ich dem letzten Geheimnis war, das zeigten mir die tückischen Streiche der immer wachsamen Geister, die mich irre zu machen suchten, weil sie mich fürchteten. Da hatte ich das Unglück, mich zu verlieben. Ich nenne es ein Unglück, denn dieser verwünschte Umstand ist schuld daran, daß ich mich jetzt in einer Lage befinde, wo ich für die Erreichung meines hohen Zweckes wenig tun kann. Ich mögte rasend werden, wenn ich, der ich vielleicht nach Jahren imstande sein werde, ganze Misthaufen, ja den Erdkörper, wofern ich dumm genug dazu wäre, in Gold zu verwandeln, des Morgens Hosen anziehen muß, deren mancher Bettler, ich übertreibe nicht, sich schämen würde; doch ich weiß, wer ich bin, und ertrage mein Schicksal mit Geduld, wie sichs gebührt. Die Schönheit eines Mädchens riß mich hin; daß sie lebhaften Anteil an mir zu nehmen, daß sie nicht ohne mich leben zu können schien, behagte meiner Eitelkeit und brachte meine Sinne gänzlich in Verwirrung. Statt auf die Berge zu klettern, schlich ich mich eines Morgens, wo sie in ihrer Hütte allein war, zu ihr. Leider hatte der Doktor, der mir, was diesen Punkt anbelangt, nicht mehr trauen mogte, mir nachgelauert, er machte sich sogleich trotz seiner Krücken auf den Weg, um seinem Kräuter-Lieferanten in der Versuchung beizustehn, aber was halfs dem armen gichtbrüchigen Mann? Er kam eben früh genug, um sich mit seinen eigenen Augen zu überzeugen, daß er – zu spät kam! »Verfluchter«, rief er aus und schäumte vor Wut, »nun komm mir nicht wieder über die Schwelle.« Im ersten Ärger versetzte er mir mit seiner Krücke einen derben Schlag über den Arm; diese Beschimpfung unter den Augen meiner Geliebten war zu groß, das Blut empörte sich in meinen Adern, ich ergriff ihn bei seinem langen Bart und hätte ihn gewiß zu Boden geworfen und mit Füßen getreten, wenn mir nicht plötzlich eine wirksamere Art, Rache zu üben, in den Sinn gekommen wäre. »Ich gehe zum Doktor Paracelsus«, flüsterte ich ihm zu, »und bringe dem das Rezept der grünen Erde.« Der Doktor wurde noch bleicher, als er immer war, und starrte mich an; dann aber schlug er eine gellende Lache auf und rief: »Ei, junger Tor, ich weiß wohl und habs dir selbst gesagt, daß dem alten Paracelsus nur noch die grüne Erde fehlt, um in den Tiefen und Abgründen der Natur zu dringen, wohin es ihm beliebt; aber eben die grüne Erde – ha! ha! ha!« Jetzt raunte ich dem Doktor drei chaldäische Worte ins Ohr, die keine sterbliche Zunge nach Sonnenuntergang aussprechen darf; da mogte ihm eine Ahnung aufgehen, wie weit der faule Mensch, dem er jahrelang kaum durch den Ochsenziemer einige Neigung für die Wissenschaften hatte beibringen können und den er zu sehr verachtet hatte, um es nötig zu finden, vor ihm etwas zu verbergen, während der letzten Zeit in sein Tun und Treiben eingedrungen sei. Er warf sich vor mir auf die Kniee, und beschwor mich, ihm nicht durch unzeitige Entdekkung den Preis eines langen, mühevollen Lebens zu entreißen; er bat mich, mit ihm zurückzukehren und versprach mir, mich in alle seine Geheimnisse einzuführen. War es Trotz, der sich nicht bezwingen lassen wollte, oder war es Furcht, die mich von der Rachsucht und dem Neid des unheimlichen Alten das Äußerste befürchten ließ, ich weiß es nicht, genug, ich verweigerte fest und bestimmt jede Aussöhnung. Da sprang er rasch vom Boden auf, als ob er wieder Jüngling geworden wäre; über sein Gesicht flammte eine wunderliche Röte und seine Augen schossen Blitze, es war, als wollte der böse Feind selbst mit all seinen Schrecken hervortreten aus des alten Mannes schwacher, gebrechlicher Gestalt. »O du verruchter Satan«, rief er mir mit einer Donnerstimme zu, »ich habs wohl gedacht; hätt ich dir doch gestern den Trank gegeben, den du heute abend zum Dank für deine Hinterlist in deinen Wein empfangen solltest, dann könntest du im Bauch des Kirchhofs gegen deine Sargnachbaren ausplaudern, was du zu wissen meinst! Ach, daß gerade heute das wunderbarste aller Moose in die Blüte treten mußte, und daß ich außer dir niemand hatte, der es pflücken konnte!« Nun war es ordentlich, als ob er wieder zusammenknickte, er stieß einen tiefen Seufzer aus, griff nach der Krücke und schlich sich keuchend fort.« Jürgen machte eine Pause und trank, wie zur Erholung auf den in der Erinnerung noch einmal überstandenen Schreck ein Glas Bier. Der Wirt, der während des Fortgangs der Erzählung im Zweifel, wie die übrigen Anwesenden im Glauben, erstarkt war, ergriff diese Gelegenheit, einen garstigen Einwurf vorzubringen. »Ihr nanntet«, hob er an, »vorhin Eure Liebschaft ein Unglück; mir scheint, ein Unglück, das dem Menschen das Leben rettet, kann er sich wohl gefallen lassen.« Hanns hustete und strich sich mit der Hand über die Stirn; Jürgen aber, statt in Verwirrung zu geraten, versetzte mit unvergleichlicher Unverschämtheit: »Ihr habt recht« und fuhr ruhig fort. »Man kann es sich leicht denken, daß ich, eben im Begriff, Berg- und Felsspitzen zu erklimmen, nicht sonderlich gekleidet war; dennoch fühlt ich mich nicht im geringsten versucht, das Haus des Doktors mit einem Fuß wieder zu betreten. Ich gab meinem Mädchen einen letzten Kuß, das arme Kind mogte fühlen, daß es ewigen Abschied gelte, und hielt mich fest; ach, ihrer Leidenschaftlichkeit habe ich diesen abscheulichen Riß in meinem Wams zu danken! Ich eilte zu meinem Freunde; er lebte damals – jetzt sieht mans ihm nicht recht mehr an – in wahrhaft glänzenden Verhältnissen! Doch er liebte mich; ›Bruder‹, rief er aus, ›ich begleite dich bis ans Ende der Welt‹, und umarmte mich mit einem Ungestüm, daß ich, ich hab nicht die Brust eines Riesen, nicht zum zweiten Mal so umarmt zu werden wünsche. Nun begaben wir uns sogleich auf den Weg, um den Doktor Paracelsus so schnell, als möglich, zum glücklichsten der Sterblichen zu machen. Wie weit haben wir noch bis Theofrastica?« Die Bauern schüttelten den Kopf; keiner hatte den Namen eines solchen Orts jemals nennen gehört. »Gott steh uns bei«, wehklagte Jürgen, »so hat der Feind uns die ganze lange Zeit hindurch, daß wir auf der Wanderung sind, getäuscht; noch am Eingang dieses Dorfes begegnete uns ein einäugiger Mann mit gestreiften Beinkleidern und versicherte uns, wir wären am

Ziel.« »Himmlische Gerechtigkeit!« rief einer der Bauern aus, »ich wollte schwören, das wäre mein alter Großvater gewesen, aber der kommt schon seit einem halben Jahr nicht mehr aus der Stube.« »Der Böse nimmt eine Gestalt an, wie er will«, versetzte Jürgen; »mein Freund hats erlebt, daß er ihm als sein leibhaftes Konterfei entgegengetreten ist, und ihm erst verliebte Küsse, dann den Kopf zugeworfen hat.« Es war spät geworden, recht schadenfroh heulte der Wind ums Haus und warf die Regentropfen an die Fenster, nicht ohne Herzklopfen dachten die Bauern an ihren Heimweg in der finstern Nacht, aber sie mußten sich doch zuletzt entschließen, und brachen nicht, wie sonst, einer nach dem andern, sondern friedlich und freundschaftlich alle auf einmal auf. Nur ein einziger Mann blieb zurück; dieser hatte sich den ganzen Abend von den übrigen dadurch ausgezeichnet, daß er sein Bier aus dem größten Glase trank, daß er den meisten Qualm aus seiner Pfeife jagte, und daß er seinen breitgekrempten Hut keinen Augenblick vom Kopf herunter tat. Er war starkknochig und vierschrötig; sein breites, volles Gesicht war ein vollkommen glaubwürdiges Attestat, das der dankbare Magen über die regelmäßig empfangenen Futterlieferungen ausgestellt hatte; ein gewisser alberner Stolz, der sich vergebens durch die dicken, aufgequollenen Züge Bahn zu brechen suchte, bezog sich wohl auf einige klingende Taler in der Tasche oder auf einen fetten Ochsen im Stall. Der Mann trat auf Jürgen zu, legte ihm plump die Hand auf die Schulter, sah ihn eine Zeitlang mit lächerlichem Ernste an und fragte ihn dann: »Junger Mensch, seid Ihr Eurer Sache gewiß, ich meine, daß Ihr Gold machen könnt?« »Wäre ein Kruzifix bei der Hand«, entgegnete Jürgen vornehm, »so könnte ich, wofern es mir beliebte, Euren Zweifel durch einen Schwur entkräften!« »Es ist kein leichtes Stück Arbeit«, bemerkte der andere. »Es geht«, erwiderte Jürgen, »auch keineswegs so schnell vonstatten, wie man etwa eine Bratwurst stopft oder Schinken in den Rauch hängt!« »Könnt Ihr Euch wohl einen Tag im Dorf aufhalten?« »Was meinst du, Freund?« sagte Jürgen, indem er sich zu Hanns wandte. »Unsre Zeit ist kostbar«, erwiderte Hanns langsam, »doch, wenns nicht länger ist –« »Gut«, versetzte der starkknochigte Mann, »morgen in aller Frühe bin ich wieder hier, bis dahin laßt Euch im Wirtshaus nichts abgehen, ich bezahle alles.« Er rückte vor Jürgen ein klein wenig den Hut und ging, ohne von Hanns Notiz zu nehmen, hinaus, der Wirt folgte ihm mit dem Licht. »Wer war der Mann?« fragte Jürgen lauernd, sobald der Wirt zurück kam. »Es ist der Meister Jacob«, versetzte der Wirt, »unser Hufschmied und der einzige Hufschmied in einer Runde von drei Meilen. Diesem Umstand allein hat er es beizumessen, daß sich, seiner Ungeschliffenheit und närrischen Hoffart ungeachtet, seine Kundschaft nicht vermindert. Man kann doch nicht immer eine Reise von einigen Stunden darum tun, wenn man ein Roß beschlagen lassen will.« »Der Meister Jacob«, sondierte Jürgen weiter, »ist wahrscheinlich reich, und macht sich deswegen nicht viel aus seiner Schmiede und seinen Kunden!« »An Vermögen fehlt es ihm freilich nicht«, entgegnete der Wirt und begann, für seine beiden Gäste hinter dem Ofen eine warme Streu einzurichten, »doch, das ist der Grund nicht, weshalb er Hammer und Amboß über die Achsel ansieht.« »Ei, was denn?« fragte Jürgen mit einer Hast, die von dem gleichgültigen Ton, in dem er bisher das Gespräch geführt, gar sonderbar abstach. »Der Meister Jacob verzehrt viel Geld bei mir«, versetzte der Wirt, »doch, das soll mich nicht abhalten, mit der Sprache gerade herauszugehen. Mit einem Wort, er ist der größte Narr unter der Sonne. Dieser Mensch, der so dumm ist, daß ihn ein Kind überlistet, bildet sich ein, er sei zu großen Dingen berufen, und die Welt werde noch einmal über ihn erstaunen. Ihr lacht, man sollte es nicht für möglich halten, und doch ists wahr. Fragt man ihn, was er denn von sich und der Zukunft erwartet, so gesteht er ohne Umstände ein, er wisse es selbst nicht, aber das alles, setzt er dann mit listig zugekniffenen Augen hinzu, wird sich zu seiner Zeit schon finden.« »Welche Torheit für einen Mann, dessen Haare sich schon grau färben«, sagte Hanns. »Nicht zu vorschnell«, unterbrach ihn Jürgen mit Würde, »ich fühle mich zu diesem Mann wunderbar hingezogen. Vielleicht hat das, was die Welt Torheit und Wahnsinn schilt, einen tieferen Grund. Oft bleiben die Ohren der Weisen verschlossen, und den Einfältigen offenbart sich der Himmel!« »Dagegen läßt sich nichts einwenden«, sagte der Wirt mit einem schlauen Lächeln, »denn es steht in der Bibel.« Hierauf wünschte er Hanns und Jürgen eine gute Nacht und begab sich in ein anstoßendes Gemach zu seiner

Frau, die, weil sie sich nun einmal bei Licht des Schlafes nicht erwehren konnte, regelmäßig einige Stunden vor ihrem Mann zu Bette ging. Kaum war er fort, als Jürgen jubelnd in der Stube herumzuspringen und alle Zeichen einer ausgelassenen Freude von sich zu geben begann. »Still doch, Mensch, still doch«, wispelte Hanns, »wenn du das Lärmen und Hantieren nicht einstellst, so wirft er uns noch um Mitternacht aus der Tür.« »Grützkopf«, versetzte Jürgen, »ich wette, du ahnst es gar nicht, daß wir heut abend den Stein der Weisen gefunden haben!« »Ich verstehe dich wohl«, erwiderte Hanns, »denn ich kenne deine Frechheit; aber ich übersehe ebensowenig, daß, wenn wir uns bei Meister Jacobs Torheit in die Kost legen, seine Weisheit plötzlich einmal erwachen und uns eine garstige Zeche abfordern wird, die er dann vermutlich mit einer Eisenstange eintreibt.« »Was täte das, Kerl!« unterbrach ihn Jürgen, »ich denke, dein Rücken ist lange genug dein Zahlmeister gewesen, um auf so etwas gefaßt zu sein. Dies Mal aber fürchtest du, wo nicht zu fürchten ist. Ich habe einen Plan, einen Plan – – Hanns, seit ich diesen Plan ausgeheckt, muß ich auf jeder billigen Waagschale um zehn Prozent im Wert gestiegen sein!« »Wie du nur solch eine Geschichte so in einem Atem zusammenlügen konntest«, sagte Hanns kopfschüttelnd, »ich muß bekennen, solange du erzähltest, lag ich in einer Art von Fieber, denn endlich, dachte ich, muß der Krug, der so unmenschlich keck zu Wasser geht, doch wohl brechen!« »Erzählen ist eine Kunst, die sich von meiner Großmutter her auf mich vererbt hat«, entgegnete Jürgen, »und Wunderdinge erzählen sich am leichtesten, da niemand verlangen kann, daß man sie ihm erkläre. Übrigens wars ja, Kleinigkeiten und die nötigen Vergoldungen abgerechnet, wirklich meine Lebensgeschichte. Setze an die Stelle des Doktors den geizigen Apotheker, zu dem mich mein Vater in die Lehre tat; nimm den Kräutern, die ich sammeln mußte, ihre edelsten Kräfte und lege ihnen die gemeinen schweißtreibenden und abführenden bei; entzieh meiner Liebschaft etwas von ihrem Glanz und mache sie zu einem vertraulichen Verhältnis zu der Magd im Hause, das der Apotheker am Lehrling nicht dulden wollte, weil er es sich selbst wünschte; besonders aber zieh über deine glänzenden Verhältnisse einen Strich und erinnere dich, daß du bei deinem Meister, dem tauben Grobschmied, bloß arbeiten, aber nicht essen solltest, bleibt dann noch etwas zu verändern übrig?« »Ich wollte doch«, entgegnete Hanns und kratzte sich hinter den Ohren, »ich wär bei dem Meister geblieben, dann wär ich nun bald Gesell! Du machtest mir, als dein Herr dich aus der Tür geworfen, und dein Vater dir die seinige vor der Nase zugeschlagen hatte, eine so leckere Beschreibung von der Freiheit, daß mir das Maul darnach wässerte, wie nach einer Martinsgans. Hol der Teufel die Freiheit, die dem Menschen nichts bringt, als Hunger und Durst und die Aussicht auf ein Gefängnis! Ich sehne mich ordentlich nach Arbeit, und während du dem Meister Jacob Gold machst, mögte ich ihm wohl Hufeisen, Nägel und Radfelgen verfertigen.« »Deine niederträchtigen Geschicklichkeiten werden uns am Ende noch verraten«, fuhr Jürgen auf, »nun komm her, und strecke deine faulen Knochen aufs weiche Stroh; so gut haben wirs lange nicht gehabt. Der Ofen ist noch so warm, daß ich die Hand nicht daranhalten kann; wie das behagt!« Ermüdet, wie sie waren, schliefen sie bald ein; nach Verlauf von ungefähr einer Stunde wurde Jürgen durch ein ängstliches Ächzen und Stöhnen seines Gefährten geweckt. Verdrießlich über die Störung seiner nächtlichen Ruhe, stieß er Hanns derb mit dem Ellbogen in die Seite; wie ward ihm aber, als er diesen »ach Gott, ach Gott« rufen und alle Gebete, die er von Kindesbeinen an auswendig gelernt haben mogte, unter lautem Zähneklappern hersagen hörte. Jürgen konnte sich des Lachens nicht erwehren. »Dem träumt gewiß, er wird gehenkt«, dachte er, »weil ich gestern abend von den Gänsen sprach; einen betrübteren Kameraden hätte ich nicht finden können.« Dann ergriff er ihn beim Arme, schüttelte ihn, und rief: »Kerl, ermuntere dich doch!« »Du bists?« sagte Hanns, und holte einen tiefen Seufzer. »Wer sollts anders sein?« versetzte Jürgen. »Entsetzliche Dinge hab ich überstanden!« sagte Hanns. »Du hast davon geträumt!« verbesserte Jürgen. »Nein, nein!« fiel ihm Hanns mit Heftigkeit in die Rede, »ich mögte sagen, ich wär vor Angst gestorben, wenn ich nicht noch lebte. Nur kaum hatte ich die Augen geschlossen, da kam etwas zu mir heran, und legte sich auf mich, wie Blei, daß ich kein Glied zu rühren vermogte, und zu ersticken meinte.« »Du lagst vermutlich auf'm Rücken«, sagte Jürgen spöttisch, »und da drückte dich dein eigen Blut, wie mein Herr, der Apotheker, zu sagen pflegte.« »Deinem Herrn, dem Apotheker«, entgegnete Hanns gereizt, »schlüge ich drei Zähne aus, wenn er mir weismachen wollte, daß das Blut eines Menschen, das am Tage sowenig eine Last für ihn ist, wie die Luft, bei Nacht ins Gewicht fällt, wie ein Mühlstein! Die Nachtmähr wars, die mich ritt; ich hab das abscheuliche Ungeheuer ja selbst gesehen, sie hatte ganz kleine Zähne und eine hellrote Zunge, die ihr ellenlang aus dem Rachen hing, und einen bläulichen Glanz ausströmte. Ich erkannte sie sogleich, denn meiner Mutter Bruder, der alte Christian mit dem lahmen Fuße, hat sie mir schon beschrieben, als ich noch auf den Armen getragen wurde. Das war aber noch nicht genug. Wie ich dies Ungeheuer anstiere, und mich, in Erwartung eines unfehlbaren Todes, auf Stoßgebete besinne, fällt eine halbe Legion von häßlichen Teufeln über mich her und quält mich. Einer davon versetzte mir einen solchen Stoß in die Seite, daß mir alle Knochen krachten. Es schmerzt mich noch in den Kaldaunen!« »Nun, das nenne ich eine Narrheit!« rief Jürgen und hielt sich den Bauch, »die sich am Markte sehen lassen darf, denn schwerlich findet sie ihresgleichen.« »Du weißt«, versetzte Hanns zornig, »daß ich um Foppereien nicht viel gebe, und am wenigsten zur Nachtzeit, wo ich entweder schlafe oder verdrießlich bin. Will mir einer abstreiten, was ich gesehen habe, so laß ichs gelten, denn das Auge kann sich täuschen, besonders im Finstern; wer mir aber meine Haut, mein Fleisch und Bein zu Lügnern machen will, dem tränk ichs ein. Die Prügel, die Striemen nachlassen, hab ich wirklich bekommen, und du sollst mir an die Teufel glauben, weil ich den Stoß noch fühle!« »Blix, alle Wetter!« fuhr Jürgen auf, »so nimm doch Vernunft an, den Stoß brachte dir ja niemand bei, als ich. Dein vermaledeites Stöhnen hatte mich aus dem Schlafe geweckt, deshalb war ich erbost auf dich!« Hanns hatte keine Zeit, seine Verwunderung zu bezeigen; ein sonderbares Geräusch, das sich draußen unter dem Fenster vernehmen ließ, bewog beide zum Schweigen und Aufhorchen. Es dauerte nicht lange, so wurde das Fenster geschickt aufgemacht, und eine Gestalt bemühte sich hineinzusteigen; sie hatte aber kaum ein Bein hereingebracht, als Jürgen, der hurtig aufgestanden und herangeschlichen war, dies umklammerte, und dann aus Leibeskräften schrie: »Diebe! Diebe!« Auf diesen Ruf wurde der Wirt alsbald munter, und stürzte in die Stube. »Steckt nur schnell einen Span an!« rief Jürgen ihm entgegen, »ich halt den Burschen schon, so unsanft er mir auch mit dem bestiefelten Fuße liebkoset.« »Ich habe eben seine beiden Fäuste gepackt«, setzte Hanns hinzu, »er kann jetzt, wie Ihr hört, nur noch wimmern und fluchen«. Der Wirt kam mit einem brennenden Spane zurück; der flackernde Schein desselben fiel auf ein spitziges, hageres, welkes Gesicht. »Ist es denn möglich!« rief der Wirt aus, sowie er den nächtlichen Gast ins Auge faßte, »Lise, Weib, das ist ja dein leiblicher Bruder!« »Leider, Schwager, bin ichs«, stöhnte der Gefangene, »tu mir die Liebe, und mach nicht so viel Lärm.« »O, der niederträchtige Filz«, knirschte die Frau, die mittlerweile ebenfalls herbeigeeilt war, »gewiß hat er die zwanzig Gulden, die er dir gestern endlich für den schon im Sommer gekauften und verzehrten Ochsen ausgezahlt hat, wieder holen wollen.« »Schwester, ich beschwöre dich, ruiniere mich nicht durch Schimpfen«, wimmerte der noch immer halb im Zimmer und halb draußen befindliche Dieb, »was ich gewollt habe, kann dir einerlei sein, du siehst, es ist mir mißglückt.« »Wärs nicht eine Schande für mich selbst«, sagte der Wirt, und kniff, vor Zorn über und über glühend, den Schwager in die Ohren, »so würde ich den Hund einstweilen in den Keller stecken und ihn morgen, am hellen, lichten Tage, gebunden an Händen und Füßen, zum Schulzen schleppen.« »Jetzt«, unterbrach ihn Jürgen, »spaziert er auf ein Viertelstündchen herein und wird gehörig abgegerbt, und wofern er sich den geringsten Schrei erlaubt –« »Schreien werd ich nicht«, versicherte der Hagere, ihm schnell ins Wort fallend, »die Nachbaren würden mich an der Stimme erkennen. Darf ich dich aber bitten, lieber Schwager«, setzte er mit weinerlicher Stimme hinzu, »so laß uns den Handel im Dunkeln abmachen, damit mich der Nachtwächter, wenn er vielleicht bei dir die Stunde abrufen sollte, nicht sieht, du weißt, in meiner Hantierung bedarf ich des guten Leumunds, und ich werde mich dir mit einem Scheffel Kartoffeln dankbar bezeigen.« »Fort mit dir!« fluchte der Wirt, und gab ihm einen Stoß vor die Brust, daß er aus dem Fenster flog, wie eine hölzerne Puppe. Der Wirt begab sich nun wieder in sein eheliches Gemach, jedoch nicht, ohne den Freunden seinen lebhaftesten Dank zu bezeigen; sie hätten, meinte er, dies Mal seinen wachsamen Hund, der leider vor einigen Wochen krepiert sei, aufs beste ersetzt. »Da hast du das Schicksal«, sagte Jürgen zu Hanns, als sie sich wieder auf der Streu dehnten, »vor drei Stunden fast selbst Diebe, und nun nicht bloß ehrliche Leute, sondern noch etwas mehr, als ehrliche Leute, den Gottlosen ein Greuel, den Sündern ein Stein des Anstoßes, über den sie Hals und Bein brechen.« Am anderen Morgen hatten sie nur kaum ihre Biersuppe und einen leckeren Eierkuchen, den die Wirtin aus Dankbarkeit dem Frühstücke hinzufügte, verzehrt, als Meister Jacob hereintrat. Er hatte sich frisch rasiert und sich die Nägel beschnitten, ein Umstand, der Jürgen nicht entging, und auf den er das gehörige Gewicht legte. Beim Eintritt nahm er den Hut ab, setzte ihn indes wieder auf und steckte, bevor er ein Wort sagte, seine Pfeife an. »Wißt Ihr auch«, begann er nun, nach den ersten erquicklichen Zügen, mit einer wichtigen Miene zu Jürgen, »was mir geträumt hat? Ich sah Euch, so kam es mir vor, gewiß und wahrhaftig! Gold machen. Es waren lauter gehenkelte Dukaten, wie meine Tochter einen um den Hals trägt, und Ihr standet an einem großen Tische mit Löwenfüßen, und betriebt Euer Geschäft. Euer Kamerad stand neben Euch, aber der schaute ebenso dumm drein, als ich selbst.« »Das ist ein einfältiger Traum«, versetzte Jürgen vornehm, »aus dem Schmelztiegel gehen wohl zuweilen Goldbarren hervor, doch niemals Dukaten. Und was meinen Kameraden anlangt, so mögte ich in der entscheidenden Stunde lieber dies oder jenes Kräutlein entbehren, als die Kraft seines Gebetes.« »Mit Gebet wird das Werk vollbracht?« fragte Meister Jacob voll Erstaunen. »Habt Ihr etwa erwartet, durch des Teufels List und Gewalt?« erwiderte Jürgen bitter. »Ihr nehmt mir dadurch eigentlich einen Stein vom Herzen«, sagte Meister Jacob, »man ist nun einmal gewohnt, dem Teufel das Goldmachen und dergleichen zuzuschreiben.« Es entstand eine Pause. »Meister«, hub Jürgen darauf an, »Ihr ersuchtet uns gestern abend, einen Tag im Dorf zu verweilen. Es liegt etwas in Euerem Gesichte, was mir sogleich gefiel, drum sagten wir Euch zu. Gleichwohl muß ich bekennen, daß mich diese Willfährigkeit jetzt gereut. Der Mensch muß sein Ziel verfolgen, wie der Jäger das Wild, sonst entgeht es ihm gar zu leicht. Seid so gut und sagt uns ohne weiteren Aufenthalt, was Ihr von uns verlangt, damit wir fürbaß wandern können. Der Boden brennt mir unter den Füßen.« Meister Jacob hustete, und sah den Wirt an; dieser verstand den Wink, und ging hinaus. »Gold machen«, begann er nun verlegen, »ist eine schöne Kunst, und es ist einem Familienvater, einem Manne, der jahraus, jahrein den schweren Schmiedehammer schwingen muß, wohl nicht zu verargen, wenn er sie erlernen mögte.« »Das geht nur unter gewissen Umständen«, unterbrach ihn Jürgen achselzuckend, »in welchem Monate seid Ihr geboren?« »Im April.« »Dankt Euerer Mutter noch im Grabe dafür«, fuhr Jürgen fort, »hätte sie Euch im März oder gar im Mai in die Welt gesetzt, so hätte der Mops, der unter dem Ofen liegt, gerade so viel Aussichten, wie Ihr. Hoffentlich habt Ihr Euere Hände nie mit Menschenblut befleckt, d.h. Ihr seid kein Mörder und Totschläger?« »Bewahre Gott, nein!« »Und habt Ihr Mut? Wenn Euch plötzlich einmal ein Kopf mit einer Nase von zwei Ellen Länge über die Schulter kuckte, oder wenn zehn Finger vor Euch in der Luft herumkreuzten, ohne daß Ihr einen Arm, geschweige einen Körper, dem sie angehören mögten, erblicken könntet – würdet Ihr dem Schrecke nicht erliegen?« »Geschieht das denn zuweilen?« fragte Meister Jacob. »Ich kann Euch wenigstens nicht versprechen, daß es *nicht* geschieht«, erwiderte Jürgen. »Ihr seht, ich bin aufrichtig gegen Euch.« »Ich glaube nicht«, versetzte Meister Jacob nach einer Pause der Überlegung, »daß mir solche Widerwärtigkeiten begegnen werden. Ihr denkt vielleicht, daß ich nur so in den Brei hineintappe, daß ich bloß, weil ich ihn fliegen sehe, den Vogel zu fangen meine. Dann wäre ich ein Narr. Nein, gottlob, die Sache ist anders. Von Kindesbeinen an weiß ich, und bin aufs überzeugendste davon vergewissert, daß ich zu etwas mehr, als zum Brotessen bestimmt bin. Während meine Mutter mit mir schwanger ging, träumte ihr drei Mal – merkt es wohl, drei Mal hintereinander – sie würde von einem Gerstenkorne entbunden, und dies verwandelte sich in eine Perle. Damals war hier im Dorfe eine weise Frau, der erzählte meine Mutter ihren Traum, damit sie ihn auslege. Die sagte ihr, sie werde ein Kind mit sonderbaren Gaben gebären, ein Wunderkind. Diese nämliche Frau sagte ihren eigenen Tod voraus, und er traf richtig ein. Als ich nun zur Welt kam, da war ich gleich so dick und fett, daß meine Mutter die Prophezeiung der weisen Frau gar nicht mehr in Zweifel zog. Aber, wie ich größer wurde, da wollte jedermann, und vornehmlich mein Vater, ein harter, unbilliger Mann, finden, ich sei eigentlich äußerst ungelehrig und ungeschickt, und ich hieß der dumme Jacob. Dies zog ich mir einmal an einem Abende zu Gemüte, wollte das Hühnel, das meine Mutter mir heimlich gebraten hatte, nicht essen, und begann bitterlich zu weinen. Meine Mutter trat zu mir und fragte: Jöbstchen, warum weinst du? Ach, schluchzte ich, weil die Leute sagen, daß ich so dumm bin. Damals hielt ich mich nämlich wirklich für dumm. Kind, versetzte meine Mutter, und putzte mir mit ihrem Sacktuche die Nase, kehre dich nicht an die Leute. Ich weiß es wohl, daß dir die verwetterten krummen Dinger, die Buchstaben, nicht in den Kopf wollen. Was tuts? Als ich jung war, da überließ man das Buchstabieren den geistlichen Herren und denen, die es werden wollten, und die Welt ging nicht schlechter darum. Dein Vater berühmt sich, er habe in deinen Jahren schon gleich dem besten Gesellen ein Hufeisen aus dem Feuer schmieden können. Du kannst es freilich nicht, nun, daraus folgt, daß etwas anderes, als ein gemeiner Grobschmied, in dir steckt. Hierauf erzählte sie mir haarklein alles, was sich zwischen ihr und der weisen Frau zugetragen hatte, und suchte mich von der Wichtigkeit meiner Person zu überzeugen. Trotzig und verstockt, wie ich vom Weinen und Heulen war, kostete es ihr viele Mühe; endlich gelang es ihr, ich aß und trank, und legte mich schlafen. Das Ding brannte mir, wie glühend Eisen, im Kopfe, ich hätte gar zu gern etwas davon begriffen. Da ich aber nie ein Freund vom Grübeln gewesen bin, ließ ichs bald ruhen, und verließ mich, wie in hundert anderen Fällen, auf meine Mutter. Doch unterließ ich nicht, mich selbst an Leib und Seel zu untersuchen, und meine Gaben für das Außerordentliche zu prüfen. Anfangs – noch jetzt muß ich über diese kindische Torheit lachen – glaubte ich steif und fest, das ganze Wunder läge in meiner besonderen Fertigkeit, Buben, die mich verhöhnten, die Ohren zu zwicken. Wie ich vernünftiger wurde, und einen Bart bekam, hoffte ich auf Glück im Würfelspiele. Vielleicht, dachte ich später, kannst du Blinde sehend machen, aber sie blieben blind, wenn ich sie berührte. Mein Vater zwang mich, sein Handwerk zu erlernen, auch hab ich nach seinem Tode die Schmiede übernommen und ihr, wiewohl nicht ohne Widerwillen, seither vorgestanden. Ich muß bekennen, mein Glaube an die Weissagung ist in den letzten zehn Jahren etwas heruntergekommen; auch ist das wohl bei einem Manne, der die Funfzig überschritten hat, ohne ein Titelchen von seiner geringsten Hoffnung erfüllt zu sehen, sehr natürlich. Aber als ich gestern abend vom Goldmachen sprechen hörte, da gings mir plötzlich, wie ein Licht, auf, und« – Meister Jacob stockte, und sah Jürgen an. Jürgen stellte sich mit kreuzweis über die Brust gelegten Armen vor seinen angehenden Discipulus hin, schaute ihm so lange keck und scharf in die Augen, bis er sie verwirrt niederschlug, und fragte ihn dann in so tiefem Basse, als er seinem Organe abzwingen konnte: »Freund, Ihr habt Glauben, habt Ihr aber auch Geduld?« »Nicht viel!« versetzte Meister Jacob, rascher und bestimmter, als es Jürgen lieb war. »Und doch liegt zwischen Säen und Ernten lange Zeit!« bemerkte Jürgen. »Hier ist ja von Wundertun die Rede!« entgegnete Meister Jacob. »Nicht doch!« erwiderte Jürgen mit finsterem Gesichte, »es handelt sich hier bloß um einen Blick ins Kochbuch der Natur, der freilich nicht jedem Auge verstattet ist. Kennen wir aber einmal die Art und Weise, so gewinnen wir den Erden auf dem nämlichen Wege das goldene Blut ab, wie der Bauer seinem Acker den Roggen oder den Weizen. Wenn Zauberei dazu gehörte, meint Ihr, der gottesfürchtigste unter den Königen, der König Salomo, hätte sich damit befaßt, von dem doch weltbekannt ist, daß ihm die Elemente unterworfen waren?« »Nun, nun«, versetzte Meister Jacob, »hab ich für das bißchen Essen und Trinken dreißig Jahre hinterm Ambosse ausgehalten, so – – – hier meine Hand, schlagt ein, und bleibt bei mir, statt den verfluchten Doktor, dessen Namen ich nicht behalten kann, aufzusuchen; ich verspreche Euch, die Zeit soll mir nicht zu lang werden!« »Noch eines!« sagte Jürgen und zog seine Hand zurück. »Ihr müßt Euch, mögt Ihr nun unmittelbar mit mir operieren wollen, oder nicht, jedenfalls, wie ich selbst, drei schweren Bedingungen unterwerfen, denn sonst wären all unsere Bemühungen umsonst. Ihr habt ein Weib, nicht wahr?« »Ja.« »Ihr dürft Euch ihr um keinen Preis nähern!« »Das wird ihr nicht behagen.« »Irgendeine Speise ist

Euer Leibgericht?« »Nichts geht mir über gekochten Schinken mit Sauerkraut!« »Das Gericht darf, ja, es muß auf Eueren Tisch kommen, damit Ihr wirklich ein Opfer bringt!« Jürgen teilte nämlich, was Schinken und Sauerkraut betraf, Meister Jacobs soliden Geschmack und stellte seine Bedingung darnach, »aber Ihr dürft es nicht anrühren!« »Teufel!« »Ihr habt hitziges Blut und haltet, man siehts Euch an, gewiß mehr vom Dazwischenschlagen, als von einem Prozesse. Aber Ihr dürft, wofern Ihr nicht bloß Gold suchen, sondern Gold finden wollt, nicht so viel Galle in Euerer Brust beherbergen, wie eine Taube, nicht so viel, wie eine Taube, ich wiederhol es!« »An diesem Punkte, fürcht ich«, gab Meister Jacob kleinlaut zur Antwort, »wird das ganze Vorhaben scheitern. Ich kenne mich, ich hab Stunden gehabt, wo ich meinen eigenen Vater hätte totschlagen können; aus einem Menschen, wie ich bin, wird nie eine Taube.« »Nun«, versetzte Jürgen, der sich, um nicht alles zu verlieren, hier nachgiebig bezeigen zu müssen glaubte, »wenn Ihr den beiden anderen Bedingungen nur ganz getreu nachkommt, so läßt sich, falls Ihr das Unglück haben solltet, die dritte einmal zu brechen, immer wieder helfen. Doch, soviel ist gewiß, jedes Aufbrausen, das Ihr Euch zuschulden kommen laßt, entfernt uns meilenweit wieder vom Ziele, dem wir uns ohnehin nur mit Hahnenschritten nähern können, und ließet Ihr Euch wider Verhoffen zum äußersten, ich meine zum Prügeln, von Eurem Ungestüme fortreißen, so – –« »Darf ich«, unterbrach Meister Jacob ihn, »die Wut an mir selbst auslassen? Darf ich mir, wenns in mir braust und überläuft, Haare ausraufen? Darf ich mit der Stirne gegen die Wand rennen, und mir das Maul mit der Faust zerdreschen? Dies war von jeher mein Mittel, wenn ich meinem Widersacher nicht ans Kleid zu kommen wußte; da will ich von jetzt an denn immer denken, mein Feind sei auf den Mond geflüchtet!« »Ihr seid Herr über Euren Körper«, versetzte Jürgen nach kurzem Besinnen, »stellt mit ihm an, was Ihr wollt, niemand hat Euch dreinzureden, wenn Ihr Euch nur nicht umbringt!« »Nun«, sagte Meister Jacob, hoch aufatmend, »so sind wir einig; begleitet mich denn, damit wir keine Zeit verlieren, unter mein Dach.« Meister Jacob zündete die Pfeife, die ihm längst ausgegangen war, wieder an, und ging voraus. »Hatt ich gestern abend recht mit meinem

Plane, hatt ich Ursache zu Freudensprüngen«, flüsterte Jürgen seinem Gefährten zu, der verdutzt über alles, was er gesehen und gehört hatte, wie im Traume neben ihm herging, »sind das Bedingungen, die ein Mensch halten kann, und ist der Gimpel sie desungeachtet nicht eingegangen? Ich werde kochen und destillieren und filtrieren, wie ichs noch vom Apotheker her verstehe, und wenn Kraut Kraut bleibt, so schreibt unser Mann es dem Umstande zu, daß er seinem Weibe schöngetan oder hinter meinem Rücken Sauerkraut gegessen hat.« »Und was das Beste ist«, fiel Hanns ein, »gegen Prügel ist man gesichert; wenn er mit einem von uns unzufrieden wird, ohrfeigt er sich selbst!« Unter der Türe rief der Wirt, der den Horcher gemacht hatte, und den die unverschämte Prellerei, die er sich anspinnen sah, verdroß, den Meister Jacob an: »Ihr werdet doch kein Narr sein, Nachbar«, sagte er ziemlich barsch, »und Euch im Ernste mit den lügenhaften, zerlumpten Windbeuteln einlassen?« »Ich weiß es längst«, versetzte Meister Jacob zornig, »daß sich in diesem Neste jeder Esel für meinen Vormund hält, aber fegt getrost vor Eurer eigenen Türe, ich bedarf Eueres Beistandes nicht. Ich habe so gut meine Leuchte im Kopfe, wie andere, und merke es wohl, wenn ich betrogen werde. Leute, denen ich vertraue, verdienen, daß man ihnen vertraut, und was ihre zerrissenen Wämser betrifft, so bin ich der Mann, der ihnen noch heute bessere auf den Leib schaffen kann!« Damit kehrte er dem wohlmeinenden Wirte unwillig den Rücken und faßte, um es ihm vollends deutlich zu machen, wie gut er seine Warnung zu würdigen wisse, Jürgen, gleich seinem vertrautesten Freunde, unter den Arm. Meister Jacob gehörte zu denjenigen Leuten, die es nur dadurch, daß sie im eigentlichsten Verstande mit der Türe ins Haus fallen, zu zeigen verstehen, daß sie Herr im Hause sind. Er erhob daher gleich beim Eintritte in das seinige ein mörderisches Geschrei nach Bier, Brot und Wurst, fluchte entsetzlich und riß die Stubentür mit solchem Ungestüme auf, daß Babet, seine Tochter, ein junges, schönes Mädchen von siebenzehn Jahren, die eben heraustreten wollte, erschreckt zurückfuhr. »Hier herein, meine Freunde!« rief er seinen Begleitern zu, »das Ding da wird für alles, was wir brauchen, Sorge tragen – ei was, der Edelmann wohnt hier nicht, daß Ihr erst lange die Schuhe reinigen müßtet –

setzt Euch nieder, da, hinter den Ofen – was Teufel! behaltet doch die Hüte auf dem Kopfe, ich will den meinigen nur mit der Wollmütze vertauschen, die ist wärmer; Pfeifen! alle Wetter, Pfeifen! Schlag der Donner drein, wenn er will, da kommt ein verfluchter Gaul, den ich beschlagen muß – – laßt Euch die Zeit nicht lang werden, in einer Viertelstunde bin ich wieder hier, ich sehe, es fehlen nur die Vordereisen!« Brummend ging Meister Jacob hinaus und zankte im Vorbeigehen mit Babet, die bald, nachdem er das Zimmer verlassen hatte, mit frischem Biere, dem Vorläufer des Frühstückes, das sie gleich hinterher auftrug, hereintrat. Sie war freundlich gegen die wunderlichen Gäste und ermunterte sie zum Essen und Trinken, doch geschah das in einem Tone, wie man Bettler zum Zulangen auffordert, und es half Jürgen wenig, daß er sein rechtes Bein über sein linkes schlug, Babet hatte das häßliche Loch im Beinkleide schon bemerkt. »Ein hübsches Dirnel, he?« sagte Hanns, sobald sie wieder in die Küche gegangen war. »Ich wollt, ich wär kein so großer Lump«, erwiderte Jürgen, »und wenn ich mich morgen in Gold fassen ließe, es käme mir nicht aus dem Sinne, wie ich heute eingezogen bin. Es ist doch wahr«, setzte er, wie in Gedanken, hinzu, »ein ordentlicher Wandel ist was wert.« »Hier scheint alles vollauf zu sein«, fuhr Hanns fort, und seine großen, begehrlichen Augen streiften in der Stube, wie Stoß- und Raubvögel, »der Meister Jacob muß sich schon aufs Goldmachen verstehen!« Babet kam wieder herein; sie gab sich den Anschein, als wollte sie nachsehen, ob es auch an etwas fehle, eigentlich aber kam sie, um die Schlüssel, die sie im Silberschrank hatte stecken lassen, abzuziehen und allerlei Kleinigkeiten auf die Seite zu schaffen. Jürgen, der jeglicher ihrer Bewegungen folgte, entging das nicht. »Warum issest und trinkst du nicht?« sagte Hanns und kniff ihn in den Arm, auf den er, wohl unwillkürlich, den Kopf gestützt hatte. »Du hast recht«, versetzte er grimmig mit einem Blicke auf Babet, die eben wieder hinausging, »Essen und Trinken ist die Hauptsache, alles andere ist Narrenteiding!« Bald darauf trat ein ältliches, verwittertes Mütterchen, das aber trotz der Brille und den grauen Haaren noch voll Leben und Regsamkeit zu sein schien, in die Stube. Die Alte stieß nach dem ersten Blick auf unsre Freunde eine Art von unartikuliertem Laut aus, von dem sich schwer sagen läßt, ob er einem Gruß, einem Schrei oder einem Fluch am nächsten verwandt war; doch nahm Hanns ihn für einen Gruß und dankte höflich. Hundegeheul ließ sich vernehmen, Meister Jacob ließ den Hauspudel, der, sich dessen schon versehend, auf dem Flur listig an ihm vorüberschleichen wollte, durch einen Stoß, den er ihm in die Seite applizierte, seine Autorität fühlen; dann trat er mit Geräusch herein. »Hier, Frau, siehst du zwei Männer«, deklarierte er der Alten, »die von jetzt an deine täglichen Haus- und Tischgenossen sind, und die du ehren sollst, wie mich selbst. Richte ihnen eine Schlafkammer ein, und vor allen Dingen laß Babet hurtig zum Gevatter Schneider springen, er soll sich tummeln und das Maß nicht vergessen. Auch bringe von meinen Hemden und Unterjacken, was eben zur Hand ist, meine Freunde können vielleicht Gebrauch davon machen. Nicht ein solches Gesicht, Weib, Donner und Wetter, ich kanns nicht leiden, daß bei dir immer der Nebel steigt, wenn er bei mir fällt. Ahnst du denn gar nicht, welch Heil uns heute widerfährt?« Wenige Tage verstrichen, da gingen Hanns und Jürgen, wie neu geboren, aus den Händen des Schneiders hervor, und wenn sich bei dem dürren Hanns die Metamorphose darauf beschränkte, daß er aufgehört hatte, eine Vogelscheuche zu sein, so war dagegen Jürgen wirklich ein Mensch geworden, und zeigte, daß er sich in ein ordentliches Wams zu schicken wußte. Mittlerweile hatte Meister Jacob neben seiner Werkstatt für ein Laboratorium gesorgt; die Materialienhandlung im benachbarten Städtchen lieferte eine Masse Kräuter und chemische Stoffe, und der Schöpfungsprozeß, der kein Ende nehmen konnte, nahm einstweilen seinen Anfang.

MATTEO

Matteo war ein junger Mann, der, obwohl von niedriger Herkunft, und nicht mit besonderen Talenten ausgestattet, sich durch seine Dienstbeflissenheit und sein stilles, bescheidenes Wesen angenehm zu machen und Vertrauen zu erwecken wußte. Man trug ihm in Genua, wo er lebte, allerlei Verrichtungen auf, die er fleißig und treu besorgte; man lohnte ihm gut, und er war mit seiner beschränkten Lage so zufrieden, daß er sich in seinen Gebeten vom Himmel nichts erflehte, als es ewig zu behalten, wie er es hatte; er war einer der Glücklichen, die im Leben selbst die Aufgabe des Lebens sehen.

Matteo wurde krank, die bösartigsten Blattern befielen ihn, und er mußte viel leiden. In seiner Krankheit erweiterte sich auf einmal der Kreis seiner Wünsche. »Wie schön wäre es, wenn jetzt ein liebendes Weib an deinem Lager säße, und deine Schmerzen zu lindern, deine Ungeduld zu beschwichtigen suchte!« So dachte er, als er blind darniederlag, und malte sich in seiner Einsamkeit dies reizende Bild mit Behagen aus. Dicht neben ihm wohnte eine bejahrte Witwe, mit ihrer einzigen Tochter Felicita, die gewöhnlich, wenn Matteo in aller Frühe seine Wohnung verließ, um seinen Geschäften nachzugehen, schon in ihrem Gärtchen stand und seinen freundlichen Gruß freundlich erwiderte. Er hatte das Mädchen immer seinen Morgenstern genannt und sich ihrer sanften, erquickenden Schönheit innig erfreut; niemals jedoch war ihm der Gedanke gekommen, sich um ihre Liebe zu bewerben, er hatte sich kaum gedrungen gefühlt, hin und wieder ein Wort mit ihr zu reden. Ein wunderbarer Traum, der ihm während seiner Krankheit kam, gestaltete im Augenblick dies alles anders. Ihm war, als hätte er etwas verloren, und wisse selbst nicht, was. Eine ungeheure Angst erfüllte seine Brust, Tränen stürzten aus seinen Augen und verzweifelnd eilte er durch die Gassen der Stadt. Plötzlich trat ihm Felicita entgegen und fragte ihn mit ihrer süßen Stimme: »Was suchst du, Matteo?«

»Dich, dich, Felicita!« rief er jauchzend aus. »So komm!« sagte sie und sah ihn lächelnd an. Er wollte sie entzückt an seine Brust ziehen, sie aber rief: »Folge mir nach!« und schwang sich, wie auf Flügeln, zum Himmel empor. »Ach, ich habe ja keine Flügel!« sagte er. »Sehne dich nur recht nach mir, dann wirst du sie bekommen!« tröstete sie ihn und verschwand in den goldenen Wolken. Diesen Traum träumte Matteo auch noch im Wachen fort, er nahm sich vor, ihn gleich nach seiner Genesung Felicita zu erzählen und ihr dabei recht tief in die Augen zu sehen. Endlich war er so weit hergestellt, daß er sein Zimmer wieder verlassen konnte, er händigte der Alten, die ihn in seiner Krankheit notdürftig verpflegt hatte, freudig den Rest seiner kleinen Barschaft ein, und trat, sich in seinem Gefühl viel reicher dünkend, wie noch je zuvor, seit langer Zeit zum ersten Mal aus seiner Tür. Es traf sich, daß auch Felicita, zu deren Wohnung er sogleich hinübersah, in demselben Augenblick in ihr Gärtchen eintrat. Sie war köstlicher geschmückt, als er sie zu irgendeiner Zeit, die höchsten Festtage nicht ausgenommen, erblickt hatte, ein reiches seidenes Kleid umfloß ihre edle Gestalt, und ein goldenes Kreuz, mit roten Edelsteinen besetzt, glänzte an ihrem Halse. Das seltsame Zusammentreffen und die ungewohnte Pracht, die das Mädchen umgab, machte auf Matteo einen unbeschreiblichen Eindruck; sie erschien ihm als ein überaus herrliches Kleinod, das die über ihm waltende göttliche Macht ihm zum Lohn für die bestandene harte Prüfung bestimmt habe, er faltete unwillkürlich die Hände, und lehnte sich, vor Wonne und Wehmut zitternd, und den Gruß vergessend, an einen Baum. »Armer Matteo! – rief ihm Felicita schon aus der Ferne zu – aber, heiliger Gott, wie häßlich bist du geworden!« schrie sie laut auf, als sie näher gekommen war und ihm ins Gesicht sah. »So?« versetzte er dumpf, von diesem Ausruf des Mädchens, wie von einem tödlichen Pfeil, in seinem Innersten getroffen. »Verzeih meiner Überraschung dies törigte Wort – begann sie nach einer Pause verlegen – ich sagte es gewiß nicht, um deines Unglücks zu spotten!« »Ich danke dir vielmehr – erwiderte er bitter – daß du bei mir die Stelle eines Spiegels vertreten magst, es fehlt mir wirklich an einem!« »Du zürnst mir, Matteo, aber du mußt mir verzeihen, du mußt es umso eher tun, da ich eine Braut bin.

Du willst mir doch gewiß nicht die schönsten Tage meines Lebens verbittern?« Matteo starrte sie an, sie ergriff seine Hand und fuhr fort: »Sieh, morgen feire ich meine Hochzeit; zum Zeichen, daß du mir nicht mehr böse bist, kommst du auch, meine Mutter wird dich gern sehen.« Matteo sagte kein Wort, er wandte sich um, und kehrte langsam in sein Haus zurück. Er fing an, bitterlich zu weinen, und als sein Blick von ungefähr auf das über seinem Bett hängende Kruzifix fiel, wandte er im ersten Moment dem dornengekrönten Heiland in seiner Entrüstung den Rücken zu, denn er hatte eine Empfindung, als ob der höchste Gott seine Allmacht schnöde gemißbraucht und nur, um ihn zu höhnen und zu verspotten, sein Herz so seltsam verwandelt habe. Doch gleich darauf war ihm, als hätte er durch diesen Gedanken heillos an der ewigen Liebe gefrevelt, und in tiefer Zerknirschung warf er sich vor dem Bilde auf die Kniee und schluchzte: »Strafe mich, wie du willst und mußt, ich empörte mich gegen dich und habs verdient!« Dann erhob er sich, wunderbar gekräftigt, vom Boden und reinigte mit frommer Sorgfalt das Kruzifix vom Spinngeweb. »Gott sei Dank – rief er aus – daß ich arm bin, zum Verzweifeln bleibt mir keine Zeit!« Zwar traten ihm hiebei die hellen Tränen wieder in die Augen, aber er verließ, den Schmerz mit Gewalt in seine Brust zurückpressend, sein Zimmer, um sich in den ihm bekannten Häusern der Stadt zu zeigen und sich Beschäftigung irgendeiner Art zu erbitten.

»Wer bist du?« hörte er sich in dem ersten Hause, das er betrat, von der Dame anreden. »Ich bin Matteo!« versetzte er erstaunt. »Matteo? Das ist unmöglich. Matteo war ja ein hübscher, frischer Bursch mit einem Gesicht, das man recht gern sah, du aber siehst aus, wie ein Geschundener!« »Ich war krank!« sagte Matteo leise. »Das mag eine eigene Krankheit gewesen sein! Mensch, laß dich hier nicht wieder blicken, es wird einem übel zumut, wenn man dich ansieht!« Die Dame wandte sich mit einer Gebärde des Abscheus von ihm ab, Matteo blieb besinnungslos stehen und schaute ihr nach. Als er sich endlich wieder ermannte und das Haus verlassen wollte, bemerkte er einen Spiegel und trat vor diesen hin. »Ha, das bin ich?« rief er erschrocken aus, als der Spiegel ihm statt seiner früheren Züge ein häßliches Geflecht von Narben und Pusteln zeigte. Und während er noch einmal hineinschaute, spuckte er das ihm in dem klaren Rund hämisch deutlich entgegentretende Bild in kaltem Ingrimm an und sprach: »Wer so aussieht, der muß sich selbst verachten!« Nun blieb er lange, lange vor dem Spiegel stehen, als wollte er durch den Anblick seiner selbst seine Seele versteinern. Dann rief er mit einem Blick gen Himmel: »Den Dank für meine Genesung nehme ich zurück!« und eilte fort. Er ging nach und nach in alle Häuser, wo er sich vor seiner Krankheit auf diese oder jene Weise nützlich zu machen gewußt hatte. Aber allenthalben sah er sich abgewiesen; hier, weil inzwischen ein anderer an seine Stelle getreten war, dort, weil seine Gestalt Widerwillen einflößte, an einem dritten Ort, weil es wirklich nichts für ihn zu tun gab, und zuletzt, weil er, durch die Not gezwungen, seine wenigen Kleidungsstücke zu verkaufen, gar zu abgerissen und bettelhaft erschien. Bald kündigte ihm auch seine Wirtin, weil er die Miete nicht mehr zu bezahlen vermogte, die Wohnung auf; er mußte sie verlassen und hatte nun nicht einmal ein Obdach mehr. Eine stumme Erbitterung, die sich anfangs nicht gegen die Welt, sondern gegen ihn selbst kehrte, bemächtigte sich seiner, Kränkungen und Demütigungen kamen ihm erwünscht und wurden ihm zum Bedürfnis, er war, wie einer, der sein Leben nur dann noch fühlt, wenn er zu all seinen alten Wunden noch eine neue erhält.

Als er eines Abends die Straßen durchwandelte, um sich nach einer Lagerstätte für die Nacht umzusehen, winkte ihm ein sehr vornehm gekleideter Herr. »Kennst du den Signor Barbarucci?« »Ich kenne ihn!« »Es dauert keine Stunde, so kommt er hier vorbei!« »Was soll das mir?« »Er darf morgen nicht mehr leben! Nimm!« Mit diesen Worten drückte er Matteo eine Börse in die Hand. Matteo warf sie ihm empört vor die Füße. »So hab ich mich geirrt? Wie ist das möglich!« rief der Fremde überrascht aus mit einem spöttischen Blick auf Matteo; dann hob er sein Geld wieder auf und ging fort. Matteo war es, als habe in diesem Augenblick eine unsichtbare Hand den letzten Faden, der ihn noch an das Bessere knüpfte, grausam zerschnitten; »ich muß«, dachte er knirschend, »jetzt in meinem Gesicht den Widerstrahl der Hölle tragen, denn man tritt auf mich zu und mutet mir ohne Umstände das Ungeheuerste an, als ob es mein Handwerk wäre; soll man nichts anderes scheinen wollen, als man ist, so soll man auch nichts anderes sein wollen, als man scheint, das seh ich ein und wills darnach verhalten!« – Der Signor Barbarucci kam die enge Gasse herunter. »Ha – dachte Matteo – nun endlich wird es mir klar, weshalb mein Vater, als er starb, mir doch lieber einen Dolch hinterließ, als gar nichts! Hätt ich ihn doch bei mir! Als ich ihn zum letzten Mal schliff, geschah es nur, weil er rostig geworden war. Aber es ist gut, daß ich es beizeiten tat!« Eine menschliche Regung beschlich ihn wieder. »Bevor ich zu morden anfange – rief er aus – will ich es mit dem Betteln versuchen, aber, dies schwör ich, wenn ich schnöde abgewiesen werde, nur dies einzige Mal!« Er ging den Signor um ein Almosen an, nicht eben demütig. Dieser, der aus einer lustigen Gesellschaft kam und berauscht war, zog seine Börse und sprach, indem er Matteo eine schwere Münze reichte: »Nimm hin, ich habs im Spiel gewonnen!« Matteo wollte schon ein: Lohn es Gott! aussprechen und mitleidvoll eine Warnung hinzufügen, aber er verschluckte beides und ballte die Hand, denn der Signor, forttaumelnd, rief: »Ich wohne bei der Kirche Skt. Petri und Pauli, und sage dir das, damit du, wenn du dich einmal erhängen willst, mich zu finden weißt, ich will dann den Strick für dich bezahlen!« Matteo nahm die Münze und warf sie ihm an den Kopf. Der Signor, erschreckt, entfernte sich eilig, und Matteo, der die Münze im Mondlicht schimmern sah, beugte sich unwillkürlich, um sie wieder aufzuheben. Dann aber trat er sie mit dem Fuß in die Erde, halb aus heiligem Menschenstolz, halb aus Furcht, das Geld, wenn er es besäße, möge ihn morgen in seinem gefaßten Entschluß wankend machen.

Der nächste Abend kam. Matteo hatte den ganzen Tag verschlafen, um sich, um die Welt und Gott zu vergessen. Zuletzt weckte ihn der Hunger. Die anständigste, geräuschloseste Art des Selbstmordes, das stille Erhungern, das ein Gemißhandelter oft gern wählen würde, ist leider zugleich auch die schwerste, und wenigstens dies sollte anders sein. Matteo sprang auf, zog den auf seiner Brust verborgen gehaltenen Dolch, den er schon in der Frühe des Morgens bei seiner ehemaligen Wirtin abgeholt hatte, hervor und stieß ihn in einen Baum. Heller Saft entquoll der Rinde, zugleich fiel eine reife Frucht vom Wipfel herunter.

»Baum – rief Matteo – du bist, wie die Welt. Erst ein Stoß, dann eine Frucht!« Er bückte sich gierig nach der Frucht, aber er stolperte dabei über eine aus der Erde hervorragende Wurzel des Baumes, stürzte zu Boden und stach sich mit dem Dolch in die Hand. Strömend rann sein Blut, er betrachtete es ernsthaft und sprach dann: »Man wird nicht ohnmächtig, wenn man Blut fließen sieht!« Schnell, wie es in Italien geschieht, brach die Nacht herein, und Matteo trat seine Wanderung durch die Straßen an.

»Der erste ist der Rechte!« rief er halblaut vor sich hin, als er Schritte hörte. Aber das Schicksal lachte zu seinem Schwur, denn zuerst begegnete ihm die Alte, die ihn in seiner Krankheit verpflegt und ihm auch nachher noch von ihrer Armut mitgeteilt hatte. »Wohin, Mutter?« fragte er sie, als er sie im Schein des eben aus den Wolken hervortretenden Mondes erkannte. »Zu Haus, um mich hungrig zu Bette zu legen – versetzte sie – und morgen wieder hungrig aufzustehen!« »Morgen zahl ich dir, was ich dir schuldig bin!« sagte Matteo. »Wenn du kannst, mein Sohn, so tust du ein christlich Werk!« erwiderte die Alte und entfernte sich. »Bei Gott – sprach Matteo – die alte Frau soll morgen essen, wer weiß, ob sie übermorgen noch essen kann!« In eine hohle, schmale Gasse einbiegend, deren schwindelerregend-hohe Häuser das Mondlicht abhielten, bemerkte er ein hinter den übrigen in einem Winkel zurückliegendes Gebäude, wo sich ein Mensch mittelst einer angelehnten Leiter auf die Terrasse schwang. »Der schleicht – dachte Matteo – wahrscheinlich zu dem Weibe eines anderen, aber für dies Mal sei ihm der Spaß versalzen!« Sacht zog er die Leiter weg, legte sie nieder und klopfte unten, obwohl so leise, daß es geraume Zeit dauerte, bis man drinnen aufmerksam ward. Endlich wurde ein Schiebfenster geöffnet und die dünne zitternde Stimme eines Greises fragte, wer noch so spät störe. »Ich will Euch nur anzeigen, alter Herr – versetzte Matteo – daß soeben ein Besuch bei Euch eingetroffen ist; es mag ein Freund sein, der es mit Eurer jungen Frau, wenn Ihr vielleicht eine genommen habt, oder mit Eurer Tochter wohl meint, und es wäre Euch gewiß unangenehm, wenn der nächtliche Gast sich wieder entfernte, ohne daß Ihr ihn gebührend bewillkommt hättet!« »Treibt Eure abgeschmackten Possen anderwärts – erwiderte der Alte verdrießlich – meine Tür ist fest verschlossen, und durchs Schlüsselloch kommen nur die Gespenster!« »Die Liebe hat Flügel! – sagte Matteo und hob die Leiter vom Boden auf – sie fürchtet sich nicht, den Hals zu brechen und klettert, wie die Katzen, übers Dach.« »Mein Geld! mein Geld! – schrie jetzt der Alte hell auf – Pietro! Nicolo! Diebe! Diebe!« Es ward augenblicklich lebendig im Hause, angezündete Lichter, umhergetragen, erhellten Zimmer nach Zimmer. »Steht es so? – dachte Matteo – so lege ich die Leiter wieder an!« Wirklich tat ers, doch der gehetzte, fliehende Dieb, der sie nicht am alten Platz fand, sprang in seiner Angst von der hohen Terrasse auf die Straße herab, wobei ihm klingend ein Geldsack entfiel. Jammernd blieb er am Boden liegen, denn er hatte ein Bein gebrochen. »Jetzt – sprach Matteo – müßte ich den Dieb bestehlen, dann wäre der Wahnsinn vollkommen!« Vielleicht hätte er es getan, aber es war zu spät, schon stürzte der Alte samt seinen Dienern mit Windlichtern aus der Tür, und von einer anderen Seite näherte sich die durch das Geschrei und Geräusch herbeigezogene Scharwache. Der Alte hob zuerst den Geldsack auf, dann stieß er nach dem Dieb mit dem Fuß, zuletzt sagte er Matteo in einigen kahlen Worten seinen Dank, gab aber zugleich, Matteos zerrissenes Kleid mit Entsetzen bemerkend, dem Nicolo Befehl, aufs Haus zu passen, damit sich keiner einschleiche. Matteo ging weiter. »Der angehende Mörder – rief er grimmig lachend – liefert den Dieb an den Galgen!« Der unergründliche Widerspruch des Lebens packte ihn, wie mit Krallen, die Welt kam ihm wie ein unsinniges Kaleidoskop vor, das in buntem Gemisch kluge und dumme Figuren ohne Zweck und ohne Regel darstellt, und die menschliche Vernunft, wie der Versuch eines Kindes, auf dem Sturmwind, der alles bewegt und durcheinanderschüttelt, zu reiten.

An einem übel berüchtigten Platz stand er still. Ein Mord schien ihm jetzt ein Nichts, ihm war, als müßte er sich mit einer schweren Tat, wie mit Ballast, beladen, damit seine Gedanken ihn nur nicht ins Grenzenlose, in die unendliche Leere, hineinwirbelten. Bald kam ein Mann daher, an der Hand seinen Knaben. Matteo nahm eine drohende Stellung an, doch der Mann trat vertrauensvoll auf ihn zu und sprach: »Guter Freund, es ist hier ein gar unheimlicher Ort, den jeder gern meidet, wenn er kann! Habt Ihr nichts Notwendiges zu versäumen, so tut mir den Gefallen, mich über die verrufene Strecke bis an mein Haus zu begleiten, ich will Euch den Weg bezahlen!« Diese unerwartete Anrede drang Matteo anfangs zum Herzen, doch bald dachte er: es ist die List der Furcht, die so spricht! und mit der Hand in den Busen nach dem Dolch fahrend, versetzte er wild: »Sehe ich aus, wie einer, dessen Schutz man in Anspruch nimmt?« »Was Euer Aussehen betrifft – erwiderte der Mann ruhig und nahm seinen Knaben, der sich über Müdigkeit beklagte, auf den Arm – so sagt es mir zu, das heißt, seit der Zeit, daß Ihr krank gewesen seid, denn von Leuten, die schöner sind, als Ihr, kommt, das fürcht ich, mein ganzes Unglück. Ich kenne Euch wohl, Ihr heißt Matteo, einer meiner Freunde hat mir viel Gutes von Euch gesagt, und ich mögte Euch in meinen Dienst nehmen, doch muß ich erst wissen, wie Ihr meiner Frau gefallt.« »Ei, wie blank! – rief der Knabe dazwischen und zeigte auf Matteos halb entblößten Dolch, den er, nun er von seinem Vater getragen ward, bemerken konnte – gib mir das schöne Messer!« Alsbald griff er, sich zu Matteo hinüberbeugend, keck in dessen Busen hinein und faßte den Dolch, den er der Scheide hastig entriß und trotz der Vorstellung seines Vaters nicht wieder lassen wollte. Matteo fuhr mit seiner Hand nach der Stirn, er wußte nicht, war es der Stachel eines Schmerzes, war es der eines Gedankens, der ihm kalt durchs Gehirn drang. Daß der Mann, dem er den Tod von seiner Faust bestimmt hatte, jetzt ahnungslos, von ihm Hülfe und Beistand gegen die Angriffe anderer erwartend, an seiner Seite ging; daß der Mutwille der Unschuld ihm das Mord-Instrument spielend raubte, weil den Kindesblick der falsche Glanz desselben bestach, und daß der Knabe mit dem Eisen, womit er seinen Vater hatte durchbohren wollen, vielleicht einen Apfel spießen oder den gestopften Kleibauch einer Puppe aufschlitzen würde, das schien ihm so wunderbar und dennoch so fratzenhaft dabei, daß es ihn über alles menschliche Bewußtsein hinausdrängte, daß ihm war, als ob er, mit dem Kopf auf eine Nadelspitze gestellt und nun mit Windes-Eile von Morgen gen Abend und wieder von Abend gen Morgen im Kreis herumgedreht, mit seinem Auge alles auf einmal sehen, die Enden der Dinge zugleich auffassen und die Unvereinbarkeiten verknüpfen müsse, daß es ihm vorkam, als ob ein Mensch an und für sich eigentlich gar nichts sei und, wie ein Spiegel, immer nur für das gelten könne, was er eben abbilde. »Hier ist mein Haus – sagte der Mann in sonderbarem Ton und setzte den Knaben nieder – bleibt einmal mit dem Kinde stehen, ich will durch eine hintere Tür gehen und dann vorn aufmachen. Laßt aber niemand heraus, wenn einer wollte, kein Weib und noch weniger eine Mannsperson!« Matteo gehorchte; was ihn sonst verwundert hätte, schien ihm jetzt natürlich, nur das Gewöhnliche, die Rückkehr des entfesselten Stroms seltsamer Ereignisse und Zufälle in das alte Bett, würde ihn überrascht haben. Der Knabe zitterte vor Frost, er setzte sich auf einen Stein und schloß die Augen. Matteo beugte sich, ihn streichelnd, auf ihn herab, da wurde die Haustür leise aufgemacht, und ein Herr, sich dicht in einen prächtigen Mantel einwickelnd, schlich vorsichtig heraus. Matteo, der empfangenen Weisung eingedenk, vertrat ihm den Weg und suchte ihn mit Gewalt ins Haus zurückzudrängen. Der Unbekannte stieß einen Fluch aus, machte eine schnelle Bewegung und verwundete Matteo in den Arm. Matteo, seiner selbst nicht mehr mächtig, entriß dem eingeschlummerten Knaben den Dolch und jagte ihn mit der Wut eines Menschen, der sich in demselben Augenblick mörderisch angefallen sieht, wo er in sich selbst einen grimmigen Mordgedanken niedergekämpft hat, dem Unbekannten so gewaltsam ins Herz, daß er mit einem gebrochenen Laut gegen das Haus zurücktaumelte, und auf dem Flur, die Tür durch das mechanische Gewicht seines sich überschlagenden Körpers aufstoßend, leblos zu Boden sank. Jetzt erschien der Vater des Knaben, in der einen Hand eine qualmende Kerze tragend, mit der anderen im höchsten Zorn an ihren langen, seidenen Locken sein Weib, eine bleiche, schöne Gestalt mit entblößtem Busen, nach sich ziehend. »War keiner hier? Keiner? Keiner? – rief er aus – Gehen denn Gespenster im Hause um, daß die Treppen knarren und die Türen aufspringen? Aber ich denke, der Vogel ist gefangen!« In seiner Raserei zog er die junge Frau, die sich auch gar nicht sträubte, immer weiter vorwärts, bis sie zuletzt über den Ermordeten, den so wenig sie, als er, bemerkte, stolperte und niederstürzend zu Boden fiel. Mit Entsetzen raffte sie sich wieder auf, erst an ihrem befleckten weißen Kleide, das der Tote aus seiner noch sprudelnden Wunde mit Blut gefärbt hatte, erkannte der Mann, was geschehen war. Er leuchtete dem Leichnam ins Gesicht und erstarrte, dann rief er: »Gut, Matteo, gut, daß du mir die Arbeit abgenommen hast, den hätte ich nicht töten können, es ist mein Jugendfreund!« Unwillkürlich warf auch Matteo, der da stand, als ob er erwartete, daß ihn gleich ein Berg, heranwandelnd und über ihn zusammenbrechend, bedecken würde, auf den Getöteten einen Blick. Das entstellte Gesicht des Signor Barbarucci grinste ihm entgegen, und nun war ihm auf einmal, als ob das, was er getan habe, leicht zu tragen sei, umso mehr, als sein Arm ihn eben sehr zu schmerzen anfing. »Einen Arzt! Einen Arzt!« schrie die junge Frau und warf sich mit dem ungebundensten Jammer maßloser Liebe über den Leichnam hin. »O du Verruchter!« rief sie dann, wieder aufspringend, drang furienhaft wütend auf Matteo ein, riß ihm den Dolch weg und stach nach ihm. Ihr Mann schleuderte sie in eine Ecke, und Matteo sprach, indem er seinen blutenden Arm in die Höhe hob: »Ich wurde zuerst angegriffen und habe mich nur meines Lebens gewehrt.« »Deines Lebens, du Hund? – kreischte sie – errötest du nicht, daß du noch lebst, und daß der tot ist, der, wie ein Licht, über die Erde wandelte? Verflucht sei die Hand, die dir wieder Brot und Wein reichen wird!« »Du hast dich selbst verflucht – sprach ihr Mann – denn noch heut abend sollst du Matteo speisen und tränken, und sogleich sollst du ihm seinen Arm verbinden!« »Den Arm, der den Geliebten meiner Seele niederstieß?« schrie sie und schlug ein helles Gelächter auf. »Metze, Metze, das mir? – rief der Mann erblassend – deine letzte Stunde ist da!« Er stürzte auf sie los, sie kauerte sich nieder und hielt ihre Hände vor die Augen, der Knabe umklammerte, heranspringend und vor seine Mutter tretend, die Kniee des Wütenden, aber er packte ihn und warf ihn weit von sich, so daß der kleine Kopf dröhnend gegen die harte Wand fuhr, und das Kind, ohne einen Laut von sich zu geben, liegenblieb. »Heiliger Gott! – rief Matteo erschaudernd und ergriff die zur Erde gefallene und nur noch mühsam fortglimmende Kerze – Ihr habt den Knaben getötet.« Der Mann, der die Frau inzwischen bei der Gurgel gepackt hatte, drehte langsam den Hals herum und sprach: »Das lügst du!« »Er atmet nicht mehr!« sagte Matteo, sich mit dem Kinde beschäftigend. Der Mann trat mit schwankenden Schritten heran, in einiger Entfernung von Matteo blieb er stehen und sprach halblaut: »Wer weiß denn, ob es mein Sohn ist!« »Er ists, er ists! – kreischte die Frau – ich schwörs bei allen Heiligen im Himmel, die jetzt ihr Antlitz verhüllen, weil der eigene Vater ihn umgebracht hat!« »Dann fahr ihm nach und sage den Heiligen, daß du schuld an dem Greuel bist!« So rief er, aber er bewegte sich nicht von der Stelle. Jetzt rührte sich der Knabe und öffnete die Augen, als er aber seinen finster vor sich hinstarrenden Vater erblickte, schloß er sie wieder fest zu. »Gebt Euch zufrieden – sprach Matteo – er lebt!« Als die ängstlich aufhorchende Frau dieses Wort vernahm, rutschte sie auf ihren Knieen herbei, nahm den Fuß ihres Mannes und setzte sich ihn stillschweigend auf den Nacken, in ihrem Innern zum ersten Mal von einem Gedanken zerspalten, der sie, wie in blutrotem Licht, von fern die ungeheure Verwirrung erkennen ließ, die ein Weib, das die ehelichen Schranken leichtsinnig überspringt, in alle menschliche Verhältnisse hineinbringt. Der Mann ließ sie gewähren und sah nur auf den Knaben, der erst in sehr langer Zeit die Augen wieder aufschlug, und nun von Matteo in die Arme seines Vaters gelegt ward. »Ich preise diesen Abend – sprach der Mann feierlich – er hat den Argwohn, den ich gegen mein schlechtes Weib hegte, zwar schrecklich bestätigt, aber er hat mir doch zugleich auch die Überzeugung gegeben, daß der Knabe hier, den ich oft, wenn ich ihn küssen wollte, mit eiskaltem Schauder wieder niedersetzte, ohne es zu tun, wirklich der meine ist, denn der Wut dieser Nichtswürdigen, die mich aus Rache gern zum Kindesmörder gestempelt hätte, darf ich glauben, was ich nach dem, was geschah, ihren Beteuerungen nie geglaubt haben würde.« »O verzeih mir – stöhnte die Frau – und töte mich, wenn du mir nicht verzeihen kannst, erst deine Tat hat mich über die meinige belehrt, und ich hasse, obgleich er tot ist, meinen Verführer jetzt mehr, als ich ihn je geliebt habe.« Der Mann, sie scharf betrachtend, versetzte: »Ist das wahr?« »Ich schwörs!« erwiderte sie und hob die Hände gen Himmel. »Dann beweise es dadurch – sagte er kalt – daß du die Leiche, die hier nicht liegen bleiben kann, auf deinen Schultern die Straße hinunterträgst, bis auf den wüsten Platz, wo schon so mancher Mord vorfiel.« Statt aller Antwort ging sie zitternd, aber entschlossen, auf den Toten zu und versuchte, ihn aufzuheben. »Laß ab, es ist genug – sprach der Mann sanft – ich will es selbst tun, aber du verbindest mittlerweile Matteo den Arm, denn er bleibt, statt des glatten, geschmeidigen Burschen, den ich gestern gehen ließ, als Diener bei uns!« Der Mann schaffte nun den Leichnam fort, was ihm, da die Gasse, wo er wohnte, einsam und verrufen war, trotz des hellen Mondscheins gelang, ohne daß er gestört oder auch nur bemerkt wurde; die Frau verband Matteos Wunde und trug ihm ein gutes Nachtessen auf, und Matteo dachte bei sich selbst, daß, wenn er sich in einem so guten Hause, wo ihm aus allen Ecken die Wohlhäbigkeit entgegenlachte, so plötzlich untergebracht sähe, er dies einzig und allein seiner Häßlichkeit verdanke, und söhnte sich mit der ewigen Macht, die den Reif, innerhalb dessen ein menschliches Dasein sich bewegt, wohl zuweilen zerbricht, aber ihn doch auch zur rechten Zeit wieder zusammenfügt, in seinem Herzen einigermaßen wieder aus.

»Nun, warum laßt ihr die Köpfe so hängen? Lustig, wie ich es bin!« Mit diesen Worten trat Herr Haidvogel, an einem Winter-Abend, aus der Stadt zurückkommend, in seine enge Stube, in der seine Frau, von den beiden durch die Dunkelheit geängstigten Kindern endlich dazu gedrängt, eben die Lampe angezündet hatte. »Warum siehst du mich nicht an? – fuhr er fort und stellte sich vor seine Frau hin, die allerdings, ihr kleines frierendes Mädchen streichelnd, keinen Blick für ihren Mann zu haben schien; – ziehst du wieder, wie gewöhnlich, im stillen einen Vergleich zwischen mir und dem Quacksalber von Doktor, der auch einmal hinter dir herlief? Danke Gott, daß du mich statt seiner bekommen hast, denn ich lebe doch wenigstens noch. Ihn hat heute mittag der Teufel geholt, und eine halbe Stunde darauf, als ich gerade an seinem Hause vorbeikam, nagelte der Vergolder, der noch von nichts wußte, den neuen Schild mit den ellenlangen Buchstaben, der ihm die Kundschaft verdoppeln sollte, über seiner Tür fest.« – »Er ist –?« fragte die Frau, ihr Auge zum ersten Mal ein wenig erhebend, während ihre Hand von dem Haupte des Kindes herabglitt. »Tot! – versetzte Herr Haidvogel schadenfroh schnell – So gewiß tot, als ob er einen seiner eignen Dekokte verschluckt hätte. Ja, der wird mich mit seinen ostindischen Taschentüchern nicht mehr ärgern, die er, wenn er des Morgens hier vorüberging und mich am Fenster stehen sah, immer im Winde flattern ließ! Sicher hat er sich zu Weihnacht wieder einen neuen Rock bestellt, denn bloß meinetwegen schaffte er sich dreimal soviel Kleider an, als er brauchte. Mögte der Schneider ihn doch schon zugeschnitten haben! Die Rechnung wär ein hübsches Christgeschenk für sein hochmütiges Weib, die es ganz zu vergessen scheint, wie gern sie, als mein Vater noch lebte, mit mir getanzt, und wie oft sie mir dabei die Hand gedrückt hat.« – »Mein Gott! Achtunddreißig Jahr!« – sagte die Frau, ohne sich um ihren Mann zu bekümmern, und starrte vor sich hin. »Und auch ihr – begann Herr Haidvogel aufs neue und wandte sich zu den Kindern – warum hockt ihr immer in der Stube, warum springt ihr nicht herum, wenns euch friert, warum find ich euch nie auf der Eisbahn, wie die andern? Munter, Junge, tanz mit der Schwester, ich will pfeifen!« – »Sie haben den ganzen Tag noch keinen Bissen gegessen – unterbrach die Frau ihn bitter – die paar Kartoffeln, die du zu Hause brachtest, liegen noch da, es fehlte an Holz sie zu kochen!« – »Und war da nicht zu helfen? – erwiderte Haidvogel, indem er zugleich einen der beiden um den Tisch stehenden alten Stühle bei der Lehne packte und mit ihm so stark gegen den Boden stieß, daß er fast zerbrach – ich sollte doch meinen!« – »So machtest dus stets – versetzte die Frau – und nur darum sind wir so weit heruntergekommen! Den letzten Stuhl, der noch für einen Einsprechenden übrig blieb, denn den andern füllst du aus, und den Kindern gehört ohnehin nicht mehr, als mein Schoß und deine Lende! Warum nicht auch die Bettlade! Ein Glas Wasser konnten wir längst keinem Menschen mehr anbieten, weil das Glas uns mangelt! Wenns nach dir ginge, so würde morgen auch niemand mehr einen Sitz bei uns finden.« – »Wär das ein Unglück? – entgegnete Herr Haidvogel – läßt sich ein Hund bei uns sehen, als wenn er etwas von uns zu fordern hat? Und trollt sich so einer nicht umso eher wieder, wenn er sich nicht breit zum Predigen niederlassen kann? Doch, gleichviel! Es gibt andere Mittel! Wir wollen uns heut abend etwas zugute tun! Es geht ein Gerücht über mich – – leider ist es falsch, du siehst – –« Er unterbrach sich, nahm den Hut, den er bisher aufbehalten hatte, ab und deutete auf eine Beule am Kopf. »Woher hast du die?« fragte die Frau und erhob sich. »Woher!« versetzte Herr Haidvogel und bedeckte sich schnell wieder. »Herausgeworfen bin ich einmal wieder beim Onkel. Alles beim alten!« – »Mensch! Mensch! – fuhr die Frau erschreckt auf – willst du uns noch um das letzte bringen? Was mein Onkel uns jährlich zufließen läßt, ist ohnehin wenig genug. Aber wir erhalten es nur unter der Bedingung, daß du nie sein Haus betrittst, daß du bei Tage nicht einmal daran vorbeigehst! Und nun! – – Ich zittre! Ich zittre!« Sie preßte ihre Kinder an sich. »Ei was! – sagte Herr Haidvogel – mit dem Tode hat jede Dummheit ein Ende. Eine Pflicht hab ich erfüllt, als ich hinging, eine Pflicht gegen die da und gegen dich! Ich hörte, den Alten habe der Schlag gerührt, und er sei gestorben, ohne ein Testament zu hinterlassen. Wenn das sich so verhalten hätte, würdest du doch wohl die Erbin gewesen sein, nicht wahr?« – »Aber es verhielt sich nicht so! – versetzte die Frau – und das konntest du wissen!« – »Das konnte ich nicht wissen! – fuhr Herr Haidvogel gereizt auf – Es unterhielten sich zwei davon auf offner Straße, die es gar nicht sahen, daß ich in einer Ecke stand und an meinen Stiefelriemen knöpfte, die es also auf einen Spaß mit mir auch nicht abgesehen haben konnten. Als ich zum Vorschein kam, zogen sie den Hut vor mir, und der eine sprang sogar gleich herzu und hob mir den Stock auf, den ich noch überflüssigerweise zur Probe fallen ließ. Das war mir Beweis genug, und ich eilte ins Sterbehaus, um die aufsichtslosen Schurken, die Köchin und den Bedienten, am Verschleppen der Sachen zu verhindern. Gleich auf der Diele kam mir auch die Köchin mit dem Silberzeug entgegen. – ›Wohin damit?‹ fuhr ich die Person an. ›Nicht von der Stelle! Oder – Und Er da – rief ich dem Schlingel, dem Johann zu, der eben, einen Rebhuhn-Flügel in der Hand, aus der Küche heraufkam – warum war Er noch nicht bei mir? Hat Er den Kalender vielleicht erst verbrannt, worin der Tote die Vorschüsse notierte, die Er ihm abzuschwatzen wußte? Das wird Ihm übel bekommen!« – »Gott! Gott! – seufzte die Frau – der ist zehn Jahre und die acht! Was wird aus den armen Kindern, wenn« – »Was würde aus ihnen, – unterbrach Herr Haidvogel sie mit Unwillen – wenn sie einmal eine Erbschaft machten, und ihr Vater wäre weniger eifrig, ihre Rechte wahrzunehmen, als ich es bin! Dies Mal freilich war ich etwas zu voreilig, denn kaum hatte ich meine letzte Drohung ausgesprochen, als der Alte erschien und zornig fragte, wer einen solchen Lärm erhöbe. Da nun die Köchin, boshaft, wie sie ist, erwiderte, daß ich ihr verböte, das Silberzeug zum Aufputzen für die bevorstehende Geburtstagsfeier des gnädigen Herrn zum Goldschmied zu bringen, und der Bediente noch ärgere Dinge hinzufügte, ereiferte er sich natürlich gewaltig, sein Gesicht wurde blau, seine Hände flogen und – – Genug, der tückische Wunsch, den er mir nachrief, daß ich auf der Treppe den Hals brechen mögte, ist nicht in Erfüllung gegangen, so gut der Johann seinen plumpen Auftrag auch ausführte, und wir wollen von dem Gerücht Vorteil ziehen, solange wir es noch können! Flink, Theodor, spring du zum Schlachter hinüber und hole einige Pfund Fleisch, und du, Auguste, lauf zum Krämer und besorge die Butter. Wenn sie uns noch nie geborgt haben, so borgen sie uns jetzt! Nicht diese Stirnfalten, Weib! Es gibt mehr Kinder, die nach sieben über die Straße geschickt werden und doch keinen Husten mit zu Hause bringen! Wasche du inzwischen die Kartoffeln ab, ich will Holz schaffen! Vater zahlt morgen, er ist beim Onkel!« Mit diesen Worten trieb er den Knaben und das Mädchen, die sich nur zögernd zum Gehorchen anschickten, weil sie solche Botschaften nicht zum ersten Mal ausrichten sollten und den Erfolg schon kannten, aus der Tür und folgte ihnen nach, während die Frau in ein Gelächter, halb der Verachtung, halb der Verzweiflung ausbrach und sich nicht von der Stelle rührte. Er tat aufs Geratewohl einen Gang durch das abgelegene Quartier, wo er wohnte und musterte manchen Zaun und manche alte Hecke, sogar hie und da einen Fensterladen, der im Winde klapperte, weil er nicht gehörig befestigt war. Aber, wenn er eben Hand anlegen wollte, schien ihm bald der Mond zu hell, bald gingen ihm zu viel Leute über die Straße, bald störte ihn ein Hund, der ihn anbellte. Endlich sagte er zu sich selbst: ich will mir die Mühe gar nicht machen, denn es ist doch immer noch sehr zweifelhaft, ob wir Fleisch und Butter erhalten, und wenn, so liefert der Stuhl Holz genug. Sogleich nahm er seine gewöhnliche stolze Haltung, deren er sich als angehender Dieb bereits abgetan hatte, wieder an und kehrte um. Kaum aber hatte er einige Schritte gemacht, als er mit dem Fuß an etwas Hartes stieß; er hob es auf und siehe da, es war ein Beutel mit Geld. Vorsichtig sah er sich nach allen Seiten um, ob ihn jemand bemerkt habe, dann steckte er den Beutel zu sich und setzte, jedoch nicht eben schneller, als vorher, seinen Weg fort. Als er zu Hause wieder anlangte, fand er seine Frau nicht mit Zurichtung eines Bratens beschäftigt, sondern mit Entkleidung ihrer Tochter. Der Knabe kam ihm entgegen und richtete ihm eine Impertinenz vom Schlachter aus; auch das Mädchen wollte sprechen, doch die Mutter unterbrach sie und sagte: »Euer Vater weiß alles, was ihr ihm melden könnt, nur zu Bett mit euch, damit ihr hineinkommt, bevor die Lampe erlischt!«

»Nichts da! Ihr bleibt auf!« rief Herr Haidvogel jetzt und warf den Beutel mit Geld auf den Tisch. Blanke Taler rollten, die Kinder jubelten, und die Frau sah ihren Mann mit dem Ausdruck des höchsten Erstaunens an. »Mensch – sagte sie endlich langsam, und ein schlimmer Verdacht stieg in ihr auf – woher kommt dir dies Geld?« »Wenns nun ein Lotterie-Gewinn wäre – erwiderte er – würdest du dann endlich einräumen, daß ich recht tat, als ich die zwölf Kreuzer, die ich am Montag fand, zum Kollekteur trug, statt sie zu Brot herzugeben?« – »Nein – versetzte sie – aber ich würde mich freuen, daß eine Schlechtigkeit ausnahmsweise einmal gute Folgen gehabt hätte. Ist es denn so?« – »Laß uns weiterreden – rief Herr Haidvogel, – wenn wir satt sind! Dann förderts die Verdauung. Wir leben in einer Welt, worin einem Menschen plötzlich eine Königskrone auf den Kopf fallen kann, der bis dahin kaum eine wollene Mütze besaß, sich ihn damit zu bedecken. Das sagte ich dir schon oft, erinnre dich daran und mach Feuer, jetzt wird dir der Stuhl wohl nicht mehr zu kostbar scheinen! Ich selbst hole, was sonst nötig ist, ich muß die Hunde ärgern, die mir den Kredit versagten, sie sollen glauben, daß ich bloß ihre Gesinnungen gegen mich auf die Probe gestellt habe, und da sie von meinen guten Zeiten her wissen, wieviel ich daraufgehen lasse, wenn ich nur kann, so wird sies verdrießen, in dieser nicht besser bestanden zu sein!« Jetzt setzte die Frau sich emsig in Tätigkeit, während Herr Haidvogel sein Geld wieder einstrich und ging. Er kam an einer Schenke vorbei; es war die nämliche, in der er den größten Teil seines väterlichen Erbteils mit dem Leichtsinn und der Liederlichkeit eines verhätschelten einzigen Sohns verpraßt hatte, denn er war keineswegs immer ein armer Schlucker gewesen, er hatte ein für seine Verhältnisse ganz ansehnliches Vermögen hindurchgebracht und sich eben dadurch die Verachtung des Onkels, seiner Frau aber, die aus Pflichtgefühl nicht von ihm lassen wollte, den Haß desselben zugezogen. »Da sitzen nun – dachte er – die meisten von denen, womit ich sonst zusammenzusitzen pflegte, da schwatzen sie, wenn ihnen nichts Besseres einfällt, von mir, da lachen und spotten sie auf meine Kosten oder bedauern mich, wenns gut geht, zucken die Achseln und – Ich muß hinein!« Er legte die Hand auf die Tür. »Was sie sagen werden, wenn ich so plötzlich erscheine, wie sie anfangs vor mir zurückweichen, dann, sowie sie Geld sehen, mir zunicken und vertraulich näherrücken werden! Ha, ginge einer von ihnen so weit, mich um ein Darlehen anzusprechen, ich würde es hergeben, wärs auch nur, um ihnen von der Größe der Summe, die mir zu Gebote steht, einen guten Begriff beizubringen.« Er trat ein. Drinnen war eine lärmende Gesellschaft beisammen, die alten Kameraden grüßten gleich freundlich und wisperten dann miteinander, es war offenbar, daß das Gerücht von Herrn Haidvogels plötzlicher Erbschaft bereits zu ihnen gedrungen war, und daß sie es jetzt für vollkommen bestätigt hielten, selbst der Wirt war höflich. Herr Haidvogel, der in der allgemeinen Aufmerksamkeit, die er erregte, und in dem Geflüster, das ringsumher entstand, eine hinreichende Genugtuung für alle Entbehrungen der letztverstrichenen Jahre fand, durchschritt, um seinen Triumph vollständig zu genießen, den Saal seiner ganzen Länge nach, ehe er sich niederließ, dann setzte er sich an einen Tisch, an dem der einzige Mensch saß, den er nicht kannte und der keine Notiz von ihm nahm. Dies verdroß ihn fast, und er faßte ihn darum scharf ins Auge; es schien nach dem ledernen Gurt, den er um den Leib trug, ein reisender Viehhändler zu sein, er hatte den Kopf auf den Tisch gestützt und starrte trübsinnig vor sich hin. »Dem ist ein Ochse gefallen!« dachte Herr Haidvogel, »und nun erinnert er sich mit Verdruß der vielen Schlachter, bei denen er das Tier um leidlichen Preis hätte anbringen können. Gebührende Strafe für die übertriebene Habsucht!« Dann forderte er sich mit lauter Stimme ein Glas Wein. Der Wirt brachte es eilig in eigener Person und putzte zugleich das Licht, das etwas trüb vor dem Fremden brannte; nun erst sah mans ganz deutlich, wieviel Nieder-Geschlagenheit in den an sich so mannhaft trotzigen Zügen desselben lag. »Ist Euch nicht um Eure Zeche bange – fragte Herr Haidvogel den Wirt halblaut und deutete auf den Fremden – der scheint darüber nachzugrübeln, wie er Euch darum bringen will!« – »Das wäre noch ein Ding der Unmöglichkeit – versetzte der Wirt lustig – denn sie beläuft sich noch auf nichts, das Glas Bier, das er sich geben ließ, steht noch unberührt vor ihm.« – »Damit Ihr das nicht auch von mir sagen könnt – sagte Herr Haidvogel – will ich meinen Wein trinken!« Er tats und zog dann eine Hand voll

Taler hervor, die er hastig nach kleiner Münze zu durchsuchen begann, weniger, weil er so eifrig aufs Bezahlen erpicht war, als weil es ihn kitzelte, seinen Reichtum zu zeigen. »Ei du mein Himmel«, versetzte der Wirt abwehrend, »als ob das nicht Zeit hätte! Ihr denkt doch nicht schon wieder zu gehen? Von einem alten Freund, der sich so lange nicht mehr bei mir sehen ließ, würde mich das beleidigen, und noch mehr als das, es würde mich kränken!« – »Nun – erwiderte Herr Haidvogel – ich werde bleiben! Aber schickt schnell ein gutes Nacht-Essen zu den Meinigen hinüber! Sie wollen sich selbst was bereiten, wozu die Umstände!« – »Freilich, freilich, wozu? Ich kochte ja gern für die ganze Stadt! Was solls nur sein? Hier ist die Speisekarte, beliebts Euch, auszuwählen?« – »Schickt alles, was darauf steht – versetzte Herr Haidvogel – dann schickt Ihr jedenfalls das Rechte mit! Bildet Euch übrigens nicht ein, daß Eure Küche die meinige übertrifft. Pah! Wenn ich den Schneider, der dort in der Ecke sitzt – Heda, Meister, Ihr habt nun genug genickt und am Käppel geschoben, kommt morgen früh zu mir herüber und nehmt mir Maß! – wenn ich den zuweilen durch ein Loch im Ärmel oder den Schuster durch einen zerrissenen Stiefel ärgerte, so geschah das ja bloß, weil ich meinem Magen nichts abgehen ließ, denn wenn mein Onkel auch nicht alle Tage Verlangen trug, mich zu umarmen, so fiel es ihm doch noch weniger ein, mich hungern zu lassen, und wenn er mir auch einmal in seinem bekannten Jähzorn verbot, zu ihm zu kommen, so kam er dafür reuig bei nächtlicher Weile zu mir. Betrachtet den da! Ist er magerer geworden, seit ich keine Bratwürste mehr bei Euch aß?« Hiebei klopfte er sich auf den Bauch, der allerdings trotz der nüchternen Atzung mit Kartoffeln und trocknem Brot die ehemalige Ründung bewahrt und ihm auch immer für einen Ableiter erniedrigender Gedanken über die Beschaffenheit seines Tisches gegolten hatte. »O, sicher nicht«, entgegnete der Wirt, obgleich trotz seiner Geschmeidigkeit nur mit mühsam unterdrücktem Lächeln, »was fällt Euch ein! Doch, ich will dem Kellner Auftrag geben!« Er sprang fort, um nicht zu bersten. »Ob wirklich nichts Kleines mehr darunter ist?« sagte Herr Haidvogel mit einem langen Blick auf den Fremden, der noch da saß, wie vorhin, und dessen Unempfindlichkeit und Gleichgültigkeit gegen alles, was um ihn her vorging, ihn förmlich zu empören anfing. – »Freilich, das Bettelgesindel.« Er warf mit diesen Worten das Geld mit Geräusch auf den Tisch und schickte den Rest in der Tasche Handvoll nach Handvoll hinterdrein, fortwährend zwischen den Talern rührend und mit ihnen klappernd. Jedermann wurde aufs neue aufmerksam auf ihn, der Wirt rief dem Kellner einmal über das andere »hurtig! hurtig!« zu, zwei von den ehemaligen Kameraden, die ihr schnödes Benehmen gegen ihn in der Zwischenzeit in Vergessenheit zu bringen wünschten, stießen, scheinbar unbekümmert um ihn, aber laut genug, daß er es hören konnte, auf sein Wohl miteinander an, nur der Fremde verharrte in seiner vorigen Lage. Herr Haidvogel wollte aber durchaus auch von ihm beneidet werden, er trat ungeduldig zu ihm heran und bat ihn um Erlaubnis, sein Licht einen Augenblick nehmen zu dürfen, weil das seinige so düster brenne und zwei überhaupt heller leuchteten, als eins. Der Fremde bewilligte es durch eine Kopfbewegung und sah nun endlich auf. Doch kaum hatte er auf den im Glanz der Lichter flimmernden und schimmernden Schatz des Herrn Haidvogel einen Blick geworfen, als er wie besessen auffuhr, den bisherigen Besitzer mit einem mächtigen Stoß beiseite schleuderte und mit einer Donnerstimme ausrief: »Des Todes ist, wer dies Geld berührt, es ist mein! Hundert Taler! Die russische Schaumünze, an der ich mein Eigentum erkenne! Und ein lederner Beutel! Zähle nach und vergleiche, wer zweifelt!« Der Wirt, die ganze Gesellschaft, vor allem aber Herr Haidvogel selbst, standen einen Moment, wie versteinert, der letztere faßte sich jedoch gleich wieder, weil er fühlte, daß er in den allerschnödesten Verdacht geraten werde, wenn er lange im Stillschweigen verharre, und antwortete dem Fremden, der unwillkürlich sein breites Schlachtermesser gezogen und sich mit halbem Leibe über das Geld hingelehnt hatte, kalt und spöttisch: »Ihr habt die Lumperei verloren, und ich habe sie gefunden! Könnt Ihr das nicht ruhig sagen? Da ist der Lederbeutel, den Ihr wohl noch vermißt! Eine Schaumünze! Ei, die hatte ich noch gar nicht bemerkt! Hübsch! Der Übergang über die Beresina! Ein Andenken?« Der Fremde maß Herrn Haidvogel mit einem zweideutigen Blick, und da er entdeckte, daß der Rock desselben etwas kahl war, zählte er sein Geld sorgfältig nach. Als er fand, daß an der Summe nicht das Geringste fehle, reichte er ihm die Hand und sagte: »Verzeiht mir meine Heftigkeit und setzt Euch zu mir, daß wir zusammen trinken!« – »Trinkt mit wem Ihr wollt – entgegnete Herr Haidvogel vornehm – aber haltet Euch ein ander Mal auf bessere Taschen!« Stolz, wie ein Sieger den Walplatz, verließ er nun die Gaststube und überrannte in der Tür fast den schwer bepackten Kellner, der, bei einer so unerwarteten Wendung der Dinge vom Wirt eiligst wieder umgerufen, eben hineintrat. »Ich wills selbst mitnehmen!« rief er diesem zu und griff nach dem Eßkorb, den der verblüffte Mensch, der den Zusammenhang nicht kannte, auch ohne Widerstand fahren ließ, den der Wirt Herrn Haidvogel aber wieder entriß. »Ah, so wars gemeint«, sagte dieser, »gut, da ist hier denn auch für mein Glas Wein!« Er warf die letzten vier Groschen hin, die er besaß und die er zum Ankauf von Glanzwichse bestimmt gehabt hatte, versuchte den Wirt durch einen Puff, den er ihm im Vorbeischießen beibrachte, umzustoßen, was ihm freilich nicht gelang, und eilte fort. Leise, leise stahl er sich in sein Haus und in seine Wohnstube hinein. Seine Frau war in der Küche, wie er durch ein kleines, in der Tür angebrachtes Fenster sehen konnte, mit dem Abkochen der Kartoffeln beschäftigt, das Feuer brannte lustig auf dem Herd, und die Kinder standen mit heiteren Gesichtern umher. »Ich kanns nicht ändern!« fluchte er und begann, sich schleunig zu entkleiden. Er war damit glücklich zu Ende gekommen, und stieg eben ins Bett, als seine Frau, die schon mit Ungeduld auf ihn wartete, in die Stube trat. »Mein Gott! – rief sie, aufs höchste verwundert, aus – du gehst zu Bett?« – »Tu du es auch«, entgegnete er und setzte, indem er die Decke über sich hinzog, gähnend hinzu: »Ehrlich währt am längsten!« Die Frau hatte aber noch kaum die Zeit gehabt, ihr Erstaunen durch einen unartikulierten Laut auszudrücken, als an die Tür gepocht wurde. »Riegel vor!« rief Herr Haidvogel, und als er sah, daß die Tür bereits aufging, griff er nach seinem Stock, der zu Häupten des Bettes stand. Der Kellner trat mit seiner Last herein; die Gesichter der Kinder, die sich schon verfinstert hatten, klärten sich wieder auf, denn der leckere Duft, der sich im Zimmer verbreitete, und das fröhliche Klappern der Schüsseln verkündete ihnen den Inhalt des Korbes. »Reue? Gewissensbisse? – fragte Herr Haidvogel den Menschen, der den Korb stillschweigend auf den Tisch stellte – hätts kaum erwartet.« – »Mich schickt der Viehhändler – entgegnete dieser – er hat alles bezahlt!« – »Der! – rief Herr Haidvogel – Was untersteht der Kerl sich! Mir, der ich schon an *einem* Abende mehr verspielt habe, als er in einem Jahre gewinnt! Nun wohl! Ein Finderlohn! Aber wohlgemerkt, nur für die Kinder! Ich berühre nichts davon! Ehrenwort!« Der Kellner wollte sich wieder entfernen, die Frau trug ihm eine herzliche Danksagung auf. »Kein Wort von Dank! – fuhr Herr Haidvogel dazwischen – er hat seine Schuldigkeit getan, und kaum! Aber deinem Herrn kannst du melden, daß ich ihm mit den Schüsseln, wenn er sie etwa zurückverlangt, die Fenster einwerfen werde!« In diesem Augenblick wurde abermals gepocht. »In Europa nimmt man im Bett keine Visiten an!« rief Herr Haidvogel, aber die Tür wurde trotzdem langsam geöffnet, und mit verstörtem Gesicht trat etwas verlegen der Bediente Johann herein. »Nun, Halunke – schrie Herr Haidvogel ihm entgegen und schwang seinen Stock – willst du die Zahlung haben für –?« Er berührte hiebei mit einer unzweideutigen Gebärde seinen Rücken. »Herr Haidvogel – stotterte Johann – Sie wissen, daß ich nichts tat, als was der Herr mir befahl, dessen Brot ich aß!« – «Aß?» fragte Herr Haidvogel gespannt. »Ja, – fuhr Johann fort – der gnädige Herr ist am Schlag« – »Am Schlag? – unterbrach ihn Herr Haidvogel verdrießlich und enttäuscht – Kerl, bist du verrückt? Es war ja eine niederträchtige Lüge, mit eignen Augen überzeugte ich mich davon!« – »Heute nachmittag, ja – versetzte Johann – aber jetzt nicht mehr! Leider!« – »Leider? – rief Herr Haidvogel – Gott Lob!« – »Freilich, Gottlob! – entgegnete Johann geschmeidig – denn es war nicht mehr zum Aushalten! Wenn Sie wüßten, wie oft ich Fußtritte vom Alten erhielt, weil ich eine Fürbitte für Sie einlegte. Noch dieses Loch im Kopf – –« – »Hast du vor sieben Stunden von dem Türpfosten bekommen – unterbrach ihn Herr Haidvogel – an den du dich stießest, als du mit mir boßeln wolltest – – Was kümmerts mich noch! Hast du gehört, Frau?« – »Ist es denn wahr, Johann?« fragte sie schüchtern und schob dem Bedienten einen Stuhl hin, auf den er sich aber nicht niederließ, weil die Dame, die er schon lange nur noch über die Achsel angesehen hatte, plötzlich wieder eine Respektsperson für ihn geworden war. »Wie kannst du nur fragen« – eiferte Herr

Haidvogel, dem dies nicht entging – siehst du nicht, daß er mit krummem Rücken und eingeknickten Beinen vor dir steht? Aber, wie kams denn?« – »Wahrscheinlich – entgegnete Johann zögernd – von dem Ärger, den –« – »Den ich ihm machte?« fragte Herr Haidvogel jubelnd – »Ja? Ists so? Das freut mich! O, das freut mich! Maß für Maß! Kerl, ich schenke dir alles, was du heute abend gestohlen hast! Verbeugst dich? Bravo! Nun, Frau, wars gut, daß ich da war? He, was sagst du?« – »Laß ihn doch zu Wort kommen – erwiderte sie unwillig – noch wissen wir ja von nichts!« – »Der Auftritt mit Ihnen – begann Johann wieder – hatte ihn in die furchtbarste Aufregung versetzt, er schäumte vor Wut –« – »Das sah ich noch!« warf Herr Haidvogel ein, »o, das sah ich!« – »Und er schrie: gleich mach ich mein Testament, ich warte meinen Siebzigsten, Geburtstag meinte er vermutlich, nicht ab, und ich enterbe sie vollständig!« – »Es war also noch nicht geschehen – versetzte Herr Haidvogel – wie ihr Hunde ausgebracht hattet! Niederträchtig! Das gab meinem Kredit den Todesstoß!« – »Wir sagten – erwiderte Johann kleinlaut – was wir hörten und glaubten! Hätten wir das Gegenteil gewußt – –« – »So hättet Ihr – unterbrach die Frau ihn bitter – meinen Theodor zur Kirschenzeit zuweilen in den Garten gelassen, wenn der Onkel abwesend war, und er darum bat, weil die roten Beeren ihn so lockten!« – »Gewiß! – entgegnete Johann mit einem dummen Gesicht – das hätten wir getan!« – »Weiter!« drängte Herr Haidvogel. »O – sagte Johann – es ist gleich aus! Ich mußte zum Advokaten springen, und als ich zurückkam, lag er schon sprachlos da. Dann – Genug, es ist vorbei!« – »Für ihn! – versetzte Herr Haidvogel – und für uns fängts an. Hast du Geld bei dir?« – »Zu Befehl!« entgegnete Johann und griff dienstfertig in die Tasche. »So bezahl dem Menschen da, der Maul-Affen an der Tür feilhält, das Essen! Heda, Kellner! Dem Viehhändler seinen Taler, oder sinds zwei? zurückgebracht und über alles, was du hier gehört hast, auf deine gewöhnliche Weise reinen Mund gehalten! Ah, sieh! Hättest du deine Mütze gleich beim Eintritt abgezogen, wie sichs gebührt, so könntest du sie jetzt wieder aufsetzen! Nun mußt dus freilich umgekehrt machen! Gute Nacht!« Der Kellner ging, auch Johann schickte sich zum Fortgehen an, vorher aber sagte er noch, die Köchin habe sich ins Bett gelegt und stelle sich krank, es sei aber nicht wahr, ihr fehle nichts, dann entfernte er sich. »Nun, Frau, – rief Herr Haidvogel und zog sich an – kann ich mein väterliches Haus jetzt wieder kaufen, von dem ich den Kindern einst, als wir mit ihnen daran vorbeigingen, zu deinem Verdruß weismachte, es sei noch mein, und ich hätte nur den Türschlüssel verloren, sonst würde ich sie hineinführen? Kann ich – –« – »Nichts kannst du – versetzte die Frau, die inzwischen ihr dünnes Umschlagetuch umgenommen und sich zum Fortgehen angeschickt hatte – Nichts ohne mich, ohne meine Einwilligung kommt kein Pfenning in deine Hände, und ich werde dafür sorgen, daß das Jammerleben, das jetzt zu Ende ist, nicht wieder anfangen kann!« – »Wie? Was?« rief Herr Haidvogel mit offenem Munde, und war so überrascht, daß er den schon halb angezogenen Rock ganz anzuziehen vergaß und mit dem possierlich an der rechten Seite seines Leibes niederbaumelnden Kleidungsstück, wie eine Vogelscheuche, da stand. »Gewiß – fuhr die Frau im bestimmtesten Ton fort – du sollst mir tun, was dir gefällt, wenn dir mittags jemals wieder ein guter Braten auf dem Tisch fehlt, und wenn du des Abends wieder kalte Kartoffeln essen mußt!« – »Pah – erwiderte Herr Haidvogel giftig – wenn man nicht selbst Bankerott macht, so tuns andere, und man verliert sein Geld. Das ist das Beste!« – »Darauf laß ichs ankommen!« versetzte die Frau und ging. »Schöne Aussichten!« rief Herr Haidvogel und wandelte einige Male stillschweigend die Stube auf und ab. »Schmeckts?« rief er dann den Kindern zu, die sich längst über das Essen hergemacht hatten und setzte sich zu ihnen. »Galle macht Appetit! Ein neuer Beweis dafür!« murmelte er nach einer kleinen Pause der Untätigkeit und griff auch seinerseits zu. »Was ists auch weiter? – monologisierte er nun käuend fort – ich bedinge mir ein Monatliches, das taten andere auch, und ehe sies ins Wochenblatt setzen läßt, daß sie für meine Schulden nicht haftet, kann ich genug auf ihren Namen zusammenborgen! Heisa! Lustig! Was für Not?«

DIE KUH

In seiner Wohnstube, die sehr niedrig und auch etwas räucherig war, weil es dem Hause nach dem herkömmlichen Brauch des Dorfs am Schornstein fehlte, saß der Bauer Andreas an dem noch vom Großvater herstammenden alten eichenen Tisch und überzählte vielleicht zum neunten Male ein kleines Häuflein Taler-Scheine. Er hatte die Pfeife im Munde, und daran konnte man sehen, daß es Sonntag sei, da er sich die mit dem Rauchen verbundene kleine Zeit- und Geld-Verschwendung bei seiner knappen, ängstlich-genauen Natur an keinem anderen Tage erlaubt haben würde; sie brannte aber nicht und war auch noch gar nicht angezündet gewesen, obgleich das Talglicht, wobei es hatte geschehen sollen, schon lange geflackert haben mußte. Um ihn herum, bald zum Vater auf die Bank kletternd und ihm ernsthaft zuschauend, bald den durch die offen stehende Tür aus- und einwandelnden gravitätischen Haushahn jagend und neckend, spielte sein Kind, ein munteres, braunes Knäblein von zweieinhalb bis drei Jahren. »Den da – murmelte Andreas und hielt einen der Scheine mit sichtlichem Behagen in die Höhe – bekam ich für die Fuhre Sand, die ich dem Maurermeister Niclas in die Stadt lieferte, als es, wie mit Mulden, vom Himmel goß; ich kenne ihn an dem Riß. Ein braver Mann; ich hatte ihm einen Groschen wieder herauszugeben, aber er ließ mir den wegen meiner durchnäßten Haut. Freilich, einen Schnaps habe ich nicht dafür getrunken, wie er wollte!« »Diesen hier – fuhr er fort – habe ich am sauersten verdient, es ist der mit dem großen Tintenfleck! Wer dem Apotheker einen ganzen Futtertrog voll Kamillen bringen will, der muß sich oft bücken, und das ist nach dem Feierabend nicht bloß für die Faulen mühsam!« »Der zerfetzte und wieder zusammengeklebte – begann er nach einer Pause von neuem – ärgert mich jedes Mal, wenn ich ihn ansehe, ich werde den Verdruß nicht los. Anderthalb hättens sein sollen, wenn sie auch gerade nicht ausdrücklich zum voraus bedungen waren. Drei

Klafter Holz! Ins Bein hieb ich mich obendrein vor übergroßem Eifer, weil ichs den Leuten gern, ehe der Regenguß kam, in den Keller schaffen wollte! Und ein solcher Abzug! Dabei trägt die Frau goldene Ohrringe, und das Kind weiß nicht, ob es eine Semmel ohne Butter essen will oder nicht!« »Brüllts nicht schon?« Er sprang auf und eilte ans Fenster. »Nichts da – sagte er zurückkehrend – das kam aus dem Stall des Nachbars! Nun, morgen wird aus dem meinigen geantwortet werden! Na, Junge – hiebei klopfte er sein Knäblein auf die Wange und reichte ihm eine dem Hahn entfallene bunte Feder – noch heute erhalten unsere beiden Esel Gesellschaft. Dein Vater hats endlich so weit gebracht, die Kuh ist schon unterwegs! Du mußt das Pferd schaffen, wenn du groß wirst! Hörst du?« Das Kind nickte, als ob es verstände, was es doch noch nicht verstehen konnte. Andreas setzte sich wieder an den Tisch. »Freilich, freilich – begann er abermals, indem er einen Zehn-Taler-Schein ergriff – es würde noch eine gute Weile gedauert haben, wenn das Glück mich nicht begünstigt hätte! Ha, ha! Das war ein Fischfang, der sich der Mühe verlohnte, obgleich der Fisch nicht zu den eßbaren gehörte. Ei, daß ich doch immer, wie jenen Abend, von ungefähr darauf zukäme, wenn sich einer ersäufen will, und die Rettungs-Prämie erwischte! Ich bringe jeden ans Ufer, ärger kann sich keiner sträuben, als der Leinweber sich sträubte, er hätte mich fast in den Grund des Teichs mit hinabgerissen! Noch fühl ich seine Klauen in meinem linken Arm, und ernstlich hat ers gemeint, denn drei Tage nachher schnitt er sich den Hals ab! Doch was gelingt unsereinem nicht, wenn man weiß, daß einem eine Belohnung von zehn Talern gewiß ist! Lange währts aber, es wird ja schon Nacht! Daß der Müller meiner Geesche Bier und Brot vorgesetzt hat, kann ich mir nicht denken! Dann müßte sein Profit größer sein, als ich glaubte, und er hätte mich trotz aller Vorsicht angeführt! Ich will einmal vor die Tür gehen!« Andreas stand auf und tat jetzt den ersten Zug aus der Pfeife. »Ja so – rief er aus – du brennst noch nicht, und ich meine, schon eine halbe Stunde zu schmauchen! Nun, umsonst will ich dich nicht gestopft haben.« Er nahm ein altes brüchiges Zeitungsblatt vom Tisch, in das die Scheine eingewickelt gewesen waren. »Jetzt brauche ichs nicht mehr – sprach er, indem er es beim Licht anzündete – noch heute geht das Geld aus dem Hause, denn der Müller kommt gewiß mit, ich täts an seiner Stelle auch!« Er steckte die Pfeife in den Brand und warf das Blatt an die Erde. Das Kind hatte dem plötzlichen Aufflammen desselben mit leuchtenden Augen zugesehen, es rief jetzt: Ah! und hob das Blatt wieder auf. »Brenn dich nicht!« sagte Andreas und ging hinaus. Es war völlig finster geworden, und der qualmige Nebel, der den Tag über die Sonne verhüllt hatte, verhüllte jetzt die Sterne. »Wo sie nur bleibt! – murrte Andreas, sich mit dem Rücken verdrießlich an den Türpfosten lehnend – nun werd ich bald ungeduldig! Ob sie aufs neue zu dingen angefangen hat? Glück zu, aber vor dem will ich den Hut abziehen, der da noch einen Groschen abzwackt, wo ich den Handel schloß! Ich könnte ihr entgegengehen, doch sie hat den Pflügerjungen ja bei sich, und dann ist hier auch das Kind. Zwar, das könnt ich zu Bett bringen!« Andreas ging wieder hinein. »Satan!« rief er aus und blieb einen Moment mit weit aufgerissenem Munde und fast aus den Höhlen tretenden Augen auf der Schwelle der Stube stehen. Der Knabe kniete auf der Bank, die er erklettert hatte, und verbrannte beim Licht eben mit Frohlocken den letzten Kassenschein; das Flackern des Zeitungs-Blatts hatte ihm eine unendliche Freude gemacht, aber die Freude hatte nicht lange genug gedauert und, um sie zu erneuern, tat er alles nach, was er vorher seinen Vater, aufmerksam und neugierig zu ihm emporschauend, hatte tun sehen. »Au!« schrie das Kind nach einer Weile, denn das als letztes zu lange festgehaltene Papier brannte es auf die Finger; »mehr!« setzte es hinzu, als es, das Auge nach der Tür wendend, den fast versteinerten Andreas erblickte. Dies Wörtchen weckte diesen aus seiner Erstarrung; »mehr, du Teufelsbrut?« rief er aus, stürzte auf sein Söhnchen zu, faßte es, seiner selbst nicht mehr mächtig, bei den Haaren und schleuderte es ingrimmig gegen die Wand, als ob es eine giftige Schlange wäre, deren Stich er eben gefühlt hätte. »Mehr!« sagte er dann, »noch mehr, viel mehr«, und riß den am Ofen-Gestell hängenden neuen Strick herunter, mit dem er die Kuh hatte anbinden wollen, denn ein schneller, scheuer Blick zur Wand hinüber hatte ihm gezeigt, daß das Kind laut- und leblos mit geborstenem Schädel und mit verspritztem Gehirn am Boden lag. Er tat einen Schritt vorwärts, aber die Beine wollten unter ihm brechen, und er griff um sich herum in die Luft, wie nach einem Gegenstand, an dem er sich halten könne; da ließ sich in geringer Entfernung von seinem Hause klar und deutlich das so lange ersehnte Gebrüll vernehmen. Dies schien ihm die Kraft zu einem plötzlichen Entschluß zu geben; er rief: »Gute Nacht, Andreas!« und stürzte mit dem Strick auf die Hausflur hinaus. Hier stand eine Leiter, die auf den Boden führte, von dem er schon am Mittag einen Haufen Stroh zum Streuen für die Kuh vorsorglich herabgeworfen hatte; diese Leiter eilte er so schnell hinauf, daß ihm sein Hut, den er nach Bauern-Sitte im Hause, wie auf dem Felde trug, darüber entfiel. Nun verschwand er in der Luke und bald darauf knackte der Dachstuhl. Fast in demselben Augenblick wurde es laut vor der Tür. »Nun, Andreas, bist du eingeschlafen? – rief eine weibliche Stimme – das pflegst du doch sonst nicht zu tun, eh du deine Grütze im Leibe hast!« »Spring hinein, Hans, und weck ihn!« Hans, ein nach Art der Mist-Gewächse lang aufgeschossener, aber spindeldürrer Junge, tat, wie ihm geheißen wurde, während Geesche die Kuh festhielt. Gleich darauf kam er wieder heraus und stotterte: »Aber Frau, aber Frau!« ohne mehr hervorbringen zu können. »Was ists? Was gibts?« rief Geesche, von seiner Leichenblässe und seinem Zähngeklapper erschreckt, und stürzte hinein. Hans griff nach dem Licht und sagte: »Der Bauer ist nicht da«, dann leuchtete er nach dem Ort hin, wo das Kind lag. Mit einem jähen Schrei sank die Mutter um und blieb bewußtlos liegen. Hans verlor die Besinnung nun völlig. »Bauer, Bauer, wo ist er? wo bleibt er?« rief er wohl hundert Mal hintereinander und rannte, das Licht in der Hand, im ganzen Hause, wie toll, umher. Als er aus der Küche zurückkehrte, wo er ins Ofenloch hineingeleuchtet hatte, stolperte er am Fuß der Leiter über Andreas' Hut, der dort niedergefallen war. »Hat er sich oben versteckt, Bauer? — rief Hans — komm er jetzt nur herunter, wir sind da!« Da keine Antwort erfolgte, stieg er selbst empor. Als er den Kopf in die Bodenluke steckte und, eine neue Leitersprosse ersteigend, Hals und Schultern nachschob, stieß er auf Widerstand, der von etwas herrührte, das ihn anfangs zurückzudrängen, sich dann zu spalten und auseinanderzuteilen schien. Der Angstschweiß brach ihm aus, ihn fing zu fiebern an, und ohne zu wissen, daß ers tat, stieg er noch höher. Jetzt war es ihm, als ob sich ein sehr schwerer Mensch, wie zum Reiten, auf seinen Nacken setzte, zwei steife Beine, in denen er an den breiten Messingschnallen der Schuhe die seines Wirts erkannte, kamen, wie Zinken einer Gabel, links und rechts auf seiner Brust zum Vorschein, und durch das eine derselben wurde ihm das Licht aus der Hand gestoßen. Nun stieß er noch einen unartikulierten Laut aus, dann überschlug er sich rücklings, stürzte und brach das Genick. Das Licht war nicht verloschen, ohne vorher den Haufen losen Strohs zu entzünden, und in wenigen Minuten stand das Haus in Flammen. Ob Geesche, als dies alles geschah, aus ihrer Bewußtlosigkeit noch nicht wieder erwacht und willenlos in der aufs schnellste von Rauch und Qualm gefüllten Stube erstickt war, oder ob sie aus Verzweiflung über das fürchterliche Ende ihres Kindes verschmäht hatte, sich zu retten, hat sich nicht ermitteln lassen. Soviel steht fest, daß von ihr, wie von Andreas, Hans und dem Knäblein nur ein verschrumpftes Gerippe aus dem Hause herausgekommen, und daß auch die Kuh, dem diesen armen Tieren angeborenen unseligen Trieb folgend, ins Feuer hineingelaufen und mit verbrannt ist.

EIN LEIDEN UNSERER ZEIT

Fragment aus einem liegengebliebenen Roman*)

Hier sitz ich jetzt, mitten in einer Natur, die mich erdrückt, der ich in jedem Nerv und jeder Fiber Widerstand leisten muß, wenn ich das Gefühl meiner selbst nicht verlieren soll. Über mir türmen sich unendliche Felsenmassen, vom Schnee bedeckt, zu denen undurchdringliche Wälder hinaufführen. In das kleine Tal hinunter, wo ich die leerstehende Hütte eines Hirten bewohne, stürzen sich die Wasser, die von oben kommen, um sich nach allen Seiten, befruchtend und zerstörend, zu verbreiten. Zu meinen Füßen, ungehört und ungesehen, wie ein fremder Stern, dessen Wirtschaft mich nicht kümmert, liegt die Welt, die ich verlassen habe, und über dies alles wirft eben die heraufdämmernde Nacht leise, leise ihren geheimnisvollen Schleier.

Gebt mir Berge, die in den Himmel hineinragen, und eine einsame Zelle dazu; gebt mir das Meer, das aus unergründlicher Tiefe hervorschäumt, und einen Nachen, der mich zwischen Tod und Leben in der Schwebe hält: dann will ich euch sagen und zeigen, was an mir ist. Sprach ich nicht oft so? Jetzt empfinde ich, daß es wahr ist! In den Zerstreuungen des alltäglichen Treibens, in dem Strudel nichtsbedeutender Abwechslungen kommt man gar nicht so weit, daß man sich zusammenfaßt, sich zusammenfassen muß, man taumelt hin, man hält Takt mit den andern, so gut es geht; man knickt hier einen Dornenzweig, der einen im Schlendern ritzt, und deucht sich ein Held; man biegt ihn dort gelassen zur Seite, und freut sich, daß man so großmütig war! Hinaus! Dem Naturgeist ins Auge geschaut, der dich gewaltsam aus dem angemaßten Kreise, den du auszufüllen glaubst, bis auf einen ganz kleinen Punkt in deinem Innersten zurückdrängt und

*) Der Charakter, der hier sich selbst schildert, ist in meinem Trauerspiel »*Julia*« wieder aufgetaucht, und zwar als Bertram; er befindet sich im Drama aber bereits in seinem letzten Entwicklungsstadium, im Roman dagegen im ersten. Dem sinnigen Leser dürfte diese Bemerkung willkommen sein.

dich vernichtet, wenn dieser Punkt nicht Stich hält! Wer sich da unantastbar fühlt, der hat den Grund und Boden seines Daseins gefunden, und braucht in alle Ewigkeit nicht mehr zu zittern.

Nie, nie konnt ich den Gedanken ertragen, daß ich nichts weiter sein sollte, als eine der tausend und aber tausend Zungen, womit die Natur sich selbst schmeckt. Mag es sein, daß die meisten nur dazu da sind, eine bunte Reihe von Frühlingen und Herbsten abzuernten, und ihresgleichen zu demselben Zweck hervorzubringen; einzelne wenige sollen für sie alle den Dank abtragen, denn warum wäre sonst neben dem Tiere, das im kräftigen vollen Genuß untergeht und keine Vergangenheit, keine Zukunft kennt, der Mensch, der nur halb, nur sprung- und stückweise genießen kann, ins Leben gerufen? Wer aber schilt mich, wenn auch ich dankbar sein will?

O! eine Unendlichkeit dämmert einem jeden entgegen, der in seine Brust hinabzuschauen versteht, eine Unendlichkeit, ganz so groß, ganz so wahr und wirklich, wie die äußere, sichtbare, in der wir umhergetrieben werden. Und auch sie will aus dem Innern heraustreten, wie die Urkraft aus dem Geist Gottes in die Welt trat. Soll ich widerstehen? Soll ich das, was unaufhaltsam drängt und treibt, feige zurückhalten, weil es zwischen mich und mein Glück treten, weil es mich in Erfüllung dessen, was der Philister Pflicht zu nennen wagt, stören könnte! Glück! Was ists, als ein Waffenstillstand zwischen dem Herzen und dem Geschick, auf armselige Bedingungen geschlossen? Pflicht! Gibts eine heiligere, als die, sich zu entwickeln? Freilich, mein Vater wünscht, meine Mutter – Aber hier steh es! Ich will nicht mitdrehen am großen Rad, das nur den Zweck hat, daß es gedreht wird! Ich bin der Welt nichts schuldig, als mich selbst, und wenn sie etwas anderes verlangt, so mag sie zusehen!

Wie in der Nacht die Winde rasten und zwischendurch ein vom Hunger aufgescheuchter Wolf, umherirrend, heulte, und ich mich, fröstelnd, tiefer und tiefer in meine Streu hineinwühlte, bis ich warm wurde: Das sind Zustände, wie Bäder, worin man alles los wird, was nicht zum innersten, ursprünglichen Wesen gehört. Mir träumte, ich wäre der erste Mensch, eben in die Welt gesetzt, wie in ein Hochzeitsgemach, ich hatte keine Ahnung von Vorher und Nachher, ich war der einzige bewußte Punkt im

Umkreis der Schöpfung; aber in mir war nichts von der hüpfenden Unruhe, die mich im Wachen von Stelle zu Stelle jagt, kein Trieb, mich gegen das Weite auszudehnen; ich schloß mich zusammen, wie sich oft unwillkürlich meine Hand schließt, es war, wie ein Zurückwachsen in den Kern! Ich fühlte, daß ich mich bewegen, daß mein Fuß mich zu dem Blütenbaum, den ich in der Ferne erblickte, hintragen konnte, aber ich stand still, dann kniete ich vor einer Rose nieder und schaute in ihren Kelch hinein, dann schloß ich die Augen und warf mich zu Boden. Die Sonne schien auf meine Augen, aber ich öffnete sie nicht. Ein lindes Wehen trieb Ströme von Düften an mir vorbei, aber ich sog sie nicht ein; Tautropfen voll lieblicher Kraft netzten meine Lippen, aber ich preßte meine Zähne aufeinander und versperrte ihnen das Tor meines Mundes. Und das alles geschah nicht aus Trotz, nicht aus bangem Vorgefühl irgend einer Zukunft; es geschah in süßester Wollust, es war, wie das Sträuben eines Kindes, das die Mutter auf seine eigenen Füße stellen will und das sich an ihren Hals hängt, so daß sie es wieder aufnehmen und, der Brust nah, auf ihren Armen tragen muß. Als ich erwachte, da kam das Licht mir recht feindselig vor. –

ANHANG

ANMERKUNGEN

Von den bedeutsamen Ausnahmen abgesehen, die »Matteo« und »Die Kuh« bilden, gehen Hebbels Prosawerke seinem dramatischen Oeuvre zeitlich voran. Die epischen Arbeiten dienen der Stilfindung des Dramatikers, und wer Hebbels Novellen und Erzählungen zu werten unternimmt, ist gehalten, den vorbereitenden Charakter dieser tastenden Versuche mitzubedenken, in denen sich seine frühe Anschauung von Mensch und Welt spiegelt. Vergleicht man die Prosaschriften mit dem späteren dramatischen Kosmos, so überrascht zunächst die Armut der Themen und Stoffe: Einige wenige Grundmotive werden immer wieder umworben. Schon die frühesten Versuche gefallen sich in Variationen des Traum-Themas, das in die Grenzgebiete des Parapsychologischen und in den Bereich des Halbbewußten hinüberspielt. Die Einheit der dichterischen Welt und die Freiheit der Erfindung sind für den jungen Dichter dort gewährleistet, wo Traum und Poesie fugenlos ineinander übergehen. Die kräftige Ausstrahlung der mystisch-spekulativen Naturphilosophie Gotthilf Heinrich Schuberts und die lehrhaft-erhabene »Idyllik der Himmelslandschaft« (Wolfgang Liepe) in Christoph August Tiedges »Urania« (1801) förderten die Anlage des Wesselbureners, in irreale Räume hinüberzuschweifen, noch ehe die umgebende Wirklichkeit mit verläßlicher Genauigkeit in den schriftstellerischen Griff gebracht worden war. Traum und Traumgesicht bildeten derart die dichterische Welt des jungen Hebbel, daß E.T.A. Hoffmanns phantastisch-bizarre Prosa ihm als dargestelltes wirkliches Leben – »die einzige Quelle echter Poesie« – erscheinen konnte (vgl. Tgb. 2425, 9. Jan. 1842) und dieser für seine Novellen eine Bedeutung gewann, die in der Lyrik Uhland zukommt. Bestimmend wurde daneben für den sich selbst überlassenen Lesehunger Hebbels der Einfluß des Unterhaltungsschriftstellers C. W. S. Contessa (1777–1825; vgl. Tgb. 2476, 18. Febr. 1842), des Sylvester in den »Serapionsbrüdern«, der im Banne der Schauerromantik Spuk und Grusel bemühte, die noch die reifste Wesselburener Leistung, »Die einsamen Kinder«, randvoll enthält.

»Es sind äußerst knappe, konzise Produktionen, die aus sehr verschiedenen Zeiten stammen, aber darin übereinstimmen, daß der Akzent ausschließlich auf Charakter und Situation gelegt ist . . .« Mit diesen Worten kündigte Hebbel am 25. Juli 1855 Friedrich von Uechtritz die bevorstehende Veröffentlichung seiner Novellensammlung an. Schon die dezidierte Betonung von Person und Begebenheit, von Tat und Ereignis, gibt unbeschadet der vielfältigen Wechselwirkung beider einen ersten Hinweis auf die tektonisch-geschlossene Form der Novelle, die Hebbel bewußt »im Stile der alten Meister« (an S. R. Taillandier, 9. Aug. 1852) pflegte. Obwohl der junge Kritiker bereits 1835 in seiner Besprechung Theodor Körners und Heinrich von Kleists sein Unbehagen an der herkömmlichen Novelle wegen »der *Ungeheuerheit* der gewählten Stoffe« (Hist.-krit. Ausg. Bd. IX, S. 58) ausdrückte und obwohl der Dichter das

Komische nie als »abgesonderte vereinzelte Erscheinung« (Hist.-krit. Ausg. Bd. IX, S. 57 und Tgb. 115, 24. Okt. 1835) gelten lassen wollte, neigt er dazu, in seinen Charakternovellen groteske Fälle darzustellen, die das »Fratzenhaft-Lächerliche« (Bd. III, S. 507) illustrieren. So ähnelt die Beschreibung des gestörten Selbst- und Weltverhältnisses Schlägels einer pathographischen Studie, und der beabsichtigte Humor erhält durch die monomanisch-aggressive Besessenheit der Hauptfigur einen galligen Zusatz. Vergnüglicher stellt sich Schnock dagegen vor, Goliath und Hasenfuß in einer Person, ein »negativer Held«, der geschickt bramarbasiert und die einmal gewählte Haltung in skurriler Weise durchhält. Doch während hier die einzelnen Einfälle lose aneinandergereiht sind und letztlich austauschbar bleiben (wogegen sich Hebbel in der Abrechnung mit Julian Schmidt verwahrte: Bd. III, S. 658), gewinnt die »neue, unerhörte Begebenheit, welche dem Charakter plötzlich eine ebenso neue und unerhörte Seite entlockt« (an Arnold Schloenbach, 10. März 1855) in »Anna« und der »Kuh« eine an den verehrten Kleist gemahnende Gestalt. Trotz der possierlichen »Exkursionen« der Phantasie (Bd. III, S. 512) im »Schnock« stellt die dramatisch disponierte Geschehensnovelle Hebbels eigentliche Leistung auf dem Feld der Erzählung dar: Der »Pragmatismus des Zufalls« (Bd. III, S. 660) springt in die Form der Notwendigkeit über, wenn das Geschehen sich verselbständigt und die verstörten Personen zu Helfershelfern des Unheils erniedrigt. Der Dichter tritt als Stenograf des Sinnlosen völlig zurück und gibt der Logik des unversöhnlichen Geschehens den Weg frei. Die bloße Spur des Zufälligen wird ausgeschieden; das ungeheuerliche Ende erscheint ohne Zusammenhang mit seinem geringfügigen Anlaß, obwohl es die finalstrukturierte Novelle erzwingt, daß »die erste Linie die letzte rezensiert und die letzte die erste« (Bd. III, S. 661).

Daß ein wahres Kunstwerk nicht nur der Entwicklung eines Charakters, sondern vielmehr der »Erbauung einer Welt« (an Elise Lensing, 12. Dez. 1838) bedürfe, war Hebbel wohlbekannt. Doch seine Prosa gibt oft genug nur Ausschnitte, die eher der als Humor verstandenen »Erkenntnis der Anomalien« (Tgb. 118, 24. Okt. 1835) dienen denn der Repräsentanz eines durchscheinend gemachten Wirklichkeitsganzen, wie es die tektonische Form verlangt. Bizarre Randerscheinungen werden von Hebbel überbelichtet und fehlende Umsetzungen der Charaktere in Situation und Vorgang durch auktoriale Kommentierung – im »Matteo« beispielsweise –, anderswo durch »frostiges Räsonnement« (vgl. den wichtigen Tagebucheintrag 1057, 3. April 1838) ersetzt. Was Hebbel an Mörikes »Mozart«-Novelle am 20. Februar 1838 rühmte: die Entstehung einer dichterischen Welt aus einem Senfkorn, blieb seinen epischen Arbeiten – vielleicht mit Ausnahme des »Schnock« – weithin versagt. Obwohl Hebbels Prosa einen Teil ihrer Schätzung also dem Umstand verdankt, Zeugnis seiner dichterischen und weltanschaulichen Reifung zu sein, darf über ihrer herkömmlichen Formgebung nicht vergessen werden, was sie dem heutigen Betrachter »zeitgemäß« macht: der Auftritt des Grotesken als des Normalen, die Vermischung des Lächerlichen mit dem Grausigen (vgl. auch Bd. II,

S. 388). Ansonsten mag gelten, was Hebbel am 12. April 1856 Friedrich von Uechtritz schrieb: »Für die Novellen nehme ich keine weitere Anerkennung in Anspruch, als daß es lebendige Organismen sind. In dieser Beziehung stehen sie vielleicht hinter meinen übrigen Arbeiten nicht zurück; in jeder anderen kommen sie nicht in Betracht, denn sie gingen meinen Haupt-Aufgaben entweder voraus wie z. B. die Anna, oder sie liefen nur so nebenher.«

Ungedruckte Vorreden zu den »Erzählungen und Novellen« (S. 7)

Zuerst im Jahre 1836 in Heidelberg, dann in Hamburg (1841) und Paris (1844) versuchte Hebbel einen Verleger für seine Novellen zu finden. Aber selbst Tieck vermochte nicht zu helfen. Im Herbst 1847 richtete Hebbel die Mehrzahl seiner epischen Arbeiten für den Druck ein, indes bedurfte es der späteren Vermittlung seines Freundes Kolbenheyer, um den Verleger Gustav Heckenast im Sommer 1855 zur Veröffentlichung einer Sammlung zu bewegen, die folgende Stücke enthielt: Matteo, Herr Haidvogel und seine Familie, Anna, Pauls merkwürdigste Nacht, Die Kuh, Der Schneidermeister Nepomuk Schlägel auf der Freudenjagd, Eine Nacht im Jägerhause.

7, 7 *Titel: niederländische Gemälde* – Die Übertragung des kunstgeschichtlichen Begriffs auf dichterische Gegenstände ist zwar auch in Goethes Hochschätzung der niederländischen Malerei in ihrer Lebensfülle und Wirklichkeitstreue vorgebildet, doch es war Jean Paul, der im 12. Programm seiner »Vorschule der Ästhetik« (1804) den italienischen, den deutschen und den niederländischen Roman aufgrund seiner »Materie« unterschied und beispielsweise den »Titan« der italienischen, »Quintus Fixlein« der niederländischen Schule zurechnete. Auch das Kunstgespräch in Büchners »Lenz« rühmt die »holländischen Maler«, da sie die einfachen Menschen und die Natur »am wirklichsten« erfassen. – Zu Hebbels Liebe zu David Teniers vgl. das Vorwort zum »Schnock«.

8ff. In den »Unterhaltungen deutscher Ausgewanderten« forderte Goethe, daß die Novelle es mit einer »als wahr erzählten« Begebenheit zu tun habe.

17ff. Den Zusammenhang von Kunst- und Naturformen, den Goethe nachdrücklich betont hatte, erwähnt e negativo das Tgb. 2172, 23. Okt. 1840. In einem Brief an Friedrich von Uechtritz (12. April 1856) nahm Hebbel für seine Novellen nichts in Anspruch, »als daß es lebendige Organismen sind«.

8, 2 *Die Welt ist eine Zwiebel* – Dieses Bild, auf das Ich angewendet, findet sich zuerst im Tgb. 1775, 9. Nov. 1839.

22 *die Begebenheit, die neue, unerhörte* – Anspielung auf Goethes Bestimmung der Novelle im Gespräch mit Eckermann am 29. Januar 1827: ». . . denn was ist eine Novelle anderes als eine sich ereignete unerhörte Begebenheit«.

28 Dieses Zeichenhafte war für Friedrich Schlegel ein Kriterium der »allegorischen« Novelle (Minor II, S. 412f.).

9, 5 Giovanni *Boccaccio* (1313–75) führte mit seinem »Decamerone« (1353) das novellistische Erzählen der Frührenaissance auf eine überragende Höhe.

13 Unter seinem *komischen Roman* versteht Hebbel den »Schnock«.

17 *Junkturen* – Verbindungen.

25 Die Choleraepidemie in München beschreibt Hebbel für das »Morgenblatt« im Februar 1837 (Hist.-krit. Ausg. Bd. IX, S. 372–77). Man möchte annehmen, daß Hebbel mit der Erwähnung der Cholera auch auf die Pest von 1348 anspielt, der Boccaccios »Decamerone« seine Entstehung verdankt.

28f. *Medardus-Görres* – Joseph v. Görres (1776–1848), Haupt der katholischen Spätromantik, Professor der Geschichte. Ihn hörte Hebbel während seines Münchner Aufenthalts. Der Spottname Medardus spielt auf E. T. A. Hoffmanns »Elixiere des Teufels (Nachgelassene Papiere des Bruders Medardus, eines Kapuziners)« an. Zu Hebbels Einschätzung von Görres' »Christliche Mystik« vgl. Tgb. 3711, 27. Sept. 1846.

10, 3 *Komik* – »Das Komische ist die beständige Negation der Natur« (Tgb. 99, 8. Okt. 1835; vgl. Bd. III, S. 501). Während des ersten Hamburger Aufenthalts und vor allem dann in München grübelte Hebbel über das Wesen des Komischen:« Vgl. Tgb. 115, 1064, 1141, 1176, 1207. Alle diese Aphorismen zeigen Hebbels Abneigung gegen bloßen Wortwitz und pure Situationskomik. Nicht der lustige Einfall bestimmt die Komik, sondern vielmehr der Charakter, der sich streng folgerichtig, doch ungereimt zur allgemeinen Natur des Menschen verhält und dessen Bestrebungen sich im Tun verkehren.

10 *es ist alles eitel* – »Es ist alles ganz eitel, sprach der Prediger«: Salomo 1, 2 u. ö.

vive la Bagatelle! – Es lebe die Belanglosigkeit! Jonathan Swifts (1667–1745) satirischen Ausruf führte Hebbel wiederholt in seinen Schriften an.

28 Den *geschlossenen Ring* der strengen Novellenform löste nach Hebbels Epigramm der ansonsten verehrte Tieck auf: »In der Novelle dagegen vermag ich dich nicht zu bewundern, / Diese reizende Form hast du erweiternd zerstört« (Hist.-krit. Ausg. Bd. VII, S. 227f.).

Treue Liebe (S. 12)

Am 11. September 1828 erschien im »Dithmarser und Eiderstedter Boten« diese anonyme Erzählung, die Wolfgang Liepe im Hebbel-Jahrbuch 1953 (S. 71–73) wieder veröffentlichte und als Erstlingsarbeit Hebbels ausgab. E. T. A. Hoffmann hatte in den ersten Band der »Serapionsbrüder« (1819) seine Geschichte über »Die Bergwerke zu Falun« aufgenommen und dabei eigens auf Gotthilf Heinrich Schuberts achte Vorlesung der »Ansichten von der Nachtseite der Naturwissenschaft« (1808) verwiesen. (Im Jahre 1719 soll in den schwedischen Kupferbergwerken zu Falun der, wie Schubert sagte, »unverweste Leichnam« eines 1670 verunglückten Jünglings geborgen worden sein.) Hoffmann entnahm die stoffliche Anregung zu seiner romanhaft weitläufigen Erzählung Schuberts Hinweis, folgte indessen in den meisten Personennamen und vielen Sachbezeichnungen Ernst Moritz Arndts »Reise durch Schweden im Jahre 1804« (1806 veröffentlicht). Auch wenn angenommen werden darf, daß Hebbel schon 1828 E. T. A. Hoffmann kannte, so läßt doch die geradlinige und gestraffte Darstellungsweise eher den Einfluß von Johann Peter Hebels Anekdote »Unverhofftes Wiedersehen« mutmaßen, die im weitverbreiteten »Schatzkästlein des Rheinischen Hausfreundes« (1811) zu lesen war. Ist Hebbel der Verfasser der Geschichte des Bergmanns von Falun – wofür seine Hoffmann-Kenntnis und stilistische Eigenheiten (vielleicht auch ein Briefwort vom 18. September 1835: »Wir sind doch eigentlich Bergleute ...«) sprechen –, dann überrascht der Mut des Fünfzehnjährigen, Hoffmanns und Hebels Erzählungen eine eigene an die Seite zu stellen.

Unsere Wiedergabe der ersten vier Erzählungen Hebbels folgt dem Hebbel-Jahrbuch 1953, S. 71–79.

Der Traum (S. 15)

Während R. M. Werner im Hebbelkalender 1905 diese zu Beginn des Jahres 1829 anonym im »Boten« erschienene Traumvision lediglich als Vorbild für Hebbels »Holion« wieder veröffentlichte, beanspruchte sie Hermann Krumm in seiner Ausgabe bereits als Hebbels Eigentum, was Wolfgang Liepe im Hebbel-Jahrbuch 1953 (S. 44–51) nachdrücklich bestätigte. Die im »Boten« vom 12. Februar 1829 erschienene anonyme Skizze geht in ihren »Realien« Liepes Untersuchungen zufolge auf Schubert, vornehmlich auf die achte Vorlesung der »Ansichten«, zurück: Schubert beschreibt dort die fortschreitende Vereisung des organischen Lebens auf der Erde. Um seine These von Hebbels Autorschaft zu stützen, verwies Liepe auf die spätere Deutung der Farbe weiß (Tgb. 1361, 28. Nov. 1838), auf die Bewußtseinsspaltung im Wachtraum (Tgb. 1620, August 1839) und auf das Gedicht »Die Winter-Landschaft« (3. Jan. 1839; Hist.-krit. Ausg. Bd. VII, S. 165).

17, 5 *Door apen!* – Neben den »Verkleidungen« (Bd. II, S. 99–104) eine der ganz wenigen plattdt. Wendungen in Hebbels Dichtung.

Antenors Traum (S. 18)

Auch diese, am 20. Mai 1830 anonym im »Boten« erschienene und mit einer kräftigen kosmischen Imagination durchgeführte Allegorese glaubt Liepe als Hebbels Eigentum ansprechen zu können. Wieder ist Schuberts Einfluß übermächtig; wieder konnte der junge Hebbel in der achten Vorlesung der »Ansichten« von der Verschiedenheit der kosmischen Zeitdimension im Anschluß an den dreißigjährigen Saturnumlauf hören. Indem die Gedankenskizze kosmische und irdische Zeit verknüpft und den Zeitsinn der Ephemere, der Eintagsfliege, dagegenhält, offenbart sie die frühe Neigung des Tragikers, Maße zu setzen für das gelebte Leben.

Der Name Antenor erinnert an den edlen Trojaner, den Homer als verständigen Greis rühmt. (Liepe zieht überdies Salomon Geßners Idylle »Myrtil« heran.)

Die beiden Träume (S. 21)

Obwohl Hermann Krumm und Paul Bornstein sich der stereotypen Motivik wegen scheuten, alle ihnen bekannten Traumerzählungen aus dem »Boten« Hebbel zuzuweisen, suchte Wolfgang Liepe auch für »Die beiden Träume« (erschienen am 3. Juni 1830) dessen Verfasserschaft aufzuzeigen: Als Vorbilder bestimmt Liepe neben der Todesvision Franz Moors Schuberts »Symbolik des Traums« (1814), insbesondere die Anschauungen über den »magnetischen Schlaf« und die geistige Fernwirkung, wie sie hier Clementines tote Mutter auf die Züge des Säuglings ausübt. Doch wie nachhaltig auch immer Schuberts Schlaf- und Traummystik Hebbel bestimmt hat und wie überzeugend stilistische Eigenheiten, die Liepe übergeht, an Hebbel gemahnen – die antithetisch dargestellten Traumgesichte entsprechen derart der allverbreiteten Topik der In-tyrannos-Dichtung und ihrer Tartarus- und Elysiumsvorstellung, daß stofflichen Beziehungen nur eine geringe Beweiskraft bei der »Identifizierung« des Textes zugestanden werden kann.

Des Greises Traum (S. 23)

Im Jahre 1910 wurde »Des Greises Traum« erstmals gedruckt, und zwar im Aprilheft der Zeitschrift »Nord und Süd«. Paul Bornstein hatte eine leicht verderbte Abschrift durch Nachfahren von Hebbels Jugendfreundin Margarethe Elvers erhalten. Hermann Krumm sah in dieser Erzählung Hebbels früheste Prosa; Wolfgang Liepe indessen führte im Hebbel-Jahrbuch 1953 (S. 63ff.) den Nachweis, daß »Des Greises Traum« die letzte der Traumerzählungen Hebbels sei und bei der Abfassung die Ende 1830 erschienene »Geschichte der Seele« (bes. § 48) von Gotthilf Heinrich Schubert Pate gestanden habe: Dort werden bestimmten Sünden bestimmte kosmische Aufenthaltsorte zugedacht und die Verführer der Jugend zu Todsündern deklariert. Das Motiv der Untreue, das sich auch in Hebbels Lyrik findet (in der Romanze »Die Kindesmörderin«, Hist.-krit. Ausg. Bd. VII, S. 68) hatte im »Sturm und Drang« geradezu grassiert. Der Einfluß von Klopstocks »Messias«, den Hebbel kannte (vgl. Tgb. 649, 14. März 1837), und Franz Moors Gerichtsvision in den »Räubern« (V, 1) ist wiederum so kräftig, daß die vagen Bezüge zu Schuberts »Geschichte der Seele« diese nur mit Vorbehalt als terminus post quem anzusehen gestatten. Gleichviel, ob »Des Greises Traum« 1829 oder 1830 (und, wie Liepe annimmt, nach dem »Holion«) entstanden ist, – an Hebbels Verfasserschaft braucht nicht gezweifelt zu werden.

Unser Druck folgt der modernisierten Fassung Hermann Krumms (Bd. 10, S. 19–24), da Bornstein zu kräftig konjizierte.

24, 19ff. Der Gedanke, daß »der Fluch der Sünde« dem Geist im Übergang von Leben und Tod »die nie geprüften Flügel« zu gebrauchen verwehre, ist im Tgb. 1488, 2. Febr. 1839, festgehalten.

25, 2ff. Die unendliche Bedeutung des Augenblicks, von Schiller vielleicht eingegeben (vgl. »Resignation« und »Die Gunst des Augenblicks«), betont Hebbel in der Erzählung »Die einsamen Kinder« (S. 86, 33ff.) und vornehmlich in »Herodes und Mariamne« (v. 1178ff.).

Holion (S. 29)

Erstdruck im »Dithmarser und Eiderstedter Boten« am 11. Nov. 1830 – zum ersten Mal mit Namensnennung: C F. Hebbel.

Ob der Name Holion an Jean Pauls Lord Horion im »Hesperus« erinnern soll, ist fraglich; gewisser ist der Einfluß von E. T. A. Hoffmanns »Vision auf dem Schlachtfelde bei Dresden« und C. W. Contessas »Nachtstück« »Der schwarze See«. Wolfgang Liepe (Hebbel-Jb. 1953, S. 57ff.) macht dagegen die gedankliche und bildliche Abhängigkeit von Schuberts »Ansichten von der Nachtseite der Naturwissenschaft« geltend. So erwähnt Schubert in der dritten Vorlesung der »Ansichten« die Fabel, wie einer die Göttin des Himmels zu umfangen meinte und statt ihrer eine Wolke ergriff.

Der Brudermord (S. 32)

Erstdruck im »Boten« am 8. Dez. 1831. Unterschrift: C. F. Hebbel.

Die Skizze muß ergänzt werden durch das »dramatische Nachtgemälde« »Der Vatermord« (Bd. II, S. 473). Beider Entstehung könnte das Gespräch zwischen Franz Moor und Pastor Moser in den »Räubern« (V, 1) veranlaßt haben: »Sag mir, was ist die größte Sünde? . . . *Vatermord* heißt die eine, *Brudermord* die andere . . .«

Der Maler (S. 34)

Erstdruck in Amalie Schoppes »Neuen Pariser Modeblättern« im Juli 1832, von der »Doktorin« hochgelobt. Entstehung wohl bereits im Frühjahr 1832.

Der Name Meister Dietrich entspricht dem der Titelfigur einer Novelle von C. W. Contessa, die Hebbel bekannt war. (Vgl. den Brief an Elise Lensing vom 21. Febr. 1837: »Das ist ein Dichter, der, mit Hoffmann zu reden, geschaut hat, was er darstellt.«) In seinem ersten »Versuch in der Novelle« verfährt Hebbel mit historischen Personen und Fakten überaus frei, wie die Verpflanzung des italienischen Malers Pietro Perugino (1446–1524) nach Frankfurt und sein Verhältnis zu seinem Schüler Raffael zeigen. Diese Beziehung erinnert, wie R. M. Werner anmerkt, an E. T. A. Hoffmanns Novellen »Der Artushof«, »Fermate« und in manchen Details an den »Rat Krespel« (alle im ersten Band der »Serapionsbrüder«).

Die Räuberbraut (S. 41)

Entstanden im Sommer 1832, wurde »Die Räuberbraut« erstmals in Amalie Schoppes »Modeblättern« 1833 gedruckt.

Der Name Victorin kommt in E. T. A. Hoffmanns »Elixiere des Teufels« vor; Emilie mag an Hebbels Jugendfreundin Emilie Voß erinnern. Ein Einfluß von Schillers »Verbrecher aus verlorener Ehre« ist in der Schilderung der Räuberhöhle und des Gelages, vornehmlich aber im Grundmotiv spürbar: wie sich die guten Anlagen eines Menschen durch eine verschmähte Liebe in ihr Gegenteil verkehren. Erstaunlich ist die dramatische Gruppierung der Personen: Gustav, der sich rächen will an seinem Todfeind, wird dessen Untergebener, so daß er zwischen Rache und Treue die Wahl zu treffen hat.

Nachwirkungen dieser Erzählung finden sich in der »Julia« (Bd. I, S. 421–84).

45, 8 *Harpyen* – Unholdinnen, halb Jungfrauen, halb Raubvögel.
22 *Hebe* – gr. Göttin der Jugend, Mundschenkin im Olymp.

DIE EINSAMEN KINDER (S. 56)

Am 14. Februar 1833 teilte Amalie Schoppe Hebbel mit: »Wenn Sie mir einmal ein recht zartes, sittiges Märchen aus dortiger Gegend oder auch ein erdachtes für die ›Iduna‹ schreiben wollten, so hätte ich es gern; um eine moralische Tendenz bitte ich aber.« Diesem Ersuchen scheint Hebbel sogleich nachgekommen zu sein, wie die autobiographischen Indizien des »Märchens« zeigen, die Bornstein (II, S. 234) betont: Aus Wilhelm spricht die Wehmut des Wesselburener Vogteischreibers, der Hamburg wie eine Erlösung anstrebt, während die Frau, die die irrenden Kinder aufnimmt und von ihrem »kürzlich« verstorbenen Sohn erzählt, an die Hebbels Anfänge fördernde »Doktorin« Schoppe erinnert.

»Die einsamen Kinder« stellen Hebbels letzte Wesselburener Prosaerzählung dar. Viele Motive der Jugendzeit sind darin verarbeitet – das Verhältnis Wilhelms und Theodors entspricht in manchen Zügen dem Hebbels zu seinem Bruder Johann; eine Unzahl von Lesefrüchten, Contessa und E. T. A. Hoffmann vor anderen entnommen, werden neben der beliebten Gespenster- und Schauerromantik, neben Teufelsspuk und Hexenzauber wieder lebendig. Böse Begierden erscheinen als dämonische Mächte, die den Menschen versuchen. Indessen gewinnt das unkindlich spekulierende und reflektierende Märchen mit seiner überwuchernden Phantasie eine Sonderstellung, da es Hebbels frühe Anschauung von Welt und Mensch verdichtet enthält, die noch konstitutiv ist für das dichterische Weltbild der Reifejahre. Wolfgang Liepe hat im Hebbel-Jahrbuch 1954 das »philosophische Jugendmärchen« untersucht und nachgewiesen, daß bis in nebensächlich scheinende Einzelheiten Gotthilf Heinrich Schuberts naturmystische Schriften wirksam sind. In dessen Nachfolge beschreibt der zwanzigjährige Hebbel Doppelträume, Traumzwänge und den »magnetischen Scheintod« Theodors. Die anklingende Thematik von Schuld und Schuldbekenntnis und die Eifersucht entfachende Vision der Schönheit geben allerdings so sehr allgemeine Vorstellungen wieder, daß an direkte Einflüsse nicht gedacht zu werden braucht.

Der Erstdruck erschien 1835/36 in Amalie Schoppes »Iduna« mit Untertitel (»Märchen«) und Namensnennung K. F. Hebbel. In der »Iduna« entdeckte es Theodor Bieder im Jahre 1906.

Unser Druck folgt der modernisierten Ausgabe von Hermann Krumm (Bd. 10, S. 51–93) unter vergleichender Heranziehung der Textwiedergabe durch Paul Bornstein. R. M. Werner bespricht »Die einsamen Kinder« in seiner Einführung in die »Novellen und Erzählungen« (Hist.-krit. Ausg. Bd. VIII, S. XV), ohne sie jedoch abzudrucken.

66, 34 ff. Die Fähigkeit des Hageren, Scheintote zurückzurufen, erinnert an Albans Tun in E. T. A. Hoffmanns »Der Magnetiseur«.

74, 17 ff. Hermann Krumm verweist auf Einflüsse von E. T. A. Hoffmanns »Ignaz Denner« für den vierten Abschnitt des Märchens.

83, 6f. Die dreimalige Anrufung des Teufels mag auf den »Faust« (v. 1531) zurückgehen, den Hebbel im Frühjahr 1833 gelesen hatte.

86, 23 *wie dem Scharbockkranken* – Scharbock: veraltete Form für Skorbut.

88, 24–37 Um den Einfluß Schuberts zu demonstrieren, deutet Wolfgang Liepe eingehend diesen Abschnitt, der als Darstellung eines Schlafenden eine für den jungen Hebbel typische Situation wiedergibt. Schubert hatte die Natur als »prophetische Hieroglyphe« verstanden und die in polaren Reihen voranschreitende Entwicklung der organischen Natur im Menschen resultieren lassen. Der Mensch ist – nach Schubert – nicht, was er sein sollte; erst im Schlaf tritt der einzelne zurück in den Zusammenhang des höheren Ganzen. Sorgen und Leidenschaften schwinden mit der Aufhebung des individuellen Bewußtseins. Der Träumende ist wie ein »Telegraph«, der die »ewige Mutter«, Leben und Erde, mit der Gottheit verbindet. Die »Verbindung«, die den Schlafenden aufnimmt, ist also als »elektrische« gedacht. (Nebenbei mag erwähnt sein, daß im Entstehungsjahr dieses Märchens Gauß und Weber den ersten elektromagnetischen Telegraphen bauten.) Sogar die seltsamen Anspielungen auf »die Zuckungen, die einer Weltrevolution voraufgehen«, und auf den »Musikmeister, der sich eine Harmonika erbaut hat«, lassen sich von Schubert her auflösen: Mit dem Erwachen zur Besonderheit des Individuellen wiederholt sich im Kleinen der Abfall der Natur von der Einheit der Gottwelt; der schlafende Mensch ist, wie der ursprungsnahe, ein Instrument der Sphärenharmonie, das E. T. A. Hoffmanns Novelle »Die Automate« als Harmonika angeführt hatte, da von ihr Naturlaute am vollkommensten wiedergegeben werden.

96, 7 *Zenitpunkte* – Der Druckfehler Krumms (Zeitpunkte) wurde nach Bornsteins Lesung berichtigt.

97, 19ff. Der Schlußabsatz könnte von fremder Hand stammen – vielleicht fügte ihn Amalie Schoppe bei.

Barbier Zitterlein (S. 98)

Begonnen wurde »Barbier Zitterlein« am 27. Juni, beendigt am 1. August 1835 (Tgb. 87; vgl. auch den anfänglichen Plan einer Dramatisierung: Tgb. 28).

Erstdruck in der von Heinrich Laube herausgegebenen »Mitternachtszeitung« vom 7. bis 21. Oktober 1836. (Die Handschrift ist verschollen.)

»Viel Ehre kann mir dieser Novellen-Maikäfer nicht bringen«, schrieb Hebbel am 18. Dezember 1836 an Elise Lensing, am 15. Februar 1837 jedoch voll Verwunderung: »Woher dem Zitterlein sein Glück kommt, begreif ich nicht. Es ist eine Arbeit, . . ., nichts darin zu schätzen, als – der gute Wille.«

R. M. Werner weist auf die vielen Übereinstimmungen des »Barbier Zitterlein« mit C. W. Contessas »Der Todesengel« hin.

100, 24 *Kundschaft* – frühere Bezeichnung für Lehrbrief und Lehrzeugnis.
107, 7f. *man hat es auch wohl . . .* – R. M. Werner fügte dem holsteinischen Provinzialismus *erlebt* bei.
108, 35 *Schnepper* – Instrument zum Aderlassen.
112, 17 *Cœur-Dame* – Herzdame.
114, 29 *Petarde* – Sprengladung, Mörser.
115, 12 *Waschkumme* – niederdt.: Waschschüssel.

Anna (S. 124)

»Zum ersten Mal Respekt gehabt vor meinem dramatisch-episch in Erzählungen sich ergießenden Talent«: Mit diesen Worten schloß Hebbel am 9. Juni 1836 (Tgb. 178) die Arbeit an der »Anna« ab, in der die Verwirrung einer verletzten Frauenseele das Geschehen mit zwingender Notwendigkeit freisetzt.

Seinen »dichterischen Erstling«, der »schon den ganzen Vater repräsentiert«, sandte Hebbel am 27. Mai 1847 an Felix Bamberg. Die an Kleist erinnernde dramatisch disponierte Novelle verteidigte Hebbel in seiner »Abfertigung eines ästehetischen Kannegießers« (Bd. III, S. 651), der Antwort auf Julian Schmidts Angriff in den »Grenzboten« (1850). Schon früher, am 12. September 1838, hatte der Dichter Elise Lensing berichtet, er habe Manuskripte an Ludwig Tieck geschickt, deren vollendetstes »Anna« sein dürfte. Daß Hebbel durch ein Heidelberger Kolleg von Professor Mittermaier über Zurechnungsfähigkeit angeregt wurde, nimmt R. M. Werner an (Hist.-krit. Ausg. Bd. XV, S. 84).

Erstdruck in Sidmund Engländers »Der Salon« 1847.

130, 23 *Schindanger* – Ort für Tierkadaver oder auch Platz, wo der Schinder (Abdecker) das tote Vieh enthäutet.

Die Obermedizinalrätin (S. 131)

Erschienen in Laubes »Mitternachtszeitung« am 20. Juni 1837.

131, 3 *l'Hombre . . . Whist* – Kartenspiele mit französischen Spielkarten.
19 *Rezidiv* – erneuter Ausbruch einer Krankheit.
20 *Seladon* – Name des Helden in Honoré d'Urfés Schäferroman

132, 20 »Astrée« (1607–10), der zum Muster dieser Gattung wurde; hier:
134, 7 schmachtender Liebhaber.

Vapeurs – Blähungen, Launen.

Fontanelle – bei Säuglingen häutige Räume zwischen den Schädelknochen, die sich erst während des ersten und zweiten Lebensjahres des Kleinkindes schließen.

Ein Abend in Strassburg (S. 135)

Erstdruck am 29. Juni 1837 ebenfalls in der »Mitternachtszeitung«. Straßburg hatte Hebbel im September 1836 kennengelernt. Die episodenhaft erzählte Mischung von Weltschmerz und Erotik sollte einen Ausschnitt aus einer lange geplanten Reisebeschreibung bilden. Die Grabvision nimmt Hebbel mit wörtlichen Anklängen in der »Julia« (Bd. I, S. 436) wieder auf.

135, 15 *travestieren* – ins Lächerliche ziehen.

Pauls merkwürdigste Nacht (S. 138)

Am 30. Januar 1847 (Tgb. 3944) sandte Hebbel diese Erzählung, die bereits 1835 in Hamburg entstanden war, an Hermann Hauff. Da sie dieser im Stuttgarter »Morgenblatt« nicht abdruckte, wählte Hebbel die »Wiener Zeitschrift für Kunst, Literatur und Mode« als Ort für den Erstdruck (am 2. und 3. Juli 1847). Diese Darstellung eines Hasenfußes hieß zunächst »Johann« und bezog sich auf Hebbels ängstlich-trägen Bruder gleichen Namens. Die frühen Kommentatoren betonen, auch Antje Margaretha, die leicht aufbrausende Mutter Hebbels, sei hier kopiert.

139, 21 *Bettelvogt* – früher ein zur Unterdrückung des Bettelns angestellter niederer Polizeibeamter.

Der Schneidermeister Nepomuk Schlägel auf der Freudenjagd (S. 145)

Am 19. Dezember 1836 begann Hebbel, wie er an Elise Lensing schrieb, dies »komische Charaktergemälde« zu entwerfen. Die ursprüngliche (verlorene) Fassung stellte er am 16. Januar 1837 (vgl. Tgb. 3738) fertig, die er am 6. Oktober 1846 (Tgb. 3742) abschrieb. Es ist zu mutmaßen, daß nur das erste Kapitel der mit schwarzem Humor verfaßten bizarren Geschichte vorliegt.

Erstdruck in Sigmund Engländers »Salon« 1847 zusammen mit »Anna«. Felix Bamberg gegenüber meinte Hebbel am 27. Mai 1847, die Erzählung sei zwar ihm lieb, »aber niemand sonst kann sie ausstehen«. Gelegentliche autobiographische Züge drängen sich denn auch vor, erinnert man sich des Tagebuchs Nr. 672, 4. April 1837, und mancher Erzählungen aus der frühesten Kindheit (vgl. Bd. III, S. 738, 1 ff.).

R. M. Werner verweist für den Eingang der Erzählung auf Wilhelm Hauffs Novelle »Die Bettlerin vom Pont des Arts«.

146, 34 *Seladon* – Vgl. Anm. zu S. 131, 20.

147, 20f. *in der Bairischen Landbötin* – Über die Stilblüten dieser Zeitung machte sich Hebbel wiederholt lustig (vgl. Tgb. Februar 1837). *crimen* – im röm. Recht die Strafanklage sowie das im Prozeß zu verfolgende Unrecht oder Verbrechen.

149, 26 *hyperbolisch* – hier: übertrieben.

32 *Contre-Marke* – Gegenstempel auf Münzen; Kontrollstempel auf Waren. Berechtigungsmarke zum Wiedereintritt in Theater und dgl.

150, 21 *Dekokt* – Absud.

151, 29 von *der gebrechlichen Einrichtung der Welt* – Leitwort Kleists in der »Marquise von O.« und im »Michael Kohlhaas«.

152, 35 *Einpallisadieren* – mit Schanzpfählen befestigen.

153, 1 *Leichdornen* – mundartlich für Hühneraugen.

154, 14 *daß . . . das Gehen besser fleckt* – umgangssprachlich für vorankommen, »klappen«.

Eine Nacht im Jägerhaus (S. 156)

Erstdruck im »Morgenblatt« vom 2. bis 5. Febr. 1842 nach einer überarbeiteten älteren Fassung (wohl aus dem Jahre 1837), die in der Ichform gehalten war. Der Zweitdruck erschien ebenfalls 1842 im »Hamburger Beobachter«. In dem von Hebbel redigierten Feuilleton der »Österreichischen Reichszeitung« wurde die Erzählung, die in manchen Einzelheiten an Wilhelm Hauffs »Wirtshaus im Spessart« (1826) anklingt, ein drittes Mal im Jahre 1849 wiedergegeben.

163, 12ff. *die fromme Gellertsche Strophe* stammt aus Paul Gerhardts »Morgenlied«.

Der Rubin (S. 166)

In einem Brief an Elise Lensing äußerte Hebbel am 11. April 1837: »Das Beste hab ich zuallerletzt in München geschrieben, ein kleines Märchen: der Rubin, auf dessen Idee, die sich herrlich für eine Oper eignen mögte, ich mir wirklich so viel, als ein ehrlicher Mann darf, einbilde.« Es sei zwar kein Märchen »in eigentlichster Bedeutung«, fuhr Hebbel am 12. Dezember 1838 fort, doch »durfte ich mich des Märchen-Titels mit dem nämlichen Recht ... bedienen, womit Tieck selbst ihn vielen seiner Produktionen beilegte ...« Nach dem Bericht Eduard Kulkes handelt es sich bei dem Märchen, das in die Welt von Tausendundeiner Nacht hinüberweist (vgl. Tgb. 638), um eine freie Erfindung Hebbles (Bd. III, S. 756), deren »Idee« das Tagebuch (442, 30. Okt. 1836) als Lebensregel festhält: »Wirf weg, damit du nicht verlierst!« Der Erstdruck erschien in Theodor Mundts »Der Freihafen« im Frühjahr 1843. (Der maßgebende, auf Hebbels eigenhändige Korrekturen zurückgehende Abdruck findet sich im »Humoristischen Album für den Weihnachtsbaum« des Jahres 1848). Die Veröffentlichung mißfiel Hebbel, da er in der Zwischenzeit den Plan gefaßt hatte, das Märchen »in eine andere, dramatische Form« umzusetzen (an Elise Lensing, 15. April 1843; vgl. die Anmerkungen zu dem »phantastischen Lustspiel« Bd. I, S. 800ff.).

167, 38ff. *die Inschrift der Danteschen Hölle* – »Lasciate ogni speranza voi ch' entrate!« – »Laßt alle Hoffnung hinter euch, ihr, die ihr eintretet!« (»Die göttliche Komödie«, I. Die Hölle, 3. Gesang, v. 9.)

168, 10 *Bastonade* – Stockprügel, besonders auf die Fußsohlen.

Schnock (S. 176)

Entstehung und Erstdruck

Über mehrere Jahre zog sich die Arbeit an Hebbels epischem Hauptwerk, dem »Schnock«, hin. Die Anfänge – die Szene in der Tierbude z.B. – reichen noch in die erste Hamburger Zeit zurück. Im Spätherbst 1836 wurde in München mit der Überarbeitung begonnen, denn es fehlte dem Anfang, »aller Laune ungeachtet«, an »Stil«, wie Hebbel Elise Lensing am 29. November 1836 mitteilte. Wenige Tage später, am 8. Dezember, konnte allerdings frohgemut festgestellt werden: »Die letzten hier in München entstandenen Szenen wage ich allem, was jemals im Komischen auf deutschem Grund und Boden geleistet worden, an die Seite zu setzen; namentlich die, wo er den Pastor wegen einer Predigt zur Rede stellt, und wo er seine Braut betrunken macht, weil er glaubt, sie soll da aus dem Ehstandskalender etwas ausschwatzen. Aber das meiste des in Hamburg Fertiggewordenen ... bedarf fast gänzlicher Umarbeitung, die in keiner, als in der besten Stunde ... gelingen kann. Es kommt im Komischen *ganz* auf den Ausdruck, ja, auf das einzelne *Wort* an ...« Am 15. Dezember war die »letzte Szene« geschrieben: »Wäre nur die erste auch erst fertig!« Jean Paul wurde in diesen Wochen zum begeisternden Lehrmeister (»O, wie sind sie doch alle, Goethe ausgenommen, Stümper gegen den!« An Elise, 18. Dez. 1836), und der Eindruck, den der »Feldprediger Schmelzle« hinterließ, ist in einer Vielzahl von verwandten Situationen und wörtlichen Anklängen ablesbar. Die Mühen um Gestaltung und

Umgestaltung der Geschichte von dem furchtsamen Riesen hielten noch monatelang an. Im April 1837, kurze Zeit vor der Absendung des Manuskripts an den Verleger Campe, arbeitete Hebbel den Roman, dessen Titelheld an den Schreiner Hans Schnock im »Sommernachtstraum« erinnert, völlig um. Jetzt endlich glaubte der Dichter, »ein echt komisches Charaktergemälde geliefert zu haben« (an Elise, 12. Mai 1837). Doch Campe veröffentlichte den Roman nicht, obwohl Hebbel meinte, »ein Werk der Gnade tut er nicht, wenn er ihn verlegt« (an Elise, 24. Mai 1837), und sich rühmen konnte, »daß alles, was im ersten Manuskript . . . bloßer Spaß war, jetzt zum notwendigen Resultat einer zwar komischen, aber durchaus konsequenten Persönlichkeit erhoben ist« (an Elise, 20. Sept. 1837). In der Hoffnung, durch Tiecks Vermittlung einen Verleger (und das für die Doktorpromotion notwendige Geld) zu finden, sandte Hebbel Ende Juli 1838 die Manuskripte zu »Schnock«, »Anna« und »Der Rubin« nach Dresden. Doch Tieck, »der Meister, der selbst im Komischen Unvergängliches hervorgebracht« (an Kirchspielschreiber Voss, 25. Juli 1839), äußerte sich erst am 23. Juni 1839 zum »Schnock«: »Ich habe Ihren kleinen Roman einmal gleich in den ersten Stunden des Empfangs mit Vergnügen gelesen und diese Lektüre mit immer steigendem Ergötzen noch drei Mal wiederholt . . . Dieser echte, durchaus gesunde Humor, dieses frische Kolorit, diese kecke Sprache, die vielen barocken und bizarren Gestalten . . . fesseln unwiderstehlich die Aufmerksamkeit, die Erzählung der Begebenheiten ist überraschend und doch so höchst natürlich, und man ergeht sich im vertraulichen Umgang mit den Capricen des Autors . . .« Zu einer Drucklegung kam es aber wiederum nicht. So blieb der »komische Roman nebst ernsthaftem Anhang« (an Charlotte Rousseau, 25. Okt. 1838) noch weitere Jahre liegen. Erst in Wien brachte Hebbel die Geduld der endgültigen Überarbeitung, die weithin eine Kürzung des Geschriebenen bedeutete, nochmals auf. (Der Name Christine – Hebbel hatte inzwischen geheiratet – wurde in Lene umgeändert.) Erleichtert vermerkte der Rückblick auf das Jahr 1847 den endlichen Abschluß des Werkes: ». . . am Schnock noch Unendliches getan« (Tgb. 4338).

Der Erstdruck erschien in: Huldigung den Frauen. Taschenbuch für das Jahr 1848, hg. v. J. F. Castelli (Wien) [1847]. Die maßgebende Buchausgabe veranstaltete J. J. Weber in Leipzig 1850.

Weitere Selbstäußerungen Hebbels

»Furcht ist kein Gefühl, es ist der einzige Zustand, der den Menschen aufhebt« (Tgb. 207, 1. Juli 1836).

An Elise Lensing, 15. Dezember 1836: »Victoria! Eben hab ich die letzte Szene zum Schnock geschrieben . . . Wäre nur die erste auch erst fertig! Es ist unendlich schwer, einen Charakter der Art aus dem Innersten heraus zu erschaffen; nicht allein lieber, sondern auch leichter baut der Mensch sich einen Vergrößerungsspiegel, als einen verkleinernden; dort gilt es bloß ein Ausdehnen, hier aber ein Einspinnen, ein völliges Verkriechen in das Hirn eines Regenwurms. Den Konflikt selbst, in den z. B. der furchtsame Schnock mit Welt und Natur geraten muß, hinzustellen, ist mehr, als leicht; wie aber das All in seinen Augen sich bricht und malt, und wie dasselbe Schraubenwerk, das Napoleon nach Muskau windet, diese Raupenseele vor einem kalekutschen Hahn in die Flucht treibt, das zu erfassen und zu zeichnen, ist die Aufgabe.«

An Elise Lensing, 31. März 1838: »Den Schnock hab ich wieder gelesen; er war mir fast gänzlich aus dem Gedächtnis gekommen. Mir deucht noch immer, er darf sich sehen lassen. Nur das, was ich im Vorwort über das Komische gesagt habe, gefällt mir nicht mehr; es ist Gewäsch und steht dazu an der verkehrten Stelle. Sonst fehlt es den einzelnen Szenen sowenig an Frische und Leben, als an einem Mittelpunkt im Charakter des Helden.«

An Elise Lensing, 12. Dezember 1838: »Freilich ist es nur ein einzelnes Element des Komischen, das in meinem Schnock waltet; dies weiß ich sehr gut, aber es ist ein gesundes Element, und dasjenige, von dem alle eigentliche Bewegung, Fülle und Glut ausgeht. Ein Kunstwerk im höheren Sinn darf ich meinen Roman nicht nennen, dieses entsteht nicht durch bloße Abwickelung eines Charakters, sondern nur durch Erbauung einer Welt.«

An Elise Lensing, im Januar 1839: »Ich habe in diesen Tagen den Schmelzle von Jean Paul, der mir zum Schnock die erste Anregung gab, einmal wieder gelesen und mich überzeugt, daß Schnock nicht der bloß fortgespielte hasenherzige Feldprediger, sondern ein ganz neuer Charakter ist. Ich fürchtete wirklich, das Vorbild möge stärker eingewirkt haben, als mir lieb sein könnte, doch meine Furcht war gottlob ungegründet . . .«

An Elise Lensing, 26. Mai 1844: »Ich wollte, da Heine Mspt [Manuskripte] nach Hamburg sendet, den Schnock mit beischließen, aber – ich finde ihn nicht mehr so gut, wie sonst, ich halte es für ein Wagestück, ihn drucken zu lassen! Gerade heraus: er taugt nichts! Gut gemalt, aber – welch ein Gesicht?«

An Emil Palleske, 11. September 1847: »Die komischen (Schlägel; Schnock . . .) gehören zu meinen ersten Artikeln und sind mit unendlichem Behagen unter Kummer und Not auf der Universität zu München ausgeführt worden. Und jetzt liebe ich sie sehr.«

An Gustav Kühne, 4. März 1850: »Auch was den Schnock betrifft, mag ich im Ausscheiden des Überflüssigen zu weit gegangen sein. Er ist das erste, was ich . . . geschrieben habe und hat mir, als er entstand, große Dienste geleistet.«

An Gustav Kolb, 3. April 1852: »Ich hatte das absonderliche Mißgeschick, daß alle meine dramatischen Bilder auf die übertriebenste Weise ins Allgemeine gedeutet wurden und daß mein Protestieren nichts half. Sollte doch sogar ein harmloses Studentenstück, mein Tischlermeister Schnock, den ich zu München auf der Universität aus reiner Lust zum Zeichnen eines drolligen Menschenkäfers entwarf, auf das deutsche Volk und sein Philistertum gerichtet gewesen sein. Aus dieser Position, die man mir aufdrang, gingen dann arge Mißverständnisse hervor . . .«

In der Selbstbiographie für F. A. Brockhaus (R. M. Werner: für Arnold Ruge) vom 15. September 1852 heißt es: ». . . und schrieb in Mußestunden, zur Ergötzung derselben, den Schnock, der viel später gedruckt wurde, und zwar in einer auf ein Dritteil seines ursprünglichen Volumens reduzierten Gestalt; das kleine Produkt ist mir noch jetzt sehr wert und ein jeder, der es zugibt, daß neben dem Löwen auch der Käfer existieren darf, wird es zu würdigen wissen.«

Zum Text

176, 12 David *Teniers* (1610–90) – niederländischer Landschafts- und Genremaler. (Sein Vater, David Teniers d. Ä., lebte von 1582 bis 1649.) Hebbels Kritik (1849) des Schauspiels »Das Versprechen hinterm Herd« beginnt mit der begeisterten Zustimmung: »Ich liebe Teniers . . .« (Hist.-krit. Ausg Bd. XI, S. 260.)

13 Gerard *Douw* (1613– etwa 75) – Schüler Rembrandts und Meister der sog. Feinmalerei.

17 *Katzenberger* – Jean Pauls »Dr. Katzenbergers Badereise« (1809) las Hebbel in München (vgl. Tgb. 1394, 6. Dez. 1838).

Abraham Tonelli – Erzählung Tiecks aus dem Jahre 1798.

179, 23 *einen Basilisken* – In der spätmittelalterlichen Symbolik ist der Basilisk ein phantastisches Mischwesen, das durch Hauch oder Blick töten kann.

188, 34 *Zu Michaelis* – Das Michaelisfest ist am 29. September.

202, 21 *kalekutschen Hahn* – Truthahn (nach der ostindischen Stadt Kalikut).

216, 10 *und schabe mir Rübchen* – kindliche Spottgebärde (die Zeigefinger übereinanderstreichend).

219, 21 *bairischer Hiesel* – zunächst volkstümlich-spöttische Bezeichnung für den Räuberhauptmann Matthias Klostermayer, der 1771 in Dillingen hingerichtet wurde.

222, 17 *vom kleinen Korporal* – Spottname für Napoelon I.

Die beiden Vagabonden (S. 224)

Erstdruck in Sigmund Engländers Zeitschrift »Der Salon« 1847. Das Titelblatt vermerkte eigens das Entstehungsjahr 1837. Das Fragment, eine Art Sammelbecken für mancherlei Gruselgeschichten, läßt auch den Einfluß von Tiecks »Abraham Tonelli« spüren.

Die von Hebbel korrigierte Handschrift eines Abschreibers wird im Goethe-Schiller-Archiv in Weimar aufbewahrt.

225, 20 *Soden Torf* – niederdt.: getrocknetes Stück Stechtorf in Ziegelform.

226, 23f. *Paracelsus* – Theophrastus Bombastus von Hohenheim (1493–1541), Arzt und Naturforscher am Anfang der Neuzeit, von Einfluß in der Medizin durch dynamische Betrachtung der Lebensvorgänge.

231, 14 *chaldäische Worte* – Chaldäisch war früher die Bezeichnung für die westaramäische, gelegentlich auch für die babylonische Sprache; hier im Sinne von geheimnisvoll unverständlichen Worten gebraucht.

234, 37 *es steht in der Bibel* – Die Anspielung bezieht sich wohl auf Matth. 5, 8.

237, 17 *Kaldaunen* – Eingeweide (von Tieren).

239, 6 *den Gottlosen ein Greuel* . . . – Vgl. Sprüche Salomonis 29, 27 und Jesaja 8, 14.

242, 11 *Discipulus* – Schüler, Lehrling.

245, 34 *Narrenteiding* – Narrenpossen, närrisches Gerede (vgl. Grimms Dt. Wörterbuch, 11. Bd., 1. Abt., 1. Teil, Sp. 293f.).

246, 20 *Metamorphose* – Umgestaltung, Verwandlung.

Matteo (S. 247)

Am 19. Oktober 1839 (Tgb. 1704) begann Hebbel, von schwerer Krankheit genesen, seine Erzählung, die er am 2. Februar 1841 nach langer Unterbrechung endigte: ». . . Ich halte sie für mein Bestes in dieser Gattung. Ein wahnsinniger Humor herrscht darin, der durch komische Mittel den höchsten tragischen Effekt erzielt« (Tgb. 2241). Charlotte Rousseau gegenüber betonte Hebbel am 27. Juli 1841, diese Novelle sei so düster wie seine übrigen Produktionen.

Erstdruck im Stuttgarter »Morgenblatt« vom 12. bis 15. Mai 1841. Bei der Übersendung der Druckvorlage am 6. April schrieb Hebbel an Hermann Hauff, es werde der Novelle hoffentlich nicht schaden, »daß sie anderer Art ist, als das, was in Deutschland unter diesem Namen gewöhnlich umläuft«.

253, 18 *Scharwache* – (nächtliche) Streifwache.
Vgl. den Monolog Golos in der »Genoveva« (v. 1980ff.).

254, 31 *Kleibauch* – Kleie: früher zur Füllung von Puppenkörpern verwendete Schalen der Getreidekörner.

Herr Haidvogel und seine Familie (S. 259)

Erstdruck 1848 in Arnold Ruges Taschenbuch »Poetische Bilder aus der Zeit«.

Die Erzählung, am 11. September 1847 umgearbeitet, hieß ursprünglich

»Herr Weiß« und wurde 1835 in Hamburg konzipiert. Julian Schmidt tat die Erzählung von dem Prahlhans in den »Grenzboten« 1850 als »eine Sammlung von Variationen über das Thema liederlicher Lump« (vgl. Bd. III, S. 659) ab. (Bornstein führt die Einwirkung von C. W. Contessas »Der schwarze See« an.)

259, 22 *Dekokte* – Absud.
268, 33 *boßeln* – die Kegel schieben; hier ironische Umschreibung für: die Treppe hinunterwerfen.

Die Kuh (S. 271)

Die stoffliche Vorlage zu dieser Erzählung notierte sich Hebbel am 20. Mai 1843 in sein Tagebuch (Nr. 2701) als Zeitungsgeschichte, die er von Eduard Janinski (Janens) gehört hatte. Erst Jahre später gestaltete der Dichter den Stoff mit charakteristischen Erweiterungen, Vertiefungen und Steigerungen des Gräßlichen aus. Am 18. Januar 1849 (Tgb. 4513) konnte er die Erzählung abschließen. Felix Bamberg rühmte zu Hebbels Genugtuung am 12. Februar 1849, es stecke »die ganze Welt, die unabsehbare Kette von Ursache und Wirkung in einer Nußschale, wie dieses einfache Familienleben vernichtet wird, als ihm eben wohliger werden sollte, so schreitet alles im Leben zunächst seiner Zerstörung zu, die Bauernhütte in einer Viertelstunde, Reiche und Planeten in Jahrtausenden, und wie dies nach innen gestaltet ist! . . .«

Den Namen Geesche setzte Hebbel nachträglich für Anna ein, wahrscheinlich um Verwechslungen mit der gleichnamigen Novelle vorzubeugen. Die gewonnene Reife zeigt sich in der distanzierenden Objektivität, mit der das unaufhaltsam hereinbrechende Schreckliche folgerichtig erzählt wird.

Erstdruck in »Die Presse« am 27. Januar 1849 in Wien.

Ein Leiden unserer Zeit (S. 276)

Das Fragment erschien 1851 in »Frische Kräuter. Album zum Besten notleidender Künstler und Schriftsteller«. Die philosophisch-abstrakte Manier des Romanfragments, dem die gattungsbedingte *stoffliche* Rezeption der Wirklichkeit fehlt, verweist es in die Münchner, vielleicht auch in die zweite Hamburger Zeit (1840/41). (Schuberts Nachwirkung ist nach Liepe im Schauder vor der individuellen Menschwerdung noch zu spüren. Vgl. auch den sich gegen sich selbst richtenden Überschuß an Kraft im letzten Entwicklungsstadium des Grafen Bertram in der »Julia«: Bd. I, S. 421ff.)

276, 29ff. Die Überzeugung, in jedem Wesen gebe es einen Punkt, der nicht mehr zu dem Wesen selber gehöre, durch den es aber unmittelbar »mit dem großen Ganzen« zusammenhänge, äußert das Tgb. 2097, 13. Aug. 1840.

277, 4ff. Der Gedanke des Selbstgenusses der Natur fast wörtlich übereinstimmend im Tgb. 2173, 23. Okt. 1840.

9 Die Hochschätzung des auserwählten Individuums hält das Tagebuch mehrfach fest (vgl. Tgb. 2325 und 5114).

15ff. Der alte Gedanke der *inneren* Unendlichkeit des Menschen taucht – mit dem Schuldbegriff des Tragikers vermengt – im Tgb. 2334, 29. April 1841, auf.

25f. Auch die Vorstellung, es sei Glück und Pflicht des Menschen, sich zu entwickeln, ist schon im Tagebuch vorgegeben: 2044 und 2171.

278, 5 Das *Zurückwachsen in den Kern*, das »enge Einschließen«, nennt das Tgb. 2326 das Glück des Menschen, obwohl er es für ein Unglück halte.

ZUR TASCHENBUCHAUSGABE

Text und Anhang der vorliegenden Taschenbuchausgabe sind dem 3. Band der im Carl Hanser Verlag, München, erschienenen Ausgabe: Friedrich Hebbel, Werke, Bd. I–V, herausgegeben von Gerhard Fricke, Werner Keller und Karl Pörnbacher, 1963ff., entnommen. Alle Verweise im Anhang mit Bandangaben beziehen sich auf diese genannte Ausgabe.

Die Texte folgen der Historisch-kritischen Ausgabe von Richard Maria Werner aus dem Jahre 1911ff. (›Säkularausgabe‹), gelegentlich auch den Ausgaben von Hermann Krumm (1913ff.) und Paul Bornstein (Der junge Hebbel, 1925). Der Anmerkungsteil ist oft und dankbar der von Franz Zinkernagel veranstalteten Hebbel-Ausgabe des Bibliographischen Instituts (o. J. 1913) verpflichtet.

Hebbels Zeichensetzung wurde beibehalten; unter Wahrung des ursprünglichen Lautstandes wurde die Schreibweise behutsam der modernen Orthographie angeglichen.

Die Textredaktion besorgte Karl Pörnbacher, die Anmerkungen schrieb Werner Keller.